
Werner Krieger

Yin und Yang richtig verstehen

Werner Krieger

Yin und Yang richtig verstehen

Anregungen für ein ausgeglichenes und glückliches Leben.
Zweite überarbeitete und erweiterte Auflage

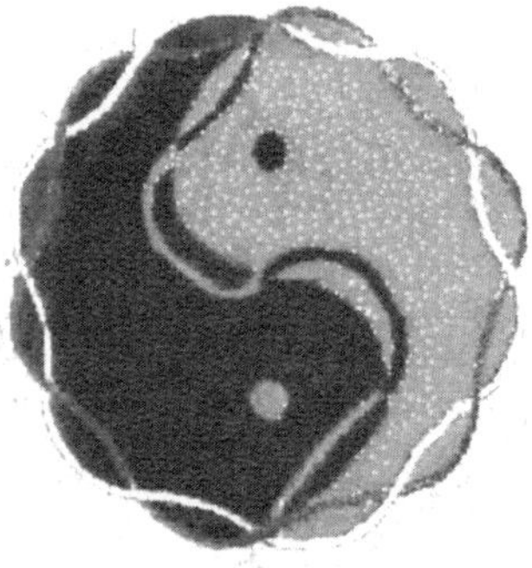

Umschlagbild: Ilse Krieger

Herstellung und Verlag:
Books on Demand GmbH, Norderstedt
ISBN 9 7837 38 638288

Inhaltsverzeichnis

Vorwort

Vor ca. 20 Jahren fing ich an, ein Buch zu schreiben. Es wurde dann im Jahre 2002 veröffentlicht. Es hatte den Titel: *„Alte Weisheit – neue Wege. Polarität, das Prinzip des Seins.“* Ich hielt damals dieses Buch, an dem ich jahrelang gearbeitet hatte, für mein Lebenswerk. Der Anlass, ein Buch zu schreiben, war eine Art von Vision, oder sollte ich besser sagen, es war ein intuitiver Einfall? Es war ein Gedankenblitz, der wie aus heiterem Himmel sich in mein Gehirn einprägte. Dieser Gedanke war: „Das Göttliche ist die gleichwertige zweite Hälfte der Materie“.

Von Yin und Yang wusste ich damals auch nicht mehr, als die meisten westlichen Menschen. Nämlich fast gar nichts. Höchstens so viel, dass es sich um männlich und weiblich handelte.

Im Jahre 2009 lief der Vertrag mit dem Verleger aus und ich unternahm vorerst nichts, um das Buch neu zu verlegen. Eine ganze Weile später kam ich mehr durch Zufall als durch systematisches Suchen mit dem Taoismus in Kontakt und diese erst einmal sehr fremde Philosophie beschäftigte mich nun immer mehr und ich kam nun aus dem Staunen nicht mehr heraus. Denn das, was ich bisher als meine Eingebung betrachtet hatte, das hat es vor 2500 Jahren schon gegeben. Erst durch die Beschäftigung mit dem Taoismus wurde mir klar, was Yin und Yang wirklich bedeutet und dass es hier nicht nur um männlich und weiblich geht. Ich stellte nun fest, dass diese Philosophie genau das ist, was ich mit der „Philosophie der Polarität“ damals in meinem Buch bezeichnet hatte. Durch das Studium des Taoismus wurde mir klar, dass ich ein neues Buch schreiben musste, das zwar in vielen Dingen mit dem oben erwähnten Buch zusammenhing und einige wenige Teile davon habe ich auch übernommen, aber doch auch viele neue Gesichtspunkte mussten nun in das neue Buch *„Yin und Yang richtig verstehen“* eingearbeitet werden. Diese jetzt vorliegende Auflage ist wiederum eine erweiterte und überarbeitete zweite Auflage dieses Buches.

Nun noch ein paar Worte über den Taoismus: Der <u>ursprüngliche</u> Taoismus ist keine Religion, sondern eine Philosophie. Diese Philosophie gründet sich auf ein kleines Büchlein, das Lao Tse in China vor 2500 Jahren geschrieben und der Nachwelt hinterlassen hat. Aus der ursprünglichen Philosophie wurde Jahrhunderte später eine Religion mit sehr vielen verschiedenen Auslegungen daraus. Die ursprünglich philosophischen Gedanken und Inhalte sind teilweise auch noch in den heutigen religiösen Richtungen des Taoismus enthalten. Allerdings denkt man heute meistens, wenn man vom Taoismus spricht, an die Tempel in China und an religiöse Abbildungen und nicht an die ursprüngliche

Philosophie. Mich interessierte jedoch die Religion mit all den verschiedenen und zum Teil sehr voneinander abweichenden Vorschriften und Erklärungen nicht, sondern ich versuchte, aus dem kleinen Büchlein von Lao Tse die Grundessenz des Taoismus zu erfassen. Ferner las ich noch die Schriften des Dschuang Dsi, der etwa zur gleichen Zeit wie Lao Tse lebte und die Ideen von ihm in poetischer Form mit kleinen Geschichten und Begebenheiten behandelte und darstellte.

Die Gedanken des Lao Tse waren damals vor 2.500 Jahren sicher nicht ganz neu, sondern sie gründeten sich auf eine im alten China Jahrhunderte alte Weltsicht, welche auf den Ausgleich und das Gleichgewicht von zwei verschiedenen Kräften aufgebaut ist. Dieser Ausgleich und das sich gegenseitige Erschaffen von zwei Verschiedenheiten, die zusammen gehören, ja sogar untrennbar sind, wurde in dem Symbol von Yin und Yang sichtbar gemacht.

Wann dieses Symbol entstanden ist, kann man kaum mehr feststellen. Sicher ist, dass es schon diese Abbildungen vor Lao Tse gab und somit diese Philosophie schon lange vor 500 v.Chr. bekannt gewesen sein musste. Interessant ist ferner, dass bei sehr alten Abbildungen dieses Symbols auch in den Farben rot und schwarz vorkommt. In manchen indigenen Kulturen (z.B. auch bei den Kelten) waren – und sind es manchmal auch heute noch - diese beiden Farben das Symbol für männlich und weiblich. Deshalb habe ich auch diese beiden Farben für mein Coverbild verwendet. Ob das Symbol und somit die Philosophie hierüber damals allerdings weit verbreitet war oder nur eine von mehreren anderen Philosophien war, wird man kaum mehr feststellen können. Forscher nehmen jedoch an, dass die Philosophie von Yin und Yang ursprünglich aus dem im alten China verbreiteten Schamanismus hervorging, welcher eine ganzheitliche, in sich geschlossene und ausgeglichene Weltsicht war, bei der es besonders um ein Gleichgewicht der natürlichen und übernatürlichen Kräfte ging.

Unsere westliche Sichtweise ist total anders als diese alte chinesische Weisheit. Sie ist von der auf den Dualismus aufgebauten christlichen Lehre geprägt, was es für uns schwer macht, den vollen Umfang und die Tragweite dieser ganz anderen Lehre des Taoismus zu verstehen. Der Gedanke, dass die materielle Welt und eine spirituelle (geistige) Welt gleichwertig sind, ist für uns westliche Menschen sehr schwer nach zu vollziehen. Ich hoffe, dass dieses Buch nicht nur einige Klarheit in das Verständnis der Polarität bringt und wir somit auch Yin und Yang richtig in der ursprünglichen Bedeutung verstehen können, sondern dass dieses Verständnis uns auch in der heutigen Zeit helfen kann, viele unserer Probleme zu verstehen und zu lösen und uns zu einem glücklicheren Leben verhelfen wird. Denn wie lange wird das Streben nach mehr Besitz, mehr Macht, mehr Wachstum überhaupt noch möglich sein? Wie lange kann so ein Wachstum anhalten? Wäre es nicht viel vernünftiger, darauf zu achten, dass wir die Welt erhalten, anstelle sie immer mehr auszunutzen? Das Haben ist wichtiger geworden als das Sein. Das ist leider heute der sehr überspitzte Grundgedanke unserer westlichen Weltsicht. Wenn man nun mit unserer westlichen, insbesondere mit unserer christlichen Prägung an eine fremde und andere Weltanschauung, wie es der philosophischeTaoismus ist, heran geht, dann ist es sehr schwierig, sich von unserer westlichen Prägung so vollkommen zu lösen, dass man wirklich vom Innersten heraus verstehen kann, was Yin und Yang und somit die Polarität eigentlich bedeutet und ist.

Um hinter das Geheimnis der alten chinesischen Weisheit zu gelangen und dies auch anderen Menschen mitzuteilen, die nach einem anderen und auch nach einem besseren Weg in die Zukunft suchen, habe ich nun versucht, meine Gedanken in diesem Buch aufzuschreiben in der Hoffnung, dass dieses Buch wirklich das Grundprinzip von Yin und Yang vermitteln kann. Es soll auch einen Weg aufzeigen, der hinweg führt von dem Materialismus, dem Kapitalismus und dem weit verbreiteten Egoismus, der heute unsere Welt nicht nur bedroht und zu einem unglücklichen Ort werden lässt, sondern der auch die Möglichkeit in sich birgt, diese unsere schöne Welt total zu vernichten.

Ich möchte nochmals betonen, dass ich nicht über die Religion des Taoismus schreibe. Eigentlich schreibe ich überhaupt nicht über den Taoismus, sondern habe versucht, die Grundbegriffe von Yin und Yang für uns westliche Menschen zu erklären und dieses Verständnis auf unser modernes Leben von heute anzuwenden. Ich bin sicher, dass Ihr Leben und Ihr Verstehen der Welt anders sein wird, wenn Sie Yin und Yang wirklich richtig verstehen. Das Verstehen von Yin und Yang wird ihr Leben ändern!

1. Kapitel: Meine Vision

Ich lebe seit 1989 in Neuseeland. Eines Tages fuhr ich mit meiner Frau nach Kerikeri und auf dem Weg dorthin führt die Straße an Mount Taratara vorbei. Dies ist nicht ein sehr hoher Berg, jedoch hat er eine ganz ausgeprägte Form. Felsen ragen fast senkrecht auf und oben sieht dieser Berg wie abgeschnitten aus. Dieser Felsenturm ist ein markantes Bild in der Landschaft. Für einige hundert Meter verläuft die Straße auf einem Höhenrücken direkt auf diesen Berg zu. Ich hatte deshalb Gelegenheit, diesen Berg für einige Sekunden zu betrachten, ohne den Blick von der Straße zu wenden. Ich dachte in diesem Augenblick an nichts Besonderes, nichts Spirituelles oder Religiöses oder sonst irgendetwas von Bedeutung. Ganz im Gegenteil, ich hatte mich mit meiner Frau über ganz banale Dinge unterhalten, was wir in Kerikeri zu besorgen hätten und dergleichen. Als ich jedoch meinen Blick auf den Berg heftete, kam ein Gedanke wie ein Blitz in mein Bewusstsein. Dieser Gedanke war: ***„Das Göttliche ist die gleichwertige Entsprechung, die „andere“ Seite oder die zweite Hälfte der Materie!“***

Dass es eine spirituelle Welt oder Seinsform gibt, daran zweifelte ich damals nicht und dies war nicht das Besondere an diesem Gedanken. Das Besondere war, dass Gott oder „das Göttliche“ und die Materie gleichwertigt sind und zusammen gehören. Gott wäre demnach nicht von Materie getrennt oder darüber oder höher oder ewig.

Der Begriff „Gott“ als gleichwertige zweite Hälfte der Materie erschien mir sehr eigenartig. Obwohl ich zwar erst mal ein wenig erstaunt von dieser Botschaft war, welche mir der Berg offensichtlich mitgeteilt hatte, dachte ich nicht weiter darüber nach. Ich erwähnte es beiläufig im Gespräch mit meiner Frau. Die Geschäfte, die wir an diesem Tag zu besorgen hatten, nahmen unsere Aufmerksamkeit jedoch wieder in Anspruch und der Gedanke über die Gleichwertigkeit von Gott und materieller Welt trat wieder in den Hintergrund oder wurde nahezu vergessen. Ganz kurz kam mir damals doch noch irgendwann im Laufe des Tages der Gedanke von Gott als die zweite Hälfte der Materie in den Sinn und ich erinnere mich heute, dass ich mit meiner Frau auch noch einmal darüber sprach und dass wir sogar ein wenig lachten über diesen verrückten Gedanken und dass es doch schon eine unerhörte Botschaft war, Gott als die zweite Hälfte der Materie zu betrachten. Es kam uns lächerlich vor, so etwas auch nur zu denken. Die weit reichenden Konsequenzen dieser Betrachtungsweise waren mir in diesem Augenblick noch nicht bewusst und so dachte ich auch weiterhin für ganz lange Zeit, sicher für viele Wochen, gar nicht mehr darüber nach.

Erst viel später tauchte die Erinnerung an die Botschaft von Mount Taratara wieder auf und viele neue Gedanken und Ideen formten sich. Ich verstand plötzlich, dass Gott oder „das Göttliche", so wie wir Gott definieren, gar nicht gemeint war, ja gar nicht gemeint sein konnte, denn das, was wir als „Gott" oder als „göttlich" verstehen, ist der Schöpfer oder die Schöpferkraft der Materie und somit kann er nicht die zweite Seite seiner eigenen Schöpfung sein. Je mehr ich darüber nachdachte, umso mehr wurde mir klar, dass Gott tatsächlich nicht gemeint sein konnte, sondern etwas anderes. Mit dem Wort „geistige Existenz" kam ich allerdings auch nicht ganz klar. Diese zweite Seite der Materie konnte nur eine „Nicht-Materie" sein, jedoch auch nicht Geist oder „geistig", denn mit Geist bringen wir auch unser Denken in Zusammenhang und das Denken wird letztendlich in unserem Gehirn geformt und ist somit aus der Materie kommend. Es wurde mir allmählich klar, dass es sich hier nicht um irgendetwas „göttliches" und auch nicht um Geist handeln konnte, sondern um eine spirituelle Seinsform und somit um etwas ganz anderes als sowohl Gott wie auch Geist im landläufigen Sinne. Das naheliegende Wort in meinem damaligen Verständnis von etwas, das wir bisher in unserer Gesellschaft als „geistig" oder „göttlich" betrachten, konnte mir in der Vision nur als „Gott" eingegeben werden, denn das war bis dahin meine Denkweise. Da ich inzwischen allmählich klarer sah und mir auch bewusst war, dass es sich hier um eine spirituelle Seinsform – also um eine nicht-materielle Existenz handeln musste, welche aber nicht Gott war, nannte ich diese zweite Seite der Materie „Spirit". Aus dieser neuen Erkenntnis entstand dann eine neue Philosophie, nämlich das Prinzip des Zusammengehörens von zwei verschiedenen, jedoch nicht getrennten Phänomenen. Und das ist auch die alte chinesische Weisheit von Yin und Yang.

Nun kann man natürlich sagen: Was ist schon so aufregend Neues an der Polarität, nämlich dem Prinzip eines Zusammengehörens von zwei verschiedenen Wesenheiten? Jedermann weiß, dass es Tag und Nacht gibt, heiß und kalt, stumpf und spitz usw. Man wird möglicherweise auch auf das alte chinesische Prinzip von Yin und Yang hinweisen. Nach diesem alt-chinesischen Wissen gliedert sich alles in der Natur in Paare, alles manifestiert sich in Yin- und Yang-Energie, oder es entsteht aus oder auch als Folge der Yin- und-Yang-Energie. Falls das Gleichgewicht dieser beiden Energieformen, die man auch das männliche und das weibliche Prinzip nennt, gestört wird, werden schwerwiegende Störungen und Probleme auftauchen. Diese Prinzipien sind in China auch heute noch weitgehend bekannt, besonders in der Medizin. Behandlungen zielen darauf ab, ein möglicherweise gestörtes Gleichgewicht der Yin und Yang Energien wieder herzustellen. Allerdings ist die spirituelle Bedeutung von Yin und Yang infolge der Ereignisse im Zusammenhang mit der Kulturrevolution in China langsam aber doch ziemlich nachhaltig in Vergessenheit geraten und Yin und Yang haben heute nur noch in kleinen Bereichen, wie z.B. in der Medizin, der Ernährung oder dergleichen auf rein materieller Ebene eine Bedeutung.

Dieses allgemein bekannte Prinzip des Gleichgewichts von zwei verschiedenen Polen, ob wir es nun männlich und weiblich, oder Yin und Yang nennen, betrachten wir in unserer Gesellschaft nur in der materiellen Welt als ein relevantes Phänomen. Man sieht offensichtlich heute auch im Fernen Osten dieses allumfassende Prinzip von Yin und Yang nicht mehr über den materiellen Bereich hinausgehend. Auch der Osten wird immer mehr vom Westen und dem westlichen Denken beeinflusst!

Im Westen sind die Ideen von Yin und Yang allmählich auch bekannt, jedoch ist die übliche Denkweise hier, dass es zwar im materiellen Bereich bestimmte Gegensätze gibt, dass es jedoch jenseits dieser materiellen Welt einen Gott gibt (oder wer nicht an Gott glaubt, der mag es auch eine übergeordnete Energie oder dergleichen nennen), der die materielle Welt erschaffen hat und auch weiterhin beeinflusst oder in Gang hält. Dieser Gott (oder Energieform) steht somit über der materiellen Welt. Diese Denkweise ist in unserer abendländisch-christlichen Sichtweise begründet und ein dualistisches Weltbild. Eigentlich passt in dieses dualistische Weltbild, welches fast alle Lebensbereiche betrifft, Yin und Yang gar nicht hinein. Jedoch hat man offensichtlich im Westen das Prinzip von Yin und Yang nie ganz verstanden, denn das dualistische Denken berücksichtigt nicht - ja es schließt sogar aus - dass es Dinge oder Phänomene gibt, die sich gegenseitig erschaffen oder bedingen. Man weiß zwar vage, dass es bei Yin und Yang um zwei Dinge geht, die zusammen gehören und eine Einheit bilden, jedoch wird die volle Erkenntnis über das Wesen von Yin und Yang durch die dualistische trennende Sichtweise, die von dem Denken im „Entweder – Oder“ und somit von einem Prinzip von Gut und Böse ausgeht, sehr stark verzerrt. Manche Menschen können allerdings auch im Westen mit diesen Begriffen umgehen, auch wenn es gewissermaßen nur eine Art von Flickwerk ist und das ganze Verstehen meistens nicht enthält. Insbesondere ist die Erkenntnis über das Prinzip eines allumfassendes Seins, welches zwei Seiten hat, nämlich Yin und Yang, im Westen ganz oder doch weitgehend unbekannt. Denn die tief in unserer Kultur verwurzelte Vorstellung, dass Gott (oder eine sonstige übergeordnete „Energieform“) die Welt erschaffen hat und dass hier die

Zeit beginnt, welche wie ein Pfeil in einer Richtung sich ausbreitet und linear ist, also immer nur in einer Richtung weiter geht, macht ein anderes Verstehen nahezu unmöglich. Diese Prägung im Denken macht es uns sehr schwer, von diesem Denkschema abzukommen. Dass die Materie gleichzeitig auch eine zweite Seite hat, nämlich eine spirituelle Seinsform, welche mit der Materie als gleichwertige Seinsform verbunden ist, das steht dem westlichen Denken total entgegen, welches Gott und Materie trennt.

Mount Taratara hat mir mitgeteilt, dass es sich anders verhält.

Sicher kann man nun sagen, dass ein Berg nichts mitteilen kann. Ob es nun dieser Berg war oder eine spontane Eingebung, welche wer weiß woher kam, also eine Art von Vision war, dies ist für die nachfolgenden Betrachtungen unbedeutend. Nachdem diese Eingebung jedoch gerade in diesem Augenblick der Betrachtung des Berges wie ein Blitz in mein Hirn hineinschoss, bringe ich dieses Ereignis unweigerlich mit dem Mt. Taratara in Verbindung.

Ich werde in diesem Buch versuchen, all die Konsequenzen aufzuzeigen, welche die Erkenntnis der Polarität, also das Wissen über Yin und Yang mit sich bringt. Diese Philosophie oder das Verständnis der Gleichheit von Spirit und Materie hat tatsächlich sehr weit reichende Folgen, weit größere als Sie sich wahrscheinlich in diesem Augenblick vorstellen können. Es wird Sie überraschen, wie anders die Welt aussehen wird, wenn Sie dieses Buch gelesen haben und wie anders das Leben verlaufen wird, wenn Sie nicht mehr der überkommenen Anschauung folgen, sondern den Mut haben, in allen Konsequenzen diese neue Sichtweise zu akzeptieren und zu verstehen. Es wird anfänglich nicht einfach sein, denn wir sind von Kindheit an gewöhnt, in einem Denkschema zu leben, das für Jahrhunderte gültig war. Dieses Denkschema ist der Dualismus. Dieser ist aus der christlichen Weltsicht entstanden. Es könnte auch anders herum gewesen sein, dass sich das Christentum aus einer bereits vorhandenen dualistischen Weltsicht erst entwickeln konnte. Was zuerst war, dürfte schwer oder gar nicht zu ermitteln sein. Vielleicht ist auch beides gleichzeitig entstanden. Allerdings müssen wir noch weiter zurück gehen und die jüdische Lehre mit einbeziehen, denn hier begann ja die monotheistische Lehre. Die Frage, was zuerst war, bleibt trotzdem offen.

Man darf nun nicht Dualität mit Polarität verwechseln, was leider oft geschieht! Beides handelt zwar von zwei Gegenpolen, jedoch in der dualistischen Weltanschauung geht es hierbei um zwei sich bekämpfende Gegenpole: Gut und Böse. Bei der Philosophie der Polarität handelt es sich um zwei verschiedene Pole, die sich nicht bekämpfen, sondern sich ergänzen, ausgleichen, in harmonischer Einheit und Verbundenheit, trotz - oder sogar wegen der Verschiedenheit sich gegenseitig befruchten und/oder sich Energie zuführen. „Gegensätze“ sind sie nicht, denn sie sind nicht gegeneinander gerichtet, sondern sie sind verbunden, ja sie benötigen oder bedingen sich sogar gegenseitig, um den Energiefluss und sogar die Existenz der beiden Pole aufrecht zu erhalten. Das Wort „Gegensätze“ ist somit für die Polarität nicht zutreffend. Ein besseres Wort ist „Entsprechung“. Für den Dualismus jedoch ist das Wort „Gegensätze“ passend.

Die Geschichte von Adam und Eva und die Geschichte mit der Schlange, wie sie im Alten Testament erzählt wird, zeigt Dualismus, nicht Polarität. Dies ist ein ganz wichtiger Unterschied!

Obwohl die deutsche Sprache meistens sehr präzise ist, so ist sie doch manchmal sehr ungenau. Dies trifft besonders dann zu, wenn es nicht um konkrete Dinge geht, sondern um abstrakte Begriffe. Mit den Begriffen „Polarität“ und „Dualismus“ kommen aus diesem Grund sehr oft Verwechslungen oder Missverständnisse vor. So spricht man zum Beispiel auch von „Polarisieren“ und meint damit, gegensätzliche Meinungen oder Ansichten zu vertiefen, was meistens zu kämpferischen oder zumindest harten Diskussionen führt. „Polarisieren“ wird dann so verwendet, als wären zwei Pole getrennt oder dass sie gegeneinander arbeiten, was vom Prinzip her bei der Polarität ganz falsch, ja sogar unmöglich ist. Bei der Polarität geht es nicht um ein Kämpfen oder Verdrängen, es geht nicht um Teilung, es geht auch nicht darum, wer oder was „besser“ ist, sondern ganz im Gegenteil darum, dass sich zwei Pole benötigen, sich gegenseitig bedingen oder sogar sich gegenseitig erschaffen oder erhalten. Dazu später noch mehr, denn die Unterschiede von Dualismus und Polarität sind von ganz besonderer Bedeutung.

Yin und Yang sind alte chinesische Symbole, welche aus einer ganz anderen Weltsicht entstanden sind beziehungsweise diese andere Weltsicht symbolisieren. Unsere westliche Sichtweise ist sehr anders. Goethe meinte, dass die fernöstliche Denkweise sich mit unserer westlichen Philosophie paaren könnte. Diese dann neu entstehende Philosophie betrachtete er als eine Art Auflösung von Gegensätzen und somit als sehr erstrebenswert. Goethe war auf dem Weg, die dualistische Denkweise zu hinterfragen, jedoch konnte er sich offensichtlich noch nicht ganz von ihr trennen. Sonst hätte er nicht von einer Auflösung der Gegensätze gesprochen, denn das entspricht nicht der Idee von Yin und Yang. Denn Yin und Yang gehören zusammen, lösen sich also niemals auf. Oder hat er vielleicht auch daran gedacht, dass es sich beim Dualismus nur um eine wertende Sichtweise und nicht um eine Tatsache handelt, wenn man von Gegensätzen spricht und dass man diese Sichtweise auflösen müsse? Was immer sich Goethe darunter vorgestellt hat, so hat er doch die Annäherung der alten fernöstlichen Weisheit mit unserer westlichen Sichtweise als ein Ideal gesehen. Ob er sich diese Annäherung auch als eine Verschmelzung vorgestellt hat, können wir nicht wissen. Immerhin hat Goethe mit seinen Betrachtungen wahrscheinlich erstmalig in der neueren deutschen Geschichte über den Begriff der Polarität nachgedacht und war somit ein Vorreiter von weiteren Entwicklungen auf diesem Gebiet.

2. Kapitel: Die seelenlose Gesellschaft. Was ist Seele, Geist, Liebe?

Bevor wir uns weiterhin über Yin und Yang und die Polarität unterhalten, möchte ich Ihnen drei Begriffe erklären bzw. definieren. Diese drei Wörter sind: Seele, Geist, Liebe. Zuerst allerdings möchte ich darauf hinweisen, dass diese nun von mir erstellten Definitionen nicht allgemeine Gültigkeit haben müssen. Um dieses Buch jedoch zu verstehen, müssen wir uns auf eine einheitliche Sprache und die Definition dieser drei Worte einigen. Dies ist notwendig, weil die drei oben genannten Begriffe in unserer Gesellschaft leider sehr verwaschen sind und in verschiedenen Zusammenhängen vielfältig in verschiedener Bedeutung verwendet werden, dass es fast unmöglich ist, darüber zu diskutieren, ohne vorher übereingekommen zu sein, wie und was gemeint ist, wenn wir über Liebe, Seele oder Geist sprechen. Gott wäre auch noch ein Begriff, den es zu erörtern gäbe. Jedoch werde ich im weiteren Verlauf ausführlich über Gott sprechen, so dass ich diesbezüglich auf später verweisen möchte.

Wenn Sie dieses Buch gelesen haben und die Worte Seele, Geist und Liebe wiederum so verwenden wollen, wie Sie es bisher taten, dann ist das natürlich in Ordnung. Während der Lektüre dieses Buches jedoch möchte ich Sie bitten, daran zu denken, dass ich diesen Worten eine etwas andere Bedeutung gebe und bitte Sie auch, dies vorübergehend zu akzeptieren, andererseits würden wir aneinander vorbei reden und uns nicht verstehen.

Die Überschrift zu diesem Kapitel spricht darüber hinaus auch noch von der „Gesellschaft“. Hier ist die christlich-westliche Gesellschaft gemeint, die Gesellschaft jener Länder, in denen das Christentum vorherrschend ist und in der Vergangenheit die Gesellschaft dieser Länder geformt hat. Einigen Einfluss hat das Christentum natürlich auch noch in anderen Ländern, wie zum Beispiel in Afrika und teilweise auch in Asien. Hier sind Einflüsse der westlichen Länder erkennbar, ja sogar teilweise schon vorherrschend, jedoch kann man hier wohl nicht von der westlichen Gesellschaft sprechen, denn die ureigenen Sozialformen und die ursprüngliche Religion dieser Länder formt immer noch das tägliche Leben, selbst mit all den oft negativen Beeinflussungen des Westens.

Lassen Sie mich mit der Begriffsbestimmung **„Liebe“** beginnen.

Über Liebe ist wohl am meisten geschrieben und diskutiert worden und gerade deshalb ist es so schwierig, genau zu definieren, was Liebe ist. Es gibt in der Tat verschiedene Formen von Liebe. Die Liebe der Eltern zu ihren Kindern ist schon unterschiedlich zu der Liebe der Kinder zu den Eltern. Außerdem gibt es die platonische Liebe, es gibt Agape, es gibt Eros. Dann gibt es die Liebe zur Natur, die Liebe zu Gott. Über all das könnte man Bücher schreiben. – Wenn ich in meinem Buch über Liebe spreche, dann meine ich jedoch in erster Linie die Liebe von zwei erwachsenen Menschen zueinander und nicht eine Liebe der Abhängigkeit (z.B. Kind-Eltern, oder Gott-Mensch) und auch nicht eine Art von instinktiver Liebe oder Fürsorge (dies ist zum Beispiel die Eltern-Kind Beziehung), die wir natürlich auch als Liebe empfinden. Der Unterschied zur Liebe von zwei ursprünglich fremden Menschen ist eine Liebe der freien Wahl, die Vernunft und Erkenntnis voraussetzt. Natürlich spielt auch das Gefühl eine große Rolle und auch die sexuelle Anziehung. Ein Charakteristikum dieser Form der Liebe ist das Teilen (oder sollte es sein!). Je mehr man teilen kann und will, desto größer ist die Liebe. Das Teilen beinhaltet selbstverständlich nicht nur die materielle Seite, sondern auch die emotionale. Emotionen, Gefühle, Erlebnisse zu teilen ist ein sehr wichtiges Kennzeichen der Liebe. Es geht somit auch um das Loslösen der Ichbezogenheit oder nennen wir es so: die Loslösung der einseitigen Betrachtung unserer egozentrischen Haltung. Anstelle der in erster Linie nur auf uns selbst bezogenen Sichtweise - also in bisheriger egozentrischer Weise – nun ein Gefühl des Zusammengehörens zu entwickeln, das ist ein wesentlicher Bestandteil des Entstehens und Wachsens einer Liebe. Wenn wir uns nur der dem Dualismus eigenen trennenden Weise als Einzelwesen und nicht als zusammengehörig betrachten, hat die Liebe keine wahre Chance.

Ein weiteres – und vielleicht sogar das wichtigste Kennzeichen der Liebe ist das Verstehen. Dieses steht selbstverständlich eng im Zusammenhang mit der vorher genannten Möglichkeit des Teilens und ist damit verbunden mit dem Überwinden des egozentrischen Denkens.

Erich Fromm, den ich später noch mehrmals zitieren werde, hat die Frage aufgeworfen, ob es denn die Liebe als Substantiv wirklich gibt. Er meint, man könne die Liebe nicht haben und deshalb könne man nur lieben, aber nicht die Liebe als Besitz betrachten. Dieser Meinung stimme ich zu. Es ist wie mit dem „Guten", das man auch nicht haben kann, sondern es nur tun kann. Trotz dieser Klarstellung des Begriffes Liebe habe ich nun von „der Liebe" gesprochen. Ich bitte jedoch trotzdem zu bedenken, dass es tatsächlich „die Liebe" als Substantiv gar nicht gibt, gar nicht geben kann, sondern nur „das Lieben"[1]. Wenn ich also beispielsweise schrieb: „....desto größer wird die Liebe sein" , dann ist eigentlich gemeint: Desto mehr wird ein Mensch lieben!

[1] Erich Fromm hat dieses Thema in dem Buch „Haben oder Sein" ausführlich behandelt.

Da es in diesem Kapitel um Begriffsbestimmungen geht, möchte ich mich erst mal hiermit begnügen, denn über das Thema „Liebe“ werde ich in einem späteren Kapitel noch einiges zu sagen haben.

Die nächsten beiden Begriffe **„Seele"** und **„Geist"** sind ebenfalls sehr schwierig zu definieren, denn die beiden Wörter bezeichnen abstrakte Begriffe, ebenso wie der Begriff „Liebe“, und solche sind immer schwieriger zu definieren als konkrete Gegenstände.

Betrachten wir zuerst das Wort: **"Geist".** Im Laufe der Jahrhunderte hat sich die Bedeutung sehr stark gewandelt, je nach der Philosophie oder den religiösen Vorstellungen. Dabei möchte ich die Bedeutung von "Weingeist" oder "geistigen" Getränken ohnehin ausklammern, denn hierbei ist ja klar, was damit gemeint ist. Es ist verwirrend, welch unterschiedliche Bedeutungen das Wort "Geist" hat. Trotzdem ist mir in vielen Diskussionen aufgefallen, dass es nicht allen Menschen klar wird, dass diese verschiedenen Bedeutungen vorkommen. Sie denken so stark in ihrem Konzept, dass sie nicht merken, dass andere Menschen etwas anderes meinen. Das erschreckt mich, denn es zeigt mir, wie viel wir in unserem egozentrischen Denken vom wirklichen Verstehen bereits verloren haben. Es werden nämlich zwei total unterschiedliche Erscheinungen mit dem Wort "Geist" bezeichnet und diese beiden Bedeutungen werden vermischt, was ziemlich weit reichende Folgen haben kann.

Die eine Bedeutung von Geist ist das, was ich mit dem englischen Wort "Spirit" beschreiben will. Es haben in den letzten Jahrzehnten unendlich viele englische Wörter in unserem täglichen Sprachgebrauch Eingang gefunden. Dieses Wort ist also verständlich. Wenn man (oder besser gesagt: die englischsprachige Welt) von Spirit spricht, wird nicht der Intellekt gemeint. Das Wort "Geist" jedoch wird bei uns sehr häufig für den Bereich des Intellektuellen verwendet. Für manche Menschen sind diese beiden Begriffe nicht zwei verschiedene Dinge. Auch das erschreckt mich. Wenn Sie dieses Buch gelesen haben, wissen Sie, warum es mich erschreckt und mit Sorge erfüllt wegen der Gedankenlosigkeit, mit der wir mit Worten und Ausdrücken umgehen, was zeigt, wie wenig wir wirklich verstehen.

Wenn ich nachfolgend von "Geist" spreche, meine ich nicht den Intellekt. Fälschlicherweise ist im heutigen Sprachgebrauch meistens der Intellekt gemeint, wenn man von Geist spricht. Man sagt z. B.: „jemand hat eine geistreiche Rede gehalten“. Oder man spricht von einem Geistesblitz und meint einen guten Einfall. Man spricht von geistiger Behinderung, meint damit jedoch eine Behinderung im intellektuellen Bereich. Man spricht von geistig hochstehenden Menschen und meint damit intellektuelle Bildung, usw. Dies zeigt ganz deutlich, wie sich die Menschheit vom spirituellen Verständnis weg entwickelt hat und sich mehr und mehr in einseitiger Weise dem Intellekt zuwendet.

Die ursprüngliche Bedeutung von "Geist" meint jedoch eine geistige Wesenheit oder Seinsform im Sinne des englischen Wortes Spirit. Außerdem wird auch noch in der deutschen Sprache von "Geistern" gesprochen, was zwar der Plural von "Geist" ist, jedoch meint man damit häufiger das, was eigentlich richtiger "Gespenst" heißen sollte. Ein Gespenst ist zwar auch ein Wesen aus der nicht sichtbaren (der spirituellen) Welt und somit wäre die Bezeichnung "Geist" auch richtig. Im allgemeinen haftet dem Wort "Gespenst" aber eine negative Bedeutung an. Man würde ein Gespenst nicht "Spirit" nennen. Allerdings gibt es indigene Völker, die auch das, was wir ein Gespenst nennen würden, als Spirit bezeichnen. Dieses Verständnis habe ich beispielsweise bei den Maori von Neuseeland erlebt. Also auch mit dem Wort „Gespenst“ muss man vorsichtig sein.

Nach der christlichen Lehre soll man nicht an Geister glauben. Der einzige Geist ist nach dieser Auffassung Gott. In der dritten Person Gottes, dem Heiligen Geist, wird das wörtlich ausgesprochen. Verwirrung taucht auf, wenn man bedenkt, dass die erste und zweite Person Gottes, der Vater und der Sohn, nicht mit dem Wort "Geist" angesprochen werden, obwohl Gott doch eindeutig als geistiges Wesen verstanden wird, nämlich ein Wesen aus der anderen, der nicht irdischen Welt. Wie ist es zu verstehen, dass Jesus den Jüngern verspricht, der Vater werde den Geist auf sie herab senden (Joh. 14/16-17 und Joh. 14/25-26), wenn doch Gott selbst ein Geist ist und es auch jedem Christen klar ist, dass die drei Personen Gottes ein und dasselbe sind? Wenn aber Gott den Geist herab sendet, so ist doch offensichtlich dieser Geist ein von Gottvater getrenntes Wesens, sonst würde Jesus sagen: ich komme zu euch, denn ich bin der Geist! Es ist unverständlich, dass nur der Hl. Geist als ein geistiges Wesen angesprochen wird und Sie können sehen, dass die Verwirrung und die nicht präzise Bedeutung des Wortes "Geist" sehr alt ist. Man kann aber auch folgern, dass in der jüdisch-christlichen Lehre mit dem Wort "Geist" nicht nur ein Wesen aus der spirituellen Welt gemeint ist oder die spirituelle Seinsform überhaupt, sondern etwas, das auch etwas mit Intellekt zu tun hat und somit die Verwechslung, bzw. die nicht eindeutige Trennung von Intellekt und Geist, die wir heute oft erleben, schon sehr weit zurückgeht. Es ist tatsächlich so, dass man heute üblicherweise sogar den Intellekt als „Geist“ oder als „geistig“ bezeichnet, also nicht nur Geist und Intellekt verwechselt und alles als ein und dasselbe betrachtet und überhaupt keine Trennung von Geist (oder Spirit!) und Intellekt vorgenommen wird. Man kann natürlich auch daraus schließen, dass wir an den Spirit überhaupt nicht mehr glauben und dies ist auch absolut logisch, denn nur Gott wird in der christlichen Lehre als Geist anerkannt. Verwirrung wird auch gestiftet, wenn man den Geist als Eigenschaft und nicht als Wesen betrachtet. In der Genesis heißt es beispielsweise: „Der Geist Gottes schwebte über den Wassern“. Demnach wäre der Geist eine Eigenschaft Gottes, aber nicht Gott selbst, sonst würde es doch heißen: Gott schwebte über den Wassern! Wie auch immer: die Verwirrung mit diesem Wort ist groß. Ich will an dieser Stelle auch nicht weiter über den Begriff "Gott" diskutieren, denn ich sagte ja schon, dass darüber später noch gesprochen werden soll.

Um klare und unmissverständliche Aussagen machen zu können, will ich versuchen, nachfolgend anstelle von "Geist" das Wort "Spirit" zu verwenden, wenn es um etwas geht, was nicht Materie ist. Auf jeden Fall will ich nochmals klarmachen, dass ich in diesem Buche mit Spirit nicht „Intellekt“ meine, sondern ich verwende Spirit als eine Seinsform aus der nichtmateriellen Welt. Oder auch als die nicht-materielle Welt schlechthin.

Nun wenden wir uns dem Begriff **"Seele"** zu. Dies ist ein noch schwierigeres Unterfangen. Jedoch ist es für das weitere Verstehen des Buches absolut notwendig, diesen Begriff so genau wie möglich zu erklären. Zu verstehen, was ich mit „Seele“ meine, ist zusätzlich noch deshalb von besonderer Bedeutung, weil wir uns heute tatsächlich immer mehr zu einer seelenlosen Gesellschaft entwickeln und dies sehr weitreichende Folgen hat und tatsächlich zum Kollaps unserer Gesellschaft führen kann und zusätzlich für die ganze Welt viel Leid und ständige neue Probleme bringen wird. Aus diesen Gründen werde ich mit meinen Erklärungen etwas weiter ausholen müssen. Lassen Sie mich damit beginnen, Ihnen zu sagen, was ich mit "Seele" nicht meine, was aber von vielen Menschen darunter verstanden wird. Nach jüdisch-christlicher Auffassung besteht der Mensch aus Körper und Seele. In dieser Lehre unterliegt der Körper den irdischen Gesetzen und stirbt, die Seele jedoch ist nach christlicher Sicht unsterblich und kommt in den Himmel oder in die Hölle, je nach der Lebensweise im irdischen Leben. Wenn wir - in der christlichen Sichtweise sterben, geht die Seele in die nicht-irdische Welt ein. Diese nicht-irdische Welt (der Himmel) wird dann als ein „geistiges Dasein“ bezeichnet. Nach der Definition von "Geist" wäre also die Seele dann - nämlich nach dem Tod - ein Geist. Ich frage mich, warum man dann die Seele nicht gleich "Geist" nennt, denn die Seele ist ja nach christlicher Vorstellung auch vor dem Tod vorhanden! Allerdings käme dann gleich die nächste Verwirrung dadurch zustande, dass man mit Geist leider auch den Intellekt meint, wie ich weiter oben ausgeführt habe. Dass jedoch nur der Intellekt weiter lebt, das wird in der christlichen Sichtweise eigenartiger Weise nicht so gesehen. Die Unklarheiten bei den Begriffen „Seele“ und

„Geist“ könnte man damit erklären, dass in der jüdisch-christlichen Lehre das Verständnis Gottes als Geist eben nicht ganz klar ist und somit eine Abtrennung von anderen Geistern notwendig wird. Obwohl es nach dieser Lehre keine Geister neben Gott gibt, muss man sich dann wohl oder übel mit dem Begriff „Geister“ befassen, denn wie könnte man sonst von dem sogenannten Irrglauben der Heiden sprechen, wenn man nicht einmal das benennen könnte, was diese Heiden glauben. Nämlich, dass sie an geistige Wesen – z.B. an Götter - glauben. Deshalb wird Gott aus christlicher Sicht nicht schlicht und einfach als ein Geist bezeichnet, denn dann würde man Gott auf dieselbe Ebene von Geistern oder heidnischen Göttern stellen. Man ist hier also mit der Definition des Wortes Geist in eine Problemzone geraten, was jedoch die Christen offensichtlich gar nicht besonders stört oder sie erkennen das Problem gar nicht.

Wenn man nun auch noch die menschliche Seele als Geist bezeichnen würde, Gott jedoch auch, dann wäre beides das Gleiche und die christliche Lehre würde überhaupt nicht mehr verstanden werden. Denn das Grundprinzip in dieser Lehre ist der Dualismus, also die Trennung von Gott und seiner Schöpfung. Wenn etwas von jemand erschaffen wird, dann ist der Erschaffende nicht auch gleichzeitig das Ergebnis dieses Vorgangs, also nicht die Schöpfung und ist somit getrennt von ihr. Wenn ich ein Haus baue, dann habe ich das Haus erschaffen, aber ich kann nicht gleichzeitig das Haus sein. Also musste in dieser Denkweise ein eigener Begriff für das „geistige“, also den ewig lebenden Teil des Menschen geschaffen werden und so hat man den Begriff "Seele" für den speziell menschlichen unsterblichen Geist erfunden. Und wieder wird alles sehr verwirrend und unklar in dieser dualistischen Sichtweise, weil nun die menschliche Seele immer noch verwechselt werden kann mit einer geistigen Seinsform nicht menschlicher Art, wie z.B. Engel, und somit ist die klare Unterscheidung von Seele und Geist sehr erschwert oder eigentlich schon unmöglich.

All diese leider etwas langatmigen Erklärungen erscheinen mir notwendig, denn nur wenn wir diese Zusammenhänge sehen, werden wir verstehen, warum ich das Wort „Seele“ nicht als das Unsterbliche des Menschen sehe und nicht sehen kann.

Ich habe nun gesagt, was ich nicht als Seele bezeichne. Was ist nun die **Seele** in meiner Definition?

Intellekt und Seele könnten – zumindest nach der dualistischen Sichtweise - als Gegensätze betrachtet werden. Sie gehören jedoch in Wirklichkeit zusammen, sie ergänzen sich und sind somit keine echten Gegensätze (Betonung auf „gegen“), sondern Entsprechungen. Und damit sind wir mitten im Thema der Polarität. Ich werde jedoch dem Begriff der

Polarität noch ein eigenes Kapitel widmen und will mich jetzt in diesem Kapitel überwiegend um die Definitionen von den Begriffen „Seele“, „Geist“ und „Liebe“ bemühen. Nachdem Intellekt und Seele Entsprechungen sind, müssen wir nun den Begriff des Intellekts in die Betrachtung mit hinein nehmen. Allerdings geht es hierbei weniger um eine Definition, denn man kann wohl davon ausgehen, dass dieser Begriff klar verstanden und definiert ist. Nicht jedoch der Begriff Seele. Jedoch wegen des polaren, als des sich ergänzenden Zusammengehörens der beiden Begriffe „Seele“ und „Intellekt“ können wir ein besseres Verständnis bekommen, wenn wir deshalb auch die Entsprechung von Seele, also den Intellekt, immerhin mit in die Betrachtung herein nehmen.

Die moderne Gehirnforschung gibt uns heute wertvolle Hinweise auf unser Verhalten und ganz grundsätzlich auf unser „Menschsein“. Denn durch das Gehirn und seine – nur dem Menschen eigenen und sehr stark ausgeprägten Funktionen – werden wir zum Menschen. Der Mensch hat als besonderes Kennzeichen zwei Gehirnhälften. Beide haben verschiedene Funktionen.

Die <u>rechte</u> Gehirnhälfte hat folgende Funktionen:

Körpersprache-Bildersprache
Intuition-Gefühl
Kreativität-Spontaneität
Sprunghaftigkeit
Neugierde-Spielen-Risiko
Synthese-Überblick
Kunst-Tanz-Musik
Ganzheitliches Erfassen
Zusammenhänge
Raumempfinden

Zusammenfassend kann man auch sagen: Die rechte Gehirnhälfte ist für die intuitiven, mitfühlenden, emotionalen, künstlerischen Erlebnisse und deren Verarbeitung zuständig.

Nun die <u>linke</u> Gehirnhälfte:

Ratio-Logik
Regeln-Gesetze
Konzentration
Analyse-Detail
Wissenschaft

Zeitempfinden
Linearität

Es geht bei der linken Gehirnhälfte insbesondere um das, was wir allgemein mit „Denken" bezeichnen.

Nun haben wir schon eine sehr interessante Feststellung: Die linke Gehirnhälfte ist zuständig für das Denken, also für etwas, das wir im allgemeinen Sprachgebrauch mit „Intellekt" bezeichnen.

Die rechte Gehirnhälfte ist für alles zuständig, was wir im allgemeinen Sprachgebrauch als „Gefühl" bezeichnen.

Ich möchte hier kurz darauf hinweisen, dass in der Psychologie und der Medizin mit dem Wort „Seele" ebenfalls nicht das verstanden wird, was wir im christlichen Sinne als Seele verstehen. Dr. H. Wallnöfner drückt dies so aus: *„Übrigens müssen wir auch abklären, was der Mediziner unter „Seele" versteht. Jedenfalls trennt er den Begriff einmal streng von irgendwelchem religiösen Verstehen der Seele, das je nach Eigenart der Lehre nur ein unsterbliches Etwas umfasst oder – etwa bei den Buddhisten – ein einmaliges, aber immer wiederkehrendes Zentrum eines Wesens, das einmal Mensch, ein andermal ein Tier sein kann, je nach der Summe von Verdienst und Frevel im vergangenen Leben. Kurz zusammengefasst verstehen wir medizinisch unter Seele die „Summe aller Gefühle, Wünsche und Reaktionen, welche die Persönlichkeit des Menschen ausmachen."* [2]

Aus diesem Zitat wird auch ersichtlich, dass die Seele etwas ist, das wir erwerben, ausbilden, auch pflegen können. Ich komme später noch auf diese Entwicklung und Ausbildung der Seele zurück.

Ich habe vorher ganz bewusst auf den „allgemeinen Sprachgebrauch" verwiesen, denn nach heutiger Forschung ist auch die Emotion ein Teil des Intellekts. Es ist nur eine ganz andere Art von Intelligenz. Bleiben wir jedoch bei dem, was wir den „allgemeinen Sprachgebrauch" nennen, denn hier wird einiges – wenngleich wissenschaftlich nicht ganz richtig – etwas verständlicher. Denn das, was die rechte Gehirnhälfte aufnimmt und bearbeitet und somit erschafft oder ausbildet, das ist das, worauf ich nun hinaus will: unsere Seele !

Um einem möglichen Missverständnis vorzubeugen, möchte ich erwähnen, dass man nun nicht annehmen darf, dass jemand, bei dem die linke Gehirnhälfte mehr aktiv ist als die rechte, besonders intelligent sein muss. Wie intelligent ein Mensch ist, das ist nicht nur dadurch gegeben, dass jemand die für den Intellekt zuständige Gehirnhälfte aktiver nutzt. Denn seine Veranlagung, also der Rahmen in dem sich dieser Mensch bei

---

[2]Siehe: Univ.-Med.Dr. H. Wallnöfer: „Seele ohne Angst - Experten zur Sache"

der Benutzung seines Gehirns bewegt, kann größer oder nicht so groß abgesteckt sein. Wer diese Gehirnhälfte aktiver benutzt, wird lediglich alles mehr im intellektuellen Bereich beurteilen und erleben. Er ist „intellektuell ausgerichtet“. Ob die Leistungen dann auch entsprechend sind, ist eine andere Frage. Dasselbe gilt für die rechte Gehirnhälfte. Wer diese aktiver benutzt, hat nicht automatisch ständig intuitive Eingebungen oder muss nicht unbedingt ein großer Künstler sein. Es sagt nur aus, dass dieser Mensch sich mehr auf diese Dinge verlässt und sie wichtiger nimmt. Dadurch ist selbstverständlich dadurch mehr Möglichkeit zur Ausbildung solcher Eigenschaften gegeben. Also bitte nicht meinen, dass jemand, der mit der rechten Gehirnhälfte arbeitet, deshalb ein weniger intelligenter Mensch sein muss und umgekehrt!

Nehmen wir uns jedoch noch einen Augenblick Zeit und betrachten wir die linke Gehirnhälfte und was diese erschafft oder ausbildet: den Intellekt. Und nun sehen wir eine Ähnlichkeit zwischen Seele und Intellekt: Beides bedarf der Ausbildung und Formung. Zwar sind die Anlagen sowohl für Intellekt wie auch für die Seele in jedem Menschen vorhanden, jedoch ist die Anwendung beider Gehirnhälften und somit die Ausprägung von Intellekt und Seele ein Lernprozess. Dieser kann bewusst erfolgen oder auch unbewusst, z.B. durch umweltbedingte Umstände.

Nun muss ich noch auf etwas hinweisen, was ebenfalls anatomisch im Gehirn vorhanden ist: Der Corpus Callosum. Dies ist eine Brücke, eine Verbindung der linken und rechten Gehirnhälfte. Hätten wir diese Verbindung nicht, dann könnten wir die Funktionen der beiden Gehirnhälften nicht koordinieren. Würde man diese Brücke operativ durchtrennen (was tatsächlich zur angeblichen Heilung von Epilepsie-Patienten früher gelegentlich gemacht wurde und was sich als großer Irrtum erwiesen hat), dann würden diese Menschen sehr einseitig werden und entweder in ganz extremer Weise nur die rechte oder nur die linke Gehirnhälfte benutzen, denn ein Austausch kann dann nicht mehr stattfinden. Eine dieser beiden Hälften würde die Oberhand gewinnen und die andere Gehirnhälfte würde nicht mehr zum Zuge kommen. Es scheint so zu sein, dass viele Menschen von Natur aus auf die vermehrte Benutzung von einer der beiden Gehirnhälften ausgerichtet sind. Wird nun der Corpus Callosum durchtrennt, dann übernimmt sehr wahrscheinlich diejenige Hälfte die Alleinherrschaft, die vorher schon dominant war. Allerdings ist noch nicht bewiesen, dass es tatsächlich Anlagen bedingte Dominanten gibt, oder wenn es sie gibt, wie weitreichend sie sind. Denn der Gebrauch jeder Gehirnhälfte kann geübt werden und dadurch ist es schwierig, einen Nachweis zu erbringen, wie viel nun erworben und wie viel Anlagen bedingt schon da war. Auch muss man in Betracht ziehen, dass ein Individuum zwar die Entwicklung seiner Seele willentlich fördern kann, meisten jedoch wird die Erziehung und die Umwelt die Hauptrolle spielen. Ich werde gleich den Gedanken der Vererbung nochmals aufgreifen. Vorher möchte ich nur noch den kurzen Hinweis geben, warum ich dieses Kapitel mit „Die seelenlose Gesellschaft" überschrieben habe.

Eine Gesellschaft kann so ausgerichtet sein, dass sie bestimmte Eigenschaften mehr fördert oder als wichtiger betrachtet als andere. Wenn wir nun unsere westliche Gesellschaft betrachten, dann wird sehr schnell klar, dass wir die Eigenschaften der linken Gehirnhälfte (also das Denken, den Intellekt) als besonders wichtig einstufen. Die Seele bleibt dabei auf der Strecke. Wir haben uns zu einer seelenlosen Gesellschaft entwickelt. Oder, etwas abgemildert ausgedrückt: Zu einer Gesellschaft, die wenig Wert auf die Seele legt, jedoch viel auf den Intellekt.

Wenn wir die Eigenschaft der beiden Gehirnhälften in Betracht ziehen, dann wird sehr schnell erkennbar, dass die Seele als ewig lebende Wesenheit, wie sie in der christlichen Lehre gesehen wird, nichts mit dem zu tun haben kann, was die rechte Gehirnhälfte entwickelt. Es ist somit zum Verständnis dieses Buches von großer Wichtigkeit, dass wir immer daran denken, dass der Begriff „Seele" nicht so wie im religiösen Kontext verstanden wird.

Ich habe in diesem Kapitel schon davon gesprochen, dass die Seele ausgebildet oder entwickelt wird oder werden kann. Ich möchte nun etwas mehr darauf eingehen.

Es ist ohnehin klar, dass wir durch Lernen und auch durch die Umwelt den Intellekt fördern und mehr entwickeln können und dies weiß und versteht Jeder. Bei der Seele ist es nicht anders. Alles was für den Intellekt gilt, kann in entsprechender und vergleichender Weise auch für die Seele gesagt werden. Und nun komme ich auf die Frage nach der Vererbung zu sprechen.

Ich denke, es ist keine Frage, dass uns bezüglich des Intellekts von Geburt an ein bestimmter Rahmen vorgegeben ist. Ob wir nun innerhalb dieses Rahmens im untersten möglichen Niveau bleiben oder ob wir weiter gehen und mehr entwickeln, das liegt offensichtlich an der Umwelt, an der Förderung im Kindesalter und sogar während des ganzen Lebens. Wer nicht gefördert wird oder in einem Turm gehalten wird, wie dies bei dem bekannten Fall von Kaspar Hauser war, der bis zum Erwachsenenalter eingesperrt war und keinerlei Kontakte zur Außenwelt hatte, wird nicht viel oder gar kein intellektuelles Wissen haben. Trotzdem kann so ein Mensch intelligent sein, wenngleich diese Anlage in so einem Falle schlummert. Aber – wie bei Kaspar Hauser zu sehen war – wird er auch im Erwachsenenalter noch viel lernen können und dann kaum einem anderen

Menschen nachstehen. Die Kapazität ist somit in gewisser Weise vorgegeben, aber nicht das, was wir (oder unsere Umwelt) daraus machen.

Ganz ähnlich ist es nun auch mit der Seele. Wenn sie nicht gepflegt und angeregt wird, dann wird sie verkümmern oder sich nur sehr gering entwickeln.

Wie man den Intellekt anregt und wie man intellektuell lernt, ist bekannt. Wie aber lernt man, die Seele zu entwickeln?

Selbst schon diese Frage zeigt, wie wenig wir westlichen Menschen überhaupt von der Seele wissen und wie wenig wir Wert darauf legen, sie auszuprägen und zu fördern. Wir wissen viel vom Intellekt und wenig bis gar nichts von der Seele. Auf die Auswirkungen von diesem Verlust werde ich in späteren Kapiteln noch mehrmals zurückkommen. Nun aber zurück zur Frage, wie man die Seele ausprägen und entwickeln kann.

Ich sprach schon davon, dass wir alle wissen, wie wir den Intellekt fördern. Lesen, Schreiben, Rechnen gehören dazu. Viele Spiele, die wir unseren Kindern anbieten, sprechen den Intellekt an. Selbst wenn es so einfache Spiele sind wie Bauklötze. Wir lernen mit diesem Spiel die Konstruktion eines Bauwerkes, wir lernen zwei oder mehr dieser Bauklötze aufeinander zu setzen, ohne dass das Gebäude einstürzt. Dies sind intellektuelle Fähigkeiten. Allerdings können oder könnten in solche Spiele auch die seelischen Momente mit hinein spielen. Es geht ja bei dem Turm, den das Kind baut, nicht nur darum, dass er stabil steht. Das alleine wäre die intellektuelle Seite. Es könnte aber auch darum gehen, dass die Bausteine nach Farben geordnet werden und somit ein Turm entsteht, der auch noch ein farbiges Muster aufweist und „schön“ aussieht. Außerdem kann aus dem Turm schnell eine Mauer werden mit Bögen und Fenstern und aus der Mauer wird ein Haus. Damit wird die Phantasie angeregt. Aber es kann noch weiter gehen: In dieses Haus könnten dann die Puppen einziehen oder es können auch imaginäre Gestalten darin hausen, Zwerge und Feen. Gestalten, die das Kind sich in seiner Phantasie vorstellt. Hier kommen dann die seelischen Entwicklungen mit in das Spiel hinein. Ein Kind, das nur immerzu aufbaut und dann den Turm oder das Gebäude nur wieder zerstört, übt nur die rein technische, also die intelligente Seite des Spiels und regt somit nur diese Entwicklung an, jedoch nicht die seelische Komponente, welche erst durch das weitere Spiel entwickelt werden könnte. Eltern könnten hier sehr viel beeinflussen, wenn sie sich über diese Zusammenhänge klar wären.

Wenn wir nun betrachten, wie wir heute unsere Kinder erziehen und welche Spielmöglichkeiten wir ihnen anbieten, dann wird sehr schnell klar, dass für eine seelische Entwicklung kaum noch Raum ist. Computerspiele und Fernsehen fördern den Intellekt, aber nicht die Seele. Und nicht einmal den Intellekt in umfassender Weise, sondern hauptsächlich nur in einseitiger Weise wird die schnelle Reaktion und die Merkfähigkeit geübt. Die Kombinationsfähigkeit und die Anwendung ohne ein Vorbild (also ohne das vom Fernsehen abgeschaute und angelernte Verhalten) wird nicht angeregt. Vom Inhalt vieler Fernsehprogramme mit den vielen aggressiven Eindrücken will ich erst gar nicht reden. Und wenn die Eltern dann sogar noch sagen: „Das ist ja nicht die Wirklichkeit, sondern nur eine Geschichte und Schauspielerei“, dann verharmlosen sie diese Dinge. Bei einem solchen Verhalten geht der Schuss nach hinten los. Die Kinder werden abgestumpft für aggressives und sogar kriminelles Vorgehen, wenn sie so etwas sehen dürfen. Denn Kinder lernen nicht nur vom Sehen, sondern in erster Linie durch die Nachahmung. Gerade die Gefahr des Nachahmens ist bei gewalttätigen Szenen im Fernsehen sehr gefährlich. Man kann dies gar nicht oft genug erwähnen und sollte ständig darauf hinweisen, um endlich ein Ende dieser sehr schädlichen TV-Sendungen zu herbei zu führen. Wenn man ein Kind aggressive Handlungen sehen lässt, dann wird das immer negative Folgen haben, auch wenn wir sagen, es sei harmlos und nur ein Spiel. Weil die Abfolge der Bilder am TV so schnell ist und dadurch diese vielen Eindrücke nur noch oberflächlich erfasst werden, sodass Kinder dies gar nicht intensiv verarbeiten können und sie deshalb die Zusammenhänge oft gar nicht verstehen, deshalb ist das Fernsehen und natürlich auch die Computerspiele für Kinder wirklich schädlich. Die aggressiven Szenen werden deshalb möglicher Weise oft gar nicht intensiv oder bewusst erlebt, jedoch trotzdem noch als ein aggressives Handeln. Gerade was ins Unterbewusstsein eingeht, das hat die größten Auswirkungen. Würden wir alles wirklich ganz bewusst aufnehmen, dann würden wir sehr wahrscheinlich nicht alles so gelassen hinnehmen, wie das heute meistens der Fall ist. Die Aggression kann sich somit (ob nun bewusst oder auch unbewusst) einprägen und kann dazu führen, dass die Kinder dann auch aggressiv werden. Dass dies heute in hohem Masse geschieht, können wir fast täglich erleben.

Ein Film im Fernseher ist ein extrem schnelles aufeinander Folgen von einzelnen Bildern. Wir sehen diese zwar als bewegte Bilder, sie sind jedoch alles Einzelbilder und unser Gehirn muss diese Einzelbilder ständig als Bewegung verarbeiten. Dies ist eine große Arbeit für unser Gehirn. Es ist mit dieser Arbeit so beschäftigt, dass es die Inhalte gar nicht mehr in allen Einzelheiten erfassen kann. Nur die wichtigsten und intensivsten Vorkommnisse werden erfasst. Selbst Erwachsene können nicht immer alles erfassen und sehen oft Einzelheiten eines Filmes nicht. Bei Kindern ist dies noch viel ausgeprägter. Dadurch gehen viele Dinge bei einem Film verloren, während ausgerechnet die aggressiven Handlungen besonders eingeprägt werden. Beim Fernsehen geht ein wesentlicher Teil des kindlichen Lernens und zwar das genaue Beobachten und das intensive Verarbeiten verloren oder wird nicht gefördert. Das Gehirn wird dagegen sehr einseitig entwickelt auf Schnelligkeit und somit ist das Aufnehmen der feinen Geschehnisse nicht mehr möglich. Es ist interessant zu beobachten, dass heute die jüngere Generation viel schneller spricht als ihre Eltern. Dies kommt daher, dass die modernen Medien (Fernsehen, Computer, Handy, Tablets etc.) sehr einseitig nur das schnelle Aufnehmen, aber leider nicht das intensive emotionale Erfassen und als Folge davon eine weitere sowohl gedankliche, wie auch emotionale Verarbeitung gar nicht mehr stattfindet. Die Menschen werden dadurch emotional immer ärmer. Es gibt psychologische Versuche, die beweisen, dass Menschen, die sich gerade mit einem Computer beschäftigt haben, wenig oder keine Empathie empfinden. Sie sind mit ihrer rein intellektuellen Erfassung der sogenannten „Kommunikationstechnik“ beschäftigt (alles mit der linken Gehirnhälfte!), sodass für menschliches Mitgefühl und seelische Empfindungen gar kein Raum mehr ist. Kinder, die viel Zeit am Fernseher verbringen, haben kein Interesse, sich intensiv mit irgend etwas selbst zu befassen, sie werden sehr oberflächlich in ihrem Tun und sind auch oft sehr fantasielos in ihren Spielen. Fantasievolles Spiel wird nicht gefördert und die Seele wird nicht mehr entwickelt. Dies können die meisten Computerspiele nicht fördern. Zwar lernen die Kinder schnelles Reagieren durch diese Spiele, jedoch ist dies ein extrem einseitiges Lernen. Vielleicht üben sie noch ein wenig die Merkfähigkeit. Beim Texten ist es noch deutlicher. Da üben die Kinder ein extrem schnelles Schreiben, das dazu noch verstümmelt ist, aber der Inhalt des Schreibens ist oft absoluter Unsinn oder zumindest ganz unwichtig. Eine wirkliche Anteilnahme an dem Partner, mit dem sie vermeintlich kommunizieren, ist gar nicht möglich. Leider wird dies meistens überhaupt nicht erkannt und man spielt weiter mit dem Handy und merkt gar nicht, dass uns diese moderne Technik im seelischen Bereich immer mehr verarmt. Wir fördern also in unserem modernen Leben hauptsächlich den Intellekt und den leider auch nur sehr einseitig.

Ja, wenn wir von „Förderung“ sprechen, dann haben wir fast immer automatisch die intellektuelle Entwicklung im Auge. Nur wenige Eltern oder Lehrer werden ein Kind, das phantasievoll spielen kann, viel malt und Geschichten erfindet, bastelt oder liest, als besonders gefördert bezeichnen. "Ein Träumer", wird man sagen und sehr um die weitere Entwicklung besorgt sein. Man wird befürchten, dass es ein solches Kind später einmal zu nichts bringen wird, kein „tüchtiger“ Erwachsener werden und keinen angesehenen Beruf erlernen wird. Wenn ein Kind jedoch in kognitiver Weise lernt, z.B. das Lesen schnell und frühzeitig erlernt, oder gar vor Schulbeginn schon Schreiben kann, denkt man ans Lernen im Sinne von Intellekt und nicht, dass man vielleicht einen Poeten heranwachsen sieht. Auch beim Musizieren denkt man an eine künstlerische Begabung und an den späteren Erfolg im Rampenlicht und wird solch ein Kind gewähren lassen oder sogar ermuntern. Jedoch nur, wenn die kreativen und künstlerischen Fähigkeiten überdurchschnittlich zum Vorschein kommen und einen „Erfolg" vermuten lassen. Man wird eventuell hoffen, dass ein großer Künstler heranwächst. In diesem Falle geht es also mehr um den Ruhm und die Ehre als Künstler und gar nicht darum, dass der Künstler für sich selbst Befriedigung und Freude findet. Also selbst in der Anerkennung der Kunst ist die Tendenz zum Intellekt deutlich zu erkennen. Mit Lernen ist auch immer das schulische Lernen, die Erfüllung der Pflichten, die Ausführung der Hausaufgaben etc. gemeint. Ein Kind, das gerne am Bächlein sitzt und den Libellen zuschaut anstelle seine Hausaufgaben zu machen, wird seinen Eltern große Sorge bereiten, denn es „verspielt" seine Zeit, anstelle etwas „Rechtes" zu lernen. Spiel ist nur dann anerkannt, wenn das Kind intellektuell damit gefördert wird. Dass dieses Kind, das den Libellen zuschaut, auf einer ganz anderen Ebene, nämlich mit der Seele eine Menge lernt, wird überhaupt nicht wahrgenommen und in aller Regel auch nicht gefördert und ermuntert.

Die Mädchen haben es (noch!) in unserer Gesellschaft in dieser Beziehung etwas besser. Man erlaubt ihnen (oder fördert es sogar), mit Puppen zu spielen, weil man das als Vorbereitung für eine spätere Mutterschaft erkennt und positiv bewertet. Man erlaubt also den Mädchen deutlich mehr als den Knaben, ihre seelischen Fähigkeiten zu entwickeln. Allerdings kann man feststellen, dass auch bei den Mädchen diese Spiele und Beschäftigungen immer weniger gefördert werden.

Ein Sohn, der mit Puppen spielt, wird zumindest mit Skepsis betrachtet. Ein Junge wird bei Tätigkeiten, welche die Seele fördern könnten, eher zurückgehalten, gleichzeitig aber gefördert, wenn er in kognitiver Weise (also im Bereich des Intellekts) oder in technischen Dingen etwas leistet oder sich dafür interessiert. Im kognitiven Bereich werden zwar auch die Mädchen ermuntert und gefördert, aber doch immerhin auch noch, wenn sie seelenvolle Dinge tun. Es hat sich heute zwar einiges gebessert, sehr grundlegende Änderungen sind es jedoch nicht. Wenn Sie das nicht glauben sollten, dann empfehle ich Ihnen, in einem Spielwarengeschäft die Kunden zu beobachten und welche Spielsachen die Eltern für die Knaben und welche sie für die Mädchen auswählen! Sie werden zwar hoffentlich einige Ausnahmen finden, jedoch die meisten Menschen verhalten sich immer noch so wie früher und erziehnen Mädchen und Knaben sehr unterschiedlich, obwohl sie sich dessen gar nicht bewusst sind und es sogar ableugnen, wenn man sie daraufhin anspricht.

Ich möchte noch einmal die künstlerisch begabten Kinder erwähnen. Wie schon gesagt, geht es in unserem intellektuell ausgerichtetem Denken auch bei der Kunst um die Anerkennung, um den Ruhm. Anerkennung und Ruhm sind an die Leistung gekoppelt. Es geht also in unserer Gesellschaft in erster Linie um die Leistung, die uns dann Anerkennung und letzten Endes auch einen guten Verdienst einbringt. Zwar wird oft auch davon gesprochen, dass ein Beruf auch Freude machen soll (bitte beachten Sie, dass ich AUCH sagte), jedoch geht der finanzielle Erfolg und auch das Ansehen immer voran. Bei der Musik wird das sehr deutlich. Man erlaubt den Kindern nicht, sich in der Traumwelt der Musik zu tummeln, ihre eigene Musik zu machen, auch wenn das am Anfang nur ein paar dürftige Töne sind. Nur einem einzigen Ton zu lauschen, das Anschwellen und Verhallen, die besondere Eigenart eines jeden Tones zu erforschen, ist ein seelisches Erleben ganz besonderer Art. Wir aber zwängen die Kinder in ein Musikschema. Sie müssen Tonleitern herauf und herunter spielen, vorgegebene Melodien erlernen, die Technik des Spielens üben. Wir ermuntern sie jedoch nicht, die Seele des Instruments kennen zu lernen, das doch eigentlich die Voraussetzung des Verstehens und Liebens dieses besonderen Instrumentes ist. Die Wahl des Instruments ist entsprechend auch sehr willkürlich und von äußeren Umständen bestimmt. Wenn schon ein Klavier im Hause ist, dann muss das Kind dieses Instrument erlernen, selbst wenn es viel lieber eine Trommel schlagen würde. Freilich ist es sicher in höchstem Maße befriedigend und auch für die Seele gut, wenn durch fleißiges Lernen ein Instrument wirklich gut gespielt werden kann, jedoch sehe ich nicht ein, dass dies nur durch einseitig intellektuelles Lernen möglich werden sollte. Es könnte sich sehr wohl die seelische Seite mit der intellektuellen paaren und somit ein wirklich wunderbares Ergebnis erzielen.

Eine intakte Familie könnte der ideale Nährboden sein, um bei einem Kind die seelische Entwicklung zu ermöglichen und zu fördern. Leider sind die heutigen Familien oft nicht mehr intakt. Selbst wenn die Eltern nicht (oder noch nicht!) geschieden sind, erfolgen nur noch wenige Interaktionen, da jeder für sich lebt. Man wird von der Karriere und am Feierabend vom Computer oder Fernsehen so beansprucht, dass für eine gemeinsame Unternehmung oft gar keine Zeit mehr vorhanden ist. Sicherlich wäre sie vorhanden, nur wird diese Zeit lieber für andere Dinge genutzt, wie z.B. der soeben erwähnte Computer oder Fernsehen. Kinder kleben dann an ihren Computerspielen und die Zeit vergeht rasend und der Tag geht dahin, ohne nennenswerte gemeinsame Unternehmungen. Selbst beim Essen ist man nicht immer beisammen. Dabei wäre ein gemeinsames Mahl die ideale Zeit, sich in entspannter und friedlicher Atmosphäre auszutauschen. Eltern und Kindern könnten ihre Erlebnisse des Tages berichten und die Eltern gegenseitig natürlich auch. Dabei ist es gut, wenn die Kinder auf diese Weise auch an den Erlebnissen der Eltern teilnehmen. Ja, sogar Sorgen und Probleme sollte man offen besprechen und nicht vor den Kindern verbergen. Oft werden aus falsch verstandener Rücksichtnahme diese Dinge vor den Kindern nicht angesprochen. Wie soll jedoch ein Kind lernen, am Leben anderer Menschen und insbesondere von ganz nahestehenden Familienmitgliedern teil zu nehmen, Mitgefühl zu entwickeln und auch lernen, Anteilnahme zu zeigen, wenn sie gar nicht die Gelegenheit haben, zu erfahren, was die Eltern oder auch Geschwister bedrückt? Nur im Teilen auch von unangenehmen Dingen lernt man dies, nicht jedoch, wenn das Kind ständig davon ferngehalten wird. Dann lebt das Kind in der falschen Annahme, den Eltern geht es immer gut und das Leben besteht nur aus angenehmen Dingen. Die Wahrheit ist jedoch anders und Kinder müssen auch dies lernen, wenn sie erwachsen und reif werden sollen. Die Reife kommt nicht automatisch mit dem achtzehnten Lebensjahr, sondern sie entsteht langsam, Jahr für Jahr, Tag für Tag. Es ist ein Lernprozess, der sehr viel Zeit beansprucht. Und auch die Seele braucht ihre Zeit, um vieles aufzunehmen und sich langsam zu formen.

Erwähnen muss ich noch die sehr bedenkliche Entwicklung, dass Kinder schon im ersten Lebensjahr in fremde Hände (z.B. in Kindertagesstätten) gegeben werden. Selbst wenn die Betreuung dort noch so gut ist, so ist sie doch nicht mit dem Leben in einer Familie zu vergleichen. Man meint zwar, dass es richtig ist, dass jedes Kind nun das Recht hat, in eine Kita zu gehen, jedoch ist die finanzielle Entschädigung für solche Mütter, die ihr Kind lieber selbst erziehen wollen, bei Weitem nicht ausreichend, um dies als echte Alternative zu sehen.

All diese bedenklichen Entwicklungen werden sich in einigen Jahren bemerkbar machen und sich dann erst als unrichtig erweisen. Im Moment ist es den meisten Menschen noch wichtig, dass beide Eltern arbeiten können und genug Geld verdienen, um all die schönen Dinge, die wir heute zu brauchen meinen, kaufen können. Finanziell zurückstehen will natürlich auch niemand, denn der allgemeine Wohlstand ist nun mal sehr hoch, selbst wenn mir jetzt viele Leserinnen und Leser widersprechen werden. Um den Wohlstand zu bemessen, sollten wir mal wirklich arme Länder betrachten und uns nicht nach unserem hohen Lebensstandard ausrichten. Aber auch dies alles hat damit zu tun, dass wir uns einseitig entwickelt haben und die Seele und alles was damit zusammen hängt nicht mehr hoch schätzen, zu Gunsten der materiellen Errungenschaften.

Leider ist nicht nur die heutige Familie kaum noch ein Ort, um die Seele auszubilden, sondern unsere ganze Gesellschaft hat das Wissen über die Seele verloren. Das Geld verdienen und der Wettbewerb in allen Lebensbereichen ist so bestimmend, dass die seelische Seite immer weiter verdrängt wird. Zum Glück gibt es auch einige Ausnahmen, Schulen und Lehrer zum Beispiel, die sehr stark die Kreativität fördern, sich bemühen, eine gute Stimmung und ein harmonisches Umfeld für die Schüler zu schaffen und sich dessen bewusst sind, dass die seelische Entwicklung gefördert werden muss. Ob allerdings Empathie, also Mitgefühl und das Verstehen anderer Menschen in Schule, Kindergarten oder Kita ausreichend gefördert werden, möchte ich anzweifeln. Sicher gibt es Ausnahmen, aber die Regel wird es wahrscheinlich nicht sein. Leider scheint auch der Anteil solcher Lehrer, die wissen, dass man auch die Seele fördern muss, gering zu sein! Zusätzlich wird auch die Zeit fehlen (insbesondere in der Schule), denn die vordringliche Aufgabe wird die Förderung der kognitiven Fächer sein.

Die Entwicklung zu immer mehr und ausschließlicher Intelligenzförderung ist erschreckend. Was sich hier deutlich abzeichnet, ist der fast gänzliche Verlust des Gleichgewichts. Die Polarität zwischen Seele (Yin) und Intellekt (Yang) ist zutiefst gestört. Diese Disharmonie ist der Grund für unsere heutigen Probleme in der Gesellschaft. Daran leiden wir, daran leidet die Welt. Ich werde später auf diesen Verlust der Balance nochmals eingehen.

Die lange Abhandlung dieses Kapitels mögen nun viele Leserinnen und Leser als nicht zum Thema des Buches betrachtet haben. Jedoch geht es hier, wie soeben schon erwähnt, um Yin und Yang (Yin ist die Seele, Yang der Intellekt). Wir sind also mitten im Thema dieses Buche, auch wenn es für Einige vielleicht bisher nicht danach ausgesehen hat.

Ich möchte nun noch einmal auf die Ausbildung und Entwicklung der Seele zurückkommen. Wir haben schon gesehen, wie wichtig es ist, im Kindesalter sowohl die Intelligenz wie auch die Seele zu fördern und zu entwickeln. Was im Kindesalter versäumt wurde, wird später sehr viel schwieriger zu erreichen sein. Ich habe schon gesagt, wie wichtig das kreative Spiel für die seelische Entwicklung ist. Alles, was das Gefühl anspricht, fördert das Wachstum der Seele. Gefühl und Seele haben also sehr viel gemeinsam, ich möchte beides jedoch nicht unbedingt gleichstellen. Gefühl kann auch sehr stark ein nur körperliches Empfinden sein. Taktiles Erleben bezeichnen wir auch als Gefühl, die Berührung der Haut, das Streicheln, Regen und Wind, Kälte und Wärme, Riechen, Schmecken, etc. Dies alles sind Gefühle. Was wir jedoch damit anfangen, wie wir sie verarbeiten in unserem Inneren und was dann daraus entsteht, das ist das, was ich ein seelisches Erleben nenne. Viele Menschen meinen, sie hätten ihr Gefühl gut ausgeprägt. Aber wenn man dann dies ein wenig hinterfragt, dann stellt man fest, dass sie das taktile Gefühl meinen und gar nicht das seelische Erfassen. Oft wird auch davon gesprochen, dass man sehr gefühlvoll ist, aber man meint dann oft nur, dass man eigentlich empfindlich ist und sich leicht und schnell beleidigt fühlt. Dies hat mit der Seele nicht viel zu tun, sondern mehr damit, dass man sich zu wichtig nimmt und somit ist dies eher dass Gegenteil von dem, was ich mit der Ausprägung der Seele meine.

Naturerlebnisse können für die Seele und das seelische Empfinden sehr hilfreich sein. Lassen Sie mich ein Beispiel nennen, um dies zu erklären. Nehmen wir an, Sie kommen unvorbereitet und nicht ausreichend dafür bekleidet in einen kalten Regenschauer. Sie werden frieren und sich ärgern, dass Sie sich nicht ausreichende Kleidung besorgt haben oder werden auf sonstige äußere Umstände ihren Unmut schieben. Sie könnten aber auch die Erfahrung des Regens bewusst herausfordern, sich vielleicht sogar nackt in den Regen stellen, um zu spüren, welches Gefühl dieser Regen in Ihnen hervorruft. Ich erinnere mich daran, dass ich als Jugendlicher vor sechzig Jahren mich absichtlich nackt in den frisch gefallenen Schnee gelegt habe. Diese Erfahrung war großartig und ich kann mich heute noch gut daran erinnern, obwohl es schon so lange her ist. Ich würde dies als eine seelische Erfahrung bezeichnen: das intensive und direkte Kennen lernen der Naturerscheinung "Schnee". Gleichzeitig ist es natürlich auch eine körperliche Erfahrung, denn Körper, Seele, Spirit und das Bewusstsein unserer Individualität lassen sich nicht trennen. Leider haben wir die Selbstverständlichkeit dieser Einheit weitgehend verloren und denken in Kategorien anstelle in der Ganzheit. Aber zurück zum Erlebnis mit dem Schnee und der seelischen Empfindung. Warum ich mich heute noch so gut an diese Gefühle erinnern kann, ist damit zu erklären, dass ich nicht nur das Fühlen des Schnees direkt (dies ist das überwiegend rein körperliche Empfinden) erlebte, sondern meine Verarbeitung des Gefühls oder meine Empfindung das ist, was mir so intensiv und lange im Gedächtnis blieb. Diese Verarbeitung ist es also, die ich das seelische Empfinden nenne. Jedoch ist Verarbeitung alleine nicht alles. Es gibt auch seelische Eindrücke, die direkt aus der spirituellen Welt kommen können, oft im Zustand des Halbschlafes oder unter besonderen Umständen. Über die spirituelle Welt oder die spirituelle Seinsform werde ich später noch ausführlich schreiben.

An diesem Beispiel mit dem Schnee wird auch zusätzlich noch deutlich, dass Naturerlebnisse ganz besonders unsere Seele formen. Hier gibt es unzählige Beispiele und ich möchte nur einige davon erwähnen: Legen

Sie sich an einem warmen Sommertag auf eine Blumenwiese, nehmen Sie den Geruch der Erde wahr, des Grases, der Blumen, lauschen Sie auf das Summen der Bienen, beobachten Sie das vielfältige Volk der Insekten. Oder legen Sie sich unter einen Baum, schauen Sie in das hohe Blätterdach hinein, beobachten Sie den Zug der Wolken, das tiefe Blau des Himmels, fühlen Sie sich Eins mit dem Baum, der Ihnen den Schatten gewährt und beobachten Sie die Lichtspiele in seinen Blättern, erfassen Sie die Stärke und das Alter des Baumes, das Rauschen des Windes in der Krone. Oder setzen Sie sich an den Strand, lauschen Sie den Wellen und dem Geschrei der Möwen, laufen Sie barfuss auf unserer Mutter Erde. Oder gehen Sie bewusst im Regen oder im Schnee spazieren, erleben Sie den Sturm, das Toben der Naturgewalten, etc. Geben Sie sich diesen Eindrücken hin. Nicht nur ein schneller Blick oder ein Foto vielleicht. Verzichten Sie einmal bewusst auf das Foto und versuchen Sie statt dessen, das Erlebnis in Ihrer Seele aufzunehmen und zu bewahren. Ein Foto ist nur eine Momentaufnahme, nicht die ganze Stimmung. Sie werden lernen, diese Dinge so intensiv aufzunehmen, dass Sie ein Foto nicht mehr – oder nur noch sehr selten - brauchen werden. Geben Sie sich den Eindrücken hin, liefern Sie sich ihnen aus. Lernen Sie zu lauschen, zu riechen. Werden Sie achtsam auf alles, was um Sie herum vorgeht. Und beachten Sie auch die Stille, wenn Sie mal an einem wirklich stillen Ort sind. Auch die Stille ist sehr wichtig und ein notwendiger Ausgleich zu unserer ständigen Hetze und dem uns fast immer und überall umgebenden Lärm.

In Bezug auf Lärm möchte ich noch erwähnen, dass heute immer und überall jede Stille absichtlich mit dem Radio unterbunden wird. Ob im Kaufhaus, ob im Wartesaal des Arztes oder in der Arbeitswelt, immerzu wird man berieselt von Musik, auf die eigentlich gar niemand wirklich achtet. Aber sie muss da sein, damit man gar nicht mehr auf die Idee kommt, selbst ein wenig zu denken, zu beobachten. Ständig lenken wir uns selbst ab von der Stille, von der Beobachtung, von seelischen Eindrücken. Ja, seelische Eindrücke kann man auch im Wartezimmer des Arztes oder sogar auf der Baustelle haben. „Seelisch“ bedeutet ja nicht nur, dass es schön und angenehm sein muss. Die Welt und unser Leben ist nun mal nicht immer nur schön und angenehm.

Es gibt nicht mehr viele Menschen, die sich die Zeit nehmen, diese genannten Dinge wirklich intensiv und mit innerer Hingabe zu erleben. Das Leistungsdenken unserer Zeit hat uns eine innere Hektik beschert, die wir sehr schlecht ablegen können. Um alles, was um uns herum vorgeht, erleben zu können, erfordert das Ausbilden und Vorhandensein der Seele. Je mehr wir dann seelische Erlebnisse haben, umso mehr werden wir unsere Seele weiter ausbilden und wiederum mehr solche Erlebnisse in unserem Inneren aufnehmen. Irgendwann müssen wir anfangen, aus dem Stress, der uns durchs Leben peitscht, auszusteigen. Wenn wir als Kind ermuntert wurden, ruhig zu spielen, Dinge in uns aufzunehmen, werden wir es als Erwachsene leichter haben, uns wieder der Seele zuzuwenden. Wenn wir aber nur angehalten wurden, zu lernen im intellektuellen Sinne, dann werden wir es schwerer haben. Oder wenn wir schon im jungen Kindesalter mit Hilfe von Computern lernen oder sie auch als Spielzeug bekommen haben oder als günstigen Babysitter, dann ist keine Zeit mehr für die Seele da. Ganz schlimm ist die ständige suchtähnliche Verwendung des Handy. Die meisten Menschen sind fasziniert von all dieser Technik und vergessen darüber, dass es auch noch was Anderes geben könnte. Bei den meisten jungen Menschen ist dies schon eine Sucht. Seelische Fähigkeiten werden dann verschüttet sein oder schlummern und wir werden vielleicht gar nichts davon wissen. Hier liegt natürlich ein Hauptproblem. Mit Menschen über die Seele zu sprechen, die gar nicht wissen, dass es so etwas gibt, das ist so, wie einem Blinden von der Farbe zu erzählen. Wenn wir also eine Gesellschaft sind, welche die Seele schon gänzlich verloren hat, dann ist es schwer, von der Seele zu reden. Aber ich hoffe, dass noch nicht alles verloren ist und wir noch irgendwo eine Stelle finden, an der wir anknüpfen und weitermachen oder sogar neu beginnen können.

Menschen, welche die seelischen Fähigkeiten verloren oder gar nicht erst entwickelt haben, scheinen trotzdem in ihrem Unterbewusstsein eine tiefe Sehnsucht nach seelischen Erlebnissen zu haben. Da sie aber gar nicht mehr wissen, was Seele eigentlich ist und weil sie auch keine oder nur wenige Möglichkeiten in ihrem modernen, hektischen und dem Natur fernen Leben haben, oder weil die Benutzung der vielen technischen Möglichkeiten schon zur Sucht geworden ist, denken sie gar nicht daran, die seelischen Fähigkeiten auszubilden und suchen statt dessen nach einem Ersatz. Viele kommen deshalb zu Drogen. Sie erkennen aber nicht, dass sie einen Ersatz für fehlendes Seelenerleben suchen. Diese Dinge geschehen im Unterbewusstsein. Der Begriff „Droge“ ist für mich sehr weitreichend, also z.B. kann das auch der Geschwindigkeitsrausch sein, bewusst herbeigeführte Gefahrensituationen (beispielsweise beim Sport und in der Freizeit – Stichwort: Adrenalinrausch!) und ähnliche Dinge. Unter Drogeneinfluss glauben viele Menschen spirituelle Erfahrungen zu machen. In Wirklichkeit sind diese Erfahrungen die eigene Fantasie, die durch die Droge gefördert wird, oder direkte Halluzinationen, die von den chemischen Substanzen der Droge hervorgerufen werden. Mit wirklicher Spiritualität hat das nichts zu tun, auch wenn Drogenbenutzer dies vehement abstreiten. Hier liegt eine der Gefahren beim Drogenmissbrauch: der Realitätsverlust!

Es ist keine Frage, dass die Zunahme des Drogenmissbrauchs Gründe in unserer Gesellschaftsstruktur hat und die moderne, technisierte, künstliche, lieblose und leistungsorientierte Zeit daran Schuld ist. Der Verlust der Seele hat seine Ursache weitgehend in eben dieser modernen Zeit und somit ist dies auch die Ursache für den Drogenmissbrauch.

Aus all dem Gesagten ersehen wir, wie schwierig es ist, den Begriff „Seele" zu definieren. Lassen Sie mich als Zusammenfassung folgendes sagen: Der Intellekt und die Seele sind Entsprechungen, es ist Yang (Intellekt) und Yin (Seele). Beide sind gleichwertig und gleich wichtig für die gesunde und ausgeglichene Entwicklung eines Menschen und für die Gesellschaft.

Mit dem Intellekt erforschen wir die materielle Welt. Wir lernen diese Welt kennen, wir erfahren sie. Die Wissenschaften beschäftigen sich mit der Erforschung dieser Welt. Wir erforschen den Kosmos, die Planeten, die Galaxien. Wir erforschen den Mikrokosmos, lernen die Welt bis in die kleinsten Details kennen, Atome, Moleküle, Gene, etc. - Mit der Seele erforschen und erfahren wir die spirituelle Welt, die nicht sichtbare Welt, einschließlich unserer eigenen „inneren" Welt, die Welt unserer Gefühle. Diese Welt ist nicht die Welt des Denkens, sondern des Erlebens mittels eines anderen Werkzeugs: des Gefühls und der Intuition. So, wie wir den Intellekt entwickeln und damit gewissermaßen als Werkzeug benutzen können, um die materielle Welt erleben und erfassen zu können, so wäre die Seele, die wir ebenfalls ausbilden und fördern könnten, das Werkzeug für das Erleben, Verstehen und Erfassen der spirituellen Welt. Ohne Intellekt könnten wir die materielle Welt nicht erkennen und nicht verstehen. Ohne Seele können wir die spirituelle Welt nicht erkennen, nicht erleben. Weder die Seele noch den Intellekt dürfen wir total unterdrücken, weder überbewerten noch unterbewerten, sondern Beides sollte im ständigen Gleichgewicht sein. Wenn wir eines von den Beiden überbewerten, dann wird ganz automatisch für das Andere nicht mehr viel Raum bleiben oder wird gar nicht ausgebildet.

Die irreführenden Begriffe über Geist, Seele und auch Liebe macht es deutlich, dass wir uns schon aus diesen Gründen sehr schwer verstehen können. Das Wort „Verstehen" selbst ist es wert, einmal auch über dieses Wort selbst nach zu denken. Wenn wir etwas **verstand**en haben, dann hat dies mit dem Erfassen mit dem Verstand zu tun, wie das Wort ziemlich eindeutig ausweist. Wenn wir jedoch sagen, jemand hat uns nicht verstanden, dann meinen wir meistens gar nicht, dass uns dieser Mensch verstandesmäßig nicht verstanden hat, sondern meistens meinen wir das gefühlsmäßige Erfassen unserer Situation. Ganz besonders bei auseinander brechenden Beziehungen sagen wir oft: „Er oder sie hat mich nicht verstanden“. Wir meinen dann eigentlich immer, dass wir in unseren Gefühlen nicht verstanden wurden, es ist dies also ein nicht verstandesmäßiges Problem. Ohne Seele können wir uns leider nicht in diesen Gefühlsbereichen „verstehen“. Das richtige Wort hierfür wäre ohnehin „mitfühlen“ und nicht „verstehen“, denn diese Art des seelischen Verstehens hat ja mit dem Verstand nichts zu tun. Aber wenn wir sehen, wie wir diese Worte durcheinander werfen, dann müssen wir uns nicht mehr wundern, wenn die Verständigung nicht mehr klappt!

Abschließend für dieses Kapitel noch die Frage: Wie soll man ein Kind anhalten, seelische Fähigkeiten zu entwickeln?

Wenn Eltern rastlose Menschen sind, die nicht einmal mehr im Urlaub die Muße haben, still am Strand oder an einem See, auf einem schönen Platz im Gebirge oder im Wald zu sitzen, sondern nur immer aktiv (Yang) sein müssen, dann wird das Kind nicht sehr viel anders werden. Es sind natürlich nicht nur die Eltern, die auf ein Kind einwirken, es ist die gesamte Umgebung, in der das Kind aufwächst. Wenn ich mich an meine eigene Kindheit zurück erinnere, dann muss ich feststellen, wie ganz anders die Umwelt früher war. Wir hatten noch nicht das Fernsehen und auch noch nicht diese Fülle von technischen Spielsachen, die wir heute in großer Menge in den Kinderzimmern vorfinden. Natürlich hatten wir auch noch keinen Computer, kein Handy und all diese vielen fast jährlich neu erscheinenden technischen Möglichkeiten der sogenannten “Unterhaltung“ und der Ablenkung im Gefühlsbereich. Das Wort “Unterhaltung“ zeigt sehr deutlich, dass wir von Außen etwas brauchen, nämlich diese Unterhaltung, weil wir in unserem Inneren leer und hohl geworden sind. Statt all dem haben wir früher mit einer Horde von Kindern viel im Freien gespielt, Ballspiele und viele andere Spiele, die heute vergessen sind. Es waren uralte, von den älteren Kindern an die jüngeren weitergegebenen Spiele, viele mit Gesang und fast möchte ich sagen, mit einem rituellen Ablauf verbunden. Diese Spiele regten die Phantasie an, ließen Riesen und Zwerge erscheinen, Hexen natürlich auch, vor denen man dann davonlaufen musste. "Mutter, gib mir ein Butterbrot" war so ein Spiel. Das Kind, das die Mutter spielte, sagte dann, man solle in den Keller gehen, um sich die Butter zu holen. Dort saß aber dann die Hexe, vor der man immer wieder aufs Neue erschrecken musste (und auch wirklich erschrak, obwohl man doch wusste, dass es nur die Anna von nebenan war!). Die Gesänge und Verse in diesen Spielen hatten eine unglaubliche Kraft, die wohl aus einem - sicherlich unbewussten - spirituellen Verständnis kamen. Man kann natürlich auch sagen, dass daraus gleichzeitig ein spirituelle Verständnis erwuchs, so wie früher die Erzählungen der Märchenerzähler und Barden die Menschen formte.

Dann haben wir natürlich viel gebastelt mit den Gaben der Natur, mit Zweigen und Blättern, haben Pfeifen aus Weiden gemacht u.Ä. Welche Kreativität und Freude dabei entstanden ist, kann ein Kind heute nicht mehr nachempfinden. Wenn wir heute unseren Kindern diese seelischen Erlebnisse nicht mehr vermitteln können, so ist das nicht nur die Schuld der Eltern. Es ist die Schuld von uns allen, die Schuld der Gesellschaft. Eigentlich sollte man nicht "Schuld" sagen, es ist vielmehr eine Zeiterscheinung. Die Entwicklung der Technik und die daraus resultierende Lebensweise hat dies alles bewirkt. Es ist mit uns etwas geschehen, das uns rastlos und ratlos sein lässt. Wir wissen nicht, wie wir das alles ändern sollen. Aber wollen wir es denn wirklich ändern? - Es gibt zwar einige Eltern, die den Kindern keinen Fernseher bieten. Trotzdem gehen die Kinder dann zu Freunden, es lässt sich kaum vermeiden, dass sie mit der allgemeinen Entwicklung von heute nicht konfrontiert werden. Die Zeit hat nun einmal diese Veränderungen gebracht. Und leider gilt das Wort von Goethe: „Die Geister, die ich rief, werd ich nicht mehr los!“ Ja, los werden wir die Technik wohl nicht so leicht. Aber wir sollten versuchen, ihr den richtigen Platz einzuräumen, damit sie nicht unser Leben von Morgens bis Abends beeinflussen kann und dass dann auch wieder Raum für unsere Seele sein kann.

3. Kapitel: Vom Dualismus zur Polarität

Yin und Yang ist der Ausdruck der Polarität. Das Verständnis der Polarität ist uns westlichen Menschen zu Gunsten des Dualismus verloren gegangen und somit auch das Verständnis über Yin und Yang. Bevor ich die Entwicklung vom Dualismus zur Polarität untersuche, will ich nochmals die Grundsatzgedanken „Was ist eigentlich die Polarität" im Gegensatz zum Dualismus aufgreifen. Sehr oft wird Dualismus und Polarität verwechselt. Besonders frühere Philosophen kennen keinen Unterschied zwischen Polarität und Dualismus. So hat der Philosoph C.A. Eschenmayer (1768-1852) folgendes geschrieben: »*Es gefiel Gott wohl, ein Geisterreich zu ordnen und demselben ein Naturreich gegenüberzustellen, beide aber durch ein Drittes zu vermitteln*« - Hier wird von der dualistischen Weltsicht ausgegangen. Nämlich: die Geistwelt wird von Gott geordnet (Gott selbst ist ein Teil dieser Geistwelt) und der Geistwelt ist ein Naturreich gegenüber gestellt. Hier wird nicht von Gleichheit oder gar von einem gegenseitigen Bedingen ausgegangen. Das Vorhandensein eines Gottes, der die Welt erschafft, macht ein sich gegenseitiges Bedingen oder gar ein sich gegenseitiges Erschaffen unmöglich. Trotzdem spricht Eschenmayer später noch von Polarität. Aber ebenso auch von Dualität. Es wird also nicht unterschieden und alles in einen Topf geworfen. Bei Diskussionen kann man dies auch heute noch sehr oft finden. Nur wenige Leute haben sich jemals darüber Gedanken gemacht, dass hier ganz verschiedene Weltbilder zugrunde liegen. Die Prägung unserer christlich orientierten Gesellschaft ist so stark, dass es wohl sehr schwierig ist, sich überhaupt ein Weltbild vorzustellen, das grundlegend anders ist. Aber heute wird immer mehr erkannt, dass hier grundlegende Unterschiede bestehen und die Philosophie der Polarität beginnt sich langsam (leider sehr langsam!) im Westen als eine neue Weltanschauung zu formen.

Die neuen Erkenntnisse der Wissenschaft lassen sich sehr leicht mit dem Weltbild nach den Grundsätzen der Polarität vereinbaren, während dies beim alten westlichen Weltbild kaum der Fall ist. Es scheint so, dass sich ein Paradigmenwechsel anbahnt. Langsam zwar und den meisten Menschen noch nicht bewusst, jedoch ohne Frage sind bereits Anfänge zu erkennen, dass sich unser westliches Weltbild ändern wird.

Die Philosophie der Polarität ist schließlich noch relativ jung. Immerhin hat Wikipedia den Begriff schon aufgenommen und wie folgt beschrieben:

Polarität *ist ein Ausdruck der Philosophie für das Verhältnis sich gegenseitig bedingender Größen. Im Unterschied zum Dualismus geht es*

bei der Polarität um ein komplementäres Verhältnis von Gegensätzen. Im deutschen Idealismus, einer philosophischen Strömung, findet der Begriff Polarität besonders Verwendung bei Schelling und Hegel. So spricht Hegel von der Polarität als „von einem Unterschiede, in welchem die Unterschiedenen untrennbar sind“ (in: Hegel, Logik I, 11). Wichtig ist die Aufdeckung einer polaren Struktur in der dialektischen Bewegung aus dem Prinzip von Einheit und Trennung der Gegensätze (vgl. Widerspruch (Dialektik). In der chinesischen Philosophie ist die Polarität (Taiji) ein zentraler Begriff. Insbesondere im Daoismus wird eine Einheit von polaren Gegensätzen (Yin und Yang) besonders betont
(entnommen aus Wikipedia).

In Meyers Lexikon wird der Begriff ebenfalls angeführt, zwar weniger ausführlich, aber immerhin wird der Grundgedanke angesprochen:

Polarität [lateinisch] die, Verhältnis der Gegensätzlichkeit zwischen zwei voneinander abhängigen, sich gegenseitig bedingenden Momenten.

Im Duden wird allerdings immer noch Dualismus und Polarität als dasselbe bezeichnet. Es herrscht also immer noch sehr oft diese bedauerliche Verwechslung vor.

Der Begriff der Polarität ist ursprünglich aus der Physik entlehnt und wurde dann als metaphorische Bedeutung abgeleitet und im philosophischen Kontext verwendet. Goethe dürfte einer der Ersten sein, der die Polarität nicht nur als ein physikalisches Prinzip wertete, sondern sie als philosophischen Begriff, als eine Grundform allen Geschehens in der unbelebten als auch in der belebten Natur betrachtete. Ob er auch schon darüber hinaus eine Polarität von Spirit und Materie erkannt hat, ist nicht ganz leicht nachzuweisen. Allerdings klingen im Faust sehr deutlich – wenngleich in dichterisch verschlüsselter Form – diese ganz neuen und für die damalige Zeit ketzerischen Gedanken an. Goethe tat wohl gut daran, diese Dinge noch nicht allzu deutlich zu benennen, denn die Macht der Kirche hätte ihm ansonsten sehr zu schaffen gemacht. In dichterischer Weise diese Dinge anzusprechen war jedoch möglich und Goethe hat sogar nicht davor zurückgeschreckt, die christliche Sichtweise und insbesondere die Missstände in der Kirche und auch die Kirche als Institution nicht nur „durch die Blume“ anzusprechen und vorsichtig zu kritisieren, sondern hat einige Dinge auch ganz unverblümt ausgesprochen, wie z.B. im Faust: „*Die Kirche hat einen großen Magen, kann unrecht Gut sehr wohl vertragen*“. Mehr über den Faust und die dort vorkommenden Gedanken zur Polarität habe ich in meinem Buch „Besteht Materie ewig?“ behandelt.

Es geht bei der Polarität wie auch im Dualismus um eine Zweiheit. Die Zweiheit ist jedoch schon alles, was beide Philosophien gemeinsam haben. Im Dualismus betrachtet man eine Zweiheit als sich bekämpfende Gegensätze. Zumindest sind sie „gegeneinander" gerichtet und bedingen sich nicht. Sie widersprechen sich und sind somit unvereinbar. „Sich bedingen", was ein Kennzeichen einer Zweiheit bei der Polarität ist, bedeutet jedoch: Das eine kann ohne das andere gar nicht sein. Somit ist das Wort „Gegensatz" für die Beschreibung von zwei Polen bei der Polarität falsch, obwohl auch heute noch oft im Zusammenhang mit der Polarität von Gegensätzen gesprochen wird. Dies ist jedoch sehr irreführend. Besser sollte man die vermeintlichen Gegensätze als Entsprechungen benennen. Beim Dualismus sind zwei Pole getrennt. Bei den Begriffen von Gut und Böse ist es sogar das Ziel, das Böse abzutrennen und nur noch das Gute zu haben. Bei der Polarität kann man jedoch nicht nur eines von zwei Polen haben. Über Gut und Böse als gedankliche Konstrukte spreche ich gleich weiter unten noch ausführlicher.

Typische und allbekannte Beispiele für Polarität sind: heiß und kalt, Tag und Nacht, Mann und Frau, oben und unten, Liebe und Hass, schön und hässlich, Geburt und Tod, Ruhe und Aktivität und dergleichen mehr. Das ständige Wechselspiel und das Zusammenwirken der beiden Pole kann man als die universelle Kraft bezeichnen. Es ist die Ordnung des Universums. Ein ganz wichtiger Unterschied zwischen Dualismus und Polarität ist somit, dass bei der letzteren keiner von zwei Polen wichtiger, höher, besser oder moralisch überlegen ist und dass ein Pol alleine überhaupt nicht vorkommen kann.

Neben dem genannten Unterschied zum Dualismus – nämlich das sich gegenseitige Bedingen in der Polarität - gibt es noch den sehr wichtigen Unterschied, dass es sich bei der Polarität um Tatsachen handelt und nicht um menschliche Wertungen oder Gedankenkonstrukte. Tag und Nacht gibt es, Geburt und Tod gibt es, es sind keine menschlichen Erfindungen. Beim philosophischen und beim religiösen Dualismus jedoch wurden Gedankenkonstrukte erstellt, die eine Sache des Glaubens sind, jedoch keine auf Tatsachen beruhende Erkenntnis. Bei der Polarität dagegen gibt es nichts zu glauben. Wer beobachtet und das Leben, die Natur und überhaupt alles im gesamten Universum betrachtet, der wird das Wesen der Polarität sehen und erkennen. Es sei denn, man ist so von den religiösen Lehren geprägt und lebt so stark im Glauben anstelle in der Realität des Lebens, dass man das Naheliegende und für jeden Menschen Erlebbare gar nicht mehr sehen und erkennen kann oder auch nicht erkennen und sehen will. Das hervor stechendste Beispiel des dualistischen Denkens ist der Glaube an einen Gott, der getrennt von der Materie ist. Gott ist aus dualistischer Sicht die Verkörperung des Guten. Als Gegensatz dazu gibt es in dieser Denkrichtung das Böse. Die Begriffe „Gut und

Böse“ entstammen der menschlichen Wertung. Es gibt „DAS Gute“ und „DAS Böse“ als Substantiv verwendet und somit als eine Wesenheit oder ein Prinzip nicht. Man kann jedoch anderen Menschen oder auch der Umwelt etwas Gutes tun oder Menschen und der Umwelt böse Dinge zufügen. Die Aussage „Es gibt nichts Gutes außer man tut es!“ (Erich Kästner) trifft den Nagel auf den Kopf! Dasselbe kann man natürlich auch für das Böse sagen: „Es gibt nichts Böses, außer man tut es!“ Versuchen Sie mal, den Begriff „Das Gute“ oder auch „das Böse“ als Substantiv zu definieren. Sie werden große Probleme damit haben. Ebenso ist es auch mit der Liebe. Es gibt unzählige Versuche, die Liebe zu definieren und keiner dieser Versuche ist befriedigend. Denn auch „DIE Liebe“ gibt es nicht als Substantiv, als Wesenheit oder als ein Prinzip, sondern nur die Tätigkeit des Liebens. Paulus spricht von der Liebe in seinem Brief an die Korinther im „Hohen Lied der Liebe“: „Die Liebe ist langmütig, die Liebe ist gütig....“. Oder: „Am Unrecht hat sie keinen Gefallen“ und so weiter. Er – und auch viele christlich geprägte Menschen - meinen, er sage somit, was die Liebe ist. Aber das macht alles keinen Sinn. Was Sinn macht, wäre zu sagen: „Wer liebt, der ist langmütig, wer liebt, der ist gütig.“ Oder auch: „Wer liebt, wird dem geliebten Menschen nicht unrecht tun!“

Ich weiß, hier wird mir von vielen Menschen nicht zugestimmt werden. Denn wir sind in unserer westlichen, vom Christentum geprägten Weltsicht so konditioniert, dass wir tatsächlich glauben, es gäbe die Liebe, es gäbe Gott und sicherlich glauben auch immer noch viele Menschen, es gäbe auch den Teufel oder „DAS Böse“. Es erfordert schon ein gewisses Umdenken und ein sich frei machen von diesen alten Vorstellungen, um überhaupt das Wesen der Polarität zu erkennen und gleichzeitig damit auch das Wesen des Dualismus. Insbesondere zu erkennen und zu verstehen, dass der Dualismus ein reines Gedankenprodukt des Menschen ist.

Wenn man dann gar noch sagt, Gott sei die Liebe, dann hat man sich total in Gedankenkonstrukte eingewoben und gleich zwei gedankliche Konstrukte miteinander verbunden. Nämlich das Konstrukt „Gott“ und die vermeintliche Liebe als Wesenheit. Je mehr man an diese Konstrukte glaubt, desto mehr wird dieser Glaube – also das vom Menschen erzeugte gedankliche Konstrukt – zur vermeintlichen Wahrheit. Und zusätzlich wird man auch deshalb an der Richtigkeit dieses Denkens festhalten, weil ja so viele Menschen dasselbe denken und glauben. Es ist auch eine Tatsache, dass man den Menschen alles verkaufen kann, wenn man es nur immer wieder laut und deutlich und insbesondere mit Nachdruck wiederholt. Das machen ja die Werbefirmen mit vollem Erfolg täglich am Fernsehen. Immer derselbe Werbeslogan und die entsprechenden Bilder dazu und wir kaufen dann das Produkt. Ebenso ist es mit Glaubensdingen. Alle

Religionen benutzen diesen Trick. Mit Gebeten und Gesängen werden die Glaubenswerte in permanenter Weise eingehämmert und somit in unser Gehirn festgeschrieben. So etwas kann man auch Gehirnwäsche nennen. Nur ist die Gehirnwäsche aus anderen, zum Beispiel aus politischen Gründen meist erzwungen, während die Menschen sich der Gehirnwäsche einer Religion meistens freiwillig unterziehen. Die meisten Kirchenlieder sind oft eingängig und haben eine schöne Melodie, sodass man sie gerne hört, besonders, wenn die Lieder einfach sind, sodass man sie leicht mitsingen kann. Mit Liedern kann man sehr leicht beeinflussen! Auch Rituale und Feste mit gutem Essen tragen wesentlich dazu bei, dass die Menschen zur Religion kommen und sich dort geborgen und wohl fühlen. Denken wir nur mal an Weihnachten, dieses liebliche Fest und die schönen Gesänge in der Kirche ziehen die Menschen magisch an. Und das gute Essen und das nicht kirchliche Brauchtum (z.B. der Christbaum, das alte Lichterfest unserer heidnischen Vorfahren etc.) tragen zur Beliebtheit von Weihnachten bei. Mehr zu diesem Thema werde ich gleich noch im nächsten Kapitel ausführen.

Aus den soeben genannten Gründen denken die meisten Menschen nicht ernsthaft daran, diese gedanklichen Konstrukte anzuzweifeln. Bei all diesen Betrachtungen und Überlegungen wird sicherlich bei vielen Menschen nun die Frage auftauchen, warum denn der Mensch eigentlich eine Religion braucht? – Ich werde diese Frage ebenfalls im nächsten Kapitel aufgreifen und halte sehr interessante Antworten zu diesem Fragenkomplex bereit.

Die kirchlichen Institutionen haben viele Jahrhunderte daran gearbeitet, den Glauben zu festigen. So wurde immer mehr geschrieben, immer mehr gelehrt, um den Glauben von Zweifeln zu befreien und auf diese Weise versuchte man, die Religion glaubhaft zu machen. Da jedoch alles nur auf einem Glauben und nicht auf Tatsachen oder auf nachprüfbaren oder auch ersichtlichen natürlichen Gegebenheiten beruht, muss man immer mehr sogenannte „Beweise“ erfinden, immer mehr Bücher und Auslegungen schreiben, immer mehr erläutern, erklären und letzten Endes wird man sich immer auf die Schriften beziehen als letzten Ausweg, um das zu beweisen, was man schon lange vorher als Glaubenssache in diesen oder anderen Büchern festgelegt hat. Man erklärt dann den Glauben mit neuen Glaubenssätzen und diese „beweist“ man dann mit den vorangegangenen Schriften, die auch nur Glaubenssachen sind, die man aufgeschrieben und somit festgelegt (festgeschrieben!) hat. Das alles trifft nicht nur auf die christliche Lehre zu, sondern auch auf andere Religionen. All diese vielen Schriften und Erklärungen und dann weitere Erklärungen der Erklärung, die gibt es bei einer Weltanschauung, die sich auf die Polarität begründet, nicht. Da genügt es, einmal ausführlich das Prinzip der Polarität zu erklären und mehr ist dann eigentlich gar nicht mehr zu sagen. Höchstens noch die Auswirkungen, die mit dieser Erkenntnis zu tun haben, kann man erklären oder darauf hinweisen, was ich mit diesem Buch in den späteren Kapiteln noch tun werde. Aber es wird nie eine Lehre werden, denn es gibt nichts zu lehren, sondern nur auf Tatsachen aufmerksam zu machen. Ich sagte, dass es DAS Gute und DAS Böse und auch DIE Liebe nicht gibt, sondern nur das Tun von guten Dingen, der Liebe oder der bösen Dinge. Im täglichen Sprachgebrauch haben sich diese Begriffe jedoch so eingeschlichen, dass es schwer sein wird, nicht davon zu sprechen, dass jemand „die Liebe erfahren hat“ oder dass jemandem „etwas Gutes widerfahren ist“ und dergleichen mehr. Man sollte sich grundsätzlich Gedanken darüber machen und sich klar werden, dass es trotz dieses allgemein gültigen Sprachgebrauchs nur das Lieben als Tätigkeit gibt, nämlich den Energiefluss von zwei Menschen – oder sogar auch von einem Menschen zu einem Gegenstand, denn man kann zum Beispiel sein Haus sehr wohl lieben, was dann auch ein Energiefluss von mir zu dem Gegenstand ist und umgekehrt. Denn wenn das Haus nicht da wäre, dann könnte auch kein Gefühl zu mir zurückkommen. Wenn man davon ausgeht, dass alles nicht nur Materie, sondern gleichzeitig auch Spirit ist, dann wird es vielleicht verständlicher, dass auch ein Gegenstand etwas „ausströmen“ kann und dass Energie auch von Dingen ausgehen und von uns als angenehm oder unangenehm wahrgenommen wird oder werden kann. Ist es nicht so, dass wir in manchen Gegenden sehr gerne sind, uns dort wohlfühlen und wir uns nur ungern davon trennen können, von anderen Gegenden jedoch sind wir überhaupt nicht angezogen und wollen von dort so schnell wie möglich weg. Ich denke, dass diese Dinge mit der spirituellen Seite, die auch allen Dingen eigen ist, zusammen hängen.

DAS Gute und DAS Böse als Gedankenkonstrukte sind ein wesentlicher oder sogar der wichtigste Bestandteil des Dualismus. Insbesondere, wenn man dann DAS Gute – weil man es sonst gar nicht mit Worten erfassen oder beschreiben könnte – mit Gott gleichsetzt und diesen Gott dann sogar noch als eine Person mit menschlichen Attributen ausstattet und ihn als allmächtig und ewig im Gegensatz zur vergänglichen und deshalb auch minderwertigen Materie betrachtet. Dadurch kommt das Trennende in unsere Gedankenwelt. Und als Folge davon betrachten wir uns selbst als getrennt von Gott oder Spirit, jedoch auch getrennt von allem anderen. Infolge der Prägungen, die in vielen Fällen sogar die Form einer Gehirnwäsche annimmt, zumindest eine extreme Beeinflussung unseres Denkens ist und somit unsere Erlebnisfähigkeit zur Natur und unserer gesamten Umwelt beeinflusst, sehen wir nicht, dass in Wirklichkeit alles verbunden und vernetzt ist. Nichts ist getrennt, nichts existiert aus sich allein heraus, nichts kann sich den Einflüssen von Allem entziehen. Ich sagte soeben ganz bewusst, dass alles in WIRKLICHKEIT verbunden ist. Professor H.P. Dürr, ein sehr bekannter und geehrter Wissenschaftler, Nachfolger von Heisenberg und langjähriger Leiter des Max-Planck-Instituts spricht davon, dass es DIE Wirklichkeit als Substantiv gar nicht gibt (ähnlich wie es DIE LIEBE, DAS GUTE und BÖSE auch nicht gibt!), sondern nur DAS WIRKEN als Vorgang. Dieses Wirken ist die ständig stattfindende sogenannte „Schöpfung". Es wird gar nichts durch irgendeine Kraft erschaffen, sondern alles wirkt zusammen, einige Dinge mehr, andere weniger und somit erschafft sich alles ständig schon allein durch die Existenz von Allem. Nichts ist losgelöst von dem Geschehen im Universum. Dies ist auch eine der wichtigsten Erkenntnisse der Quantenphysik. All diese Erkenntnisse der Polarität beruhen somit auch auf den neuesten Erkenntnissen der Wissenschaft, während die religiöse Vorstellung von einem Gott, der von den Menschen und der gesamten Schöpfung getrennt ist, eine reine Glaubensvorstellung ist, die aus dem dualistischem Denken entsteht und eigentlich ins Mittelalter gehört. Allerdings ist es sicher auch umgekehrt so, dass die dualistische Sichtweise erst später aus dem Glauben an den von uns und der sogenannten „Schöpfung" getrennten Gott entstanden ist.

Die Christen sprechen von „ihrem Gott". Sie meinen somit, einen Gott zu besitzen. Erich Fromm schreibt in seinem Buch „Haben oder Sein" sehr ausführlich über diesen „Besitz Gottes und des rechten Glaubens". Hier einen Auszug aus seiner Beschreibung des Glaubens an den Gott als „Ding", den man besitzen kann: *„Er* (der Glaube) *ist die Eintrittskarte, mit der man sich die Zugehörigkeit einer großen Gruppe von Menschen erkauft, er nimmt einem die schwierige Aufgabe ab, selbst zu denken und Entscheidungen zu treffen. Man zählt sich nun zu den glücklichen Besitzern des rechten Glaubens. Solcher Glaube behauptet, letztes unerschütterliches Wissen zu verkünden, das glaubwürdig ist, weil die Macht derjenigen, die den Glauben verkünden und schützen, unerschütterlich erscheint. Und wer wollte nicht Gewissheit, wenn es dazu nicht mehr bedarf als den Verzicht auf die eigene Unabhängigkeit?.......Gott wird .....zu einem Idol. Das bedeutet ein vom Menschen gemachtes Ding, auf das der Mensch seine eigenen Kräfte projiziert und sich selbst dadurch schwächt. .....In dieser Weise ist der Glaube eine Krücke für alle jene, die Gewissheit wünschen, die einen Sinn im Leben finden wollen, ohne den Mut zu haben, selbst danach zu suchen."*

Aus diesen Zitaten wird deutlich, dass ein Glaube an Gott nicht das Kennzeichen eines weisen und wirklich erwachsenen Menschen ist. Was jedoch weiterhin sehr von Bedeutung ist, das spricht Fromm nicht an, ist jedoch für die Betrachtung über Yin und Yang sehr wichtig. Nämlich die absolute Hingabe an einen männlichen Gott, der NUR mit männlichen – also mit Yang-Eigenschaften ausgestattet ist. Dies hat unweigerlich zur Folge, dass alle Menschen, die sich diesem Glauben hingeben, selbst auch unausgeglichen in Bezug auf Yin und Yang werden. Denn Gott hat nur Yang-Eigenschaften und somit wird der Glaube an diesen Gott automatisch auch zur Höherbewertung dieser Eigenschaften führen.

All die Dinge, die mit einer dualistischen religiösen Weltsicht künstlich erschaffen wurden, können nur immer wieder mit weiteren Konstrukten angeblich „bewiesen“ werden. Wenn man einmal in der dualistischen Denkweise gefangen ist, dann ist es ungemein schwer, sich davon zu lösen. Dann glaubt man, dass der Sommer den Winter vertreibt oder gar gegen den Winter kämpft und dann kämpft der Winter gegen den Sommer zur Abwechslung. Und der Tag vertreibt die Nacht und so weiter. Dass sich Tag und Nacht, Sommer und Winter lediglich ablösen, ganz ohne Kampf, das wird dabei nicht bedacht und nicht gesehen. Und dass es nicht immer nur Tag sein kann und dass auch jemand, der geboren wurde, wieder sterben wird, all diese Dinge werden als Kampf betrachtet und nicht als sich gegenseitig bedingende und zusammengehörende Geschehnisse. Auch wird dann die Natur als getrennt von uns erlebt oder man kämpft dann gegen das Unkraut oder gegen Insekten an, die unsere Ernte vernichten wollen. Und dann richtet man immer noch mehr Schaden an, indem man in diesem Vernichtungskampf nicht nur in nicht wieder gutzumachendem Ausmaß in die natürlichen Abläufe der Natur eingreift, sondern auch noch die Erde und letztendlich auch damit die Menschen vergiftet und mit chemischen Stoffen immer mehr anreichert. All diese Dinge haben mit der dualistischen trennenden Sichtweise etwas zu tun.

Es mag nun so erscheinen, dass es keine bedeutenden Unterschiede sind, ob man nun meint, der Sommer würde den Winter bekämpfen oder nur ablösen. Jedoch beruht all unser kämpferisches Leben von heute, all unser Stress und auch unendlich viel Leid darauf, dass wir kämpferisch eingestellt sind und meinen, das wäre ein Prinzip des Lebens. Sicherlich muss man auch mal kämpfen, wenn man für sein Recht einstehen muss und das mag anstrengend sein, jedoch muss es nicht immer gleich zu einem Kampf auf Leben und Tod kommen. Im menschlichen Zusammenleben jedoch, in einer Partnerschaft von Mann und Frau, in der Arbeitswelt und im ganz normalen Alltag wäre das Kämpfen nicht notwendig, wenn wir von Grund auf eine andere Lebenseinstellung hätten.

Ist es nicht gerade lächerlich, dass sich zwei Menschen, welche sich ursprünglich liebend verbunden haben und ein Paar bilden, in eben dieser Verbundenheit dann plötzlich anfangen, sich zu bekämpfen, anstelle sich zu ergänzen und darin Freude und immer mehr Zuneigung zueinander zu erfahren?

Das größte Leid kommt nicht von Naturkatastrophen und nicht einmal von Krankheiten. Sicherlich gibt es dieses Leid. Jedoch ist das von Menschen gemachte Leid, das wir uns ständig gegenseitig zufügen, das unser Leben Tag für Tag vergiftet und es uns wirklich schwer macht, die vielen Schönheiten des Lebens zu sehen, zu erleben und uns daran zu erfreuen, viel schlimmer. Insbesondere wäre dieses menschengemachte Leid gar nicht nötig und könnte vermieden werden!

Bitte betrachten Sie mal andere Menschen und vielleicht auch Ihr eigenes Leben und untersuchen Sie genau, wann und wie oft Sie sich nicht wohl fühlen und unglücklich sind und hinterfragen Sie dann, was die Ursache für dieses Unwohlsein oder gar das Unglück ist und Sie werden bald herausfinden, dass es Menschen gemachte Dinge sind und keine Schicksalsschläge. Selbstverständlich gibt es auch Krankheit und Leid, die nicht direkt von Menschen gemacht sind! Jedoch vergleichen Sie die Häufigkeit, mit der so etwas geschieht und Sie werden mir sicher Recht geben, dass tatsächlich das meiste Leid (also Streit, Kriege, Hunger, Not, Verbrechen, Egoismus, Neid und Missgunst, Eifersucht etc.) von Menschen gemacht ist. Die Ursache dieses Menschen gemachten Leids hat immer damit zu tun, dass sich einige Menschen wichtiger vorkommen als andere, dass sie dominant sein wollen, dass sie Macht ausüben wollen oder auch, dass sie mehr Besitz haben wollen als andere. Und nicht zu vergessen die vielen Kriege und sogar die vielen Auseinandersetzungen im privaten Bereich über Religionen. Bei Religionen handelt es sich grundsätzlich immer um Gedankenkonstrukte, um Glaubensdinge. Sich deshalb zu streiten oder sich gar zu töten, sich zu verfolgen und Leid in die Welt zu bringen, ist absoluter Wahnsinn. Wenn dann diese Religionen auch noch von Liebe sprechen, dann ist dies doch die größte Ironie, die man sich vorstellen kann!

Wenn wir also das Leid verringern wollen und wenn wir ein glückliches und befriedigendes Leben für uns und auch für andere Menschen anstreben, dann müssen wir eine andere Lebenseinstellung bekommen. Wir müssen wegkommen von der Wertung nach Gut und Böse. Und wir müssen auch wegkommen von der von uns selbst konstruierten Isolierung und Trennung vom Spirituellen. Selbst von der Bezeichnung „Gott“ sollten wir Abstand nehmen, denn diese Bezeichnung wird wohl für immer mit dem Gott der monotheistischen Religionen verbunden sein. Statt „Gott“ sollten wir deshalb besser das von mir jetzt schon laufend verwendete Wort „Spirit“ verwenden. Wobei es selbstverständlich dann nicht die Bedeutung von dem hat, was wir bisher als Gott verstanden haben. Spirit ist nicht dasselbe wie Gott, Spirit ist nicht ewig in unveränderter Form, sondern ebenso wandelbar wie die Materie. Spirit ist auch nicht der Materie übergeordnet. Spirit ist die zweite Hälfte der Materie!

Der Dualismus hat uns das Trennen gelehrt. Somit betrachtet sich Jeder als Individuum, ist sogar noch sehr stolz darauf. Dabei ist die Individualität des Ich sehr begrenzt. Mit unserem Tod hört sie auf. Sie ist nur ein kleines Aufflammen in der unendlichen Zeit.

Wenn wir unser Ich, unsere Individualität als unsterblich betrachten, dann meinen wir, dass wir ganz wichtig sind. Kurios dabei ist, dass es keine Tatsache, sondern ein Glaube ist (nämlich der Glaube an das ewige Weiterleben unsere Individualität), auf das sich unsere Wichtigkeit aufbaut. Diese unsere vermeintliche Wichtigkeit, die unser Leben bestimmt, ist somit ebenfalls ein Kunstgebäude. Leider – oder gerade deshalb - bestätigt uns das tägliche Leben diese Wichtigkeit nicht jeden Tag. Und noch weniger zeigen es uns die Mitmenschen. Denn der Haken bei der Sache ist, dass auch die anderen Menschen sich extrem wichtig vorkommen oder zumindest wichtig sein wollen, was die Wichtigkeit aller anderen Menschen untergräbt und sogar ganz verhindert. Somit ist Jeder ständig im Kampf, um seine Wichtigkeit gegen die Wichtigkeit anderer Menschen zu beweisen und zu behaupten oder sogar noch zu überbieten. Das ist ein ständiger Kampf, der uns die meiste Lebensenergie und auch die Freude am Leben weg nimmt. Die Folge davon kann gar nicht anders sein als dass jeder - aus dieser eben beschriebenen Situation heraus – ständig immer nach noch mehr Wichtigkeit strebt, um sich von Anderen abzuheben. Man will besser sein, man will schöner sein, mehr anerkannt, mehr geachtet werden und so weiter. Warum strebt ein Sportler nach der Medaille? Warum riskiert so ein Mensch seine Gesundheit und oft sogar sein Leben, wenn es um gefährliche Sportarten geht? Oder warum braucht eine Frau teure Kleider, warum muss sie sich schminken? Doch nur, damit sie auffällt, damit sie heraus sticht aus der Menge. Und wenn jede andere Frau ein schönes Kleid hat und Make-up auflegt, dann muss man sich noch ausgefallenere Dinge ausdenken und vielleicht die Haare rot oder gar blau oder grün färben. Oder warum geben die Leute an mit ihrem großen Auto oder mit ihrem Haus, das so groß ist, das mehrere Familien darin wohnen könnten? Warum wird so großer Wert auf Leistung gelegt, schon angefangen in der Schule? Wäre es nicht genug, wenn alle etwas lernen würden, der/die Eine vielleicht etwas mehr als der/die Andere, weil er oder sie eine bessere Auffassungsgabe hat oder etwas intelligenter ist, aber warum kann man das nicht einfach so gelten lassen? Warum muss man so unendlich viel Leid erschaffen, nur damit ein paar Menschen hervorstechen können aus der Masse? Wobei dieses Hervorragen auf sehr wackligen Füßen steht, denn jeder Zeit kann jemand noch mehr hervorragen und dann ist es mit der Besonderheit schon wieder vorbei. Der Sportler, der den Weltrekord aufgestellt hat, kann schon im nächsten Jahr vergessen sein, weil dann ein neuer Weltrekord von einem anderen Sportler aufgestellt wurde. Aber er stand einmal im Leben auf dem Podestchen und wurde von den Menschen bestaunt und beklatscht und fühlte sich für diesen kleinen Augenblick wirklich sehr wichtig. Aber was hat er davon, wenn er im Alter krank und vielleicht arm ist und sein Leben allmählich zu Ende geht? Ist seine Wichtigkeit von damals dann noch etwas wert?

Diese genannten Dinge geschehen nur, damit man sich besonders wichtig fühlen kann. Man denkt nicht in der Ganzheit und auch nicht an Andere, selbst wenn es Familienangehörige sind oder sogar ein sogenannter „Liebespartner“, der dann gar kein Partner mehr ist, wenn man nach der Dominanz strebt und von Liebe kann man dann auch kaum mehr sprechen. Man denkt vielmehr nur an sich, weil man sich nicht als etwas Ganzes und nicht als zusammengehörig, sondern als abgetrennt von allen anderen Menschen betrachtet. Ist diese soeben beschriebene Entwicklung unserer Gesellschaft schon sehr fraglich in der Arbeitswelt, wo es doch eigentlich immer um ein gemeinsames Ziel geht oder gehen sollte, das von allen in der Zusammenarbeit zu erreichen wäre und es in keiner Weise um eine Leistung eines Einzelnen geht, so ist dies erst recht makaber, wenn es in der Zweierbeziehung um Konkurrenz und um den Kampf geht, wer nun der Bessere ist. Das Scheitern der vielen Ehen heute hat neben dem Egoismus und dem nicht teilen wollen oder können viel mit dieser eben angesprochenen vermeintlichen Wichtigkeit des Individuums zu tun. Natürlich ist die Wichtigkeit auch ein Egoismus, gewissermaßen eine Variante davon. Betrachten Sie mal Menschen in einer Zweierbeziehung auf diesen Punkt hin. Es ist erstaunlich, wie weit verbreitet das Streben nach Dominanz ist und wie jeder wichtiger als der andere sein will. Da wird dann oft mit allen Mitteln und oft auch sehr versteckt gekämpft, sodass es gar nicht immer erkennbar ist, dass es tatsächlich um Dominanz und um die Wichtigkeit der eigenen Person geht.

Ich will mal ein typisches Beispiel nennen: Ein Mann aus meinem Bekanntenkreis redet seiner Frau ein, dass sie unmöglich den Führerschein bestehen wird, weil sie kein technisches Verständnis habe. Als Folge von dieser Beeinflussung fällt die Frau dann auch wirklich durch. Bei vielen anderen Gelegenheiten verhält sich dieser Mann fast immer in dieser Weise. Er redet der Frau ein, dass sie dies und jenes ja gar nicht können wird und auf diese Weise hält er sie klein und unbedeutend. Die Ursache für dieses Verhalten ist Dominanzstreben, denn wenn seine Frau schwach ist und keine Leistungen erbringt, dann meint er, damit automatisch der Starke und Bessere zu sein. Die Ursache für das Dominanzstreben ist das Streben nach besonderer Wichtigkeit. Makaber dabei ist, dass solche Menschen ihre Wichtigkeit nicht nur – oder sogar sehr oft sogar überhaupt nicht – durch eigene gute Leistungen zu erreichen suchen, sondern indem sie die mit ihnen lebenden oder arbeitenden Menschen dumm, minderwertig und klein machen, auch mit solchen unlauteren Mitteln, wie soeben beschrieben. Man meint dann, je kleiner, je dümmer und unselbständiger der Andere ist, umso gescheitert sieht man dann selbst aus. Auch das weit verbreitete Mobbing auf den Arbeitsplätzen hat dieselbe Wurzel. Auch eine ständige Kritik an anderen Menschen ist fast immer das Streben nach der eigenen Wichtigkeit die Ursache.

Ein Gemeinschaftssinn - oder in einer Zweierbeziehung eine liebevolle Partnerschaft - kann unter solchen Umständen nicht funktionieren! Statt Gemeinsamkeit gibt es Trennung und Trennung macht uns unglücklich und isoliert uns. Ein Gemeinschaftsgefühl, das nicht nur ein glücklicheres Leben bringt, sondern auch die Gesamtleistung beim Erfüllen einer Aufgabe erleichtert, wird von der Egozentrik und dem Streben nach Wichtigkeit total unterdrückt. Nachdem es jedoch meistens nicht nur einige Wenige sind, die nach besonderer Wichtigkeit und herausragenden Leistungen streben, sondern nahezu alle Menschen unserer Gesellschaft sich in der oben beschriebenen Weise mehr oder weniger verhalten, entsteht ein ständiger Kampf einer gegen alle, es entsteht ein ständiger Wettbewerb und auch ein ständiges Streben nach Dominanz oder zumindest nach besseren Leistungen und somit gibt es ständiges Leid, das wir immer neu erschaffen durch unser unsinniges Verhalten. Wenn jemand der Beste ist, dann sind automatisch alle anderen nicht so gut. Das diskriminiert automatisch alle anderen und macht sie unwichtiger oder minderwertiger. Umso mehr müssen sie sich dann anstrengen und leben dadurch im ständigen Kampf und Stress. Man spricht ja auch vom Kampf ums Überleben. Dieser Kampf wäre jedoch gar nicht nötig. Sicherlich muss jeder arbeiten, das ist ja keine Frage. Aber Arbeit muss nicht automatisch ständiger Kampf sein, selbst wenn es auch mal notwendig wird, dass man sich besonders anstrengen muss und dies dann tatsächlich in solchen Fällen ein Kampf sein kann.. Den ständig stattfindenden Kampf in Beziehungen und in der Arbeitswelt jedoch erschafft erst der Mensch künstlich!

Weiterhin entsteht aus dem Gefühl der Trennung heraus automatisch das Werten. Denn man betrachtet sich und die eigene Leistung und vergleicht sie dann mit der Leistung der Anderen. Dieses Vergleichen ist jedoch nicht wertfrei, denn wir wurden von Kindheit an so erzogen, dass wir immer besser sein sollten. Also wird gewertet, so wie schon in der Schule unser Notensystem nichts anderes als eine ständige Bewertung ist. Das Werten ist nichts anderes als das ständige Vergleichen mit dem, was Andere sind oder tun oder leisten und dann wird gefragt: Was ist mehr wert?! Meine Leistung oder deine Leistung? Aber es bleibt nicht nur bei der Leistung, sondern die Leistung wird dann auf den Wert der Person übertragen.

Wir werten allerdings nicht nur die Menschen, sondern tatsächlich alles. Sogar ganz harmlose Dinge, zum Beispiel eine Blume wird sofort nach ihrer Schönheit bewertet. Die Rose ist schöner als das Gänseblümchen. Ja, warum eigentlich? Beide Blumen fragen gar nicht nach dem Wert. Sie blühen, das ist ihr Lebenszweck. Die Schönheit ist ein rein von Menschen gemachtes Kriterium. Wenn man nun schon bei diesen unwichtigen Dingen ständig einen Wertmaßstab anlegt, wie viel mehr dann bei dem menschlichen Verhalten, beim Können und beim Aussehen und all dem, was wir sind. Wir erlauben weder uns selbst noch den anderen Menschen, einfach nur zu sein, so wie auch eine Blume und ein Baum nur sind, ohne Wertung und ohne Streben nach mehr, besser, schneller, schöner, wichtiger. Selbst wenn ein Baum größer wird und einem anderen Baum das Licht weg nimmt, sodass dieser dann nicht so schnell wachsen kann, hat das mit dem Wert dieses kleinen Baumes für den Bestand der Natur nichts zu tun. Die Natur kennt keine Wertung! Der kleine Baum ist eben kleiner, das ist alles. Hier kommt natürlich unser Materialismus noch dazu. Denn wir sehen dann sofort den FÜR UNS bedeutenden Wert des Baumes. Und da ist natürlich ein großer Baum mit vielen Kubikmetern von Holz <u>für uns</u> mehr wert.

Das Werten erzeugt Leid. Ständiges Leid in den Familien, in den Beziehungen, am Arbeitsplatz, in der Schule und der Universität und sogar in der Freizeit, im Sport, wirklich überall, was auch immer wir tun. Sogar in unseren Hobbys, die eigentlich der Erholung von all dem Stress und dem täglichen Kampf und somit der Freude und dem Ausgleich dienen sollten, wollen wir immer was Besonderes leisten und sind somit auch hier immerzu im ständigen selbst erzeugten Leid gefangen. Leider sehen die meisten Menschen nicht, wie sie sich selbst ständig durch ihr Verhalten das Leid zufügen. Jedoch sehen sie das alles deshalb nicht, weil unsere ganze Gesellschaft so geprägt ist, dass wir uns immerzu wichtig nehmen und es selbstverständlich ist, dass wir etwas leisten.

Wenn wir etwas freundlicher miteinander umgehen würden und uns auch mal was Schönes sagen würden, wenn wir ein wenig Anerkennung auch für kleine Dinge spenden würden, dann würden wir das nicht nur zurück bekommen, sondern wir würden viele andere Menschen glücklich machen. Sie würden dann nicht so Hände ringend nach Anerkennung suchen, indem sie sich für eigentlich ganz normale und alltägliche Dinge eine Menge Stress auferlegen. Würde man einer Frau gelegentlich sagen, dass sie lieb aussieht und schöne Haare oder eine gute Figur hat, würde sie viel weniger danach streben, so ein Kompliment mit aller Gewalt und mit Mitteln der Mode und mit allen möglichen künstlichen und meistens nicht einmal schönen Hilfsmitteln zu erhaschen. Oder wenn man einen jungen Mann auch bei einer nicht umwerfenden sportlichen Leistung ein wenig Anerkennung zollen würde, dann würde er vielleicht auch später mit seinen Kindern Fußball spielen, auch wenn keine Meisterschaft dabei herauskommt. Ein frohes Familienleben und ein Zusammenhalt und mehr Zufriedenheit von allen Beteiligten würde dabei herauskommen. Denn was hat schon ein Sportler davon, wenn er einmal in seinem Leben besser war als alle anderen, auch wenn das Besser sein nur ein Bruchteil einer Sekunde war? Was hat er wirklich davon, dass er diesen kleinen und vergänglichen Ruhm einsteckt im Vergleich zu einem glücklichen Familienleben mit dem Ehepartner und Kindern oder der Freude an all den vielen kleinen Geschehnissen des Alltags, auch wenn es nur ein schöner Sonnentag oder ein Waldspaziergang ist? Warum werten wir den Erfolg in der Menge mehr als ein einfaches, aber trotzdem schönes Erlebnis?

Es ist so, weil es mit dem Gefühl der Wichtigkeit zu tun hat!

All diese vermeintlich erstrebenswerten großen Dinge, die uns kurzfristig in den Mittelpunkt stellen, sind künstlich erzeugt. All unser Stress ist künstlich und all das viele Geld bräuchten wir gar nicht und somit auch nicht den vielen Stress, der mit dem Geldverdienen zusammenhängt, wenn wir uns nicht ständig als so wichtig betrachten würden und unbedingt aus der Masse heraus stechen wollten. Es geht uns dabei viel Zeit und Energie verloren, welche wir für unser wahres Glück einsetzen könnten, anstelle diesen sehr unwichtigen Dingen wie Mode oder überdimensionierten Autos und dergleichen nachzujagen und sie als wichtiger als das friedliche Zusammenleben und die Gleichheit Aller zu betrachten. Daraus würde das Gemeinschaftsgefühl erwachsen, das für uns Menschen, die wir Gemeinschaftswesen sind, viel wichtiger wäre als alles andere, insbesondere wichtiger als die Leistungen eines Einzelnen. Viel Stress machen wir uns natürlich auch, weil wir immer mehr haben wollen als wir eigentlich wirklich brauchen.

Was ist nun zu tun, um das zu ändern?

Es würde eine ganz kleine und fast unwesentlich erscheinende Änderung unseres Weltbildes genügen, um tatsächlich die ganze Gesellschaft zu verändern. Allerdings wird diese Änderung nicht ganz einfach sein, denn unsere Gesellschaft ist zu lange geprägt vom Ungleichgewicht von Yin und Yang. Jedoch sollte das nicht bedeuten, dass man nichts mehr ändern kann!

Wenn man sich intensiv mit dem Wesen der Polarität und dem Gleichgewicht von Yin und Yang befasst hat, dann sieht man, dass es sich bei dieser Philosophie nicht um ein vom Menschen künstlich erzeugtes gedankliches Konstrukt handelt, sondern um Fakten. Es sind Erkenntnisse, Dinge, die man sehen und erleben kann. Es ist eine Ordnung des Universums, die auf alles zutrifft. Nichts wird ewig so bleiben, wie es jetzt ist. Alles, was entstanden ist, wird sich verändern und wieder vergehen. Alles unterliegt dem Kommen und dem Gehen. Nichts wird jedoch in ein Nichts verfallen, denn das Universum verliert nichts. Jedoch wird nichts in derselben Weise bleiben und jede Individualität wird sich auflösen und sich zu etwas ganz Neuem formen. Diese Erkenntnisse resultieren auch aus den Erkenntnissen der Quantenphysik und auch aus den neuesten Erkenntnissen des bekannten Astrophysikers Stephen Hawkins. Auch hierüber habe ich in meinem schon erwähnten Buch „Besteht Materie ewig?“ geschrieben.

Nun muss noch etwas erklärt werden, um die Polarität voll und ganz zu verstehen: Es gibt verschiedene Arten der Polarität (z.B. Yin und Yang, Mann und Frau, oben und unten, Sommer und Winter, hoch und tief usw.). Man könnte dies die Polaritäten (also die Mehrzahl) nennen. Diese vielen Polaritäten sind nicht losgelöst von Allem, sondern die Ergebnisse einer allumfassenden Polarität des Seins, jedoch sind diese Ergebnisse (also die Einzelerscheinungen) der Polarität nicht das Urprinzip der Polarität selbst. Mann und Frau, heiss und kalt usw sind also nicht DIE Polarität. Tag und Nacht oder auch Yin und Yang sind nicht DIE Polarität, sondern eine Folge der Polarität als ein Grundprinzip des Seins. An einem Beispiel aus der Physik kann man das sehr gut erklären: Der Magnet ist nicht DER Magnetismus, sondern eine Folge des Magnetismus. Der Magnetismus ist das Prinzip, nicht aber das, was der Magnetismus bewirkt, denn das wäre der Magnet. Der Magnet ist somit nicht die Polarität. So ist auch Mann und Frau oder männlich und weiblich oder Yin und Yang nicht die Polarität, **sondern die Auswirkung eines** allumfassenden Prinzips. Das Prinzip ist die Polarität. Es ist das sich ergänzende und sich bedingende, auch das sich gegenseitig erschaffende und erhaltende Prinzip von zwei Verschiedenheiten, die wegen des sich Ergänzens, Bedingens und gegenseitigen Erschaffens zusammen gehören und eine Einheit bilden. An einer Münze kann man dieses Prinzip besonders gut erkennen und erklären. Sie hat zwei verschiedene Seiten und doch ist es eine Münze. Man kann diese beiden Seiten nicht trennen. Sie gehören zusammen, ohne sich zu bekämpfen. Nur als Zweiheit ist eine Münze möglich. Eine Seite allein kann keine Münze sein. Die Einheit schließt somit die Zweiheit nicht aus und umgekehrt.

Dieses Prinzip gilt für Dinge (siehe Münze) ebenso wie für Eigenschaften. Ohne Armut gibt es keinen Reichtum, ohne Hässlichkeit keine Schönheit, ohne Unfreiheit keine Freiheit, ohne Aktivität keine Ruhe, ohne Oben gibt es kein Unten, ohne heiß kein kalt, ohne Hässlichkeit keine Schönheit, ohne Krankheit keine Gesundheit und so weiter...

Ich weiß, dass jetzt Einwände kommen und jemand sagen wird: „Ich kann doch mehr oder weniger reich sein, oder es kann nicht ganz so heiß sein' oder man kann ein wenig hübsch sein und muss nicht gleich hässlich sein deshalb, oder ein Mann hat auch weibliche Seiten“..... und dergleichen mehr.

Wenn man so denkt, hat man das Prinzip der Polarität nicht erkannt. Dann denkt man immer noch in der Ausschließlichkeit des Dualismus, nämlich im „Entweder – Oder“. Man meint dann, wenn man ein Mann ist, kann man nicht gleichzeitig eine Frau sein. Das stimmt zwar im Allgemeinen (wenn man mal von Zwittern absieht, die jedoch als echte Zwitter kaum vorkommen), jedoch kann ein Mann auch weibliche Eigenschaften haben, ohne gleich deshalb eine Frau sein zu müssen. Das Denken im Prinzip der Ausschließlichkeit ist ein Ergebnis des trennenden christlichen Weltbildes, das von „**Entweder** gut – **oder** böse“ ausgeht. In dieser Denkweise wird ein „Sowohl – als auch“ gar nicht gesehen und verstanden. Selbstverständlich gibt es viele Abstufungen der oben genannten Beispiele. Das wird niemand bestreiten wollen! Jedoch berührt all das nicht das Prinzip des sich gegenseitigen Erschaffens. Wenn wir nicht von „oben“ sprechen würden, dann gäbe es tatsächlich kein „unten“. Wenn wir den Begriff der Schönheit nicht hätten, könnten wir das Hässliche nicht benennen. Auch zwischen arm und reich gibt es unzählige Abstufungen. Trotzdem könnte man auch diese Abstufungen gar nicht wahrnehmen, wenn es nicht den Vergleich von mehr oder weniger arm und mehr oder weniger reich gäbe. Sogar schon der Begriff „mehr“ ist die Entsprechung von „weniger“, also schon wieder ein Beispiel für die Polarität, egal, was dann mehr oder was weniger ist. „Weniger“ ist lediglich weniger als das Andere, das dann automatisch „mehr“ ist. Oder man geht in die andere Richtung, nämlich man betrachtet etwas, das man als „wenig“ betrachtet und sucht, ob es noch etwas gibt, das weniger ist.

Wenn man gefunden hat, dass es noch weniger gibt, dann ist das, was vorher wenig war, jetzt mehr als das, was noch weniger als das Wenige von vorher war.

Das mag nun alles so erscheinen, als wären diese Dinge nur Wertungen des Menschen. Aber das ist ein Trugschluss. Denn wenn etwas weniger ist, dann ist es weniger ganz ohne Wertmaßstab. Es ist immer weniger als das „Mehr“. Ob nun (beispielsweise im finanziellen Bereich) ein Euro mehr ist als 50 Cents oder ob ein Euro weniger als zehn Euro ist, das spielt keine Rolle in der Frage des Wertes im Vergleich von einem Euro oder den zehn Euro. Die Frage nach dem Wert wird gar nicht auftauchen, wenn es nur um mehr oder weniger geht im Vergleich zueinander. Wir können selbstverständlich die zehn Euro als wertvoller betrachten als den einen Euro (und sie sind es ja tatsächlich), jedoch ändert das nichts daran, dass dieser eine Euro immer noch mehr als 50 Cents ist.

Ich möchte nun noch auf ein Missverständnis hinweisen, das oft vorkommt, wenn man sich über das Wesen der Polarität unterhält. Bei einer Diskussion meinte einmal eine Frau, sie könne mit dem Begriff der Polarität überhaupt nichts anfangen, denn für sie käme nur der Pluralismus infrage, also nicht die Zweiheit. Denn, wie sie sagte, man müsse doch nur die Augen aufmachen und würde dann die Vielfalt als ein allumfassendes Prinzip sehen und nicht, dass alles aus zwei Dingen besteht.

Nun, in diesem Argument sind zwei Denkfehler enthalten. Denn erstens geht es bei der Polarität nicht darum, dass alles aus zwei Dingen besteht. Vielmehr geht es um ein Grundprinzip, dass die Einheit (das EINE) gleichzeitig auch zwei sein kann. Wie ich oben schon sagte, ist alles in ständiger Veränderung aufgrund des Prinzips des Werdens und Vergehens. Dies ist das Prinzip der Polarität, nämlich das sich gegenseitige Bedingen. Das heißt wahrlich nicht, dass alles aus zwei Dingen „besteht“. Diese Frau sagte dann auch noch, wo denn dann die Entsprechung zum Baum sei.

Es geht nicht darum, dass man alle Dinge in zwei Bestandteile zerlegt. Das ist dann nicht eine Frage nach dem Grundprinzip des Seins, sondern nach dem Grundprinzip, wie sich alles im Detail zusammensetzt. Wenn man dieser Frage nachgeht, dann ist es klar, dass alles aus Vielem besteht. Und wie die Quantenphysik auch erkannt hat, wirkt alles zusammen, wie im Kleinen, so im Großen.

Der zweite Denkfehler bei der gestellten Frage nach dem Pluralismus ist die in unserer westlichen Kultur ständige Trennung von Allem. Man meint, wenn etwas aus Vielem zusammengesetzt ist, dann kann es doch nicht gleichzeitig aus zwei Dingen bestehen, wie z.B. Materie und Spirit. So meinte diese Frau, dass etwas, das aus vielen Teilen besteht, nicht aus einem Grundprinzip der Zweiheit entstanden ist. Das dualistische Denkmuster arbeitet nur im „Entweder – Oder“. In diesem Denkmuster kann etwas, das viel ist, nicht gleichzeitig auch zwei sein. Dieses ausschließliche Denken ist ein typisches Kennzeichen des Dualismus. Wenn man von diesem trennenden Gedanken wegkommt, dann sieht man plötzlich, dass es ein „Sowohl – als auch“ gibt. Wie ich weiter oben schon ausgeführt habe, ist die Zwei der Polarität gleichzeitig die Eins des Alles und weiterhin natürlich auch die Vielfalt. Der Pluralismus ist also kein Gegensatz zur Polarität. Wenn man jedoch in Gegensätzen denkt (wie das in der dualistischen Denkweise ist), dann ist dies wohl sehr schwer zu verstehen.

Nach vielen Jahrhunderten, ja sogar Jahrtausenden des dualistischen Denkens im „Entweder – Oder“ bahnt sich nun die neue Denkweise des „Sowohl – als auch“ langsam an. Die Wissenschaft, insbesondere die Quantenphysik, der wir doch ansonsten immer alles glauben, hat dies bereits bewiesen und zeigt uns auf, dass unser altes Denken der Physik, nämlich die sogenannte mechanistische Physik mit den Newton’schen Gesetzen, nicht immer stimmt. Zwar sind diese Gesetze nicht falsch, solange man sie nur in den Details betrachtet. Im subatomaren Bereich können jedoch plötzlich ganz andere Gesetze gelten. Hier erfuhren die Wissenschaftler, dass in diesem Bereich vieles gleichzeitig möglich ist, dass nicht immer alles nach demselben Schema abläuft, dass also ein „Sowohl – als auch“ für das Geschehen im Teilchenbereich und auch im gesamten Universum ein grundlegendes Muster zu sein scheint.

Diese Erkenntnisse sind noch lange nicht Allgemeingut, was wohl darauf zurück zu führen ist, dass die lange Zeit der dualistischen Denkweise und die damit verbundene Konditionierung im Denken zu stark ist, um innerhalb nur einer Generation grundlegende Neuerungen im Denken möglich zu machen.

Nun kommt noch eine sehr wichtige Erkenntnis über die Polarität hinzu: Zwischen den Polen der Polarität fließt Energie. Energie ist Bewegung, ist die Kraft des Lebens und sogar das Urmuster allen Seins. Ohne Energie gäbe es kein Leben. In der chinesischen Philosophie nennt man diese Urenergie „Tjie“ (auch “Chi“ geschrieben). Leben ist ständige Veränderung und somit ein ständiger Energiefluss. Jedoch gäbe es nicht nur kein Leben, sondern es gäbe absolut nichts. Denn alles, auch die Sonne, die Sterne, alles unterliegt dem Werden und Vergehen, also der ständigen Veränderung, auch wenn die Zeitabläufe hier viel größer sind als in unserem direkten und von uns erlebbarem Lebensbereich.

Die ständige Veränderung, die aus dem ständigen Werden und Vergehen resultiert, ist die Energie, die zischen den beiden Polen des

Werdens und Vergehens fließt. Oder zwischen Materie und Spirit. Eine Einheit ohne diese polare Zweiheit hätte diesen Energiefluss nicht und somit kein Leben, keine Existenz.

Für viele Menschen werden diese Dinge zu theoretisch klingen, um verstanden zu werden oder überhaupt ein Interesse wach zu rufen. Deshalb will ich an Beispielen erklären, worum es hier geht:

Stellen Sie sich vor, es gäbe nur reiche Leute. Sie wären verdammt dazu, nur immer reich zu sein. Sie würden ihren Reichtum gar nicht schätzen, denn sie wüssten gar nicht, dass sie reich sind. Das wäre tatsächlich langweilig! Sie hätten nichts von ihrem Reichtum. Oder stellen Sie sich vor, es gäbe nur gesunde Menschen und keine kranken. Man wäre dann gar nicht froh darüber, dass man gesund ist. Ja, man würde es nicht einmal wissen, dass man gesund ist. Oder betrachten wir mal hässlich und schön. Niemand würde sich an einer Schönheit erfreuen, wenn es nur die Schönheit gäbe, denn man würde nichts anderes kennen. All das wäre unerträglich langweilig. Es gäbe keinen Anreiz, keine Freude. Selbstverständlich auch kein Leid. Aber wer will schon ohne Freude sein? Das wäre wahrlich tödlich langweilig. Aber würden wir an dieser Langeweile, weil sie gar so tödlich ist, tatsächlich sterben, dann gäbe es ja die Polarität der Geburt und des Todes und somit wäre dieser schreckliche Zustand der Stagnation nicht mehr gegeben. Der Tod ist zusammen – oder in der Abwechslung mit der Geburt - die Überwindung der Stagnation, die der echte Tod, nämlich das NICHTS wäre. Dieses Nichts gibt es jedoch nicht, denn alles im gesamten Universum ist ständiges Werden und Vergehen. Diese Gedanken haben jedoch mit einer Wiedergeburt des Individuums nichts zu tun. Denn das ständige Werden und Vergehen erschafft immerzu etwas Neues. Man kennt ja auch die Redensart: „Nichts bleibt so, wie es ist!“

Wenn das Christentum von der Überwindung des Todes spricht, dann wird hier genau das Gegenteil angestrebt, also ein Zustand, welcher gar nicht möglich ist. Denn dieser Zustand der vermeintlichen Überwindung des Todes wäre eine Stagnation, ein wahres Verschwinden in ein Nichts. Stellen Sie sich vor, es würde niemand geboren werden. Dann würde zwar in diesem „himmlischen“ Zustand niemand sterben, aber es würde dann überhaupt nichts geschehen. Somit ist die Polarität, aus der heraus alles ständig weiter geht und ständig das Werden und Vergehen stattfindet, tatsächlich die sich ständig wiederholende und nicht eine einmalige[3] Schöpfung.

Das Streben oder der Wunsch nach einem ewigen Leben in einer NUR spirituellen Seinsform, wie das die Religionen anstreben und versprechen, ist somit ein Unding. Ohne die Materie, also ohne das Spannungsfeld zwischen Materie UND Spirit gäbe es nichts.

Eine Welt oder eine Seinsform ohne jede Veränderung, ohne Leben, ich weiß nicht, was daran so erstrebenswert sein soll! Sind nicht all unsere Freuden, all unser Erleben, all die Schönheiten die uns umgeben, wie auch das menschliche Glück ganz allgemein, das Zusammensein mit Menschen und Dingen doch nur mit Hilfe oder durch die Existenz der Materie möglich? Ohne Sonne gäbe es keinen Sonnenschein und keine Wärme und ohne unseren Körper könnten wir die Wärme der Sonne auch gar nicht wahrnehmen. Ohne unsere Körper könnten wir uns nicht einmal gegenseitig sehen, niemanden streicheln und nicht gestreichelt werden. Wir wüssten nicht, was ein gutes Essen ist, wir wüssten nicht, wie schön es ist, im Meer zu schwimmen. Wir wüssten überhaupt nichts, denn wir könnten nicht einmal denken, denn das Denken kann nur stattfinden mit Hilfe unseres Gehirns und das ist unser Körper, also Materie.

Und hier sehen wir wieder sehr deutlich den Unterschied zwischen der vom Menschen erdachten dualistischen Weltsicht und der Polarität. Der Dualismus ist einseitig, er geht nur von dem aus, was wir uns erdenken, ohne das Erkennen des Ganzen. Die Menschen haben mit dem Dualismus ein künstliches Weltbild erdacht, er ist ein künstliches Produkt, vom Menschen erschaffen! Betrachten wir mal unsere heutige westliche Gesellschaft. Es ist nicht zu übersehen, dass unsere moderne Welt sehr einseitig geworden ist. Der Intellekt ist wichtiger als das Gemüt, das Geld ist wichtiger als ein zufriedenes Leben mit weniger materiellem Besitz, das Ansehen ist wichtiger als das Sich Wohlfühlen ohne die Beurteilung der Anderen und dadurch ist das Wettbewerbsstreben und die Dominanz über andere Menschen zum alltäglichen Stress und Unheil geworden. Interessanter Weise kann man feststellen, dass in Ländern oder auch bei Menschen, die ganz besonders materialistisch eingestellt sind, die christliche Religion besondere Triumphe feiert! Man möchte fast zu dem Schluss kommen, dass die Religion als gedankliches Produkt immer mehr Bedeutung bekommt, je mehr man sich materialistisch ausgerichtet hat. Zwar widerspricht dies anscheinend der christlichen Lehre, die von Liebe

---

[3] Die christliche Vorstellung geht von einer einmaligen Schöpfung aus, deshalb kann diese Lehre gar nicht nach dem Prinzip der Polarität ausgerichtet sein. Auch die Astrowissenschaft ist bis vor Kurzem noch davon ausgegangen, dass es einen einmaligen Uranfang gab (den Urknall) gab, was heute nicht mehr aktuell ist.

und Armut spricht. Aber dieser Widerspruch wird erklärbar, wenn man über das Wesen der Liebe, über das Wesen von Gott und all die vielen gedanklichen Glaubensvorstellungen etwas genauer nachdenkt und auf Zusammenhänge achtet, die man bisher infolge der Prägung durch dualistisches Denkens übersehen hat. Auf all diese Zusammenhänge werde ich später noch sehr ausführlich zurückkommen.

Noch ein kurzer Gedanke zum Materialismus in den christlichen Ländern, den ich soeben angesprochen habe. Sicherlich gibt es auch in vielen christlichen Ländern eine große Armut. Aber trotz dieser Armut sind diese Länder sehr stark materialistisch ausgerichtet. Denn nur der Materialismus verhindert, dass der Wohlstand gleichmäßiger verteilt wird. Ohne das Streben nach immer mehr Macht, immer mehr Geld und Wohlstand gäbe es nicht den übertriebenen Wohlstand, aber auch nicht die extreme Armut. Sie ist nur möglich, weil so viele Menschen zu wohlhabend sind! Es ist eine sehr traurige Tatsache, dass nur 1% der gesamten Menschheit so viel Geld hat wie die restlichen 99% der Menschen zusammen! Solche Zahlen müssen uns doch aufhorchen lassen!

Nachdem ich oben von dem künstlichen Weltbild gesprochen habe, will ich noch kurz daran erinnern, dass unsere ganze Welt heute extrem künstlich geworden ist. Wir leben in abgeschirmten Häusern mit Klimaanlage oder zumindest mit Zentralheizung, wir arbeiten in Betrieben bei Kunstlicht, sind den ganzen Tag von der Natur, dem Wetter und dem Leben „Draußen“ getrennt (wieder diese immer wieder kehrende Trennung!), wir arbeiten an Computern oder anderen technischen Geräten, stellen technische Geräte her, produzieren mit Kunstdünger künstliche Nahrung, fügen noch künstliche (also chemisch hergestellte) Geschmacksverstärker bei, verpacken steril - und um dann auch noch selbst beim Essen nicht auf etwas Künstliches verzichten zu müssen, schalten wir auch noch den Fernseher ein oder den CD-Spieler, um uns mit künstlicher Musik „aus der Dose“ berieseln zu lassen. Wir gehen auch nicht mehr viel spazieren, sondern fahren lieber mit dem Auto, fliegen mit dem Flugzeug in Urlaub und so weiter.... „Schöne“ künstliche Welt, kann man da nur sagen!

Zum Verständnis der Polarität ist es auch noch notwendig, sich über das Wesen der Zeit zu unterhalten. Zwar erscheint es auf den ersten Blick so, als würde die Zeit und die Polarität nichts miteinander zu tun haben, jedoch gibt es verschiedene Ansichten, was eigentlich „die Zeit“ ist. Wenn man das Prinzip der Polarität erkannt hat, dann wird man auch den Begriff der Zeit anders verstehen. Ich habe ganz kurz die Zeit schon weiter oben erwähnt, will dies jedoch nun etwas ausführlicher tun, denn auch der

Zeitbegriff ist heute noch immer sehr stark von dem Denken im Detail geprägt und nicht über dieses Detaildenken hinaus gegangen. Besonders der Begriff der Ewigkeit ist vom religiösen Standpunkt geprägt und auch hier kommt das zum Tragen, was ich vorher das Streben nach einem nur geistigen Leben nach dem Tode sagte. Man strebt nach der Ewigkeit als etwas, das getrennt von uns und der uns umgebenden Welt ist und merkt gar nicht, dass wir in Wahrheit mitten in der Ewigkeit leben und diese ständig stattfindet.

Was ist nun die Zeit?

Die meisten Menschen denken dabei nur an das, was die physikalische Zeit ist. Besser gesagt: was unsere physikalische Zeit auf der Erde ist. Das ist ja auch verständlich, denn für uns Menschen kann nur diese Zeit maßgeblich sein und verstanden werden. Das Messen unserer Zeit bezieht sich immer nur auf einen Teilabschnitt des gesamten Geschehens im Universum. Diese gemessene Zeit wird von uns nach einer Erdumdrehung (das ist der Tag) und nach einem Umlauf der Erde um die Sonne (das ist das Jahr) festgelegt. Man hat den Tag in 24 Stunden willkürlich festgelegt. Man hätte auch eine andere Einteilung festlegen können. Der Umlauf der Erde um die Sonne beträgt 365 Tage. Diesen einen Umlauf der Erde um die Sonne nennen wir das Jahr.

Die physikalische Zeit, die wir nach den uns vorgegebenen Fakten auf unserer Erde festlegten und die wir in Stunden, Tage und Jahre einteilten, kann nur bei uns auf der Erde gelten. Unsere Zeit trifft auf andere Planeten und schon gleich gar nicht auf ferne Galaxien zu. Allerdings können wir vergleichen. So macht der Jupiter einen Umlauf um die Sonne in 12 Jahren. Aber diese 12 Jahre sind nur ein Vergleich mit unserer Zeit, nämlich ungefähr das, was bei uns 12 Jahre sind. Ein Jupiterjahr dauert somit 12 Eerdenjahre, wenn wir als Vergleich unsere Zeitrechnung verwenden. Für den Jupiter ist es allerdings ein Jahr.

Solange wir von der Zeitmessung und von unserem Zeitbegriff reden – und selbst wenn wir vergleichen mit anderen Planeten oder sogar mit anderen Sternen oder Galaxien - dann sprechen wir immer noch von einem Teilaspekt der übergeordneten Zeit. Ohne unsere Bezugspunkte (also Erdumdrehung und Umlauf der Erde um die Sonne) läuft die Zeit jedoch immer weiter und kann in der Gesamtheit niemals gemessen werden, weil es keinen Bezugspunkt gibt und auch keinen Anfang und kein Ende. Wir könnten natürlich andere Bezugspunkte verwenden, z.B. Galaxien oder andere Sterne, aber dann ist es im Prinzip nicht anders, nur die Bezugspunkte sind anders und das, was wir in unserem Unverstand dann auch Zeit nennen würden, wäre immer noch nicht die absolute Zeit, sondern nur Teilaspekte daraus. Wie gesagt, fast alle Menschen meinen mit

Zeit nur die messbare Zeit und man streitet dann höchstens noch ein wenig herum, welche Messlatte die richtige wäre, ob die Messlatte "Erde" oder "Mond", oder "Jupiter" und so weiter. Das ist natürlich lächerlich, denn jeder Stern hat (besser gesagt: "ist") eine andere Messlatte. Die gemessene Zeit ist nur ein winziges Teilchen, das man aus der absoluten Zeit heraus nimmt und dann meint, dieses Teilchen,, das man hier mehr oder weniger willkürlich herausgenommen und nur für sich alleine betrachtet hat, das sei DIE Zeit.

Die übergeordnete, die absolute Zeit, das ist die Ewigkeit. Aber wer meint, die Ewigkeit sei unbeweglich, statisch, also der reine Stillstand, der irrt sich. Das Gegenteil ist der Fall. Nichts steht jemals still. Alles geht weiter. Dieses Weitergehen ist die absolute Zeit und die Ewigkeit gleichzeitig. Das ständige Weitergehen ist nicht linear und deshalb ist auch die absolute Zeit nicht linear. Sie fängt nicht irgendwo an und hört auch nicht irgendwo auf. Allerdings ist sie auch nicht zyklisch, denn sie läuft nicht in immer wiederkehrenden Zyklen ab. Unsere Erde und auch alle Galaxien sind einmal entstanden und werden irgendwann einmal wieder verschwinden. Es werden zwar wieder neue Galaxien und Sterne entstehen, aber niemals wieder dieselben. Alles ist ständig in Bewegung und ändert sich ständig. Und nichts wiederholt sich in genau denselben Formen ein weiteres Mal. Es kann Ähnlichkeiten geben, aber mehr nicht. [4]

Wir sehen nun an den kurzen Ausführungen über die Zeit, wie alles zusammenhängt. Die Geburt und der Tod sind ein ständiges Weitergehen, ein ewiges Sich Verändern. Nichts stagniert, wie dies bei dem Gedankenkonstrukte über den Dualismus und bei dem vermeintlichen Kampf von Gut und Böse der Fall ist. Bei der dualistischen Sicht glaubt man an einen Sieg des Guten und dem dann folgenden sogenannten „ewigen Leben“. Also glaubt man beim Dualismus an das Überwinden des Todes. All diese ausgedachten Fantasien führen zu einer Stagnation in diesem vermeintlich schönen Zustand des ewigen Lebens. Wenn wir nur noch als Geistwesen ohne Körper, also ohne Materie existieren würden, dann wäre das eine Stagnation. Aber so etwas kann es gar nicht geben, denn die ständige Veränderung, das ständige Werden und Vergehen ist nur durch die Materie möglich. Ohne Materie gäbe es kein Geschehen mehr. Kein Leben, also auch keine Erlebnisse. Nur noch ein Nichts. In diesem Nichts wären wir dann allerdings auch ein Nichts.

---

[4] Ich habe dieses Thema sehr ausführlich in meinem Buch „Besteht Materie ewig?“ (erschienen bei Angelika Lenz Verlag) behandelt. Die neuesten Forschungen, besonders von Stephen Hawking, der seine alte Theorie über den einmaligen Urknall widerrufen hatte, wurden hier als Grundlage verwendet.

Dies alles hat überhaupt nichts mit der Realität des Seins zu tun, sondern ist reine Wunschvorstellung des Menschen, die uns dahin führt, dass wir uns als Menschen und auch als Individuum unendlich wichtig vorkommen und darüber vergessen, dass wir eigentlich mit allem verbunden sind und deshalb nicht wichtiger sind als alles andere auch. Wir übersehen dann, dass wir zusammen gehören, nur zusammen glücklich sein können. Dass wir uns auch einfügen müssen in das Geschehen des Universums und nicht die Erde bezwingen oder sie uns untertan machen dürfen, denn all diese Dinge sind ein egozentrisches Verhalten, das nur zu Leid und Unglück führt. Über das typische menschliche Verhalten des „Sich-Wichtig-Nehmen" werde ich noch oft in diesem Buch zurückkommen, denn dieses ist ein wichtiger Grund für viel Leid auf der Welt. Und ein Ausgleich von Yin und Yang kann durch unsere egoistische Einstellung der Wichtigkeit unserer Person auch nicht stattfinden.

Der Weg vom Dualismus zur Polarität liegt noch vor uns. - Haben schon früher andere Völker ein Wissen von der Polarität und von Yin und Yang und dem wichtigen Ausgleich dieser beiden Kräfte als Weltsicht gekannt und danach gelebt? Indigene Völker (sogenannte „Naturvölker") lebten – und leben auch heute noch weitgehend im Einklang mit der Natur und somit auch im Ausgleich von Yin und Yang, selbst wenn sie diesen Begriff nicht kennen. Ihr Leben ist ganz automatisch im Gleichgewicht. Wie sah jedoch unser Europa in vorchristlicher Zeit aus? War Europa damals schon dualistisch ausgerichtet?

Ganz eindeutig werden wir heute diese Frage nicht mehr beantworten können. Es gibt jedoch einige Hinweise, dass in der Zeit etwa vor 500 v. Chr. ein Verständnis für die Polarität vorhanden war. Nachdem man Griechenland als die Wiege Europas bezeichnet, wollen wir einen kurzen Blick auf das spirituelle Verstehen dieser Zeit werfen. Zwar gab es auch in jener Zeit schon viele Götter, jedoch kann man aus den Darstellungen schließen, dass diese Gottheiten noch nicht so stark menschlich geprägt und personifiziert waren wie dies in der Zeit nach 500 v. Chr. der Fall ist. Es wird auch von heiligen Hainen oder Quellen, Grotten und sonstigen besonderen Plätzen der Natur berichtet. Die Gottheiten waren damals offensichtlich die Verkörperungen der Naturkräfte. Oder: sie waren die Natur.

Den ersten schriftlichen Beleg über einen Dualismus lieferte uns der Philosoph Parmenides, von dem leider nicht allzu viel bekannt ist, denn nur wenige seiner Schriften sind erhalten. Jedoch wissen wir so viel, dass er von einem Dualismus zwischen Erscheinung und Wirklichkeit ausging. Die beobachteten Phänomene waren für ihn nur Erscheinungsformen einer in Wahrheit statischen, ewigen Wirklichkeit ohne jede Bewegung und Veränderung.

Unbestritten ist der Einfluss des Parmenides auf Platon, über den Parmenides maßgeblich die abendländische Philosophie beeinflusst hat. Platon selbst nennt ihn „unseren Vater Parmenides“ und lässt ihn in seinem Parmenides-Dialog auftreten, wo er sich dialektisch mit Sokrates auseinandersetzt. Im Theaitetos erklärt Sokrates, Parmenides sei unter allen Weisen der Einzige gewesen, der geleugnet habe, dass alles Bewegung und Veränderung sei. Diese Philosophie kann man somit ziemlich klar als Dualismus erkennen. Es ist nun auch nicht mehr sehr verwunderlich, dass in Griechenland und mehr noch später in Rom die christliche Lehre Fuß fassen konnte. Des weiteren kamen sicher auch schon einige Einflüsse aus dem Judentum nach Europa und möglicherweise haben diese sogar den Parmenides beeinflusst. Im Fernen Osten gab es eine ganz andere Philosophie, nämlich im Gegensatz zum Westen gab es im Osten ein Verständnis dafür, dass alles in Bewegung ist und dass Yin und Yang ein Grundprinzip des Seins sind. Der chinesische Philosoph LaoTse schrieb ebenfalls um 500 v. Chr. sein kleines Büchlein, das Tao Te King. Die Grundgedanken der westlichen und östlichen Philosophie haben eigentlich nichts gemeinsam, sie sind sogar das Gegenteil! Im Osten ist alles in Bewegung, nichts ist getrennt. Im Westen jedoch werden nun die Gedanken der Trennung des sogenannten „wahren“ geistigen Seins von der vermeintlichen „Erscheinung“ gepriesen und somit die Unwirklichkeit der materiellen Welt als die große Weisheit betrachtet. Übrigens finden wir auch in Indien diese in einigen Aspekten westlich anmutenden Gedanken. Nämlich, dass die materielle Welt nur eine Art von Illusion sei („Samsara“), so wie das Parmenides auch offensichtlich gemeint hat.

Die Gedanken des Parmenides sind auch heute noch die Grundlage für das typische westliche Denken des Dualismus, welcher das Trennen von Erscheinung und Wirklichkeit beinhaltet. Allerdings ist die christliche Weltsicht ganz anders als die indische, denn im Christentum wird von einer Erschaffung der Welt durch Gott ausgegangen. Jedoch ist hier zu erkennen, dass dies bis zu einem gewissen Grad von Parmenides Ideen herkommen kann. Nach heutigem Sprachgebrauch und christlichem Verständnis ist das, was Parmenides die „Wirklichkeit“ nannte, als das Göttliche oder Spirituelle zu verstehen, während die „Erscheinung“ in unserem heutigen Verständnis die Materie ist. Obwohl natürlich dazu gesagt werden muss, dass wir heute die Materie nicht mehr als eine „Erscheinung“, sondern – anders als in der indischen Sichtweise - als eine Realität betrachten. Im Westen hat sich die Entwicklung etwas anders gestaltet als in Indien, weil die Idee der Schöpfung der Materie durch einen Gott hinzukam. Die Trennung von Materie und Spirit blieb jedoch bestehen und besteht heute noch.

Es muss noch kurz erwähnt werden, dass die Entwicklung in Rom ähnlich verlief wie in Griechenland. Rom hat viele religiöse Gedanken und Vorstellungen von Griechenland übernommen. Rom wurde ab der Zeitenwende sehr bestimmend für die weitere Entwicklung in Europa. Bemerkenswert ist, dass Rom sich sehr stark in die Richtung „Männlichkeit“ (allerdings war dies auch schon in Griechenland sehr weit verbreitet) entwickelte und somit die Yang-Energien in Rom immer stärker wurden. Rom war deshalb so stark, weil es sehr gut organisiert war, sowohl im Bereich des Staates, wie auch im militärischen Bereich. Die Technik war sehr weit entwickelt. Wir bestaunen heute noch die römische Architektur und die Überreste der Bäder mit der sehr modernen Bodenheizung. Allerdings war im Rom der früheren Zeit eine ähnliche Situation gegeben wie in Griechenland. Die frühen römischen Götter waren ebenfalls weniger personifizierte Gottheiten, sondern mehr die Erscheinungen der materiellen Welt oder der Naturkräfte, wie z.B. die Penaten (Hausgeister) oder die Lares (Feldgeister). Später wurden diese Spirits zu Göttern und Göttinnen in menschlicher Gestalt mit menschenähnlichem Verhalten, wie z.B. Jupiter, Hermes, Venus etc. Diese Vermenschlichung ist ein wichtiger Unterschied zu den früheren Zeiten. Um ein Beispiel zu nennen: Die Feuergeister wurden personifiziert und wurden zur Göttin des Herdes und zur Beschützerin des Feuers: die Göttin Vesta. Oder die Feldgeister (Lares) wurden zur Göttin der Feldfrüchte, zur Göttin Ceres und die Göttin der Früchte wurde Pomona. Von dieser Zeit an kann man tatsächlich von Göttern und Göttinnen sprechen, früher waren es Spirits (Geistwesen - Naturgeister). Diese Göttinnen und Götter sind nun tatsächlich nicht mehr ein Teil der spirituellen Welt, sondern ein Teil des Denkens, der Logik, der intellektuellen Welt. Erschaffen wurden sie aus dem Denken, nicht aus der Beobachtung der Natur und ihrer Kräfte. Und nicht nur wurden sie gedanklich erschaffen, sondern sogar noch in Stein gehauen und in den Tempeln aufgestellt. Das Denken und Planen und die Ausführung nach den Plänen: dies ist die Welt der Materie! Hier beginnt der Wechsel vom wirklichen Verstehen der Polarität der früheren Zeiten, nämlich das gleichwertige Vorhandensein von Materie und Spirit, hin zur späteren dualistischen und vom Verstand geleiteten Sicht. Von nun an trat Spiritualität in den Hintergrund oder wurde sogar ganz vergessen! Oder falsch ausgelegt und mit dem Begriff „Religion“ gleichgestellt. Auch heute sprechen noch viele Menschen von Spiritualität, wenn sie von Religion sprechen. Auch dies ist ein typisches Beispiel, wie unser Verstehen ganz vom Verstand geleitet ist.

Nun gab es jedoch noch zwei große Völker in Europa, von denen die deutsche und die übrige mittel- und nordeuropäische Bevölkerung überwiegend abstammt: Die Germanen und die Kelten.

Die Germanen glaubten an ein Leben nach dem Tode, jedoch, im Gegensatz zu den Kelten, kamen die höchsten Ehren nur den im Kampf gefallenen Helden zu. Diese wurden in Walhall aufgenommen, einem Ort, in dem es Gelage und Kämpfe in Hülle und Fülle gab, jedoch nicht den Schmerz und das Sterben. Sie glaubten jedoch an eine zeitliche Begrenzung dieses Zustandes in ferner Zukunft, an eine Götterdämmerung. Auch ihre Götter würden nicht ewig leben. Die Tatsache, dass die geistige oder spirituelle Welt ebenso wie die materielle Welt nicht ewig andauern würde, ist sehr interessant. Denn sie widerspricht gänzlich der späteren christlichen Vorstellung von einem tatsächlich ewig währenden spirituellen Dasein! Die Götterwelt war nicht gänzlich anders als die irdische Welt und somit auch nicht ganz so strikt getrennt. Ob die Germanen ein Verständnis für die Polarität hatten, können wir aus den wenigen Überlieferungen schlecht ablesen. Nachdem die Männerwelt mit ziemlicher Sicherheit dominierend war, ist dies nicht sehr wahrscheinlich. Immerhin jedoch waren die Frauen auch sehr geachtet. Nur ist es eine Frage, ob sie nur als Mutter geachtet waren oder um ihrer selbst willen. Dass nur die tapferen Helden in Walhall aufgenommen wurden und dort ein wildes Leben führen konnten, lässt vermuten, dass es keine absolute Gleichwertigkeit von Männern und Frauen gab.

Von den Kelten wissen wir etwas mehr, denn Schottland und Irland wurden nicht von den Römern erobert und somit hat sich lange Zeit die keltische Kultur und ihre spirituellen Vorstellungen erhalten. Zwar wurde auch diese durch die späteren christlichen Einflüsse übertüncht oder auch ausgemerzt, jedoch blieb uns doch noch sehr viel erhalten, sodass wir heute relativ viel über die Kelten und ihr Leben wissen. Wenngleich wir daran denken sollten, dass der christliche Einfluss der vielen Schriften aus keltischer christlicher Zeit sicherlich nicht ganz den richtigen Eindruck darüber gewährt, wie die heidnischen Kelten wirklich gelebt haben. Auch aus immer neuen Ausgrabungen ergibt sich heute ein recht gutes Bild über die Kultur und das Leben der Kelten, das nicht immer mit den früheren, aus Büchern (von christlichen Mönchen geschrieben!) stammenden Quellen, übereinstimmt.

Die Kelten hatten offensichtlich eine Vorstellung von der Polarität. Frauen und Männer waren gleichgestellt. Zwar gab es verschiedene Aufgabenbereiche, jedoch waren diese nicht sehr strikt getrennt. Frauen griffen sogar bei großer Gefahr oft sehr bestimmend in die Kämpfe ein. Die Familie war sehr wichtig und die Kindererziehung war für eine Ehe der bestimmende Faktor. Obwohl die eheliche Treue ernst genommen wurde, gab es eine gewisse Freizügigkeit im sexuellen Bereich. Ob dies nur für sexuelle Erlebnisse vor der Ehe galt, kann mit Sicherheit nicht gesagt werden. Die Kelten glaubten an eine „Anderswelt“, also an eine spirituelle Seinsform. Wie sie sich diese Anderswelt vorstellten, ist schlecht zu sagen. Ob sie glaubten, dass sie als Individuen und so, wie sie im irdischen Leben waren, weiter leben würden oder in irgend einer anderen Weise weiterbestehen würden, wird wohl für immer eine offene Frage bleiben.

Die Römer berichteten, dass die Kelten viele Götter hatten. Nun ist diese Beurteilung mit Vorsicht zu betrachten. Denn ähnlich wie später die Christen alles durch die christliche Brille sahen und dementsprechend dokumentierten, so haben auch die Römer alles durch ihre Brille gesehen. Viel wahrscheinlich ist nach den neueren Forschungen und Erkenntnissen, dass sie die Natur als belebt betrachteten. Die Römer zählten über 200 keltische sogenannte Gottheiten. Dies waren jedoch Flüsse und Seen, Berge und Bäume und auch Tiere. Wir sollten deshalb besser sagen, dass dies beispielsweise der Geist der Pferde war, den sie Epona nannten. Jedoch wird Epona meistens als die Pferdegöttin bezeichnet, was sehr wahrscheinlich so nicht zutrifft! - Wie auch immer es gewesen sein mag, ist es doch sehr wahrscheinlich, dass ihre „Götter“ keineswegs zu vergleichen waren mit dem, was man in Griechenland oder Rom damit meinte. Alles in der Natur war den Kelten heilig und somit „göttlich“ oder besser gesagt: nicht nur materielle, sondern auch spirituelle Wesenheiten. Nachdem die Kelten keine personifizierten Götter wie die Römer hatten, gab es auch keine Abbildungen der Götter. Durch den römischen Einfluss änderte sich das jedoch ein wenig und es gab dann auch kleine Tempel nach römischem Vorbild, besonders im heutigen Frankreich. Ursprünglich jedoch feierte man die spirituellen Feste im Freien, oft auch in Grotten. Hauptsächlich wurden Feste gefeiert, welche den Wechsel der Jahreszeiten betrafen. Interessant im Zusammenhang mit dem Verständnis von Yin und Yang ist jedoch, dass sie eine sogenannte „Göttin“ hatten, welche sowohl die Geburt, wie auch den Tod symbolisierte. Diese „Göttin“ Morrighan (später durch den römischen Einfluss romanisiert „Morgana“ genannt) verkörpert in sehr anschaulicher Weise die Polarität. Nämlich das Zusammengehören von Leben und Tod. Ein besseres Beispiel für die Polarität kann man sich kaum vorstellen! Auch die Kunst der Kelten zeigt, anders als die germanische Kunst, überwiegend fließende Ornamente und Formen, ein sehr deutliches Kennzeichen für die Yin-Energie. Übrigens war die Kunst der Kelten sehr hochstehend und man betrachtet sie heute als mindestens ebenso wichtig oder bedeutend wie die griechische oder römische Kunst. In Hinsicht auf die Yin- und Yang-Energie ist es sogar kein Zweifel, dass sie wesentlich ausgewogener war als die sehr stark auf der Yang-Energie aufgebaute griechisch-römische Kunst. Nun darf man jedoch nicht meinen, bei den Kelten sei deshalb die Yang-Energie nicht ebenbürtig gewesen. Das trifft keineswegs zu, denn die Kelten waren hervorragende Handwerker und insbesondere wegen ihrer hochwertigen Eisenwaren in ganz Europa geachtet. Die Kelten waren den Römern diesbezüglich sogar überlegen. Die Römer erwarben mit Vorliebe die keltischen Schwerter. Die Kelten waren ja auch die ersten in Europa, welche das Eisen aus dem Eisenerz schmelzen konnten. Die frühe keltische Zeit wird die Hallstadtzeit genannt nach einem Ort in Österreich. Dort und in Süddeutschland siedelten die Kelten anfänglich. Die Hallstattzeit ist der Anfang der Eisenzeit.

Die keltische Kultur wurde dann von den Römern sehr stark geprägt und romanisiert, sodass mit den ersten Jahrhunderten nach der Zeitenwende allmählich ganz Europa christianisiert wurde und somit die keltische wie auch die germanische Epoche zu Ende ging. Und somit auch das Verständnis für das Gleichgewicht von Yin und Yang und das Prinzip der Polarität. Von nun an hatte Yang die Übermacht erhalten!

Da in diesem Buch die Bedeutung von Yin und Yang behandelt wird, sollten wir nun auch noch kurz die Philosophie des Lao Tse betrachten. Denn seine Erkenntnisse sind die Grundlage der Philosophie der Polarität, obwohl er dieses Wort selbst nie gebraucht hat. Er schrieb ein kleines Büchlein, das „Tao Te King“. Wörtlich übersetzt heißt dies: „Der Weg der Tugend“. In diesem Buch wird über das Tao (es wird auch „Dao“ geschrieben) gesprochen, also über den „Weg“. So jedenfalls wird es allgemein übersetzt. Nun gibt es jedoch Stellen, wo die Bezeichnung „Weg“ nicht zutrifft. Zum Beispiel sagt Lao Tse gleich in seinem ersten Kapitel:

Das Tao, das sich aussprechen lässt, ist nicht das ewige Tao. Der Name, der sich nennen lässt, ist nicht der ewige Name.

Auch noch an anderen Stellen wird von dem „ewigen Tao“ gesprochen.

Die Forscher sind sich einig, dass Lao Tse hier von einem Weltprinzip spricht. In den Übersetzungen westlicher Autoren wird das Wort „Tao“ sehr unterschiedlich übersetzt. Zum Beispiel bei dem am häufigsten gelesenen Übersetzer Richard Wilhelm wird vom „Sinn“ gesprochen. Er legt das Wort Tao so aus, als wäre es dem westlichen Verständnis von Gott sehr ähnlich. Dies verwundert nicht, denn Wilhelm war christlicher Missionar in China. Von dieser christlichen Warte aus betrachtet, kann ein Weltprinzip nur etwas sein, dass unserer Gottesvorstellung entspricht.

Nun muss man jedoch wissen, dass „Tao“ nicht nur „Weg“ bedeutet, sondern auch „gehen“. Aber nicht nur als Verb, sondern auch als Substantiv, also auch „das Gehen“ ist Tao. Wenn nun Lao Tse von dem ewigen Gehen spricht, dann liegt es doch auf der Hand, dass er damit das immer währende Weitergehen meint. Aber nicht nur das Weitergehen eines Menschen, sondern das Weitergehen von Allem und überall im Universum. Dieses immer währende Weitergehen ist das ewige Geschehen, ist die Ewigkeit, welche jetzt gerade stattfindet, schon immer stattgefunden hat und weiterhin immerzu als ständiges Geschehen stattfinden wird. Also genau das, was ich als die Zeit bezeichnet habe. Nun wissen wir auch, warum Lao Tse vom „ewigen“ Tao gesprochen hat! Das ewige Tao ist das ständige Geschehen, ohne Anfang und ohne Ende. Es „geht“ alles immer weiter.

Die Denkweise der westlichen Menschen ist anders als die Denkweise der Menschen im Osten. Dies trifft nicht nur für China zu, aus dem das Symbol von Yin und Yang kommt, sondern auch auf andere Länder des Ostens. Gerade als ich diese Zeilen schreibe, fällt mir ein Buch in die Hand, aus welchem ich folgendes Zitat anführen will, denn es passt ganz wunderbar in die soeben gemachten Ausführungen. Bevor ich jedoch das Zitat bringe, muss ich noch erklären, dass in dem zitierten Buch in diesem Zusammenhang auch darüber gesprochen wird, dass die Bezeichnung Indien aus der Zeit der englischen Kolonisation stammt und nicht das ursprüngliche Wort für Indien ist. Der eigentliche Name für Indien war „Bharat“. Diese Bemerkung ist wichtig, um das nachfolgende Zitat zu verstehen. Zitat aus dem Buch „The Story of India“ von Michael Wood (BBC Books, Randam House, London, 2007): *„Our name for us is Bharat, which has a very different meaning from India. In India* (Anmerkung: gemeint ist das Indien der Kolonialmacht England) *time is linear. In Bharat it is circular, mythic. They stand for two different mindsets; and Indian people, even the lowliest, move comfortably between the two.....”*

Was mich an diesem Zitat fasziniert hat, ist der Begriff der Zeit. Nämlich einmal die westliche Denkweise, indem der Autor von „Indien“ spricht, also die westliche Bezeichnung von Indien, welche die Zeit als einen linearen Ablauf betrachtet und dann die östliche Sichtweise, die den Ablauf der Zeit als Kreis sieht. Also immer weiter gehend, ohne Anfang und ohne Ende. Ich möchte hier nochmals daran erinnern, was ich soeben über die Philosophie des LaoTse gesagt habe. Nämlich, dass das Tao nicht als Weg zu verstehen ist, sondern als das ständige Weitergehen. Somit war auch in China das Verständnis der Zeit ein ganz anderes als im Westen. Als die Engländer bei der Kolonisation von Indien die Bezeichnung „Indien“ eingeführt hatten, kam mit diesem Namen auch die neue Vorstellung einer linearen Zeit nach Indien. Für die Inder ist dies jedoch kein Problem, denn sie können die lineare Zeit mühelos in ihr Weltbild des ewigen Weitergehens einbauen. Die lineare Zeit betrachten sie dann ganz unproblematisch als den Blick auf nur einen kleinen Teil des Kreises. Der Kreis läuft jedoch trotzdem weiter, auch wenn man nur seine Augen auf eine kleine Strecke heftet. Wenn wir im Westen den ganzen Kreis nicht sehen können, dann ist das für die östlichen Menschen kein Grund, ihn nicht zu sehen und somit kann man die westliche Denkweise auch in die östliche integrieren. Umgekehrt ist es jedoch unmöglich, denn man kann aus einem festen Anfang und einem vorgegebenen Ende keinen Kreis machen. Zwar könnte man sich rein theoretisch vorstellen, dass dieser von uns erfundene Anfang und das Ende der Linie nur ein Teilbereich des Ganzen ist, nämlich ein Abschnitt, der aus dem Kreis heraus genommen ist. Das jedoch fällt uns offensichtlich sehr schwer. Denn wir kleben an unserer Weltsicht über einen Anfang und ein irgendwann einmal stattfindendes Ende des Universums und sind kaum bereit, diese Sichtweise einmal ganz auf die Seite zu schieben oder sogar ganz zu vergessen. Und selbst wenn wir gelegentlich mal etwas aus dem Osten übernehmen, dann oft deshalb, weil wir die im Osten vorherrschende Denkweise falsch interpretieren. Denn wir haben es aufgrund der westlichen Prägung unserer Denkweise sehr schwer, uns in die ganz andere östliche Denkweise hinein zu versetzen. Deshalb haben wir es auch sehr schwer, Yin und Yang wirklich mit allen Konsequenzen richtig zu verstehen. Dieser kleine Einschub über die Zeit und die ganz andere Sichtweise, was beispielsweise die Zeit im Osten ist, mag vielleicht ein wenig dazu beitragen, von unserem westlichen Denken, das ja im Prinzip in fast allen Dingen vom Dualismus geprägt ist und ein lineares Denken ist, etwas Abstand zu nehmen.

Im Zusammenhang mit dem Themenbereich Dualismus und lineares Denken muss ich nun noch einmal erwähnen, was wir westliche Menschen sehr schwer verstehen können: Nämlich das Verständnis, dass die Einheit auch die Zweiheit sein kann. Dies können wir in unserem westlichen Denken kaum fassen, denn wir denken nicht nur linear, sondern dass alles getrennt ist und somit denken wir in der Ausschließlichkeit. Diese Art des Denkens berücksichtigt nicht, dass es ein „sowohl – als auch“ gibt, sondern man denkt in der Ausschließlichkeit des „entweder – oder“. Interessant ist, dass selbst die moderne Wissenschaft der Quantenphysik herausgefunden hat, dass es den sogenannten „Welle-Teilchen-Dualismus“

gibt. Leider sind die Wissenschaftler meistens keine Philosophen, deshalb haben sie hier aus philosophischer Sicht das falsche Wort verwendet, nämlich Dualismus anstelle von Polarität. Im philosophischen Kontext müsste man von einer „Welle-Teilchen-Polarität“ sprechen.

Was ist diese „Welle-Teilchen-Polarität“.

Es besagt, dass im subatomaren Bereich ein Teilchen gleichzeitig auch ein Welle sein kann. Also nicht das für uns westlichen Menschen übliche Verständnis, dass etwas „entweder Teilchen, oder Welle“ ist, sondern „sowohl Teilchen, wie auch Welle“.

Nun zurück zur Frage, wie es möglich ist, dass die Einheit auch die Zweiheit sein kann.

Das Universum (verstanden als „das EINE“, „das Ganze“, „die Einheit“) wird oft in esoterischen Kreisen als das Ende der Suche nach der Einheit betrachtet. Der Name beinhaltet es ohnehin schon: UNIversum, das Eine! Wenn man jedoch von einem Ende spricht, dann wäre das Universum etwas Lineares. Das lineare Denken, das von einem Anfang und einem Ende ausgeht – selbst wenn das Ende dann ewig ist – stammt aus dem dualistischen Denken. Wenn wir jedoch das Yin- und Yang-Symbol betrachten, dann sehen wir keinerlei Hinweis auf einen Anfang und auf ein Ende. Vielmehr ist Yin und Yang rund und somit immer weiter laufend. Und zwar in der zur Einheit gewordenen Zweiheit, nämlich Yin und Yang zusammen. Dieses immer weiter Laufen ist zwar auch ewig, jedoch in ständiger Veränderung und ein endgültiges Ende gibt es somit auch nicht, so wie es auch keinen Anfang gibt oder gegeben hat.

Wenn wir meinen, nach einem Ende suchen zu müssen oder auch nach einer endgültigen Einheit, dann verstehen wir das Wesen der Polarität und somit das Wesen des Seins überhaupt nicht. Das große Geheimnis der Polarität ist die Zweiheit des ständigen Werdens und Vergehens, welches überall stattfindet und somit auch im Universum, im All. Aus der Zweiheit von Werden und Vergehen entstehen dann weitere Zweiheiten wie Tag und Nacht, männlich und weiblich und so weiter. Die Vielfalt des Seins ist eine Folge der ewigen Zweiheit. Nur aus dem ständigen Werden und Vergehen entsteht immer wieder Neues und gleichzeitig verändert und vergeht auch jede Individualität immer wieder.

Nun kommt jedoch die große Überraschung in diesem grundlegenden Prinzip der Zweiheit: Sie ist gleichzeitig auch die Einheit! Leben und Tod, also das Werden und Vergehen gehören zusammen, waren immer schon beisammen und werden ewig beisammen bleiben! Sie sind untrennbar! Somit sind sie trotz der Zweiheit auch EINS, eine Einheit! Und dies trifft für die Polarität immer und grundsätzlich zu.

Wie ist es jetzt mit dem Universum bestellt? Inwiefern ist auch das Universum eine Zweiheit? Wo können wir diese Zweiheit erkennen? Ist es nicht so, dass es uns unveränderlich und ewig gleich bleibend erscheint?

Ja, es erscheint uns so. Weil wir nämlich nur im Rahmen unseres kurzen Lebens etwas „erleben“ und somit verstehen können. Gemessen an unserer Lebensspanne ist es selbstverständlich nicht zu erkennen, dass auch im Universum das ewige Prinzip des Werdens und Vergehens vorliegt. Jedoch wissen wir heute dank der modernen Forschung inzwischen eine ganze Menge über das Universum. Sicherlich, das, was ich „eine ganze Menge“ nenne, ist immer noch ein winziger Bruchteil von dem, was das Universum ist. Jedoch ist es heute kein Geheimnis mehr, dass auch die Sterne nicht ewig ihre Bahn ziehen werden. Galaxien streben auseinander oder verlaufen in einem nach innen gehenden Spiralstrudel, welcher auf den Mittelpunkt hin ausgerichtet ist. Im Mittelpunkt werden die Sterne eingesogen und verschwinden im Schwarzen Loch. Jedoch ist das nicht ein absolutes Ende, sondern nur ein Ende der individuellen Sterne und aus dem Schwarzen Loch entstehen in einem „Urknall“ neue Sterne und eine neue Galaxie. Der sogenannte „Urknall“ ist somit nicht ganz richtig benannt, denn es ist kein „Ur“-knall im Sinne eines allerersten Anfangs, sondern eine immer wieder und überall im Universum stattfindende Neuentstehung von neuen Sternen und Galaxien.

Somit ist auch das Universum, selbst wenn es ewig ist im Sinne eines immerzu bestehenden Seins, in seiner individuellen Zusammensetzung aus unzähligen Sternen und Galaxien denselben Gesetzen des Werdens und Vergehens unterworfen wie alles auf unserer kleinen Erde auch. Auch im Universum leben die individuellen Sterne (die ja in Wirklichkeit Sonnen sind, also Feuerbälle) nicht ewig. Als Ganzes jedoch wird es das Universum immerzu geben.

Warum suchen so viele Menschen die vermeintliche Einheit?

Die Antwort ist: Wir müssen gar nicht suchen! Denn wir sehen diese Einheit überall, im Universum und im Atom, in unserem Leben und in allem, was täglich um uns herum geschieht und was mit uns selbst geschieht. Es gibt nichts zu suchen und auch nichts zu finden, außer der Erkenntnis, dass alles immer weiter geht in einem ständigen Wechsel von Werden und Vergehen. So ist jede Individualität zwar begrenzt, gleichzeitig geht jedoch alles immer weiter und zwar in einer ständigen Veränderung. Eigentlich müssen wir auch diese Erkenntnis nicht wirklich „finden“, denn sie liegt vor unseren Augen, wir sehen das überall und jeden Tag. Was wir tun müssen, um dies zu erkennen, ist lediglich genaues Hinsehen und ein Löslösen von gedanklichen Konstrukten, die freilich schon sehr lange bestehen, jedoch deshalb nicht wahrer werden als das, was wir täglich sehen und erleben können! LaoTse spricht davon, dass wir eigentlich gar nicht in die Welt hinaus gehen müssen, um das Prinzip des Seins zu erkennen. Er spricht davon, dass uns schon der Fensterstock und das Gras vor unserer Türe die Erkenntnis des Seins bringen können. Nämlich, dass alles irgendwann einmal vergeht und Neues wieder erstehen wird. Der individuelle Grasbüschel vor unserer Türe wird irgendwann einmal sterben, aber neues Gras oder andere Kräuter werden wieder wachsen.

Gehen wir nun in unserer Zeit von der bisherigen Weltsicht des Dualismus allmählich in eine Weltsicht der Polarität über?

Ich denke schon, dass sich allmählich eine Änderung des Denkens im Westen anbahnt. Die Anzeichen sind zwar gering, aber immerhin sind einige Ansätze schon zu bemerken. Es gibt genug Menschen, die mit weniger Einkommen zufrieden wären, wenn es Alle betreffen würde. Eine Einschränkung ist allerdings dann schwierig, wenn alle anderen Menschen sich sehr viel leisten können. Vielleicht kommt ein Umbruch jedoch nicht aus der Einsicht, dass es so nicht weiter gehen kann, sondern er wird durch die Umstände erzwungen. Die Geschehnisse in Griechenland zeigen schon auf, dass unser kapitalistisches System wackelt. Ich halte es nicht für ausgeschlossen, dass sich das kapitalistische System selbst zerstört, so wie es Karl Marx vorausgesehen hat. Das würde einen totalen Zusammenbruch der Gesellschaft zur Folge haben. Aber aus diesem könnte etwas Neues entstehen. Noch scheint all das in weiter Ferne zu sein, aber niemand kann wissen, wie sich Entwicklungen wie in Griechenland ganz plötzlich auch in anderen Ländern zeigen.

Es ist auch möglich, dass manche Länder oder sogar Erdteile sich ganz verschieden entwickeln. Die Entwicklung im Westen ging vor Jahrtausenden vom ursprünglich ausgewogenen naturnahen Leben allmählich in den Dualismus über. Was vor dem Dualimus war, können wir zwar nicht in allen Einzelheiten erfassen und erforschen. Es sind jedoch Anhaltspunkte vorhanden, dass in vorchristlicher Zeit die Menschen wesentlich intensiver mit der Natur und in der Natur lebten und schon allein durch dieses Erleben die Polarität erkannt wurde. Zwar sicherlich nicht als Philosophie, sondern vielmehr als das ständige Wirken der Natur und somit auch das Wirken im menschlichen Leben. Sicherlich hat es auch schon sehr früh religiöse Vorstellungen gegeben. Der Übergang vom reinen natürlichen oder naturnahen Leben zu immer mehr gedanklichen Konstrukten hat sicher viele Jahrhunderte gedauert. Ich habe in dem kurzen Abriss über die geschichtliche Entwicklung der westlichen Welt bereits diese Entwicklung erwähnt.

In anderen Ländern, insbesondere in Asien, sind die Entwicklungen anders verlaufen. Dort scheint es im Moment so zu sein, dass die Entwicklung anders herum läuft als im Westen. Nämlich aus dem ursprünglichen Weltbild, welches auf dem Verstehen der Polarität beruhte (siehe in China Yin und Yang!), sehen wir jetzt sehr deutlich einen Umbruch zum materialistischen westlichen Denken. Der Westen und die materialistische trennende Weltsicht hat dort überall das Leben grundlegend geändert. Der Kapitalismus nimmt in rasender Geschwindigkeit zu! Wie diese Entwicklung weitergehen wird, können wir heute noch nicht ahnen. Es scheint jedoch, dass für den Osten und offensichtlich auch für Afrika und andere noch bis vor kurzer Zeit von indigenen Völkern besiedelte Länder ein anderes Kapitel geschrieben werden müsste, das dann lauten würde: Von der Polarität zum Dualismus!

So könnte man, wenn man das Weltgeschehen als Ganzes betrachtet, auch hier wieder eine Polarität erkennen. Nämlich zwei verschiedene Strömungen der menschlichen Entwicklung. Wobei die westliche (nämlich unsere materialistisch dualistische Denkweise) die Denkweise im Osten beeinflusst, während die östliche Denk- und Lebensweise, welche weitgehend auf den Erkenntnissen von Yin und Yang aufbaut, nun allmählich unsere westliche Welt erfassen und durchdringen könnte.

4. Kapitel: Warum brauchen die Menschen eine Religion?

Yin und Yang hat mit Religion nichts zu tun. Religionen haben sogar das Verstehen von Yin und Yang verhindert oder ausgelöscht. Wenn man sich intensiv mit Yin und Yang und dem Wesen der Polarität beschäftigt, dann wird sicherlich auch die Frage auftauchen, warum die Menschen überhaupt Religionen brauchen. Es ist eine interessante Feststellung, dass die Menschen eigentlich in allen Teilen der Erde nach Religionen suchen und somit auch überall auf der Welt Religionen entstanden sind. Warum genügt es nicht, das Prinzip der Polarität zu verstehen und das Leben danach auszurichten? Warum suchen die Menschen nach einer Religion? Brauchen die Menschen tatsächlich eine Religion, um glücklich zu sein und die vielseitigen Probleme, die in jedem Menschenleben auftauchen, zu lösen oder mithelfen, sie zu lösen?

Nachdem auf der ganzen Welt die meisten Menschen nach einer Religion suchen und sie ihrem dringenden Bedürfnis zufolge auch geschaffen haben, wird meistens die obige Frage kurz und bündig damit beantwortet, dass dieses Bedürfnis in unserer menschlichen Natur verankert ist.

Diese Antwort ist sehr einfach, jedoch keineswegs befriedigend. Eigentlich ist es überhaupt keine Antwort. Denn diese Antwort erfordert eine neue Frage: „Warum ist die Suche nach einer Religion in der Natur des Menschen verankert?". Denn nichts in der Natur geschieht ohne Grund oder Anlass. Wenn ein Vogel einen langen Schnabel hat, dann ist dies nicht so, weil es in seiner Natur liegt, sondern er hat ihn in dieser Form im Laufe der Evolution so ausgebildet, weil es für seinen Nahrungserwerb zweckmäßig war. Oder der Tiger und der Leopard haben ihr geflecktes Fell nicht ohne Grund, sondern weil sie dann in dem hellen flimmernden Licht ihrer Umgebung nicht so leicht gesehen werden. Alles hat seinen Grund und erst der Grund ist das besondere Merkmal oder Verhalten, welches man dann als „verankert in der Natur dieser Tier- oder Pflanzenart" bezeichnen kann. Die Natur des Leoparden ist nicht die Ursache seiner gefleckten Erscheinung, sondern die Folge davon! So ist die Suche nach einer Religion nicht ausreichend und zufrieden stellend damit zu erklären, dass es in der menschlichen Natur begründet ist, denn auch unsere menschliche sogenannte „natürliche" Anlage oder unser Verhalten hat Gründe.

Um eine befriedigende Antwort zu erhalten, müssen wir deshalb weiter fragen, was die Menschen so gemacht hat, dass sie den Schutz einer Religion suchen. Ich werde speziell auf das Bedürfnis nach dem Schutz und einer gewissen Sicherheit gleich weiter unten noch sehr ausführlich zu sprechen kommen. Die Suche nach Schutz und Geborgenheit, die eine Religion bietet, ist allerdings nicht der einzige Grund. Es kommen noch weitere Elemente dazu.

Hauptsächlich ist hier zu erwähnen, dass der Mensch allmählich immer mehr seinen Intellekt entwickelt hat und somit hat er überhaupt erst die Möglichkeit erhalten, zu fragen, warum einige Gegebenheiten und Ereignisse so sind, wie sie sind. Die Menschen der Vorzeit werden sich gefragt haben, warum es donnert. Oder auch ganz alltägliche Fragen werden aufgetaucht sein, zum Beispiel, woher der Regen und der Wind kommt oder warum es Tag und Nacht gibt. Und weil damals unser Wissen noch sehr begrenzt war, gab es dazu keine Antworten. So lag es auf der Hand, dass man diese unerklärlichen und teilweise auch sehr Furcht erregenden Geschehnisse wie Blitz und Donner, Sturm und Überflutungen und dergleichen auf ein Wirken von übernatürlichen Kräften zurück geführt hat. Dies hat dann dazu geführt, dass man Götter – oder den Begriff der Götter – erdacht und somit erschaffen hat.

Dass der Mensch überhaupt solche Fragen aufwerfen kann, liegt an der Ausbildung seines höher entwickelten Verstandes. Ein Tier fragt nicht nach diesen Dingen, sondern verhält sich lediglich entsprechend den Umständen. Des weiteren entwickelte der Mensch ein Bewusstsein dafür, dass er ein Individuum ist, dass er einmalig ist. Kein Mensch ist einem anderen Menschen gleich. Diese Erkenntnis der eigenen Individualität und das Bewusstsein unseres ICHs ist nur möglich, wenn wir mit Hilfe unseres Verstandes Gedanken formen können, Erlebnisse speichern und diese auch wieder abrufen können und gemachte Erfahrungen vergleichen und insbesondere auch ausschmücken und kombinieren können. Erst dann ist eine Frage nach einem „Warum“ von all den vielen Geschehnissen um uns herum möglich. Ein Tier lebt nur im Jetzt. Wenn es Hunger hat, sucht es Nahrung. Wenn es gefährlich wird, verkriecht es sich oder kämpft, je nach Tierart. Ein Bewusstsein, wie es ein Mensch aufgrund seiner höher entwickelten Intelligenz hat, kann ein Tier nicht haben. Das Wort „Bewusstsein“ sagt es ja ganz deutlich, dass wir uns bewusst werden, also reflektieren können, kombinieren, nachdenken und dann auch nach einem „Warum“ fragen können.

Mit diesen Fragen kam dann ganz automatisch auch die Frage, was denn nach dem Tode mit dem ICH, das wir nun als unsere Individualität erkannt haben, geschieht. Die Menschen fragten sich, wird dieses ICH, das aus unserem Bewusstsein entstanden ist, sterben und sich auflösen, so wie unser Körper? Werden unsere Gedanken, unsere Erfahrungen, unsere Leiden und Freuden auch sterben?

Nachdem der Mensch sich durch den höheren Intellekt als deutlich anders als alle Tiere erkannt hat, liegt es wohl auf der Hand, dass er gleichzeitig auch danach fragte, ob wir auch in Bezug auf den Tod vielleicht anders als die Tiere sein könnten. Nachdem die Menschen erkannt hatten, dass wir doch offensichtlich wegen der erstaunlichen Möglichkeiten unseres Denkens auf einer „höheren Stufe" als die Tiere stehen, nahmen wir uns damals sicher sehr wichtig. In der Genesis wird diese Stufe der Erkenntnis erklärt. Als Schlussfolgerung dieser Erkenntnis erleben wir uns immer noch als die Krone der Schöpfung. Der von uns erschaffene Gott gibt uns sogar die Macht, uns die Welt untertan zu machen. Makaber dabei ist allerdings, dass wir Gott tatsächlich mit Hilfe unserer Vorstellungskraft erfunden haben und diesem erfunden Gott dann auch noch die Macht geben, uns als die Herrscher der Welt zu deklarieren! Wir haben den Gott erfunden, um uns selbst wichtig zu nehmen und uns als Herrscher der Welt zu rechtfertigen! Hier ist also schon mal ein ganz eigenartiges Spiel gespielt worden, das letztendlich seinen Ursprung in dem Erkennen und der Anwendung unserer Verstandesleistungen hat.

Ein weiterer Grund für die Suche nach einer Religion ist die Suche nach Gemeinschaft. Wir sind heute immer noch Herdenwesen. In vorgeschichtlichen Zeiten war es lebensnotwendig, uns zu Gruppen zusammen zu schließen, um zu überleben. Der Schutz der Horde (ob es nun eine Sippe oder ein Stamm war, ist unerheblich) war notwendig, um sich vor wilden Tieren oder auch vor Angriffen anderer Horden zu schützen und sich in ausreichender Weise verteidigen zu können. Zusätzlich ist die Arbeitsteilung ein sehr wesentlicher Faktor für unser Überleben. Ein einzelner Mensch kann nicht alles selbst besorgen, was zum Leben notwendig ist. Nur die Gruppe in der Gesamtheit kann ein Haus bauen, alle Nahrungsmittel besorgen, Kleider anfertigen, Tiere zähmen.

Heute ist all dies zwar nicht mehr notwendig, denn an die Stelle des Stammes oder der Sippe ist die anonyme Gesellschaft getreten, die uns im Alter die Rente beschert, uns bei Krankheiten die finanzielle Hilfe oder auch Pflege und Behandlung ermöglicht und so weiter. Das angeborene Bedürfnis nach einer Gemeinschaft ist jedoch geblieben. Ein Staatengebilde ist auch eine Gemeinschaft und von ihr kommt ebenfalls die oben genannte Hilfe bei Bedürftigkeiten. Jedoch ist die Gemeinschaft des Staates zu anonym, um unser Bedürfnis sowohl nach Geborgenheit wie auch nach sozialen Kontakten, also unser Gruppenbedürfnis zu befriedigen. Eine religiöse Gemeinschaft ist jedoch ein idealer Ort, um dieses zu finden.

Nun könnte man das Bedürfnis nach einer Gemeinschaft auch mit Hilfe anderer Organisationen befriedigen. Zum Beispiel in einem Sportverein, einem Verein für ein Hobby und dergleichen mehr. Dieses Angebot wird auch von vielen Menschen eifrig genutzt, jedoch sind nicht-religiöse Gemeinschaften selten ganz so effektiv wie eine Religionsgemeinschaft. Der Grund liegt darin, dass sie zwar das Bedürfnis nach Gemeinschaft fördern und befriedigen können, jedoch nicht Schutz bieten. Zwar bietet die Religionsgemeinschaft nicht durch die Gemeindemitglieder diesen Schutz und die Fürsorge in ausreichender Form, sondern die Religion selbst mit dem Glauben an den beschützenden Gott übernimmt diese Funktion. Und somit komme ich zu einem ganz wichtigen weiteren Grund, der sogar mehr wiegt als die bereits genannte Suche nach einer Gemeinschaft.

Der wichtigste Grund für die Suche nach einer Religion ist tatsächlich das Bedürfnis nach Schutz und Fürsorge. Ohne dieses Bedürfnis wäre es für die Menschen wahrscheinlich gar nicht wichtig geworden, überhaupt einen Gott (oder auch Götter, wie es anfänglich war) zu erschaffen. Irgend eine Gruppe, ob nun die Stammesgruppe der früheren Zeiten oder auch die Vereine von heute, hätte genügt, um nur das Gemeinschaftsbedürfnis zu befriedigen. Es genügt jedoch nicht, weil das Bedürfnis nach Schutz und Geborgenheit als eine starke und immer vorhandene Macht sehr tief in uns verwurzelt ist und bestimmt viel mehr unser Leben, als uns bewusst ist. Die Suche nach einem allmächtigen Wesen, das uns zwar auch bestrafen, jedoch in erster Linie auch beschützen kann, hat ganz besonders dazu beigetragen, Gott oder Götter zu erfinden. Sicherlich viel mehr als die Frage nach einem Weiterleben nach dem Tod. Ein Weiterleben nach dem Tode könnte man sich auch ohne Gott oder Götter vorstellen. Und selbst die Frage, wer für den Sturm und das Gewitter verantwortlich ist, hätte als offene Frage stehen bleiben können. Mit dem Bedürfnis nach Schutz und Geborgenheit ist es jedoch anders. Sie werden gleich erstaunt sein, woher dieses dringende Bedürfnis nach Schutz und Fürsorge kommt.

Wie schon mehrmals angesprochen, unterscheidet sich der Mensch von den Tieren dadurch, dass er ein sich selbst erkennendes Wesen ist und dies ist mit Hilfe seiner größeren Gehirnkapazität und des Denkens möglich geworden. Gleichzeitig mit dieser Entwicklung begann der Mensch, seine vorderen Gliedmaßen zu Greifwerkzeugen auszubilden, was dann den aufrechten Gang nach sich zog oder gleichzeitig geschehen ist. Die Entwicklung des aufrechten Ganges und auch die langsame, viele Jahre dauernde Entwicklung im Kindesalter und somit auch die lange Entwicklung unserer vollen Gehirnkapazität hat zur Folge, dass wir Menschen sehr unfertig und hilflos geboren werden und eine sehr lange abhängige Kindheit haben. Der aufrechte Gang ermöglicht es uns zusätzlich, unsere Kinder lange genug zu versorgen, sie im Arm zu halten und zu tragen. Dies macht es möglich, die Kinder viel länger zu versorgen und zu schützen als es irgend eine andere Tierart kann.

Während der ersten Monate sind wir total hilflos und können eigentlich gar nichts selbst tun. Selbst mit 3 Jahren sind wir noch total auf die Hilfe von unseren Eltern oder anderen Pflegepersonen angewiesen, selbst für ganz einfache Versorgungen. Um uns selbst Nahrung zu besorgen, unsere Kleidung und Behausung zu schaffen, brauchen wir noch viel länger, nämlich tatsächlich bis zum Erwachsenenalter. Und selbst dann sind wir in vielen Fällen noch in gewisser Weise auf die Hilfe von anderen angewiesen, wenn wir zum Beispiel einen besonderen Beruf erlernen wollen oder auf die Universität gehen. Jedoch selbst wenn wir einen ganz einfachen Beruf erlernen oder nur angelernte Arbeit verrichten, brauchen wir unendlich lange, bis wir tatsächlich selbständig sind. Keine Tierart ist so lange in kindlicher Weise auf seine Eltern oder sonstige erwachsene Angehörige seiner Art angewiesen. Dass dies Auswirkungen auf unser ganzes Leben hat, ist doch wohl selbstverständlich. Die Auswirkungen sind nicht nur wegen der langen Zeit der Abhängigkeit so extrem stark, sondern noch aus einem anderen Grund: Weil wir uns mittels unserer größeren Gehirnkapazität sehr gut auch an das für sehr lange Zeit erlebte Gefühl der sorgenlosen Jahre der Kindheit erinnern können und auch an die wohltuende Geborgenheit dieser ersten Jahre unseres Lebens. Auch wenn dieses Erinnerungsvermögen gar nicht mehr bewusst ist, ist die sorglose kindliche Zeit, in der nicht nur für alles gesorgt wurde, sondern auch noch viel Liebe und Zuwendung gegeben wurde, in unserem Unterbewusstsein gespeichert, ohne dass wir dies bewusst wahrnehmen. Im Unterbewusstsein sind diese Erfahrungen jedoch gespeichert und sind immerzu gegenwärtig, auch wenn es uns nicht bewusst wird, woher diese Bedürfnisse kommen. Sie sind trotzdem immerzu als ein Sehnen nach Fürsorge, Zuwendung und Liebe in uns lebendig.

Unsere stärksten Prägungen erhalten wir in der Kindheit. Und hier sind es wiederum in ganz besonderer Weise die ersten Lebensjahre, welche uns für unser ganzes Leben prägen. Die Psychologie lehrt uns, dass wir die größten und wichtigsten, unser ganzes Leben bestimmenden Prägungen unseres Lebens im ersten Lebensjahr erhalten. Die schönen Erlebnisse der Geborgenheit insbesondere des ersten Lebensjahres, aber auch noch der weiteren Jahre sind größer und eindringlicher als selbst die größten Erlebnisse späterer Jahre. Abgesehen von diesen ersten Prägungen hört das Prägen durch viele weitere Menschen, mit denen wir im Laufe der Kindheit und Jugend zu tun haben und auch durch alle möglichen weiteren

Ereignisse und Umstände dann immer noch nicht auf. Es sind dann nicht mehr die Eltern, sondern Lehrer und später insbesondere Gleichaltrige, welche uns ständig beeinflussen und prägen.

Nun könnte man mir dagegen halten, dass wir uns doch bewusst gar nicht mehr an das Geschehen in unseren ersten Lebensjahren erinnern können und dass all das Geschehene, was im Unterbewusstsein vorhanden ist, doch kaum etwas bewirken kann. Das ist jedoch keineswegs der Fall. Es stimmt zwar: bewusst können wir uns nicht mehr daran erinnern. Das Unterbewusstsein ist aber eine sehr starke Kraft. Gerade weil es uns nicht bewusst ist, wirken sich diese Erinnerung auf unser Denken und Fühlen, auf unsere Wünsche und Hoffnungen sehr stark aus. Die Prägungen der frühen Kindheit sind vorhanden und bleiben fast immer als Prägungen erhalten, auch wenn uns dies nicht bewusst wird.

Man könnte meinen, dass dies gar keine besondere Auswirkung haben muss. Das stimmt jedoch nicht! Da alle Gefühle und Erlebnisse besonders in den ersten Lebensjahren prägender sind als alle späteren Erlebnisse, bleibt ein Sehnen und Verlangen nach dieser kindlichen Zeit meist ein Leben lang in uns erhalten, ohne dass es uns klar und deutlich bewusst wird. Es kann uns gar nicht bewusst werden, weil wir diese Dinge damals auch nicht bewusst aufgenommen haben, denn unser Gehirn war dafür noch nicht ausgestattet! Hätten wir schon in früher Kindheit ein deutliches Bewusstsein, dann könnten wir schon viel früher sprechen und andere Dinge tun, welche eine höher entwickelt Intelligenz benötigen. Trotz - oder wahrscheinlich sogar wegen der noch nicht so weit entwickelten Intelligenzleistung der frühen Kindheit, sitzen diese im Unterbewusstsein gespeicherten, jedoch noch nicht verstandesmäßig verarbeiteten Erlebnisse und Gefühle besonders nachhaltig und wirkungsvoll in uns fest. In diesem schlecht zu fassenden Unterbewusstsein arbeitet und beeinflusst uns alles ständig, obwohl wir es nicht bewusst bemerken. Wegen der Unfähigkeit, diese Dinge bewusst zu machen, hat man es schließlich so genannt, nämlich <u>Unter</u>bewusstsein. Also etwas, das „unter“ dem Bewusstsein liegt und nicht bewusst erfasst wird. Selbst wenn wir eigene Kinder haben und bei diesen oder auch bei anderen Kindern erleben können, wie sich ein Kleinkind in der elterlichen Obhut und Liebe wohl fühlt, verknüpfen die meisten Menschen diese Erfahrungen nicht mit ihrem eigenen Sehnen nach Liebe und Schutz. Mit der Hilfe eines Psychologen könnte man dies zwar aus dem Unterbewusstsein herausholen und dadurch bewusst machen, aber wenn wir erst gar nicht auf die Idee kommen, dass es hier etwas zu finden gibt, werden wir auch nicht nach solchen Zusammenhängen suchen. Und selbst dann, wenn wir wissen, dass wir eine gute und liebevolle Kindheit hatten, bringen wir unsere Sehnsüchte nach Liebe und Schutz und insbesondere die Bereitschaft, uns gerne unter eine übergeordnete Schutzmacht zu stellen, nicht in Zusammenhang mit diesen unseren eigenen kindlichen Erfahrungen und Erlebnissen.

Die genannten Erinnerungen im Unterbewusstsein dürfen wir nicht unterschätzen. Sie prägen uns in unglaublicher Weise und niemand kann sich davon frei machen, falls wir dies nicht durch einen absichtlich herbeigeführten Bewusstseinsprozess tun. Dieser setzt natürlich das Wissen über diese Zusammenhänge voraus.

Zu den soeben genannten unbewussten Erlebnissen und Gefühlen der ganz frühen Kindheit kommen dann noch meist sehr gute und liebevolle Erinnerung auch aus der späteren Kindheit dazu. Vom fünften Lebensjahr an bleiben uns die Erfahrungen der Kindheit ganz bewusst und sehr deutlich im Gedächtnis. Woran wir uns sowohl bewusst, wie auch teilweise unbewusst erinnern, sind meistens die schönen Dinge, die wir erlebt haben. Und das ist die Erinnerung an das Spielen, an ein sorgloses Leben, denn wir mussten uns nicht um den Nahrungserwerb kümmern und um die vielen Sorgen und Probleme der Erwachsenen. Ferner waren wohl unsere Eltern meistens für uns da, wenn wir uns verletzten oder sonstige kleinere oder auch größere Probleme hatten. Hilfe und Schutz war immer vorhanden, egal was wir taten. Und selbst wenn wir einmal unartig waren, so wussten und erlebten wir immer wieder, dass dies die Liebe der Eltern nicht verdarb. Auch wenn wir mal eine Strafe hinnehmen mussten, so war dies immer nur kurzfristig und somit kein ernsthaftes Problem.

Jedoch nicht nur die Fürsorge war sehr einprägsam, sondern auch die Liebe im Bereich der körperlichen Zuwendung. Wir wurden in den Arm genommen, hatten Hautkontakt, spürten die Wärme des mütterlichen Körpers. Wobei es sicher nicht nur die Mutter war, die uns liebevoll in den Arm nahm, sondern sicher auch der Vater, Großeltern, Geschwister oder Onkel und Tanten etc. Alle waren liebevoll und freundlich zu uns und wir lebten tatsächlich in einem Paradies. Die Erinnerungen ab dem fünften Lebensjahr tragen nun zusätzlich dazu bei, dass die früheren unbewussten Erlebnisse noch verstärkt werden. Nur langsam mussten wir lernen, für unser eigenes Tun verantwortlich zu sein, nur langsam mussten wir lernen, dass nicht immer jemand da war, der uns tröstete und uns in den Arm nahm. So bleibt uns die Kindheit als eine Zeit des Glücks und des Friedens im Gedächtnis. Es ist das verlorene Paradies, nach dem wir uns ein Leben lang sehnen, selbst wenn uns die Zusammenhänge nicht deutlich werden.

Die Sehnsucht nach einer Macht oder Kraft oder wie immer wir das benennen wollen, die uns beschützt, für uns sorgt, alle Bedürfnisse befriedigt und das wohlige Gefühl von Liebe und Zuwendung schenkt, bleibt ein Leben lang erhalten. Deshalb wird, wenn wir erwachsen werden, anstelle der Eltern, die nun nicht mehr da sind oder in der sorgenden und liebenden Weise, wie sie das früher getan haben, nun nicht mehr in Frage kommen, dann ein Ersatz gesucht und eine Fantasiegestalt erschaffen in Form eines Gottes (oder auch einer Göttin oder auch mehreren Göttern), der uns beschützen und für uns sorgen wird, so wie die Eltern für uns als Kleinkind gesorgt haben. Diese Fantasiegestalt eines Gottes gibt uns genau das, was wir von den Eltern früher erhalten haben. Dies ist dann auch eine Macht, der wir vertrauen können, die immer für uns da ist und die schon wissen wird, was für uns gut ist. Und natürlich auch eine Kraft oder Autorität, die uns so manche Entscheidung abnimmt, falls wir immer kindlich und gehorsam folgen. Von dieser allmächtigen Macht erhoffen oder erwarten wir sogar, dass sie uns die verlorene Kindheit, das verlorene Paradies wieder zurückgeben wird. Wenn nicht in diesem Leben, dann doch sicherlich in dem Leben nach dem Tode.

Je mehr wir vom Leben enttäuscht werden, weil es uns zu viel versagt, umso mehr suchen wir idealisierte Ersatzeltern in Form eines Gottes oder Göttern. Diese Fantasiewelt wird dann tatsächlich zu einer Wirklichkeit in unserem Denken, denn wir haben in der Tat eine solche Wirklichkeit in unserer frühen Kindheit erfahren! Das ist allerdings meistens kein bewusster Vorgang, sondern findet in unserem Unterbewusstsein statt. Infolge des Wunsches oder der Sehnsucht nach der friedlichen und liebevollen frühen Kinderzeit glauben wir an die gedanklich erschaffene Wirklichkeit eines Gottes, eines Himmels oder eines Paradieses. Es ist keine Frage, dass man etwas leichter glaubt, was man schon einmal erlebt hat, selbst wenn diese Erlebnisse weit zurückliegen und uns nicht einmal mehr als eigene und direkte Erfahrungen bewusst sind. Die Wunschvorstellung des Paradieses wird nun zur Wirklichkeit oder zumindest zu einer sehr großen Wahrscheinlichkeit. Deshalb ist es keine reine Fantasie, welche aus dem Nichts entstanden ist, sondern eine aus dem Unterbewusstsein genährte Wunschvorstellung. Wir haben das Glück ja tatsächlich in unserer frühen Kindheit erlebt und somit glauben, hoffen und wünschen wir, dass ein solches Erlebnis wieder kommt. Auch wenn wir dies nicht bewusst in dieser Weise denken, so beeinflusst uns das Unterbewusstsein trotzdem ständig.

So jedenfalls läuft all dies ab und wenn man sich einmal klar darüber wird, woher der Wunsch nach einem unendlichen Glück kommt, werden wir uns gar nicht mehr wundern, dass er immer noch in uns wach ist und kaum verschwinden wird. Der Wunsch nach einem Leben im sogenannten Himmel ist nichts anderes als der Wunsch, wieder die Zeit der Kindheit zu erleben – wenngleich wir kein Kind mehr sein wollen, sondern das Glück als Erwachsener erleben wollen. Würden wir keine so lange und abhängige Kindheit erleben und wie eine Gazelle schon nach der Geburt laufen können und wir mit wenigen Wochen schon selbst unsere Nahrung zu uns nehmen und sogar die Nahrung ohne Hilfe von Eltern selbst finden könnten, dann wäre diese Zeit der Abhängigkeit und des Glücks gar nicht lang genug, um uns so nachhaltig ins Unterbewusstsein geschrieben zu werden. Vielmehr würden dann ganz andere Erfahrungen in unser Gedächtnis eingeprägt werden, zum Beispiel dass man vorsichtig sein muss, immerzu nach Feinden Ausschau halten muss, sich um das Auffinden von Nahrung kümmern muss. Es ginge viel mehr um die Eigenschaften, die auch ein Erwachsener für die Bewältigung des täglichen Lebens braucht. Fantasien über ein ständiges Glücks würden dann sicherlich nicht in der Weise vorkommen, dass wir uns ein Paradies in Gedanken erschaffen müssen. Dafür wären wir jedoch sehr gut ausgestattet, um die Probleme und Gefahren des täglichen Lebens gut zu bewältigen.

Nachdem wir nun wissen, warum wir nach Religionen suchen, wird wohl jetzt die Frage auftauchen, ob wir auch ohne Religion glücklich sein könnten. Und ferner wird eine zweite Frage auftauchen, nämlich ob es nachteilig ist, sich einer Religion zuzuwenden.

Die erste Frage, ob wir ohne Religion glücklich sein können, möchte ich mit einem klaren „Ja" beantworten. Es gibt viele Menschen, die keiner Religion angehören und trotzdem glücklich sind. Auch wenn wir uns die oben genannten Zusammenhänge unserer Prägung nicht bewusst machen, so können wir uns trotzdem von der Abhängigkeit von einer Religion befreien. Auch gibt es genug glückliche Menschen, die noch nie einer Religion angehört haben und sich noch niemals mit dem Wesen und der Lehre einer Religion befasst haben und deshalb keineswegs unglücklich sind. Es ist also nicht so, dass unsere Prägung aus der Kindheit automatisch zu einer Religion und zum Glauben an einen Gott führen muss. Jedoch ist sicherlich ein Wunsch nach Glück und auch nach einem sorgenfreien Leben in jedem Menschen zu finden. Wenn man dann mit einer Religion konfrontiert wird, ist es sehr wahrscheinlich, dass man hierin einen Weg sieht, diese in uns schlummernden Bedürfnisse nach Liebe und Zuwendung zu befriedigen.

Wenn wir uns jedoch bewusst machen, woher der Wunsch nach Geborgenheit kommt, wird ein Leben ohne Religion einfacher sein als ohne ein Wissen über diese Zusammenhänge. Wenn wir uns dann auch noch loslösen von dem Glauben, dass ein ewiges Leben erstrebenswert ist und dass es überhaupt nicht schlimm ist, zu sterben und es auch nicht schlimm ist, unsere Individualität nicht mehr weiter erleben zu können, weil sie nämlich nicht mehr da ist und auch niemand da ist, der sie erleben könnte, dann wird auch der Wunsch nach einem ewigen Leben verschwinden. Wie ich schon an anderer Stelle sagte, wird die Angst vor dem Sterben und die Angst vor einem Auslöschen unseres ICHs sehr stark von der Religion gefördert. Insbesondere bei den monotheistischen Religionen kann man dies beobachten. Wenn man jedoch erst gar nicht einer Religion angehört, dann fällt die genannte Beeinflussung über die Angst vor dem Tod ohnehin weg.

Die zweite Frage nach dem Sinn oder dem Nutzen – oder dem Schaden - einer Religion ist nicht so einfach zu beantworten. Es ist eine Tatsache, dass viele Menschen tatsächlich Hilfe und Trost in einer Religion finden. Auch wenn es nur Glaubensvorstellungen sind, so hängen viele Menschen ihre ganze Hoffnung an diesen Glauben und das macht es ihnen dann leichter, ein schweres Leben zu ertragen. Sie wollen an die Hilfe von Gott glauben, denn dies ist die einzige Hoffnung, die sie haben.

Nun hat dies jedoch einen Haken. Denn es ist keine Frage: Religionen halten die Menschen in einem kindlichen Zustand! Dies entspricht zwar unserer Prägung aus der Kindheit, verhindert jedoch auch, dass wir mit allen Konsequenzen erwachsen werden. Sich unter den Schutz eines Gottes oder Götter zu begeben, ist eine Rückkehr in die Kindheit. Dadurch wird es diesen Menschen schwer gemacht, sich zum reifen Erwachsenen zu entwickeln. Ich meine jetzt nicht in der Weise, dass man seinen Lebensunterhalt nicht selbst bestreitet und selbständig leben kann. Nein, das hat mit einer Religion nichts zu tun. Das können Menschen lernen, die Atheisten sind und auch solche, die religiös sind. Zum Erwachsensein gehört jedoch ein wenig mehr. Erwachsen zu sein bedeutet auch, sich Gedanken zu machen über Zusammenhänge und insbesondere auch, sich frei zu machen von der ständigen Hoffnung auf Hilfe von einer „höheren Macht“. Es bedeutet auch, dass man Dinge, die man nicht ändern kann, als gegeben hinnimmt und nicht ständig fragt: „Warum geschieht dies ausgerechnet mir?“ Diese Frage taucht nämlich ausgerechnet bei religiösen Menschen sehr oft auf. Dies erklärt sich dadurch, dass man sehr enttäuscht ist von der verweigerten Hilfe durch Gott und sich dann fragt: Was habe ich falsch gemacht, dass ich nun so bestraft werde? Diese Frage wiederum zeigt, dass dies das Verhalten eines Kindes ist, das sich fragt, warum es vom Vater eine Ohrfeige bekommen hat, nachdem es doch gar nichts Böses getan hat. Es kann ja sein, dass man entweder wirklich nichts Böses getan und die Ohrfeige aus Versehen bekommen hat oder es kann auch sein, dass man nur in der Meinung des Kindes nichts Böses getan hat, weil man in jungen Jahren oft noch gar nicht wissen kann, was wirklich böse ist. Deshalb fragt man dann: „Warum ausgerechnet ich?“ - In Ländern, die nicht christlich oder auch nicht von anderen monotheistischen Religionen geprägt sind, erleben wir immer wieder, dass diese Menschen Schicksalsschläge viel gelassener hinnehmen und viel weniger jammern als wir im Westen.

So lange wir in der kindlichen Haltung der Hoffnung auf Hilfe und der Abhängigkeit von einer sogenannten „höheren Macht" gefangen sind, sind wir wie eine Katze, die den eigenen Schwanz fangen will. Wir drehen uns im Kreis und kommen nicht weiter. Wir fühlen uns zwar sehr wohl in dieser vermeintlich allumfassenden kindlichen Geborgenheit, jedoch kommen wir gerade deshalb, weil sie so hilfreich erscheint, nicht aus der kindlichen Abhängigkeit heraus. Wir haben es dann auch nicht leicht, wirklich immer die Verantwortung für all unser Tun zu übernehmen, ob wir nun etwas willentlich oder auch nur versehentlich falsch gemacht haben. Nicht einmal zugeben können wir einen Fehler oder ein Versehen, sondern suchen dann nach Möglichkeiten, andere Menschen oder wenigstens die Umstände zu beschuldigen und uns damit von der Schuld frei zu machen. Das ist ein ganz typisches Verhalten von uns westlichen Menschen! Die meisten Menschen unserer Gesellschaft suchen laufend nach einem „Sündenbock", wenn etwas nicht richtig oder nicht nach ihrem Sinne gelaufen ist.

An einem Beispiel, welches wir alle in unserer Kindheit kennen, kann sehr gut erklärt werden, dass es nicht bedrückend oder gar ängstigend sein muss, sich mit dem Gedanken vertraut zu machen, dass es keinen Gott gibt, der auf uns aufpasst und uns immerzu beschützt: Kinder glauben an den Osterhasen, an den Nikolaus oder den Weihnachtsmann. Im süddeutschen Bereich gibt es statt des Weihnachtsmanns das Christkind. Diese Gestalten sind für das Kind real. Sie glauben, dass der Osterhase die Eier versteckt und Süßigkeiten bringt und dass der liebe Weihnachtsmann oder das liebe Christkind die Weihnachtsgeschenke bringt. Dieser Kinderglaube ist sehr schön und wir alle erinnern uns gerne an diese fröhliche Zeit unserer Kindertage.

Nun geschieht es jedoch meistens im Alter von ungefähr 6 Jahren, dass entweder das Kind selbst in Frage stellt, ob es wirklich das Christkind ist, das die Geschenke bringt, oder andere Kinder erzählen ihm, dass es die Eltern sind, welche die Geschenke kaufen und uns den Glauben an das Christkind eingeredet haben. Manche Kinder mögen aufgrund dieser Wahrheit zwar ein wenig traurig sein, die meisten Kinder jedoch nehmen dies ganz gelassen hin. Viele sind sogar stolz darauf, dass sie nun die Wahrheit wissen und die Realität des Lebens erfahren haben. Sie sind reifer geworden und brauchen den Kinderglauben nicht mehr. Sie freuen sich sogar darüber, dass sie nun zu den „Großen" gehören und Bescheid wissen, wie das Leben wirklich ist. Vielleicht denken wir manchmal mit ein wenig Wehmut an die Kindertage und in der Tat war ja das Weihnachtsfest und die Freude und Erwartung auf das Christkind wunderschön. Aber nun brauchen wir all das nicht mehr und können uns trotzdem über viele andere Dinge freuen und glücklich sein. Sicherlich wird kaum jemand, trotz der schönen Kindheitserinnerungen, nicht mehr in die Kindheit zurück wollen.

Ganz ähnlich ist es auch mit dem Glauben an Gott. Wenn wir ein kindliches Gemüt haben, dann finden wir die Religion eine wunderschöne Sache. Wir halten fest an diesem Glauben, er gibt uns Freude und Hoffnung. Die Zeit dieses kindlichen Glaubens kann auch wirklich sehr schön sein. Wenn wir jedoch reifen und zu wirklichen Erwachsenen werden, dann können wir uns von diesem Glauben ebenso trennen, wie wir uns damals vom Glauben an das Christkind getrennt haben. Und ebenso wie damals in unserer Kinderzeit, werden wir auch dann gar nicht traurig sein müssen, dass wir nun diesen Glauben verloren haben. Denn wenn wir die Reife haben, dann können wir die Realität des Lebens verkraften und müssen nicht auf die Hilfe Gottes warten und müssen uns auch nicht vor einem Auslöschen unseres Ichs fürchten. Wenn Menschen jedoch die nötige Reife nicht erreicht haben, dann können sie in Panik geraten oder depressiv werden, wenn sie von ihrem Glauben an Gott abgehalten werden. Aus diesem Grund wäre es falsch, einen Menschen von seinem Glauben abbringen zu wollen, falls er nicht bereit dazu ist und die Einsicht nicht vorhanden ist, dass er diesen Glauben nicht wirklich braucht. Das Erkennen und die Einsicht muss also erst mal vorhanden sein. Zur Einsicht kann man einen Menschen ermuntern, aber man darf keinen Zwang in irgendeiner Weise anbringen.

So lange wir in der kindlichen Abhängigkeit leben, neigen wir dazu, den Schuldigen für ein Unglück oder ungünstiges Geschehen zu suchen. Ein reifer und weiser Mensch wird dies jedoch niemals tun. So lange wir in dem Schutz einer Religion verharren, werden wir nicht wirklich erwachsen. Die Suche nach einem Sündenbock, der verantwortlich für unser Versagen ist, finden wir in unserer Gesellschaft fast überall. Bei Beziehungsproblemen tritt dieses Verhalten fast immer besonders hervor. Da ist dann immer der Andere Schuld, wenn die Beziehung wackelt! Das ist natürlich einfacher, als die Verantwortung selbst zu übernehmen und ein Fehlverhalten einzugestehen. Aber weiter bringen kann uns so ein Verhalten nicht!

So lange wir – obwohl wir rein dem Alter nach eigentlich erwachsen sind - nicht reif und stark sind, suchen wir den Schutz einer höheren Macht. So sind wir in einem Kreis gefangen, der niemals aufgebrochen wird, wenn wir ihn nicht willentlich aufbrechen und ihn bewusst öffnen und uns aus der Abhängigkeit herauslösen.

Wenn man sich weitere Gedanken über das Wesen einer Religion macht, dann wird man allmählich immer deutlicher sehen, dass Religionen auch als Machtinstrument benutzt werden. Und zwar ein Machtinstrument, das wirksamer ist als jedes andere, das sich jemals Menschen ausgedacht haben. Wäre es da nicht besser, sich von Institutionen frei zu machen, die in Wahrheit mehr an ihrer Machtausübung und Einflussnahme interessiert sind als an der echten Freiheit des Menschen? Selbständiges Denken ist in keiner Religion gefragt. Vielmehr geht es darum, die Lehren, Auslegungen und Vorschriften der Religion zu erlernen und sie zu befolgen. Man muss in diesen Lehren und Regeln leben ohne zu hinterfragen, ob dies alles wirklich Sinn macht und ob es uns als Mensch weiter bringt. Ich denke insbesondere nun nicht so sehr an eine Weiterentwicklung zur Vervollkommnung unserer Person im Sinne des Erreichens eines höheren spirituellen Standes, sondern um das, was der schon im Vorwort erwähnte chinesische Philosoph LaoTse anspricht: Ein tugendhaftes Leben zu führen. Wenn wir das tun, dann schaden wir niemandem, weder den Menschen, noch der Natur, noch der ganzen Welt. Dann helfen wir sogar ganz automatisch mit, dass es den Menschen besser geht, dass all das von Menschen gemachte Leid verschwindet und wir hier auf Erden das wahre Paradies erleben können. Denn die Erde ist ein wunderschöner Ort, der nur durch unsere menschlichen egoistischen Verhaltensweisen, durch unser Machtstreben und unsere persönliche Wichtigkeit zu einem leidvollen Ort wird.

Und wie ist es nun mit der Erreichung eines „höheren spirituellen Zustandes“ bestellt? Ist das nicht etwas, wonach man streben sollte?

Um diese Frage zu beantworten, müssen wir erst mal fragen, was denn ein sogenannter „höherer spiritueller Zustand“ ist. Ich habe schon mehrmals in den vorigen Kapiteln darauf hingewiesen, dass es im Verstehen der Polarität und von Yin und Yang darum geht, dass nichts höher oder mehr wert ist als irgend etwas anderes. Der Baum ist genau so viel wert wie der Hund oder der Mensch. Und sogar der Stein am Wegrand ist gleichwertig zu allem anderen. Das Werten ist eine menschliche Erfindung. Die Natur kennt keine Wertungen. Somit können wir gar nicht ein „höheres spirituelles Wesen“ werden, denn wir alle sind ohnehin sowohl Körper wie auch Spirit. Was wir jedoch erreichen könnten, das wäre das Verständnis dafür, dass wir nicht nur Körper, sondern auch Spirit sind. Jedoch ist dieser Spirit, der wir auch sind, nicht mehr wert oder irgend etwas Höheres oder wertvolleres als unser Körper. Und ebenso wie unser Körper wird auch unser Spirit einer ständigen Veränderung unterworfen sein und sich schließlich ebenso wie unser Körper wieder auflösen und als Individualität aufhören zu existieren. Dies ist eine ganz wichtige Grundaussage der Philosophie der Polarität: Alles ist gleich viel Wert und alles ist einem ständigen Werden und Vergehen unterworfen. Spirit ist die zweite Hälfte der Materie und Materie ist die zweite Hälfte von Spirit. So, wie es das schöne Symbol von Yin und Yang sehr eindringlich zeigt!

Ich will diese Gedanken im Rahmen diese Buches nicht weiter ausführen. Ich akzeptiere auch, dass viele Menschen Hilfe und Trost in einer Religion finden und will diesen Menschen diese Hilfe nicht nehmen. Solchen Menschen jedoch, die für sich selbst heraus gefunden haben, dass sie mit einer Religion nicht (oder nicht mehr) glücklich werden können oder wollen, denen mögen diese Zeilen sicherlich eine Hilfe sein, um auch einen Weg ohne Religion zu einem befriedigenden und glücklichen Weg zu machen.

Ich sagte weiter oben, dass die Welt durch unser Machtstreben, durch unseren Egoismus und dadurch, dass wir uns zu wichtig nehmen, zu einem leidvollen Ort wird. Ich will nun die Frage behandeln, ob eine Religion das Leid auf der Welt verringern kann oder könnte.

Bei den monotheistischen Religionen ist das Thema Leid relativ schnell erledigt. Denn dort verweist man auf das spätere Leben, von dem man annimmt, dass es ohne Leid sein wird. Die Überwindung oder sogar die vollkommene Auslöschung des Leides ist für diese Religionen ein zentrales Thema. Der Wunsch nach der Überwindung des Leids ist ein wesentlicher Grund für einen Glauben an ein Weiterleben nach dem Tode. Denn man nimmt an, dass es in einem nicht-irdischen Leben kein Leid und auch keinen Tod geben wird. Diese Vorstellung ist jedoch absurd! Oder, wie schon weiter oben erwähnt, ein Glaube, der sich auf nichts gründen kann.

Um zu erklären, warum es ein Leid ohne Freude und die Freude ohne Leid nicht geben kann und deshalb die Vorstellung von einem „Himmel“ ohne Leid absurd ist, müssen wir uns erst einmal vorstellen, wie so eine Existenz in ständiger Freude und ständigem Glück aussehen würde.

Selbstverständlich können wir es uns gar nicht vorstellen, denn hier auf Erden gibt es keine ständige Freude. Jeder Mensch wird irgendwann einmal auch Leid erfahren, ganz egal, welcher Art dieses Leid sein wird. Somit kommen wir auch hier wieder zu dem gleichen Schluss, auf den ich weiter oben schon hingewiesen habe: Nämlich, dass die ganze Vorstellung eines Lebens nach dem Tod in ständiger Freude und ohne jedes Leid eine reine Glaubenssache und eine Wunschvorstellung ist und durch nichts aus dem hiesigen Leben zu erklären ist.

Betrachten wir nun unser Leben auf dieser Erde und wie es hier mit Freude und Leid bestellt ist und untersuchen wir einmal, ob es nicht vielleicht doch Hinweise gibt, wie man das Leid überwinden könnte.

In den monotheistischen Religionen wird darauf verwiesen, dass Gott uns Prüfungen schickt, die es zu bestehen gibt und deshalb müsse man das Leid akzeptieren und aushalten. Gott wisse schon, warum wir dies zu erleiden haben. Es wird auch dazu aufgerufen, leidenden Menschen zu helfen, damit das Leid gelindert wird. Das ist immerhin schon ein guter Ansatz und kirchliche Organisationen haben hier schon viel Hilfe geleistet. Andererseits haben ausgerechnet diese Religionen durch unzählige Kriege und bei der Kolonisation darüber hinaus im Eifer der Ausbreitung des Glaubens das Leid der Menschen sehr stark vermehrt. Auch die Hexenverfolgung hat unendliches Leid in die Welt gebracht. All dieses Leid wäre wahrhaftig nicht notwendig. Man kann auch kaum erkennen, dass sich das Leid auf der Welt seit Bestehen dieser Religionen vermindert hat. Eher könnte man das Gegenteil behaupten. Wobei es natürlich schwierig ist, das Leid der gesamten Menschheit überhaupt zu messen.

Die christliche Religion versucht, mit Hilfe der Liebe das Leid zu mindern. Über die Liebe im Christentum werde ich jedoch noch in einem anderen Kapitel sehr ausführlich sprechen und stelle dieses Thema deshalb hier noch etwas zurück.

Es gibt eine Religion, welche das Thema der Überwindung des Leides zu einem Hauptthema gemacht hat. Dies ist der Buddhismus. Der Auslöser für das Entstehen dieser Religion war die Suche nach der Überwindung des Leides! Der Gründer dieser Religion, Siddharta Gautama (später mit dem Namen „Buddha“ belegt), stammte aus einem vornehmen Geschlecht und sah, dass es nicht allen Menschen so gut ging wie seiner Familie und viel Leid in der Welt herrschte. Er suchte deshalb nach Wegen zur Überwindung des Leides und versuchte, Antworten zu erhalten, indem er meditierte und dann die für ihn ausschlaggebende Antwort bei einer Meditation unter einem Baum erhielt. Auch im Hinduismus wird das Thema Leid ähnlich behandelt, wohl sicher durch eine Jahrhunderte lange Beeinflussung durch den Buddhismus.

Nach buddhistischer Lehre ist die Überwindung des Leides nicht auf ein Leben nach dem Tod beschränkt wie es in der christlichen Lehre der Fall ist. Die Überwindung des Leides hat im Buddhismus etwas mit der Bewältigung des Karma zu tun, also damit, dass ein Mensch versuchen sollte, schlechte Anhaftungen aus früheren Leben aufzuarbeiten. In der sogenannten „Erleuchtung“ wird man erkennen, wie die Zusammenhänge sind und was man zu tun hat, um die anhaftenden Wirkungen eines schlechten Karma durch die richtige Lebensweise aufzuarbeiten, um dann aus den immer wiederkehrenden Inkarnationen aus zu steigen. Um die Erleuchtung zu erreichen, muss man nach den Erkenntnissen von Buddha die Vier Edlen Wahrheiten kennen und einen bewussten Weg beschreiten. Aus der vierten der Wahrheiten folgt als Weg aus dem Leiden der *Achtfache Pfad*. Im Zentrum der "Vier edlen Wahrheiten" steht das Leiden, seine Ursachen und der Weg, es zum Verlöschen zu bringen. Der Achtfache Pfad ist dreigeteilt, die Hauptgruppen sind: Die Einsicht in die Lehre, ihre ethischen Grundlagen und die Schwerpunkte des geistigen Trainings (Meditation/Achtsamkeit).

Der achtfache Pfad ist:

Das Wissen, wie die Dinge sind (Weisheitsschulung)
Die rechte Absicht (sittliche Schulung)
Die rechte Rede
Das rechte Handeln (niemandem Schaden zufügen)
Rechter Lebenserwerb
Rechtes Bemühen (Selbstmotivation und spirituelles Leben im Alltag)
Rechte Achtsamkeit (Das Denken betrachten und beobachten)
Rechte Sammlung (Meditation und Klarheit im Denken)

Nun ist es keine Frage, dass zum Beispiel ein rechtes Handeln, rechte Rede und die Achtsamkeit uns zu einer guten Lebensführung kommen lässt. Ob wir dann als Folge dessen das Nirwana erfahren, ist allerdings wiederum, wie bei allen anderen Religionen auch, eine Glaubensfrage. Im Rahmen dieses Kapitels wollen wir jedoch nicht die Frage nach dem Nirwana nachgehen, denn darüber sind ganze Bücher geschrieben worden, sondern wir wollen nur untersuchen, ob der achtfache Pfad des Buddhismus wirklich zur Überwindung des Leids führen kann, denn die Frage nach dem Leid ist auch für unser Thema der Polarität von besonderer Bedeutung. Wie schon oben über die Polarität ausgeführt, ist eine Überwindung des Leides nicht möglich, wenn wir nicht auch auf Freude und Glück verzichten wollen. Beim Buddhismus wird dies jedoch nicht so gesehen. Der Buddhismus ist also keine Religion, die auf den Erkenntnissen der Polarität beruht.

Wie stellt sich die buddhistische Lehre die Überwindung des Leids vor? Oder mit anderen Worten: Kann man aus dem Gesetz der Polarität tatsächlich aussteigen und wäre eine Lehre, die wie der Buddhismus es verspricht, ein wirklicher Weg zur Überwindung des Leids, ohne die Freude gleichzeitig mit auszulöschen?

Nun habe ich weiter oben schon das Karma erwähnt. Karma ist ein spirituelles Konzept, nach dem jede Handlung – physisch wie geistig –

unweigerlich eine Folge hat. Diese muss nicht unbedingt im aktuellen Leben wirksam werden, sondern kann sich – nach der Karmalehre - möglicherweise erst in einem der nächsten Leben manifestieren und auswirken.

Auch wenn man kein Buddhist ist, wird es keine Frage sein, dass man verstehen kann, dass jede Handlung, egal ob wir sie als gut oder böse werten, Folgen hat. Jedoch nicht nur Handlungen haben Folgen, sondern sogar unsere Existenz selbst hat schon Folgen. Und nicht nur unsere Existenz hat Folgen, sondern die Existenz von Allem hat ständig Folgen. In der Quantenphysik gilt der Grundsatz, dass alles was ist, sich auch auf alles was ist, auswirkt. Alles wirkt zusammen, sowohl im Tun wie auch alleine schon durch das Sein. Somit ist es auch keine Frage, dass unsere Handlungen etwas bewirken. Man kann diese Auswirkungen nennen wie man will, also auch Karma. Nun ist jedoch das Wort Karma so definiert, dass es nicht allein schon unsere Existenz ist, die etwas bewirkt, sondern unsere Handlungen.

Nun, so weit, so gut. Dass unsere Handlungen Auswirkungen haben, wird ja wohl auch niemand bestreiten. Aber nun kommt die religiöse Auslegung des Buddhismus dazu. Also wieder mal ein Gedankenkonstrukt! Diese Auslegung sagt, dass Auswirkungen nicht nur im jetzigen Leben stattfinden, sondern auch in späteren Leben. Voraussetzung für diese Definition ist selbstverständlich, dass man an eine Re-Inkarnation glaubt. Und dieser Glaube ist selbstverständlich wieder ein Gedankenkonstrukt. Ohne das Gedankenkonstrukt der Wiedergeburt ist das alles sinnlos. Es gibt jedoch noch einen weiteren Grund, um dieses Gedankenkonstrukt aufzubauen. Es ist nämlich nicht immer – oder sogar sehr oft – nicht zu erkennen, dass sich eine böse Handlung noch in diesem Leben auswirkt. Es kann auch sein, dass Folgen böser Taten nicht als Strafe auf den Ausführenden zurückkommen, weil man nicht bemerkt hat, dass etwas absichtlich Böses geschehen ist. Trotzdem kann man unabsichtlich Schaden anrichten. Um die Menschen jedoch abzuhalten, Anderen Leid zuzufügen, wurde die Wiedergeburt als eine Möglichkeit der Strafe für früher begangenes böses Verhalten – das in diesem Fall zwar nicht absichtlich, jedoch durch Leichtfertigkeit oder unbedachtes Handeln geschah - erfunden. Denn nun kann niemand mehr beweisen, warum es jemandem schlecht geht. Denn niemand weiß, was dieser Mensch in einem vorhergehenden Leben getan hat. Das Gefährliche am Karma ist jedoch, dass man jedes Leid auf irgend etwas schieben kann, das angeblich irgend einmal geschehen ist, was jedoch niemand nachprüfen kann. Somit kommen alle Menschen, denen es nicht gut geht in den Verdacht, dass sie dieses Leid durch böse Handlungen in einem früheren Leben selbst verschuldet haben. Das ist dann eine sehr einfache Erklärung, warum es manchen Menschen gut geht und anderen nicht. Möglicherweise ist dies sogar eine Hilfe für Menschen, die im Elend leben und wir sehen ja auch tatsächlich, wie die Ärmsten in Indien und anderen buddhistischen Ländern die Armut ohne Murren ertragen. Denn sie glauben, dass sie mit diesen Leiden ihr Karma aufarbeiten und dann im nächsten Leben nicht mehr so viel leiden müssen. Die Kehrseite der Medaille ist jedoch, dass die Reichen sich nicht um das Leid der Armen besonders kümmern müssen, denn sie sollten ja gar nicht in das Karma anderer Menschen eingreifen. Damit würden sie ihnen ja die Gelegenheit nehmen, ihr schlechtes Karma aufzuarbeiten. So ist diese Haltung für die Reichen sehr hilfreich, sich an ihrem Reichtum zu erfreuen, denn sie betrachten ihn entweder als einen Lohn für gute Taten aus einem vorigen Leben oder als eine „höhere" Stufe ihrer spirituellen Entwicklung. Da hat die christliche Lehre sogar wieder einen Vorzug, denn dort wird immerhin mit Hilfe der Liebe versucht, das Leid zu mindern. Ähnlich hat sich sogar vor Jahren der Dalai Lama geäußert.

Was haben nun diese Überlegungen mit unserem Thema und mit der Frage zu tun, ob es eine Überwindung des Leides und somit als Folge hiervon die Auflösung der Polarität geben könnte?

Wir sehen hier, dass die Frage nach der Aufhebung des Leides sowohl in der christlichen Lehre wie auch im Buddhismus und Hinduismus an einen Glauben gebunden ist. Nämlich im Falle des Buddhismus und Hinduismus an den Glauben, dass der Mensch in dieser irdischen Welt wieder geboren wird, beim Christentum an den Glauben, dass die Handlungen eines Menschen sich in einem Leben nach dem Tod auswirken.

Nun ergibt sich eine interessante Folgerung aus den Überlegungen über den Buddhismus und auch anderen Religionen. Wenn man nämlich, wie im Buddhismus vorgeschlagen, den achtfachen Pfad beschreitet und ein Leben führt, das anderen Menschen nicht schadet, dann kann man zur Linderung des Leides auf der Welt tatsächlich beitragen. Dazu braucht es jedoch keine Erleuchtung, sondern der gesunde Menschenverstand und ein wenig Nachdenken kann uns auch zu dieser Erkenntnis verhelfen. Und wenn wir nun bei anderen Religionen nachsehen - wie auch in der christlichen Lehre - dann sehen wir hier, dass die gleiche Regel gilt, nämlich ein tugendhaftes Leben zu führen und niemandem Schaden zuzufügen. In dieser Weise können oder könnten somit die Religionen tatsächlich dazu beitragen, die Welt zu einem Ort mit weniger Leid zu machen. Jedoch arbeiten die Religionen mit einem Trick: Sie verweisen auf ein Leben nach dem Tod, wie auch immer dies aussehen wird. Ob es nun die Erlösung aus weiteren Inkarnationen des Buddhismus ist oder der Himmel der Christen: die Belohnung oder das Ergebnis des tugendhaften Lebens ist immer auf „später" ausgerichtet. Sowohl als Strafe, falls wir nicht alles richtig gemacht haben, wie auch auf die Belohnung im Falle, dass wir Glück hatten und nichts verkehrt gemacht haben (was ohnehin niemand kann!).

Diesen Verweis auf das ewige Leben oder eine mögliche Seinsform nach dem Tode halte ich für sehr makaber. Wenn wir nur Gutes tun, um dann im Himmel oder im späteren „ewigen" Leben eine Belohnung zu erhalten oder ob wir Gutes tun, um in einer späteren Inkarnation nicht leiden zu müssen, dann handeln wir sehr egoistisch. Es geht dann nur um unser Heil. Jedoch ist ausgerechnet das schlimmste Leid auf Erden darin begründet, dass wir uns nur um das eigene Wohl kümmern und uns nicht oder doch nur sehr wenig um das Wohl aller Menschen oder um das Wohl der Natur und der ganzen Welt kümmern oder uns zumindest nicht ausreichend darum bemühen.

Dieses Verhalten ist nicht nur auf die christlichen Lehre mit der Hoffnung auf die Belohnungen im Himmel beschränkt. Das Prinzip ist immer dasselbe. Auch der Buddhismus und Hinduismus ist hier nicht ausgenommen, denn wer sein Karma aufarbeiten will, der tut es letztendlich auch nur für sich selbst. Die Erfindung des Karma ist auch nicht hilfreich für die Welt. Zusätzlich, wie wir soeben gesehen haben, lenkt es die Menschen davon ab, sich um andere leidende Menschen ernsthaft zu kümmern.

Sicherlich, falls es so wäre, dass alle Menschen nur noch Gutes tun würden, aus welchem Grund auch immer, selbst wenn es aus egoistischen Gründen ist - dann gäbe es weniger Leid auf Erden. Zumindest das Menschen gemachte Leid würde weniger werden. Jedoch ist es ein frommer Wunsch, dass alle Menschen plötzlich nur noch Gutes tun werden. Die Realität sieht anders aus und zwar in allen Kulturen und auch unabhängig von einer Religion. Leider hat sich an dem Verhalten der Menschen selbst in Jahrtausenden diesbezüglich nichts geändert. Es hat immer schon und wird auch weiterhin Menschen geben, die anderen Menschen oder der Umwelt Schaden zufügen. Ob sie es nun bewusst und in voller Absicht oder auch aus Unwissenheit oder aus Nachlässigkeit heraus tun, ändert nichts an der Tatsache, dass sie Schaden anrichten. Sowohl in christlichen Ländern wie auch in den Ländern, in denen der Buddhismus oder Hinduismus vorherrschen, hat sich in all den vielen Jahrhunderten nichts gezeigt, das auf eine Verminderung des Leides hinweist. In den buddhistischen Ländern ist sogar die Armut und das Elend besonders groß. Zum Teil kommt es sogar daher, dass die Menschen nur auf das Leben nach ihrer Inkarnation hin arbeiten und tatsächlich sehr wenig auf leidende Mitmenschen achten oder ihnen helfen. Gerade in Indien liegen sterbende Menschen auf der Straße und die Menschen machen einen Bogen um sie herum, ohne sich um sie zu kümmern. In Indonesien finden wir goldene Buddhatempel in großen Mengen. Die Armut in eben diesen Regionen ist jedoch unglaublich groß. Das Leid ist somit ausgerechnet dort, wo die Menschen mit Meditation und dem rechten Reden und Handeln das Leid vermindern wollen, besonders ausgeprägt. Buddhisten werden dies zwar abstreiten oder darauf verweisen, dass es für das irdische Leben unwichtig ist, das Leid zu überwinden, denn es ginge schließlich um die Aufarbeitung des Karma. Jedoch ist doch gerade hier der Haken: Diese Suche nach dem Nirwana ist egoistisch und bezieht sich nicht auf das irdische Leben, denn das halten die Buddhisten nicht für wichtig, es sei denn als Ort der Prüfung, um dann letztendlich einer weiteren Inkarnation zu entgehen.

Die Buddhisten verweisen gerne darauf, dass sie eine friedliche Religion sind, was teilweise auch stimmt. Ferner halten sie es für sehr wichtig, sich nicht an materielle Güter zu klammern und nicht dem materiellen Leben und materiellen Freuden anzuhaften. Das Ideal sehen sie im klösterlichen Leben. Dort ist für alle gesorgt und trotzdem besitzt niemand etwas.

Nun gut, wenn man nichts besitzt, wird man auch nichts verlieren können. Das ist immerhin ein weiser Rückschluss. Nun gibt es jedoch hierbei zwei Einwände. Erstens ist ein Leben ohne jeden Besitz fast nicht möglich, denn ein Dach über dem Kopf, ein Essgeschirr und derartige Notwendigkeiten wird wohl auch der Ärmste haben. Und falls er auch das nicht hat, dann ist das Leben wahrlich nicht mehr erträglich. Das kann doch auch nicht der Sinn des Lebens sein – falls man nach einem solchen Sinn überhaupt sucht! Zweitens ist es nicht möglich, ganz ohne Eigentum aus zu kommen, wenn wir selbst unser Leben bestreiten müssen. Und das tun die Mönche in aller Regel nicht. Die buddhistischen Gesellschaften sind so aufgebaut, dass die Mönche, weil sie als besonders spirituell gelten, sehr geachtet werden und das Volk sie mit vielen Spenden versorgt. Das ermöglicht den Mönchen, sich dem Gebet und der Meditation hinzugeben, frei von allen materiellen Sorgen. Dadurch wurde eine eigene „Kaste“ geschaffen[5]. Diese lebt auf Kosten der arbeitenden Bevölkerung. Makaber ist es, dass diese arbeitende Bevölkerung gerade in den meisten buddhistischen Ländern bitterarm ist. Man kann sich deshalb des Eindrucks nicht erwehren, dass die Mönche die arme Bevölkerung

[5] das Wort „Kaste“ ist allerdings im Buddhismus nicht gebräuchlich, aber im Prinzip ist es ein Kastenwesen, ähnlich wie im Hinduismus

ausnutzen. Sicherlich nicht mit Gewalt und wahrscheinlich auch nicht bewusst, denn die Gläubigen geben die Spenden freiwillig und diese Sitte besteht schon seit Jahrhunderten. Also denkt kaum jemand daran, dass dies eine Art von Ausnutzung der armen Menschen ist. Die Mönche handeln sicherlich nicht in voller Absicht und auch nicht im Bewusstsein, dass sie die Armen ausnutzen. Die Freiwilligkeit der Spenden beruht jedoch auf einem Glauben, den die Mönche festhalten und pflegen. Ohne diesen Glauben würde das alles überhaupt keinen Sinn machen. Es geht also wiederum um den Verweis auf ein „anderes Leben" und an den Glauben daran.

Ein totaler Verzicht auf materiellen Besitz ist gar nicht möglich, außer man lebt in unerträglichen Umständen oder man hat einen Weg gefunden, dass Andere die Arbeit tun.

Die gegenteilige Lebensweise jedoch, die wir in der westlichen heutigen Gesellschaft überall antreffen, nämlich das Anhäufen von unnötigen Gütern, ist als anderes Extrem ebenso falsch. Denn jeder Mensch, der für sich mehr beansprucht als er wirklich braucht, nimmt automatisch den anderen Menschen, die sehr wenig oder nichts besitzen, etwas weg. Denn die Erde kann nicht so viel produzieren, dass alle in vollkommenem Reichtum und Überfluss leben können. Richtig wäre es, sich mit einem bescheidenen Wohlstand und Besitz zufrieden zu geben. Sich auf das Notwendige zu beschränken. Kleine und bescheidene Ausnahmen kann man sich wohl mal gönnen, damit Freude ins Leben einkehrt. Auch ein nur kleiner Besitz und bescheidener Luxus kann viel Freude bereiten und Freude ist nun mal ein wesentlicher Bestandteil des Lebens. Jedoch sollte der Besitz gleichmäßig verteilt sein. Man sollte nicht übertreiben und sich auch mit kleinen Freuden zufrieden geben. Das rechte Mittelmaß ist auch hier wieder mal der richtige Weg: Nicht die totale Askese oder den totalen Verzicht anstreben und auch nicht den reinen Materialismus pflegen, sondern sich bescheiden, nicht zu viel in egoistischer Weise für sich selbst beanspruchen.

Sowohl der Himmel wie auch das Nirwana und der Glaube an ein Karma sind Gedankenkonstrukte. Man hat den Himmel und das Karma deshalb erfunden, um ein Druckmittel in der Hand zu haben, die Menschen zu einem guten Verhalten zu bewegen. Ob die Angst vor Strafen oder vor sonstigen schlimmen Folgen die Menschen wirklich besser gemacht haben und die Welt dadurch zu einem besseren Platz wurde, können wir getrost anzweifeln. Was die Religionen mit ihren Lehren vom ewigen Leben nach dem Tode bezwecken, das ist in erster Linie nicht einmal das Wohl des Einzelnen, sondern es ist ein sehr brauchbares Machtinstrument, um die

Religion und ihre Vertreter wichtig zu machen und der Institution der Religion eine ansonsten nicht zu erreichende Macht zu verschaffen.

Ich habe die Frage noch nicht beantwortet, ob man das Leid überwinden kann, ohne auch die Freude auszulöschen. Die Antwort ist: „Nein“. Dass wir das Leid auf der Welt nicht gänzlich ausschalten können, habe ich ausreichend erklärt. Zwar können wir es vermindern durch unser Verhalten, aber Krankheit und Unfälle, sowie auch Naturkatastrophen wird es immer geben. Eigentlich ist damit die Frage nun doch beantwortet, denn wenn wir das Leid gar nicht ausschalten können, dann ist die Frage nach der Freude nicht mehr relevant, denn Freude wird es ebenso immer wieder geben, wie es auch das Leid geben wird. Wir könnten allerdings die Frage etwas anders stellen: „Würden wir überhaupt wissen, was Leid ist, wenn es die Freude nicht gäbe?“

Diese Frage ist jedoch ebenso unsinnig als würden wir fragen: „Gäbe es kein Unten, wenn es kein Oben gibt?“ Denn, nachdem es ein „oben“ und ein „unten“ gibt und man es weder vermeiden noch unterdrücken oder wegdenken kann, so wird es auch weiterhin sowohl die Freude, wie auch das Leid geben.

Es stellt sich nun die Frage nach der Zukunft. **Wird es weiterhin Religionen geben**?

Solange die Menschen nicht wirklich weise werden, sich nicht aus der kindlichen Prägung der Abhängigkeit loslösen können, wird es sicher Religionen geben. Die Frage ist nun, kann es möglich sein, dass sich die Menschen davon frei machen? Wird die Menschheit durch eine neue Phase der Entwicklung gehen, vielleicht schon in naher Zukunft?

Wir können dies natürlich nicht wissen. Allerdings ist es wohl keine Frage, dass die Menschheit zur Zeit in einem Umbruch ist. Der Zulauf zu Religionen lässt auch merklich nach, zumindest in Deutschland. Es scheint tatsächlich so, als würde sich ganz langsam eine neue Zeit anbahnen. Möglicherweise jedoch erst, wenn der jetzt vorherrschende Materialismus gebrochen wird. Dies wird möglicherweise nicht automatisch geschehen, sondern ich sehe es eher so, dass wir erst durch eine sehr leidvolle Erfahrung dazu gebracht werden, von unserem jetzigen fast nicht mehr zu überbietenden Materialismus abzulassen und zur Besinnung zu kommen. Es könnte etwas geschehen, das uns zwingt und uns gar keine andere Wahl lässt, als wieder bescheiden zu sein, sich mit den notwendigsten Bedürfnissen zufrieden zu geben, weil es dann gar keinen Überfluss mehr gibt, sodass wir uns, um zu überleben, uns extrem einschränken müssen. Im Moment können wir uns nicht vorstellen, dass wir uns einschränken müssten und auch nicht, dass wir uns einschränken könnten. Wer will schon etwas hergeben, was er hat? Jedoch gerade dieses Festhalten an einem Besitz ist leider auch ein Kennzeichen von Unreife. Wenn wir erst mal gezwungen werden, von unserem übertriebenen Wohlstand weg zu kommen, dann wird die Reifung allein schon durch diese Erfahrung eintreten. Ja, sie wird eintreten müssen, wenn wir überleben wollen. Es wird also eine Frage des Weiterbestehens sein und nicht eine Frage, ob wir es wollen oder nicht.

Diese Überlegung – oder nennen wir sie auch eine negative und düstere Vision der Zukunft – ist nicht aus der Luft gegriffen, sondern wir können, wenn wir nur genau hinsehen, sehr leicht erkennen, dass wir mit unserem kapitalistischen Wirtschaftssystem so ziemlich am Ende sind. Die Reichen werden immer reicher und die weniger bemittelte Unterschicht wird immer ärmer. Außerdem werden die natürlichen Bodenschätze immer weniger, weil wir in extrem egoistischer Weise die Erde ausbeuten, nur um unseren jetzigen Lebensstandard mit den vielen zum Überleben wahrlich nicht nötigen technischen Ausstattungen und dem vielen „Spielzeug“ zu halten und sogar noch zu erhöhen trachten. Niemand will sich einschränken, niemand will auf sein Handy verzichten und was es auf diesem Gebiet an ständigen Neuerungen sonst noch gibt. Auch die bange Frage, wie man die ständig steigende Nachfrage nach neuen Energiequellen befriedigen könnte, wird mit jedem Jahr drängender und echte Antworten sind bisher nicht gefunden. Zwar gibt es kleine Ansätze, um erst mal den nötigsten Bedarf zu decken, jedoch sind das alles nicht wirkliche Alternativen für den durch unseren hohen Lebensstandard ständig steigenden Bedarf. Auch der Klimawandel ist ein weiteres ganz großes Problem unserer Zeit.

Religionen können uns aus dem Dilemma, das wir uns auf unserem Planeten selbst geschaffen haben, nicht weiter helfen. Ganz im Gegenteil bewerten und fördern Religionen ständig und - für Viele zwar gar nicht erkenntlich - in extremer Weise die Yang-Energie und erschaffen somit ein Ungleichgewicht der Lebensenergie sowohl für jeden einzelnen Menschen, wie auch in der gesamten Gesellschaft. Infolge der Überbewertung von Yang fördern wir nun schon seit Jahrhunderten das kognitive Wissen und als Folge davon auch die Technik in besonderer Weise, ohne auf Yin und diese, zum Ausgleich so wichtige Energie zu achten. Die extreme Überbewertung von Yang führt uns immer noch weiter in eine weltweite wirtschaftliche Krise. Jedoch nicht nur wirtschaftlich wird es erhebliche Probleme geben, sondern auch auf gesellschaftlicher Ebene und im seelischen Bereich werden wir immer mehr leiden und zu “unmenschlichen“ Menschen werden, ohne dass uns dies wirklich bewusst wird.

Über die verschiedenen Energiearten von Yin und Yang spreche ich im nächsten Kapitel noch ausführlicher. Diese ausführliche Behandlung der beiden Grundenergien von Yin und Yang wird es uns möglich machen, die Auswirkungen der Religion auf unsere Gesellschaft und auf jeden Einzelnen zu verstehen. Wir sollten so schnell wie möglich nach einer Alternative zur Religion suchen, um heraus zu finden, wie wir weltweit unser Leben auf dieser schönen Erde gestalten und auf lange Sicht erhalten können und wie wir wieder ganze und ausgeglichene Menschen werden können. Was wir in der Zukunft brauchen, das ist eine Gesellschaftsordnung, welche die Menschlichkeit als höchstes Ziel betrachtet und nicht das Haben und nicht den ständig wachsenden Besitz fördert. Ich will jedoch jetzt an dieser Stelle die Frage nach einer möglichen und sogar notwendigen Alternative zu den Religionen erst mal zurückstellen, denn am Ende des Buches werde ich über den Humanismus sprechen, den ich als gute – und wahrscheinlich sogar als einzige wirkliche Alternative zu einer Religion betrachte.

In den nächsten Kapiteln werde ich das Thema Religion jedoch noch nicht ganz verlassen. Denn jede Gesellschaft wird sowohl von ihrer Religion geprägt, wie auch die Religion wiederum von einer Gesellschaft immer weiter geformt wird. Es entsteht somit ein Kreislauf, der sich ständig selbst erhält, falls wir in dem Kreis weiter mitlaufen. Wie auch immer die Gründe und Zusammenhänge sein mögen, jede Religion beeinflusst eine Gesellschaft. So wurden wir in der westlichen Welt in ganz starker Weise vom Christentum geprägt. Wie sich diese Prägungen in der Vergangenheit ausgewirkt haben und wie sie sich ganz allgemein auf unser Handeln, Denken und Fühlen und auf das ganze Leben eines jeden Menschen ausgewirkt haben und sich immer noch auswirken, das sollten wir in vollem Umfang erkennen und verstehen. Nur wenn uns bestimmte Zusammenhänge und die Einflussnahme der christlichen Religion sichtbar gemacht werden, erst dann werden wir erkennen, wie die polaren Kräfte von Yin und Yang wieder ins Gleichgewicht gebracht werden können. In den nächsten Kapiteln werde ich darauf hinweisen, was der Glaube an den einseitig männliche Gott der jüdisch-christlichen Lehre in unserer Gesellschaft und in unserem ganz persönlichen Leben bewirkt hat und weiterhin müssen wir uns noch etwas ausführlicher über die zwei verschiedenen Grundenergien von Yin und Yang unterhalten. Ich habe zwar schon in den letzten Kapiteln Einiges hiervon angesprochen, jedoch müssen wir noch klären, was die weiblichen und männlichen Energien in uns Menschen als Mann und Frau sind und was sie im Detail sind.

Dieses Kapitel ist sehr lang geworden und es werden nun manche Leserinnen und Leser fragen, was dies alles mit Yin und Yang zu tun hat.

Leider haben Religionen und unsere christliche Religion sogar ganz besonders dazu beigetragen, dass Yin und Yang nicht mehr im Gleichgewicht ist und dass dadurch viel Leid und auch viele der oben angesprochenen Probleme geschaffen wurden. Inwiefern die christliche Religion das Gleichgewicht von Yin und Yang zerstört hat, werde ich später noch ausführlich erklären. Vorher jedoch war es in diesem Kapitel notwendig, die Frage zu stellen, warum die Menschen überhaupt nach einer Religion verlangen und danach suchen. Wenn wir uns über diese Zusammenhänge klar werden, dann können wir uns auch von einer Religion verabschieden, ohne unglücklich zu werden.

5. Kapitel: Ist Yin und Yang die weibliche und die männliche Energie?

Yin und Yang bezieht sich nicht nur auf das Geschlecht „männlich" und „weiblich". Vielmehr ist es ein allumfassendes Prinzip und männlich und weiblich im geschlechtlichen Kontext sind nur Teilaspekte von diesem Urprinzip.

Da wir alle entweder Mann oder Frau sind, hat diese Geschlechtszugehörigkeit für uns jedoch eine ganz besondere Bedeutung, denn wir erleben uns selbst ständig entweder als Mann oder als Frau. Nun kann man sagen, dass es das Prinzip von Tag und Nacht, von Geburt und Tod und viele polare Erscheinungen auch für viele andere Dinge gibt. Jeder Mensch erlebt den Tag und die Nacht und schließlich sind wir alle geboren worden und wir werden wieder sterben. Also sind auch dies solche Erlebnisse, die jeder Mensch macht. Trotzdem ist die Polarität der Geschlechter von anderer Bedeutung. Zwar erleben wir, dass es mal hell und mal dunkel ist. Das beeinflusst zwar unser Leben sehr stark, jedoch tun wir nichts dazu. Die Geschehnisse laufen ab und wir sind daran gewöhnt. Mit der Geburt und dem Tod ist es wieder anders. An die Geburt können wir uns nicht mehr erinnern. Dass wir sterben werden, schieben wir ohnehin gerne weit von uns weg und denken nicht ständig daran und haben es auch noch nicht erlebt. Es ist auch nicht notwendig, dass wir uns ständig Gedanken machen über Geburt und Tod, denn diese Dinge geschehen, ob wir ständig daran denken oder nicht. Mit der Geschlechtszughörigkeit ist es jedoch ein klein wenig anders. Sie bestimmt unser Leben von ganz früher Kindheit an und sie wird unser Leben weiterhin bestimmen bis zu unserem letzten Tag. Zwar kann man das auch von Tag und Nacht sagen. Auch diese Polarität bestimmt täglich unser Leben. Bei der Geschlechtszughörigkeit ist es jedoch nicht genug damit, dass wir sie ständig erleben, sondern es kommt noch dazu, dass wir dem einen Pol mehr zugehören als dem anderen. Wir sind entweder ein Mann oder eine Frau. Mit dieser Tatsache müssen wir mehr oder weniger ständig umgehen. Dieses Umgehen mit unserer Geschlechtszugehörigkeit findet im Erwachsenenleben seinen Höhepunkt in der zwischenmenschlichen Beziehung zwischen Mann und Frau. Und hier laufen dann ständig Dinge zwischen zwei Menschen ab, die wir direkt beeinflussen können. Eine Zweierbeziehung ist davon geprägt, dass ständig zwischen zwei Menschen und den beiden Polen „männlich und weichlich" Energie fließt. Teilweise geschehen diese Dinge automatisch und unbewusst. Jedoch bestimmen und beeinflussen letztendlich wir durch unser Verhalten, auch durch unsere gefühlsmäßige Verarbeitung und unsere Reaktionen, wie eine solche

Beziehung abläuft. Selbstverständlich bestimmen wir sie nicht allein, sondern immer im Zusammenspiel mit unserem Partner/Partnerin. Dieses ständige Zusammenspiel kann uns viel Freude, aber auch viel Leid zufügen. All das trifft für das tägliche Erleben von Tag und Nacht oder anderen entsprechenden Beispielen nicht zu. Deshalb habe ich mich entschlossen, dieses Kapitel nur für diese beiden Energien von männlich und weiblich zu schreiben. Wir werden gleich sehen, dass mit männlich und weiblich nicht nur das Geschlecht gemeint ist. Yin und Yang ist nicht nur männlich und weiblich auf das Geschlecht bezogen, sondern auf alle Arten der Polarität. Deshalb spreche ich nun in diesem Kapitel nicht ausschließlich über Mann-Frau-Beziehungen, denn dieses wichtige Thema behandle ich später in einem eigenen Kapitel.

Die meisten Menschen haben schon von Yin und Yang gehört und wissen vielleicht auch vage, dass Yin die weibliche Energie darstellt und Yang die männliche. Automatisch schließen dann die meisten Menschen daraus, dass Männer und Frauen damit gemeint sind. Das ist nicht ganz richtig. Denn es geht um DAS Weibliche und um DAS Männliche als ein Urprinzip und nicht um Menschen. Mann und Frau sind lediglich Auswirkungen dieses Prinzips. Ich verweise diesbezüglich auf das, was ich in einem vorigen Kapitel schon ausgeführt habe über das, was man die Polaritäten (also die Mehrzahl) nennt, nämlich die Auswirkungen des Prinzips der allumfassenden Polarität. Mann und Frau sind nicht DIE Polarität! Wenn man ein Symbol für das Prinzip der Polarität verwendet, wie dies bei Yin und Yang der Fall ist, dann bezeichnet dieses Symbol das Prinzip und nicht die Auswirkungen des Prinzips. Yin ist somit nicht die Frau, sondern die Weiblichkeit oder DAS Weibliche. Und Yang ist nicht der Mann, sondern DIE Männlichkeit. Männlich und Weiblich sind in diesem Kontext Energien. Jedoch ist Energie hier nicht im rein physikalischen Sinne und der entsprechenden Definition zu verstehen, sondern philosophisch.

Was mit dem Wort „Energien“ im Zusammenhang mit Yin und Yang gemeint ist, das ist tatsächlich nicht einfach zu erklären. Vielleicht wäre das Wort „Spannungsfeld“ zutreffender. Wie auch immer man das erklären will, es geht um einen ständigen Austausch und ein sich ständig gegenseitiges Erhalten und auch Erschaffen durch zwei sich ergänzende und zusammen gehörende Wesenheiten, wie zum Beispiel auch Tag und Nacht, Geburt und Tod, hoch und tief und so weiter....

Mit Yin und Yang war auch im alten China nicht Frau und Mann gemeint, sondern die weibliche Energie, also DAS Weibliche und DAS Männliche.

Schauen wir uns nun in diesem Sinne einmal einiges an, was wir mit Yin bezeichnen. Das ist zum Beispiel „rund“ oder „ruhig“ oder „weich“. Im Gegensatz dazu ist „spitz“ oder „aktiv“ oder „hart“ eine Yang-Energie. Wir sehen nun schon, dass dies zwar weibliche und männliche Eigenschaften sein können, aber nicht Frau und Mann bedeuten. Irgendwie ist es wohl so, dass wir in einem archaischen Verstehen die genannten Yin-Energien als weiblich empfinden und die Yang-Energien als männlich. Insofern kann man sehr wohl davon ausgehen, dass es zwei Grundenergien gibt. Die eine ist die sanftere, ruhige, beständige Energie und die andere ist die mehr in den aktiven Bereich gehörende, voran drängende und wohl auch etwas aggressive Energieform, welche auf Veränderung ausgerichtet ist. Diese Grundformen empfinden wir ganz offensichtlich intuitiv oder auch aus einem archaischen Wissen oder Verstehen heraus als weiblich und männlich, selbst wenn wir genau wissen, dass nicht alle Männer und nicht alle Frauen diesem Muster folgen und auch keineswegs diesem Muster folgen müssen. Sicherlich kann man in Frage stellen, warum nun der Tag Yang sein soll und die Nacht ist Yin. Jedoch geht es hier wirklich um intuitive Erkenntnisse oder Empfindungen, die man schwer mit dem Verstand analysieren und beschreiben kann. Ich erwähnte ja soeben schon, dass die sanftere, ruhige, beständige Energie Yin, also weiblich ist und die andere, die Yang Energie ist die mehr in den aktiven Bereich gehörende, voran drängende und wohl auch etwas aggressive Energieform, welche auf Veränderung ausgerichtet ist. Die Nacht beispielsweise ist ruhig und das Leben schläft und ruht, also ist es verständlich, dass die Nacht Yin ist. Der Tag dagegen ist der aktive Teil, also Yang.

Wenn wir uns mit Yin und Yang auseinander setzen wollen und lernen wollen, Yin und Yang ganz zu verstehen, dann müssen wir akzeptieren, dass es immer und überall nicht nur auf unserer Erde, sondern im ganzen Universum zwei Kräfte gibt, die sich ständig ergänzen, erschaffen und sich auch immerzu die Waage halten. Falls wir das nicht akzeptieren können oder wollen, weil es „nur“ intuitiv zu erfassen ist, dann ist dieses Verhalten eigentlich ein sehr gutes Beispiel dafür, dass wir westliche Menschen sehr stark in der Yang-Energie leben und das Verständnis für Yin weitgehend verloren haben. Das Verstehen und auch die Intuition ist ja auch schon wieder ein gutes Beispiel, denn es ist Yin! Ein intellektuelles Verstehen gehört zu Yang. Und damit sind wir mitten im Kernbereich unseres Themas über Yin und Yang.

Es ist keine Frage, die Welt ist zur Zeit im Umbruch. Wir leben in einer Zeit, in der die Yang-Energie überwiegt und wir dadurch das Gleichgewicht zwischen Yin und Yang verloren haben. Um nur ein Beispiel zu nennen: Die Aktivität wird höher eingeschätzt als die Ruhe.

Zeiten des Ungleichgewichts sind besonders schwierig. Die alten Normen gelten nicht mehr, neue sind noch nicht gefunden. Alles scheint außer Rand und Band geraten zu sein. Die Kriminalität nimmt zu, die Verbrechen werden nicht nur mehr, sondern auch brutaler. Die Brutalität nimmt in erschreckendem Ausmaß zu, nicht nur bei Mord und Totschlag, sondern auch im ganz alltäglichen Umgang mit Menschen. Aggressionen in den Familien werden schon kaum mehr als solche wahrgenommen, sie sind schon fast Alltagsgeschehen. Vergewaltigungen geschehen täglich. Ebenfalls zunehmende Tendenz haben psychische Krankheiten, wie z.B. Schizophrenie, Depressionen, Neurosen. Viele Menschen leben an der Grenze zum Krankhaften. Sie haben die Orientierung verloren, sie haben den Bezug zur Realität verloren. Sie reagieren überzogen und oft aggressiv. Was mich jedoch besonders beunruhigt und was sicher auch ein Grund für die Zunahme der Probleme ist, das ist der Missbrauch von Drogen und die Abhängigkeit, in die sich unzählige Menschen begeben, ohne zu wissen oder ohne zu glauben, wie die Drogen ihre Persönlichkeit zerstören. Die Suche nach dem, was die Menschen heute vermissen, nämlich Verstehen, Friede und ein glückliches und zufriedenes Leben, wird in Drogen gesucht, jedoch bringen diese auf Dauer nur das Gegenteil.

Wenn man nach den Ursachen all dieser Entwicklungen sucht, wird man viele Antworten finden. Teilantworten wahrscheinlich und natürlich bleiben auch viele Fragen offen. Teilantworten werden deshalb gefunden, weil wir oft nur in Teilbereichen suchen. Wir müssen versuchen herauszufinden, wo und auf welchem Gebiet die Hauptursache für unsere heutigen Probleme zu suchen ist.

Zuerst jedoch muss man sich die Frage stellen: Gibt es einen gemeinsamen Nenner, also ein Hauptproblem, mit dem die anderen Probleme zusammen hängen oder zumindest sehr eng verknüpft sind?

Wenn wir dieser Frage nachgehen, werden wir wahrscheinlich bald herausfinden, dass unsere heutige Welt in einem absoluten Materialismus gefangen ist. Ferner werden wir feststellen, dass wir uns einseitig auf Yang orientieren und alles mit dem Verstand erklären wollen, ohne dass wir dieses Ungleichgewicht erkennen. Daraus ergibt sich eine zunehmende Aggressivität, die wiederum Yang ist, die wir ebenfalls meist gar nicht mehr als solche wahrnehmen. Um sich dessen bewusst zu werden, müssen Sie nur einen einzigen Abend das Fernsehprogramm betrachten. Achten Sie bewusst auf aggressive Szenen. Sie werden sich wundern, sie sind überall, nicht nur in Taten (das allerdings auch reichlich!), sondern auch in Worten. Die Werbung ist besonders davon betroffen und manchmal soll das sogar den Anschein von Witz vortäuschen. Wir sind schon so verdorben oder abgehärtet in dieser Beziehung, dass wir es schon gar nicht als aggressiv wahrnehmen, wenn z.B. jemand ins Wasser geworfen wird und beinahe ertrinkt. Es soll lustig sein! Dasselbe gilt für den Sport. Aber ich will keine weiteren Beispiele aufführen. Wenn Sie diese finden wollen, dann werden Sie es, mehr als Ihnen lieb ist!

Um es auf einen Nenner zu bringen: Unsere Gesellschaft hat das Gleichgewicht verloren. Das Gleichgewicht zwischen Materie und Spirit, das Gleichgewicht zwischen der Energie von Yin und Yang ist gestört. Ganz besonders haben wir auch die Beziehung und die Verbundenheit zur Natur (die Yin ist!) verloren. Wir leben in einer künstlichen Welt, arbeiten bei Kunstlicht, bewegen uns zu wenig in der Natur, betrachten die Schönheit der Natur durch den Fernseher oder durchs Autofenster, etc. Was jedoch auch besonders auffallend ist: Wir haben das Gleichgewicht verloren zwischen Seele und Intellekt. Was immer wir tun und denken, der Intellekt, der Verstand, die Ratio (Yang) leiten uns. Für seelische Empfindungen ist dann kein Raum mehr. Die Natur wird uns immer fremder und auch gleichgültiger. Das künstliche, von uns erschaffene Umfeld, in dem wir heute überwiegend und die meiste Zeit des Tages leben, geben uns keine Zeit mehr für die Natur. Die Natur und das künstliche Umfeld wären jedoch auch ein typisches Paar der Polarität, also Yang (vom Verstand erschaffene Umwelt) und Yin (Natur), die wir in Einklang zueinander bringen müssten und als gleichwertig und für uns wichtig erkennen sollten. Dasselbe gilt für Materialismus und die Bescheidenheit. Es geht nicht darum, alles, was Materie ist abzulehnen, sondern ihr den rechten Stellenwert zu geben und ebenso der Bescheidenheit. Zu diesem letzt genannten Beispiel möchte ich kurz noch sagen, dass Askese nicht dasselbe ist wie Bescheidenheit. Askese ist eine maßlose Übertreibung und ist somit nicht mehr Yin, sondern ist eher der Energie von Yang zuzuordnen. Asketische Menschen verknöchern immer mehr – sowohl seelisch wie auch körperlich - und zeigen schon dadurch, dass dies mit einer Yin-Energie nichts zu tun haben kann.

Was müssen wir tun, um das Gleichgewicht von Yin und Yang wieder herzustellen? Diese Frage wird den Inhalt des ganzen Buches ausmachen. In diesem Kapitel will ich jedoch hauptsächlich auf das Prinzip der speziellen männlichen und weiblichen Energie eingehen.

Was ist das Prinzip der männlichen und weiblichen Energie?

Das Prinzip der Polarität allgemein habe ich schon in einem vorigen Kapitel ausführlich behandelt. Und wie weiter oben schon gesagt, ist Männlich und Weiblich eine polare (also sich ergänzende) Energie und ein Ergebnis des allumfassendes universellen Prinzips der Polarität. Nachdem wir alle entweder Mann oder Frau sind, kann man sicherlich davon ausgehen, dass wir an diesem Beispiel besonders gut verstehen können, was eigentlich die Polarität für uns Menschen bedeutet, wie sie unser ganzes Leben bestimmt und insbesondere auch unsere Mann-Frau-Beziehungen. Gleichzeitig können wir am männlichen und weiblichen Prinzip auch erkennen, was geschieht, wenn wir uns nicht im Gleichgewicht dieser beiden Kräfte befinden und uns einseitig orientieren. Immer müssen wir jedoch daran denken, dass es hier um ein Prinzip und nicht um Männer und Frauen geht!

Lassen Sie mich einmal so vorgehen, dass ich – wie es dem sich gegenseitigen Bedingen der Polarität entspricht – mehrere Paare von zwei verschiedene Eigenschaften, die wir bei unserem menschlichen Handeln beobachten können, aufführe und sie jeweils mit den beiden Buchstaben A und B versehe. Es geht also bei diesen Eigenschaften immer um zusammengehörende und sich ergänzende Eigenschaften.

A: nach außen gehen, extrovertiert, aktives Handeln im sachlichen Bereich, sich mit Dingen beschäftigen, Führung über nehmen oder anstreben
B: nach innen gehen, introvertiert, mehr im Gefühlsbereich agieren, sich mit Gefühlen beschäftigen, sich führen lassen
A: Befruchten, Initiieren, Planen, Erfinden, nach neuen Methoden und Arbeitsweisen suchen, Experimentieren
B: Erhalten oder Empfangen. Neue Ideen aufgreifen, bestehenden und erfolgreichen Planungen folgen, Erfahrungen anderer nutzen
A: der Vernunft und Logik folgen, denkend und konstruierend planen
B: der Intuition oder dem Instinkt folgen, sich von Gefühlen leiten lassen, spontanes Handeln
A: den eigenen Weg gehen, evtl. sogar ohne sich um andere zu kümmern
B: für andere sorgen oder um andere besorgt sein, sein Handeln mit den Bedürfnissen anderer abstimmen
A: hassen
B: lieben
A: agieren
B: sein
A: Macht ausüben
B: Mitgefühl haben
A: Erfolg (besonders im aktiven Bereich, z.B. im Berufsleben)

anstreben
B: Schönheit lieben
A: sich im materiellen (irdischen) Bereichen orientieren
B: im seelisch-spirituellen Bereich orientieren
A: Erwerben
B: Erhalten
A: Individualität anstreben
B: Gruppengefühl, Gemeinschaftsgefühl vorziehen
A: Überzeugen
B: Verstehen
A: sich dem Intellekt zuwenden
B: sich der Seele zuwenden

Man könnte noch viel mehr Beispiele anführen. Ich hoffe, dass diese Auswahl trotzdem schon aufzeigt, worum es geht. Wenn wir diese kurze Auswahl genauer betrachten, werden wir sicher feststellen, dass jeweils die Eigenschaften, die unter „A" aufgeführt sind, als typisch männliche Eigenschaften gelten und die Eigenschaften unter „B" besonders weibliche Eigenschaften sind. Hierbei werden wir natürlich automatisch an Männer und Frauen denken. Dies ist jedoch sehr gefährlich und auch irreführend, wenn wir weiterhin alles richtig verstehen wollen. Wir sprechen bei diesen Energieformen nicht über Männer und Frauen, oder generell gesehen nicht über Personen! Es handelt sich hier um Prinzipien, die zwar in Personen, also in Männern und Frauen auftreten können oder auch überwiegend vorkommen können, jedoch sind diese Prinzipien nicht ausschließlich. Männer sind nicht nur männlich und Frauen sind nicht nur weiblich.

Bei den oben genannten Beispielen von den Eigenschaften, welche ich unter A und B aufgeführt habe, ist dies relativ leicht zu verstehen. Nun gibt es jedoch noch weitere Eigenschaften, welche auch als Yin- und Yang-Energien betrachtet werden, wie beispielsweise rund und spitz, oben und unten, Tag und Nacht. Rund wäre somit Yin und spitz Yang. Die Nacht wäre Yin und der Tag Yang. Oben wäre Yang, unten wäre Yin. Auch bei Dingen gibt es in der chinesischen Weltsicht auch heute noch die Unterscheidung zwischen Gegenständen, die Yang sind, beispielsweise Metall, Glas, Steine und solche, die Yin sind, beispielsweise Holz, Tücher, Teppiche etc. Es gibt in China viele Menschen, die beim Hausbau darauf achten, dass die Materialen ausgeglichen bezüglich Yin und Yang sind.

Was hat das nun mit weiblicher und männlicher Energie zu tun?

Sicherlich, ganz augenfällig ist das bei manchen dieser Begriffe nicht. Jedoch wird alles was rund ist offensichtlich von den meisten Menschen als weiblich betrachtet, während das Spitze männlich ist. Auch die harten Stoffe (Metall), wie soeben erwähnt, sind männlich und die weichen

(Holz) sind weiblich. Ebenso ist die stille Nacht offensichtlich weiblich, während der aktive Tag männlich ist. Grundsätzlich ist die Aktivität männlich und die Ruhe weiblich. Ich muss nochmals betonen, dass diese Dinge nichts mit dem Geschlecht und natürlich auch nichts mit Männern und Frauen zu tun haben. Es sind vielmehr tief in uns ruhende archaische Empfindungen, welche man eigentlich nicht weiter beschreiben kann. Als Grundgedanke könnte man auch anerkennen, dass alles, was Yin ist, eher mit dem Ausgleichen, der Stille, Ruhe oder mit Sanftheit und Weichheit zu tun hat, während alles, was Yang ist, mit Aktivität, Bewegung, vorwärts Streben und auch ein wenig mit Kanten und Ecken und Härte zu tun hat. Immer muss man bedenken, dass es sich eigentlich gar nicht um Eigenschaften handelt, sondern um Grundenergien des Seins. Und auch, dass diese immer in Zweiheiten vorkommen, welche sich ergänzen und sich entsprechen, auch wenn sie verschieden sind, oder sogar, WEIL sie verschieden sind, so wie Mann und Frau auch.

Wenn wir einverstanden sind und übereinkommen, dass wir von Energie oder von Prinzipien sprechen und zwar von solchen, die zwar wie Gegensätze aussehen oder von uns so wahrgenommen werden, in Wirklichkeit jedoch zusammen gehören und sich ergänzen, dann können wir uns erlauben, bei diesen angeführten Eigenschaften von A und B auch von dem männlichen und weiblichen Prinzip zu sprechen. Natürlich könnten wir auch weiterhin von „A" und „B" sprechen oder auch von Yin und Yang. Ich will jedoch diese polaren Energieformen in diesem Kapitel absichtlich weibliche und männliche Prinzipien nennen, denn wir werden gleich sehen, dass hierbei etwas deutlich wird, was unsere Gesellschaft sehr nachhaltig geformt hat und immer noch formt. Überdies ist Yin und Yang ohnehin als weiblich und männlich bekannt und somit macht es Sinn, auch weiterhin nicht nach Buchstaben einzuteilen, sondern nach dem uralten Symbol vorzugehen und von Yin und Yang oder in diesem Kapitel nun besonders von weiblicher und männlicher Energie zu sprechen. Sie werden schon bei dem nächsten Absatz sehen, warum ich ausgerechnet in diesem Kapitel so großen Wert auf männlich und weiblich lege!

Wenn wir die in der obigen Liste die unter A-Eigenschaften aufgeführten, also die männlichen Energieformen genauer betrachten, dann stellen wir zu unserer Überraschung fest, dass diese Eigenschaften von uns als weitaus höher und wertvoller betrachtet werden als die B-Eigenschaften, also die weibliche Energieform (wenige Ausnahmen bestätigen die Regel!). Besonders deutlich wird dies beim Intellekt. Ich nannte diese Eigenschaft eine Yang Energie und es gibt fast nichts auf dieser Welt, was wir heute als wichtiger betrachten als Intellekt.

Nun weiß ich, dass einige meiner Leserinnen entrüstet sein werden, weil sie glauben, ich sage, dass Frauen nicht intelligent seien. Wenn Sie das meinen, dann haben Sie mich leider total missverstanden und auch nicht genau gelesen, dass ich soeben sehr dringend darauf hingewiesen habe, dass es sich hier nicht um Menschen, also überhaupt nicht um Männer und Frauen handelt, sondern dass es um ein Prinzip des Männlichen und des Weiblichen geht. Bitte versuchen Sie, mir in diesem Denkschema zu folgen, sonst werden alle nachfolgenden Erklärungen ebenfalls nicht verstanden oder falsch interpretiert werden. Ich möchte auch gleich noch ein anderes Vorurteil ausräumen, nämlich dass ich die Frauen zurück in die Abhängigkeit der Männer bringen und sie in unselbständige Berufe verdrängen will. Das Gegenteil ist der Fall! Dieses Buch ist ganz besonders den Frauen gewidmet und darüber hinaus der Aufwertung der Weiblichkeit und der Gleichwertigkeit der weiblichen Energie.

Lassen Sie mich nun aber wieder auf den Intellekt zurückkommen. Die Intelligenz gehört zum Menschsein. Ohne Intellekt wären wir gar keine Menschen. Es wäre also nicht richtig, die Intelligenz gar nicht mehr zu fördern oder sie nicht wichtig zu nehmen. Was jedoch bedenklich, ja sogar gefährlich ist, das ist die Überbewertung des Intellekts. Bitte erinnern Sie sich an das, was ich in Kapitel 2 über Seele und Geist gesagt habe. Die Entsprechung zu Intellekt ist Seele. Dadurch, dass wir den Intellekt so ausschließlich fördern und für wichtig halten, versäumen wir es, die Seele auszubilden und zu fördern. Ja, wir haben sogar vergessen, was Seele ist! Ich bin mir klar darüber, dass es viele Leserinnen und Leser geben wird, die mit dem Begriff Seele gar nichts anfangen können, denn sie haben gewissermaßen das Organ verloren, um dies überhaupt wahrzunehmen und zu verstehen. Leider kann ich nicht noch mehr tun als ich bisher in den vorigen Kapiteln, insbesondere in Kapitel 2 getan habe, um das zu erklären was Seele ist. Wenn man ganz und gar nicht weiß, was Seele ist, dann ist es so, als wollte man zu einem Blinden von der Schönheit der Farben sprechen. Aber für alle anderen, die noch wissen, wovon ich rede, für diese soll dieses Buch geschrieben sein.

Es muss hier nun auch noch ganz deutlich darauf hingewiesen werden, dass es bei all diesen Betrachtungen nicht darum geht, eine Einseitigkeit dadurch zu regulieren, dass man nun eine Seite ganz vernachlässigt oder unterdrücken will. Denn gerade dies ist in unserer Gesellschaft im Laufe der Jahrhunderte geschehen. Wir haben das Weibliche unterdrückt und nur deshalb konnte das Männliche so wichtig werden! Wenn wir nun das Gegenteil machen würden, und alles, was Yang ist unterdrücken würden, dann kämen wir von einem Extrem in ein anderes! Damit hätten wir überhaupt nichts gewonnen. Yang ist nicht weniger wert oder unwichtiger als Yin. Wir müssen immer daran denken, dass es um das Gleichgewicht geht von Yin und Yang, nur darauf kommt es an! Sobald dieses Gleichgewicht gestört ist, tauchen Probleme auf. Also keine von den beiden Urkräften darf höher bewertet werden. Denn automatisch wird dann die andere Kraft unterdrückt. Selbst wenn man gar nicht bewusst oder willentlich das Yin unterdrückt, wird allein durch das Übergewicht von Yang das Yin automatisch schwächer. In unserer Gesellschaft haben wir schon seit langer Zeit den Intellekt immer besonders hoch bewertet und als wichtiger betrachtet als die Seele. Dadurch wurde und wird die Seele automatisch gering geschätzt und allmählich gar nicht mehr beachtet. Die Unterdrückung von Yin ist also gar nicht bewusst geschehen, sondern einzig und allein durch die Überbewertung von Yang. Das umgekehrte Vorgehen, also die Höherbewertung von Yin würde ebenfalls fatale Folgen haben, denn dann würde automatisch das Yang unterdrückt werden und das Gleichgewicht wäre wiederum gestört .

Nicht nur der Intellekt, auch die anderen als Yang genannten Eigenschaften werden in aller Regel höher und wichtiger gewertet als die der Yin-Eigenschaften, wie z.B. der Erfolg im Berufsleben. Dies hat natürlich zur Folge, dass die bisher besonders als männlich betrachteten Berufe wegen des höheren Ansehens und meist auch wegen der besseren Bezahlung nun auch von Frauen sehr begehrt sind. Hier gilt natürlich wiederum das Gleiche, was ich vorher über den Intellekt sagte, nämlich dass nichts Falsches an diesen Berufen ist und es ist selbstverständlich auch nicht schlecht oder unrecht, wenn Frauen ebenfalls solche Berufe erwählen. Aber auch hier trifft zu, dass typisch weibliche Berufe und darüber hinaus alle typisch weiblichen Eigenschaften nicht mehr so hoch im Kurs stehen. Anstelle jedoch die weiblichen Eigenschaften und Berufe wieder höher einzuschätzen, haben wir in diesen letzten Jahrzehnten genau das Gegenteil getan. Es ist geradezu erschreckend, dass die Frauen selbst nicht wahrnehmen, dass sie ebenfalls dazu beitragen, dass die weiblichen Eigenschaften immer weniger wert werden, indem sie mit aller Gewalt und mit viel Anstrengung versuchen, in die Männerwelt einzudringen, männliche Berufe zu ergreifen und auch in allen anderen Bereichen wie die Männer zu sein. Man muss den Eindruck gewinnen, dass Frauen heute all dieses hauptsächlich deshalb tun, um zu beweisen, dass sie all das ebenfalls tun können. Genau betrachtet haben viele Frauen an dieser oft kalten überzogenen männlich orientierten Welt, in der es um den Gebrauch der Ellbogen und um ständige Konkurrenz geht, gar nicht so viel Spaß. Allerdings gibt es ihnen eine große Befriedigung, so wie die Männer alles tun zu können und das gibt ihnen Freude und das Gefühl der Freiheit. Diese

Freude hat eigentlich mit dem Beruf selbst gar nichts zu tun, sondern liegt lediglich darin begründet, dass der Beruf als „besser“ betrachtet wird. Oft wird es ihnen nicht bewusst, dass sie diese Männerberufe nur deshalb erwählen, weil sie beweisen wollen, dass sie nicht weniger wert sind als die Männer. Das ist auch verständlich, denn früher waren den Frauen diese Berufe verschlossen. Auch die bessere Bezahlung spielt eine Rolle. Diese ist jedoch nur deshalb möglich, weil die männlichen Eigenschaften höher bewertet und nur deshalb auch höher bezahlt werden. Um zu verdeutlichen wie dieses Werten abläuft, möchte ich die Entwicklung in den israelischen Kibbuzim kurz erwähnen:

Bei Gründung dieser Kibbuzim gab es keine Geschlechterrollen. Männer und Frauen konnten Tätigkeiten ganz nach Belieben wählen. Viele, ja sogar oft die Mehrzahl der Frauen wählte althergebrachte Männerberufe, Traktorfahrer, Mechaniker etc. Später dann, nach einer Generation hat sich das gänzlich geändert. Die Kinder, die in einer freien und nicht festgelegten Geschlechterrolle aufwachsen, brauchen nicht mehr zu rebellieren oder auch nicht zu demonstrieren, dass die Männerberufe besser sind, denn sie sind in dem Wissen erzogen worden, dass alle Berufe gleich wertvoll sind. Nun finden wir wieder die Frauen weitaus häufiger in den typischen weiblichen Berufen, z.B. als Lehrerinnen, als Krankenpfleger oder im hauswirtschaftlichen Bereich.

Der Teufelskreis, den wir uns mit der Abwertung der weiblichen Eigenschaften geschaffen haben, kann nicht unterbrochen werden, solange wir (Männer und Frauen gleichermaßen) nur nach den männlichen Eigenschaften streben und sie höher bewerten. Wenn wir nicht drastisch umdenken, dann wird leider weiterhin die weibliche Energie zu kurz kommen und weibliche Eigenschaften und die Weiblichkeit in der Gesamtheit wird immer weiter zurückgedrängt und das Ungleichgewicht in der Welt wird unerträglich einseitig werden.

Nun können wir die Frage stellen, ob die feministische Bewegung in den 60er und 70er Jahren nicht eine Wende gebracht hat. Werden seitdem die Kinder nicht in freierer und weniger geschlechtsspezifischer Weise erzogen?

Ja, teilweise hat diese Bewegung eine Wende gebracht. Zumindest insofern, dass man den Frauen nun die gleichen Rechte zubilligt wie den Männern und damit den Frauen die Möglichkeit gibt, ohne Zwang Tätigkeiten auszuüben, zu denen sie Lust und die Fähigkeiten haben. Dieses gleiche Recht für Frauen und Männer ist also ein großes Verdienst dieser Frauenrechtlerinnen der Vergangenheit und wir müssen dies hoch schätzen.

Was jedoch diese feministische Bewegung bis zum heutigen Tag nicht geschafft hat, oder was sie auch wahrscheinlich gar nicht ins Auge gefasst hatte, das ist die tatsächliche Aufwertung der weiblichen Berufe oder auch der Weiblichkeit im Allgemeinen. Man hat sich hauptsächlich auf die gleichen Rechte konzentriert und dies hauptsächlich im Berufsleben durchgesetzt oder durchzusetzen versucht, was nebenbei gesagt, noch nicht einmal in allen Bereichen erfolgreich war, denn es gibt immer noch Frauen, die für die gleiche Arbeit, welche Männer machen, weniger bezahlt werden. Das muss dringend geändert werden!

Bei der Konzentration auf die gleichen Rechte und darauf, dass Frauen auch die vorher den Männern vorbehaltenen Berufe ausführen dürfen und können, haben die Frauenrechtlerinnen jedoch offensichtlich ganz übersehen, dass die weiblichen Berufe automatisch infolge dieser Bewegung noch weniger hoch eingeschätzt wurden, was dann dazu führte, dass die männlichen Berufe begehrter und als Folge davon auch besser bezahlt wurden. Und dies hat logischer Weise wiederum zur Folge, dass diese besser bezahlten Berufe, die ursprünglich als typische Männerberufe galten, nun auch von den Frauen bevorzugt werden. Denn letztendlich gilt das Geld als Wertmaßstab mehr als alles andere.

Wenn man jedoch auch noch darauf hin gearbeitet hätte, dass die bisher typischen weiblichen Berufe ebenso hoch eingeschätzt wären wie die männlichen, dann müssten die Frauen nicht den typisch männlichen Berufen oder Eigenschaften nachjagen. Die feministische Bewegung verdient somit den Namen „Feminismus" gar nicht, denn sie hat die Frauen nicht weiblicher oder feminin gemacht, sondern eher das Gegenteil erreicht, nämlich die Frauen mehr maskulin ausgerichtet. Frauen wurden nicht weiblicher, sondern männlicher und somit wäre eine weit bessere Bezeichnung für diese Bewegung: „Maskulinismus"! Das mag paradox klingen. Wenn wir jedoch davon ausgehen, dass es sich bei all diesen Überlegungen nicht um Männer und Frauen handelt, sondern um das Prinzip des Männlichen und Weiblichen, wird diese Bezeichnung gar nicht mehr paradox erscheinen.

Obwohl Frauen nun das gleiche Recht wie Männer haben, tragen sie nicht zum Ausgleich und zum Gleichgewicht zwischen männlicher und weiblicher Energie bei. Die Männer natürlich auch nicht.

Die Frauenrechtlerinnen haben etwas getan, was in der heutigen Zeit sehr typisch ist, nämlich das Heilen der Symptome anstelle des Beseitigens der Ursache. Es ist so, als ob man an einer Straße mit häufigen Unfällen eine Erste-Hilfe-Station einrichten würde, anstatt die gefährliche Kurve zu begradigen und damit die Unfälle auszuschließen. In vielen Lebensbereichen neigen wir zu dieser Behandlung der Symptome. In der Medizin erscheint mir das besonders augenfällig. Man behandelt z.B. ein Magengeschwür und beachtet nicht die Umstände, die zu dieser Krankheit geführt haben. Die seelischen Ursachen für diese Erkrankung werden nicht beachtet und natürlich auch nicht behandelt. Der Arzt hat oft weder das Interesse noch die Zeit, auch nicht die Ausbildung und Erfahrung, um den Menschen in seiner Ganzheit zu erfassen und zu heilen.

Die Entstehung der feministischen Bewegung ist natürlich sehr verständlich, wenn man weiß, wie in der vorangehenden Zeit die Frauen unterdrückt wurden und wie stark sie von den Männern abhängig waren. Ebenfalls verständlich ist, dass die Frauen heute begierig die Möglichkeiten der Freiheit und Selbständigkeit aufgreifen und sich häufig total in die Männerwelt hinein begeben. Es ist ein Nachholbedarf, der sicher irgendwann einmal gedeckt sein wird und dann kann es durchaus sein, dass die Frauen wieder gerne und freiwillig typisch weibliche Berufe ergreifen werden. Allerdings wird dies so lange nicht geschehen, wie die Wertung dieser weiblichen Berufe und somit auch die Bezahlung nicht gleichwertig mit den sogenannten Männerberufen ist.

Wenn wir das Prinzip der Polarität verstehen und uns danach ausrichten, dann darf es weder die Dominanz des Männlichen, noch die Dominanz des Weiblichen geben. Wenn wir nun als Gegenreaktion zur bisherigen höheren Einschätzung von der männlichen Yang-Energie die weibliche Yin-Energie und somit alles, was weiblich ist, höher einschätzen würden als Yang, dann würden wir mit absoluter Sicherheit in einiger Zeit neue Probleme heraufbeschwören, denn das Prinzip des Gleichgewichts wäre dann ebenso gestört wie es in den vergangenen Jahrhunderten der Fall war. In einigen Kreisen, besonders auch in esoterischen Strömungen, kann man Ansätze dieser Umkehrung erkennen. Hier sollten wir sehr auf der Hut sein, dass man nun nicht durch die Umkehrung neue Probleme hervorruft!

Noch jedoch hat in den meisten Bereichen das männliche Prinzip die Oberhand und die daraus resultierenden Probleme sind noch nicht einmal als solche erkannt. Wir wissen zwar, dass wir eine Menge von Problemen haben. Woher sie letztendlich kommen, davon wissen wir noch lange nicht alles, oder sogar fast nichts. Offensichtlich bemühen wir uns gar nicht darum, die Ursachen zu erforschen. Wir wollen sie am Ende gar nicht herausfinden, denn dann müssten wir ja einige Gewohnheiten ändern.

Zu der Erkenntnis zu gelangen, dass wir die Ursachen herausfinden müssen, um unsere Probleme in den Griff zu bekommen, ist ein sehr bedeutender und wesentlicher Sinn und Zweck dieses Buches. Es wird Sie vielleicht erstaunen, wenn Sie am Ende dieses Buches angelangt sind und sehen, wie einfach es sein kann, die Ursache ausfindig zu machen. Sie werden sich fragen, warum wir diesen Weg nicht beschreiten oder in der

Vergangenheit nicht schon längst beschritten haben. Aber freilich, ganz so einfach ist es leider nicht. Wir müssen gegen alte Gewohnheiten, Traditionen und Machtstrukturen ankämpfen. Besonders müssen wir auch erkennen, dass die Polarität die Ursache des Seins, also auch die immerzu gegenwärtige Kraft der ständig stattfindenden Schöpfung unserer Welt und sogar des Universums und somit das allumfassende Weltprinzip ist. Wenn wir uns gegen die allgemeine Ordnung des Universums stellen, dann müssen wir uns nicht wundern, wenn wir uns Probleme einhandeln! Wenn ich so ausführlich über das männliche und weibliche Prinzip spreche, dann tue ich dies absichtlich, denn wir selbst sind entweder männlich oder weiblich und können deshalb diese beiden Energieformen an uns selbst am besten beobachten und dadurch verstehen. Und weiterhin ist es so, dass gerade im Zusammenleben von Mann und Frau und in der Familie ganz allgemein und somit auch in der Erziehung und der unvermeidlichen Prägung der Kinder in dieser Keimzelle der Gesellschaft, die wichtigsten Entwicklungen geschehen, die dann auf die ganze Gesellschaft zurückwirken und sich in der gesamten Gesellschaft bemerkbar machen. Deshalb erscheint es mir ganz besonders wichtig, hier, in diesem ganz persönlichen Bereich eines jeden Einzelnen die Saat für ein neues Denken zu legen.

Es mag nun einige Leser/Innen stören, dass ich von dem männlichen und weiblichen „Prinzip" spreche. Vielleicht ist die Wortwahl nicht für jeden verständlich. Anstelle „Prinzip" kann man auch von männlichen und weiblichen Archetypen sprechen. Vielleicht ist dieses Wort verständlicher für Einige und vielleicht können dann manche verstehen, wovon ich spreche, wenn sie mit dem Wort „Prinzip" nicht so viel anfangen können. Wenn wir von Archetypen sprechen, dann sind dies intuitiv erfasste Formen. Also nicht ein vom Verstand geprägtes Denken, sondern etwas, das tief in unserem Menschsein verankert ist, falls wir uns von dem intellektuellen Denken lösen wollen und können. Falls Sie also mit dem Begriff „Prinzip" Probleme haben sollten, dann denken Sie bitte daran, dass ich von Archetypen spreche.

Wir müssen uns die männliche und weibliche Energie als ein riesiges Kraftfeld vorstellen, das in der Welt existiert und von uns Menschen ständig gespeist und erhalten wird. Ich spreche jetzt nicht von der allumfassenden Yin- und Yang-Energie, denn diese ist vorhanden, gleichgültig, ob es Menschen gibt oder nicht. Es geht somit jetzt in dieser Betrachtung um uns Menschen und unsere menschlichen Eigenschaften von männlich und weiblich.

Wenn wir die eine Seite immer wichtiger nehmen als die andere, dann wird ganz automatisch die andere Seite schwächer werden. Es ist wie auf einer Waage. Selbst wenn wir die weibliche Seite nicht schmälern, wird diese trotzdem weniger wiegen, wenn wir die andere Seite aufbessern!

Im Prinzip sind männliche und weibliche Eigenschaften oder Energien gleich gut. Allerdings tritt ein sehr interessantes Phänomen auf, wenn man eine dieser beiden ursprünglich gleichen Seiten durch unsere Wertung künstlich überhand nehmen lässt. In diesem Falle werden Eigenschaften, die vorher im Gleichgewicht nicht unangenehm bemerkbar waren – oder sogar nützlich oder notwendig waren - plötzlich infolge des Übergewichts zu sehr gefährlichen Tendenzen. So kann man heute leicht beobachten, dass männliche Eigenschaften sehr gefährlich werden können. Dies sind hauptsächlich: Aggression, Hass, Selbstsucht (= übertriebener Individualismus!), Habsucht, Rücksichtslosigkeit, Materialismus, etc. Solange diese Eigenschaften ein normales Maß nicht überschreiten, sind sie gar keine schlechten Eigenschaften mehr, sondern sogar lebensnotwendig. Nehmen wir als Beispiel Aggression: Wenn wir uns alles wegnehmen lassen, ohne unser Eigentum zu verteidigen oder ohne uns abzugrenzen zu anderen Menschen, dann werden wir kaum überleben können. Oder ein weiteres Beispiel: Materialismus. Wenn wir nicht für die Zukunft für uns und unsere Familie sorgen, dann werden wir schlechte Zeiten kaum überleben. Selbst beim Hass kann man erkennen, dass eine gewisse Abneigung, die natürlich noch nicht wirklicher Hass ist, sondern eine Art Vorstufe davon, noch nicht gefährlich ist. Ja, es ist sogar viel ehrlicher zu sagen, dass man jemanden nicht mag, anstatt heuchlerisch eine Freundschaft vorzutäuschen. Wir müssen also diese oben genannten Begriffe nicht so sehen, wie und was sie nun in der Übertreibung geworden sind, sondern sie in der harmlosen Vorstufe betrachten. Aggression ist dann Abgrenzung, Hass ist Abneigung, Selbstsucht ist Selbstschutz, Habsucht ist Vorsorge, Rücksichtslosigkeit ist Durchsetzungsvermögen, Materialismus ist realistisches Einschätzen der Gegebenheiten. Bitte beachten Sie, dass ich von der Vorstufe der Übertreibungen spreche. Nur in dieser Vorstufe sind sie harmlos oder sogar lebensnotwendig.

Wir müssen diese Dinge klar sehen. Die Yin-Energie und das Vorhandensein der weiblichen Energien, wie z.B. Sorge für andere, hält das Streben nach Materialismus in Grenzen. Innerhalb dieser normalen Grenzen ist der Materialismus dann sogar eine gute und notwendige Eigenschaft. Fällt dieser ausgleichende weibliche Einfluss fort, dann wird Materialismus zur Habgier und zum rücksichtslosen Anhäufen von unnötigen Gütern. Wie sehr im täglichen Leben und im Alltag das weibliche und das männliche Prinzip sich ergänzen und positiv beeinflussen, sehen wir deutlich in den verschiedenen Schulsystemen. Reine Mädchen- oder Knabenschulen haben in der Regel mehr Probleme als gemischte Schulen. Manche mögen zwar der Meinung sein, dass reine Mädchenschulen besser sind, denn die Mädchen seien einfacher zu handhaben als die Knaben. Diese Ansicht ist jedoch sehr kurzsichtig, denn die Mädchen werden in den reinen Mädchenschulen nicht ausreichend auf das auch manchmal recht harte Leben vorbereitet und lernen nicht, auch ein wenig männliche Eigenschaften zu entwickeln, wie z.B. sich gegen andere abzugrenzen, den eigenen Standpunkt zu verteidigen u.Ä. Um dies aus der Praxis bestätigt zu bekommen, brauchen wir nur Lehrer zu befragen, die in Schulen arbeiten, die nur von Mädchen oder Knaben besucht werden. In den reinen Knabenschulen herrscht ein recht rauer Ton. Weit besser ist es jedoch in gemischten Schulen. Also auch hier ist der Ausgleich zwischen männlich und weiblich sehr wichtig. Allerdings ist es wichtig zu wissen, dass Knaben und Mädchen verschiedene Bedürfnisse haben. Darauf muss selbstverständlich eine gemischte Schule Rücksicht nehmen.

Es gibt offensichtlich weltweit gesehen zwei Grundformen der Gesellschaft. Die eine Form hält Männer und Frauen getrennt, die andere Form nicht. Dies kann natürlich mehr oder weniger strikt sein. Je strikter die Trennung, umso aggressiver das Verhalten! Die berühmte Anthropologin Margret Mead hat ihr Leben dieser Erforschung gewidmet und ganz erstaunliche Ergebnisse und Einsichten erhalten. Leider ist auch unsere Gesellschaft - besonders in der Vergangenheit - sehr stark von der Trennung der Geschlechter geprägt! Sind wir eine aggressive Gesellschaft? – Nun, sehen Sie sich die Statistiken an und Sie werden wohl keinen Zweifel mehr haben! Allerdings verharmlost oft die Gewöhnung solche Tendenzen, sodass uns das dann gar nicht mehr auffällt.

Das männliche und weibliche Prinzip ist nicht nur auf Menschen und Lebewesen beschränkt. Die Mythologie der Maori von Neuseeland spricht von der Liebe der Sonne und der Mutter Erde. Die Sonne ist das männliche und die Erde das weibliche Prinzip. Leider ist die Sonne in der deutschen Sprache weiblich, was verwunderlich ist. Die meisten Sprachen kennen die Sonne als männlich (z.B. franz.: le soleil). Bei der Sonne ist das männliche Prinzip besonders deutlich erkennbar, nämlich das Befruchten, das Leben spenden, während die Erde das Empfangen und das Nähren ist. Dass das männliche Prinzip das Geben und das weibliche das Annehmen und Empfangen ist, wird in unserer Gesellschaft leider nicht richtig erkannt. Besonders in der Sexualität wird das meistens genau anders herum gesehen. Man hält die Frau für die Gebende (oder auch Gewährende) und den Mann für den Empfangenden, der den Körper der Frau und deren Sexualität empfängt oder schlimmer noch: benutzen darf! Wir werden im Kapitel, das die Sexualität behandelt, dieses Phänomen noch einmal aufgreifen und genauer betrachten. Hier möchte ich nur noch kurz den Hinweis geben, dass es sich bei Geben und Annehmen natürlich um die Energie des Gebens und Empfangens handelt und diese beiden Energien gleich stark und wichtig sind. Das Empfangen oder Nehmen als Energie ist gleich stark wie das Geben. Wir könnten gar nichts geben, wenn niemand etwas empfangen würde! Wieder mal ein typisches Beispiel für die Polarität! Ohne das Nehmen könnte nichts gegeben werden und ohne das Geben könnte niemand etwas empfangen!

Vielleicht fragen Sie sich jetzt, wieso das Nehmen so stark und wertvoll sein kann wie das Geben. In unserer Gesellschaft wird das doch nicht so betrachtet. Ja, leider wird es nicht so betrachtet, weil wir das Wesen der Polarität nicht erkennen und unser Leben auf den Dualismus aufgebaut ist. Wir sind zum Beispiel auch daran gewöhnt, das Nichtstun nicht als eine Energie zu empfinden und somit glauben wir, dass das Annehmen, da es ja kein aktives (männliches!) Tun ist, keine Energie ist. Das Annehmen ist in der Tat keine aktive (männliche, also eine Yang) Energie, sondern eine passive (weibliche, Yin) Energie. Beides ist aber gleich stark. Das erfordert allerdings ein ziemliches Umdenken, wir sind an diese Logik nicht gewöhnt. Ich hoffe, dass ich auch dieses Phänomen im Kapitel über die Sexualität deutlicher erklären kann.

Leider glauben wir, dass nur die Aktivität, also das männliche Prinzip, wichtig ist und sehen nur darin eine Energieform. Die passive oder weibliche Erscheinungsform wird jedoch – wie im Beispiel von „Ruhe“ gut zu erkennen ist - als unerwünscht, minderwertig oder zumindest als nicht so wichtig betrachtet. Freilich muss ich darauf hinweisen, dass ich mit Passivität nicht das absolute Nichtstun meine, also nicht die Leere im Empfinden oder Fühlen, sondern die energievolle Annahme und innere Verarbeitung dessen, was von außen auf uns zukommt, was auch immer das sein kann (z.B. Erlebnisse, Gefühle, Eindrücke, das Tun anderer Menschen, alleine schon das Sehen und Hören der Umwelt, das Beobachten etc.). Wir glauben auch, dass das Geben von Liebe oder sexueller Energie wichtiger ist als das Annehmen der Liebe. Beides ist jedoch gleich wichtig und ruft gleiche Energien hervor. Wenn wir das eine wichtiger als das andere betrachten, stören wir das Gleichgewicht und das hat für uns als Einzelne, wie auch für die gesamte Gesellschaft erhebliche Folgen.

Ich habe bisher sehr ausführlich über das polare Gleichgewicht innerhalb des Irdischen gesprochen. Wie ich aber in Kapitel 1 berichtete, erhielt ich vor Jahren eine visionäre Botschaft, deren Bedeutung über die physische Welt hinausgeht. Demnach sind diese Entsprechungen der Polarität auch auf die spirituelle Welt anwendbar. Mit anderen Worten, die spirituelle Welt und die materielle Welt sind gleichwertig. Sie sind sogar abhängig voneinander, die eine kann ohne die andere nicht bestehen! Es ist nicht so, wie das Christentum uns lehrt, dass Gott höher als die materielle Welt ist. Die neue Art des Verstehens der polaren sich ergänzenden und gleichwertigen Kräfte ist eine sehr weit reichende Erkenntnis, die tatsächlich unser gesamtes Weltbild ändern wird.

Nachdem in der Philosophie der Polarität die beiden Gegenpole nicht unversöhnliche Gegensätze sind, sondern voneinander abhängig sind und sich ergänzen, wird aus dieser Gegenseitigkeit ohne Kampf ein ständiger Energieaustausch erzeugt. Der Grund für den Energiefluss ist die Verschiedenheit bei gleichzeitigem Zusammengehören. Dies erzeugt ein Spannungsfeld aus dem sich eine ständige Schöpfung oder eine Gestaltung oder Wachstum und Leben ergibt. Diese Energien entstehen eigentlich nicht, sondern sind vorhanden in der Polarität und durch die Polarität. Alles ist ein ständiges Kommen und Gehen, ein Sterben und ein Geborenwerden ohne Ende. Alles, auch die Erde und sogar das Universum, werden verschwinden, jedoch auch wieder neu sich selbst erschaffen bzw. aus der Information und der ständigen Energie zwischen Materie und Spirit sich wieder neu entwickeln. Nichts wird aus dem Nichts geschaffen, sondern Alles wird ständig erschaffen aus allem was ist und immer war. Denn wenn etwas stirbt oder verfällt, dann bleibt anstelle der Materie die Energie noch bestehen (dass diese Energie das ist, was die Forscher heute als „Information" bezeichnen, ist sehr wahrscheinlich) und diese Energie (oder Information) erschafft wiederum die Materie. Im Sinne der Gleichheit und des sich gegenseitigen Erschaffens und Bedingens erschafft somit sowohl die Information bzw. der Spirit die Materie, wie auch umgekehrt die Materie die Information erschafft! Wenn einmal eine Tier- oder Pflanzenart endgültig ausgestorben ist, dann ist auch die Information für diese Art nicht mehr vorhanden. Es wird also nie wieder Dinosaurier geben, da auch die Information (also auch der Spirit) dieser Tierart nicht mehr vorhanden ist. Wenn sich jedoch im Zuge der Evolution eine neue Tier- oder Pflanzenart herausbildet, dann entsteht auch der Spirit oder die Information für diese Art neu.

Zusammenfassend zu diesem Kapitel möchte ich nun noch auf ein Missverständnis bezüglich des Gleichgewichts von Yin und Yang zu sprechen kommen. Es wird oft angenommen, dass ein Gleichgewicht von Yin und Yang darin bestehen sollte, dass sich beide Energien angleichen und vermischen sollten. Das ist jedoch keineswegs der Fall. Es soll kein „Einheitsbrei" daraus werden, keine homogene Masse! Vielmehr geht es darum, dass die Zweiheit erhalten bleibt, jedoch mit der nun schon oft angesprochenen Gleichwertigkeit. Zu beachten ist, dass „Gleichwertigkeit" nicht dasselbe wie Gleichheit ist. Der Tag wird der Tag bleiben und die Nacht die Nacht! Zwar gibt es die Übergangsphase der Dämmerung, jedoch ist dies kein Dauerzustand, sondern nur die Übergangsphase von Tag und Nacht. Die Dämmerung ist nicht der Ausgleich zwischen Tag und Nacht! Auch bei Mann und Frau ist es so. Zwar hat jeder Mann auch einige weibliche Attribute und jede Frau einige männliche, jedoch wird es sich immer um einen Mann oder um eine Frau handeln. Selbst dann noch, wenn die Unterschiede sehr gering sind. Die Aufhebung der Zweiheit zu einem homogenen Einheitsgebilde ist gegen das Prinzip der Polarität. Nur das EINE ohne die ZWEIHEIT gibt es nicht und kann es nicht geben. Jedoch gibt es das GANZE und dies kann oder sollte sogar eine Einheit sein, aber nicht DAS EINE als übergeordneten Begriff. In der christlichen Lehre glaubt man jedoch, dass nur die geistige, die spirituelle Welt die „wahre" Seinsform ist. Man glaubt auch, dass nach dem sogenannten „Weltuntergang", also nach dem Tod der Materie, nur noch die spirituelle Seinsform existieren wird. Dieser Glaube beruht nicht auf Tatsachen, sondern ist reine Fantasie, welche darauf beruht, dass man meint (besser gesagt: dass man es wünscht!), es könnte eine Existenz ganz ohne Leid und ohne Tod geben. Eine Geburt würde es demnach in diesem „himmlischen" Zustand auch nicht geben, sondern nur Stagnation. Diese Annahme ist jedoch gegen jede Ordnung und gegen das Seinsprinzip im Universum.

Ich erwähnte weiter oben schon, dass unsere heutige westliche Gesellschaft in einem starken Ungleichgewicht lebt. Die Yang-Energie ist allgegenwärtig, während die Yin-Energie immer schneller schwindet. Ich sprach auch von einem Umbruch, der sich anbahnt. Wie schnell ein Umbruch tatsächlich stattfinden könnte, ist schwer zu sagen. Es kann noch Jahre oder auch noch Jahrzehnte dauern. Allerdings wird in diesen Jahren sehr deutlich, dass ein so großes Übergewicht von Yang, wie wir es heute erleben, kaum mehr zu überbieten ist. Zum Glück gibt es schon Menschen und Gruppen, die sich ernsthafte Gedanken machen über eine neue Ökologie, über erneuerbare Energien, über bessere Schulsysteme und viele Dinge, welche die Yin-Energie wieder fördern könnten. Andererseits jedoch geht in den meisten Bereichen die Entwicklung immer noch weiter in Richtung Yang. Das Wirtschaftswachstum wird immer noch als die Lösung unserer Probleme betrachtet und allein dieses ständige Streben nach immer noch mehr Konsum kann schon genügen, um die gesamte westliche Welt in eine Krise zu stürzen, die tatsächlich katastrophale Auswirkungen haben kann- ja, nicht nur KANN, sondern haben wird. Allerdings sehe ich auch darin eine Möglichkeit der Neubesinnung, sodass aus der Asche ein Phönix entstehen könnte, der wieder fliegen kann und in den schönsten Farben leuchtet.

Ich weiß, vielen Menschen wird es noch gar nicht bewusst sein, wie Ernst die Lage ist. Viele Menschen werden auch gar nicht sehen wollen, aber auch gar nicht sehen können, dass wir tatsächlich in einer Gesellschaft leben, welche fast nur noch nach den Yang-Prinzipien ausgerichtet ist. Wir sehen das nicht, weil wir daran gewöhnt sind und weil auch die Entwicklung nicht über Nacht gekommen ist, sondern sich schon seit Jahrhunderten angebahnt hat.

Wir erkennen auch die Yang-Energien in den alltäglichen Dingen gar nicht als gefährlich, denn wir kennen es nicht anders. Bei diesen Dingen des täglichen Lebens geht es um ganz banale Dinge, wie zum Beispiel die Wohnungseinrichtung. In aller Regel wird man sie praktisch (Yang) einrichten. Also pflegeleicht in erster Linie. Die Sachlichkeit (Yang) spielt eine große Rolle. Die Vielfalt (Yin) fehlt. Oft wird die ganze Wohnungseinrichtung mit kalten (Yang) Materialien ausgestattet, wie z.B. Plastik und Glas. Die guten alten Holzmöbel wirft man auf den Müll, denn sie sind nicht mehr modern. Die Linien sind überwiegend gerade (Yang). Ja, alle Häuser, die wir heute bauen, sind gerade und eckig (Yang). Wo gibt es runde (Yin) Häuser oder doch wenigstens abgerundete (Yin) Ecken? Die Straßenführungen sind geradlinig (Yang), sogar Parks und Gärten werden oft nach strengen Mustern (Yang) geplant und bepflanzt. Überhaupt muss immer alles geplant (Yang) und durchdacht (Yang) werden, bevor man etwas unternimmt. Ein Spaziergang (Yin) im Grünen (Yin) ist eine Ausnahme, vielmehr wird man mit dem Auto fahren (Yang) und zwar nicht gemächlich (Yin), sondern man rast mit unglaublicher Geschwindigkeit (Yang) durch die Gegend. Das ist schon so „normal", dass wir unseren Geschwindigkeitsrausch (Yang) gar nicht mehr als solchen wahrnehmen. Sogar auf dem Wasser (Yin) benehmen wir uns so, als wären wir auf der Straße (Yang). Wir rasen (Yang) nämlich auch dort mit den Motorbooten (Yang) umher. Wobei doch ausgerechnet das Wasser zur ruhigen (Yin) und besinnlichen (Yin) Bewegung einladen würde. Die sanften (Yin) Bewegungen des Wassers könnten uns beruhigen (Yin) und zum Träumen (Yin) einladen. Wir könnten die Augen schließen und uns dem sanften Einfluss des Wasser hingeben (Yin). Aber wer tut das schon? Wir haben ja auch gar keine Zeit mehr, die Hetze (Yang) hat uns voll im Griff. Abschalten (Yin) ist schwer! Dann verbringen wir unseren Abend am Fernseher (Yang) oder machen Computerspiele (Yang). Oder wir telefonieren (Yang) mit Freunden. Die Technik (Yang) ist allgegenwärtig und bestimmt unser tägliches Leben. Unsere Nahrung ist voll von Chemie (Yang) und sogar unser kleiner Vorgarten wird mit Kunstdünger (Yang) versorgt, damit alles schön wächst und auch schön aussieht (Yang). Denn man will ja den Nachbarn beweisen (Yang), dass man vom Gärtnern etwas versteht! Das große Auto ist zudem wichtig, um die eigene Wichtigkeit (Yang) zu unterstreichen. Unsere Kinder müssen in der Schule gute Leistungen (Yang) bringen und selbst im Sport geht es um dasselbe Prinzip, nämlich besser zu sein als andere (Yang). Sogar in einem Gesellschaftsspiel wie beim Schach oder anderen Spielen (falls man so etwas noch spielt) geht es darum, dass man gewinnt (Yang). Wir haben natürlich auch nie wirklich Zeit, weil wir ja so beschäftigt sind (Yang). Yang und nochmals Yang und überall Yang!

Wir sehen aus diesen Beispielen, dass nicht nur in der Arbeit, sondern sogar im Bereich der Freizeit und damit in unserem ganzen Leben Yang das Übergewicht hat, ja fast schon ausschließlich vorkommt. Nicht nur, was wir tun müssen in der Arbeit und was somit fremdbestimmt ist, sondern auch was wir tun wollen, ist Yang betont. Übrigens ist das Wollen auch schon wieder Yang! Alles, was wir mit dem Willen tun, ist Yang. Wenn wir uns treiben lassen könnten und das, was auf uns zukommt, bewundern und genießen würden, dann wäre es Yin. Es gibt übrigens ein hervorragendes Buch, welches ich sehr empfehlen kann, wenn man sich über die Philosophie des Taoismus informieren will. Es ist von Alan Watts und heißt: „Der Lauf des Wassers“. Es ist so geschrieben, dass man als westlicher Mensch das Wesen des Taoismus sehr gut erfassen kann. Der Titel sagt es schon, dass es darum geht, sich dem Lauf des Wasser hinzugeben, so wie man sich auf einem Fluss treiben lassen kann und ohne besonderes Zutun die Landschaft in Ruhe betrachten und erleben kann. Das Treiben lassen, sich Hingeben, ohne etwas zu wollen und alles auf sich zukommen lassen, das ist Yin!

Man könnte noch unendlich viele Beispiele aufführen, im medizinischen Bereich, bei der Ausbildung und über jeden anderen Lebensbereich fast ohne Ausnahme. Ich muss dies jedoch sicher nicht tun, ich denke, Sie sehen schon, wie wir heute fast nur noch Dinge tun, die eine starke Yang-Energie haben. Sicher tun wir ganz gelegentlich auch Dinge, welche man der Yin-Energie zuordnen kann. Jedoch im Vergleich zu all den Yang-Energien ist das herzlich wenig. Meistens vergeht ein Tag nach dem anderen und wenn wir mal alles, was wir getan haben genauer betrachten würden, dann würden wir uns wundern, wie wenig wir tun (oder auch geschehen lassen), um die Yin-Energie zu erleben. Wenn wir nicht einmal mehr die Freizeit, welche ja den Ausgleich zur Arbeitswelt bringen sollte, in dieser Energie erleben können, dann sind wir wirklich total aus dem Gleichgewicht geraten! Ja sogar die Sexualität wird vom Wollen oder auch von einem gewissen Leistungszwang bestimmt. Und ist leider sogar vom egozentrischen oder gar vom rein egoistischem Verhalten gekennzeichnet. Beide Partner trachten nach der eigenen vollkommenen Freude und Befriedigung und eine Hingabe an die Gefühle des Partners/der Partnerin sind Mangelware. Auch muss alles immer schnell gehen, eine echte Erholung und innere Ruhe kennen wir schon gar nicht mehr.

Wenn wir diese Dinge nicht erkennen, dann wird es böse enden! Wie schon erwähnt, gibt es manche Ansätze der Änderung unseres Verhaltens. Jedoch sind auch diese Ansätze nicht immer richtig verstanden. Ich will hier als Beispiel die heute aufkommende „Mode“ des Feng Shui erwähnen. Dies ist die Art der Wohnungseinrichtung und auch des Hausbaues nach den Gesichtspunkten der Ausgewogenheit. Eigentlich gründet sich Feng Shui auf die taoistische Philosophie und hat ursprünglich somit eine Menge mit Yin und Yang zu tun. Jedoch wird diese Grundidee oft gar nicht verstanden, sondern man richtet sich nach Anweisungen aus irgend einem Buch oder vielleicht sogar nur aus einer kleinen Broschüre. Da geht es dann nach dem Prinzip: „Man nehme.....“ Da wird dann empfohlen, man solle ein Aquarium aufstellen als Gegenstück zu den Möbeln aus Metall. Dabei bedenkt man nicht, dass ein Aquarium auch „hart“ (Yang) ist, denn es ist ja aus Glas, das zwar Wasser (Yin) enthält und sogar lebende Fische (Yin), jedoch in einer Weise, wie es künstlich (Yang) von uns unterhalten wird, ist es keineswegs ein ausreichender Gegenpol zur übrigen glatten und kalten (Yang) Wohnungseinrichtung. Mit diesem Beispiel will ich nur erklären, wie künstlich (Yang) wir heute denken (Yang), ohne die wirklichen Zusammenhänge zu erkennen und zu verstehen (Yin). Würden wir das alles wirklich auch aus dem Gefühl heraus verstehen (Yin), dann würden wir eine Wohnung ganz anders einrichten! Und sicher auch ein anderes Haus bauen, vielleicht sogar ein rundes. Das alles ist jedoch in unserer sachlichen Welt mit den vielen Vorschriften (Yang) und all diesen vielen Yang-Energien überhaupt nicht möglich. Jedoch selbst dann, wenn wir ein normales viereckiges und gerades Haus haben, könnten wir es anders einrichten als es dem modernen Zeitgeist entspricht. Aber man will ja nicht ins Gerede kommen oder auffallen, also macht man allen Unsinn mit und merkt nicht einmal, dass auch der Wunsch nach Anerkennung ein Unsinn und künstlich (Yang) ist.

Ein Leser hat in einer Rezension über die erste Auflage dieses Buches geschrieben, er sieht in diesem Buch keinen Bezug zur Realität und keine hilfreichen Anweisungen. Ja, was soll man da noch sagen? Wird ein Ratgeber gesucht, der uns Anweisungen gibt, wie das ein Kochbuch tut: Man nehme..... Diese Rezension und die hier angewandte Kritik zeigt mir leider sehr deutlich, dass trotz all der Erklärungen und dem Versuch, das

Prinzip von Yin und Yang zu erklären, dies trotz all dieser Versuche nicht immer verstanden wird, weil viele Menschen aus dem allgemein gültigen Denkschema offensichtlich sehr schwer loskommen. Die Prägung in Richtung Yang ist unglaublich stark!

Man kann aus all diesen Beispielen deutlich sehen, wie wir daran gewöhnt sind, in der bei uns typischen Yang-orientierten Weise zu denken und zu leben. Ein Umdenken wird wegen der Gewöhnung unserer derzeitigen Lebensweise nicht ganz einfach sein. Aber um zu überleben, werden wir umdenken müssen, ob wir es wollen oder nicht!

6. Kapitel: Der männliche Gott.

Ich habe im 3. Kapitel über die Entwicklung vom Dualismus zur Polarität gesprochen.

Wenn wir nun weiterhin unsere westliche – also die abendländische Gesellschaft – und somit unser eigenes Leben betrachten wollen und insbesondere auch, in welcher Weise wir dualistisch geprägt wurden, dann kommen wir an der für den Westen maßgeblichen Religion, dem Christentums nicht vorbei. Wenn wir vom Christentum sprechen, müssen wir allerdings immer gleichzeitig das Judentum mit einbeziehen, denn die christliche Lehre hat sich aus dem Judentum entwickelt und das Alte Testament ist ein Bestandteil der Heiligen Schrift. Die Hauptgrundlage des jüdischen Glaubens, nämlich der Glaube an den einen Gott, den Vater und Schöpfer des Himmels und der Erde, ist die Grundlage für beide, Judentum und Christentum. Auch der Islam basiert auf dem Alten Testament. Ich will jedoch nicht spezifisch auf den Islam eingehen, sondern in erster Linie den Einfluss des Christentums auf uns und unsere Gesellschaft untersuchen. Ich habe mich nicht ausreichend mit dem Islam beschäftigt und kann deshalb kein Urteil abgeben. Außerdem ist der Islam (noch?) nicht für unsere Gesellschaft maßgeblich, denn wir sind fast nur von der christlichen Lehre geprägt.

Vielleicht werden einige Leserinnen und Leser meine Ausführungen und Hinweise auf die christliche Lehre als etwas übertrieben und langatmig empfinden. Jedoch ist der Einfluss dieser Religion auf unser Denken und unser Leben unendlich stark, selbst wenn wir heute nicht mehr so extrem beeinflusst werden und auch die Kirche nicht mehr ganz so viel Einfluss hat wie noch vor einer Generation. Jedoch ist die Beeinflussung und somit die Prägungen über fast zwei Jahrtausende nicht in einer Generation weg zu wischen. Ich bitte Sie deshalb, trotz der ausführlichen Bearbeitung dieses Themas diese Seiten nicht zu überlesen. Denn das Verstehen, was hier in vielen Generationen gelehrt und wie unsere ganze westliche Gesellschaft davon geprägt wurde, ist nur dann möglich, wenn wir uns wirklich intensiv damit befassen. Nur wenn wir die Einflussnahme der christlichen Lehre in Bezug auf die Überbewertung von Yang aus den vielen Beispielen, die ich anführen werde, im Detail erkennen und sie uns bewusst machen, werden wir erkennen können, wie stark die christliche Lehre unsere ganze Kultur und unser Leben bis ins Detail geprägt hat. Das Ungleichgewichts von Yin und Yang hinsichtlich der Sexualität ist ebenfalls sehr auffallend und die daraus resultierende Moral ist heute immer noch bestimmend, auch wenn uns viele

Zusammenhänge kaum bewusst werden. Ich werde noch sehr ausführlich im nächsten Kapitel dieses Thema behandeln.

Wenn wir nun in den nachfolgenden Betrachtungen von dem männlichen Gott sprechen, dann ist hier nicht nur die allgemeine Yang-Energie gemeint, sondern auch die männliche Energie, welche wir tatsächlich in den Männern naturgemäß überwiegend vorfinden. Dass der christliche Gott männlich, also in der Tat als Mann dargestellt wird, ist uns allen bekannt. Deshalb ist Gott sowohl ein Sinnbild für das, was Männer besonders betrifft, einschließlich des Gefühlsbereichs, wie auch gleichzeitig ein Sinnbild und sogar ein Vorbild im übergeordneten Energie-Begriff von Yang.

In diesem Kapitel soll nun die Ursache für das Überbewerten der männlichen Energien, also dem Übergewicht des Yang sowohl im energetischen Bereich wie auch im Verständnis der Rolle von Mann und Frau untersucht werden. Wenn wir die Ursachen für unsere Situation in der westlichen Welt nicht erkennen, werden wir niemals eine echte Wende und Änderung unseres Verhaltens erreichen können.

Wie kam es nun, dass ausgerechnet bei uns im Westen dieses angesprochene Ungleichgewicht von Yin und Yang entstanden ist und hier im christlichen Abendland offensichtlich seinen Ursprung hat?

Um diese Frage zu beantworten, müssen wir das betrachten, was ein Volk oder eine Kulturgruppe am meisten formt: Es ist die Religion. Und das ist bei uns im Westen die christliche Religion mit dem männlichen Gott, der die Welt erschaffen hat und der getrennt von der Schöpfung ist. Gott und die Welt sind also in dieser Lehre nicht EINS und auch nicht zusammengehörend, sondern getrennt!

Sie werden mir jetzt vielleicht hinsichtlich meiner Aussage, dass man auch das Alte Testament mit einbeziehen muss, widersprechen und darauf hinweisen, dass mit Christus eine neue Lehre in die Welt kam und somit das Alte Testament nicht mehr relevant sei. Das stimmt zwar teilweise, jedoch kann nicht übersehen werden, dass sich die christliche Lehre aus dem Alten Testament entwickelt hat, ja sogar darauf aufgebaut ist. Es stimmt zwar, dass für uns heute das Alte Testament in vielen, ja sogar in den meisten Fällen für den Glauben der heutigen Christen nicht mehr von Bedeutung ist. Jedoch ist die Genesis, also die Erzählung von der Erschaffung der Erde und der Menschen aus der christlichen Lehre nicht herauszunehmen, es ist ein Bestandteil des Christentums! Mehr noch: Das Neue Testament macht nur dann Sinn, wenn die Genesis auch mit einbezogen wird. Dazu gibt es eine Menge zu sagen, was ich an anderer Stelle tun werde.

Selbst solche Christen, die sich an ihren Religionsunterricht nicht mehr viel erinnern, werden die Geschichte von Adam und Eva kennen! Aber selbst wenn Viele die meisten anderen Geschichten des Alten Testaments nicht mehr kennen oder nie gekannt haben, so gibt es doch einige, die uns sehr geläufig sind, wie z.B. die Geschichte mit David und Goliath, oder die Susanne im Bade, oder Samson und Dalilah, die Arche Noah usw. Auch diese Geschichten tragen letzten Endes dazu bei, das Bild des jüdischen - und damit auch des christlichen Gottes - in uns zu prägen und zu festigen.

Dieser Gott kann sehr rachsüchtig und grausam sein. Im Alten Testament gibt es unzählige Beispiele dieses strengen Gottes, der kein Erbarmen kennt mit den Feinden Israels. Dieser Gott schützt und liebt nur sein auserwähltes Volk, die anderen aber, die nicht an ihn glauben, werden vernichtet! Viele Menschen lesen gerade aus diesem Grund das Alte Testament nicht, weil es ihnen schwer fällt, an diesen grausamen Gott zu glauben und weil es alles andere als eine unterhaltsame Lektüre ist. Wir überblättern also gerne diese Geschichten und lesen lieber die Stellen, die angenehmer sind, die von der Liebe sprechen, in der wir uns baden können und von all den guten Dingen, die Gott für uns bereit hält, falls wir an ihn glauben und seine Gebote erfüllen! Trotzdem wissen alle Christen auf dieser Welt, dass Gott grausam ist, dass er bestraft, vernichtet, richtet, der sich für den Ungehorsam rächt und sich so grausame Strafen ausdenkt, dass man unwillkürlich an Sadismus denkt. Es gibt unzählige Stellen in der Bibel, die von solchen Bestrafungen berichten. Es gibt so viele davon, dass ich sie nicht alle aufzählen kann. Auch ist erstaunlich, wie das auserwählte Volk ermuntert, ja sogar aufgefordert wird, die „Heiden" zu verfolgen, ihren Besitz an sich zu nehmen, ihre Kultstätten zu vernichten. Hier sind einige Beispiele: "*Ihr sollt alle Kultstätten zerstören, an denen die Völker, deren Besitz ihr übernehmt, ihren Göttern gedient haben. Ihr sollt ihre Altäre niederreißen und ihre Kultpfähle sollt ihr im Feuer verbrennen und die Bilder ihrer Götter umhauen.*"(Exodus 12/13). - "*Alles Aufgeraffte fällt durchs Schwert. Ihre Spielkinder zerschmettert. Ihre Weiber beschlafen.*" (Jesaia 1/10). Dieses letzte Zitat ist somit eine Aufforderung zur Vergewaltigung! Und das in der Bibel, dem Buch, das den Christen heilig ist!!! Erstaunlich ist auch, dass es nach diesem Zitat richtig ist, sich den Besitze Anderer anzueignen *(„...deren Besitz übernehmt...)*. Es geht natürlich um Heiden, mit denen kann man ja offensichtlich machen, was man will! Wo bleibt da die Liebe, von der dann im Neuen Testament so viel geschrieben wird?

Aber nicht nur im Alten Testament, sondern auch im Neuen Testament kommen sehr grausame Stellen vor, insbesondere wird Gott als grausamer Richter immer wieder erwähnt. Z.B.: "*Dann wird der Herr an einem Tag kommen, an dem der Knecht es nicht erwartet und zu einer Stunde, die er nicht kennt. Und der Herr wird ihn in Stücke hauen und ihm seinen Platz unter den Heuchlern zuweisen. Dort wird Heulen und Zähneknirschen sein!*"(Math.24/50-51) - "*Und er wird mit Feuer und Schwefel gequält vor den Augen der heiligen Engel, der Rauch ihrer Peinigung steigt auf in alle Ewigkeit.*" (Offenb. 14/12). - "*Der Herr wird sein Volk richten. Es ist furchtbar, in die Hände des lebendigen Gottes zu fallen*!" (Hebr.10/31). Besonders die Heiden und solche, die das Wort Gottes nicht annehmen wollen, müssen mit diesen furchtbaren Strafen rechnen. "*Denn der Herr ist zornig über alle Heiden und grimmig über all ihr Heer. Er wird sie verbannen und zum Schlachten überantworten und ihre Erschlagenen werden hingeworfen werden, dass der Gestank von ihren Leichnamen aufgehen wird und die Berge von ihrem Blut fließen.*"(Jesaia 34/2-3).

Genug von diesen Aufzählungen! Ich wollte nur deutlich machen, dass der Gott, den wir fälschlicherweise den „lieben Gott" nennen, in Wirklichkeit ein böser Gott ist! Es drängt sich die Vermutung auf, dass wir ihn deshalb den „lieben Gott" nennen, damit wir ihn beschwichtigen, da wir doch so viel Angst haben vor der Strafe dieses bösen Gottes! Wir hoffen, dass er uns milder beurteilt, wenn wir ihn wenigstens als den „lieben Gott" ansprechen! Wenn wir freilich folgsam sind und seine Gebote wie die braven Kinder (die Unreife und Unmüdigkeit wird hier betont!!!) getreulich einhalten, dann werden wir belohnt. Dann ist er der liebende Vater, der uns in den Arm (bzw. in den Himmel) nimmt. Wehe aber, wenn wir aufmucken und nicht das tun, was er von uns verlangt oder erwartet! In diesem Zusammenhang möchte ich nochmals daran erinnern, warum wir eine Religion und warum wir den Glauben an einen Gott suchen, wie im 4. Kapitel beschrieben: Der liebende Gott, der als VATER (= Beschützer – Eltern !!!) uns in den Arm nimmt und uns beschützt.

Betrachten wir jetzt jedoch die Genesis genauer, denn hier beginnt tatsächlich alles wortwörtlich vom ersten Anfang an: Himmel und Erde werden von Gott erschaffen, dem allmächtigen Vater. Gott ist also nicht nur der grausame und gestrenge Herrscher, sondern er ist auch der Ursprung allen Seins. Er hat alles gemacht, nur nicht sich selbst. Er war schon seit Ewigkeit und wird auch in Ewigkeit sein. Für unsere Betrachtung und für das Thema dieses Buches ist von besonderer Bedeutung, dass die höchste Instanz, das höchste geistige Wesen, das oberste Prinzip, dass dieser Gott männlich ist! Es ist ihm kein weiblicher Aspekt zugestellt. Er ist der Alleinherrscher, er duldet keine anderen Götter oder Göttinnen. Er hat auch keine Partnerin, nicht einmal eine, die untergeordnet ist. Er hat keinen Gegenpol, keinen Ausgleich, wie das in anderen Religionen der Fall ist. Auch die Religionen, die wir im 3. Kapitel kurz gestreift haben, nämlich die römischen, griechischen, die keltischen und germanischen Religionen, kannten dieses weibliche Element in ihrer Götterwelt, wenn auch in mehr oder weniger starker Ausprägung, Wichtigkeit oder Machtbefugnis. Selbst in den Religionen, die einen väterlichen oder einen herrschenden männlichen Gott als Haupt der Götter kennen, existiert zumindest noch eine Göttin, selbst wenn sie diesem männlichen Gott untergeordnet ist oder „nur“ die Gattin des Gottes ist. Das ist zwar noch lange keine Gleichstellung, jedoch immerhin ist das weibliche Element auch vertreten. Im Juden- und Christentum fehlt dieser Aspekt des Weiblichen jedoch völlig. Im Christentum kommt allerdings Maria dazu, diese jedoch vertritt nicht die Weiblichkeit in ihrer Gesamtheit, also einschließlich der Sexualität, sondern nur die Mütterlichkeit. Aber darüber werde ich an anderer Stelle noch einmal sprechen. Die Rolle der Maria ist nämlich hochinteressant und gibt ebenfalls sehr viele Aufschlüsse!

Das Ungleichgewicht von Yin und Yang beginnt schon in der Beschreibung Gottes und wie er handelt. Der Charakter Gottes ist eindeutig NUR männlich und dies auch noch in ganz besonders starker und übertriebener Ausprägung. Diese besonders starke Ausprägung kommt zusätzlich noch dadurch zustande, dass in der Bibel nahezu nichts Weibliches als eine erstrebenswerte oder „gute“ Eigenschaft erwähnt wird, von einigen mütterlichen Attributen mal abgesehen. Auch hieran erkennen wir, dass in dieser Lehre nur die Mütterlichkeit die einzige wirkliche Aufgabe der Frau ist. Jedoch alles, was wichtig, gut, angesehen und stark ist, wird mit Gott und seinen Taten in Verbindung gebracht, ist somit männlich. Eine noch stärkere Yang orientierte Ausprägung kann man sich gar nicht vorstellen!

Betrachten wir uns diese männlichen Eigenschaften Gottes noch einmal etwas genauer. Wir müssen feststellen, dass sie zwar als sehr positiv hingestellt und dargestellt werden, viele davon jedoch in der Art, wie sich Gott verhält, dann solche Eigenschaften werden, die wir als ausgesprochen negativ empfinden. Nämlich aggressives Verhalten, Grausamkeit, Alleinherrschaft, Überheblichkeit, Rache, Zorn. Gott ist sich seiner Macht und Stärke voll bewusst und spielt sie entsprechend aus. Die Macht und Stärke werden deshalb so stark und nicht weise angewendet, weil diese männlichen Eigenschaften nicht durch das weibliche Element, wie zum Beispiel durch das Verstehen abgemildert werden. Dadurch werden Eigenschaften, welche im Prinzip keine nur schlechten Eigenschaften wären, sehr negativ. Da wird Durchsetzungsvermögen zur Grausamkeit, Stärke zur Überheblichkeit, zu Rache und Zorn. Deshalb ist er ohne Erbarmen für seine Feinde, bestraft sie, verfolgt sie und wirkt sogar mit seinen Strafen in die Ewigkeit fort, in alle Ewigkeit ohne den Schimmer einer Hoffnung! Kann jemand noch grausamer sein? Dies ist schrecklich und absolut unmenschlich! Ja, Gott ist unmenschlicher als selbst die Menschen! Ich kenne keinen Menschen, von dem ich eine solche Rachsucht und Grausamkeit erwarten würde! Welcher Mensch würde andere für alle Ewigkeit verdammen, nur weil sie seine Gebote nicht eingehalten haben oder – noch schlimmer – weil sie nicht an ihn glauben? Das Wort „ewig“ bedeutet doch, dass es immerzu weiter unverändert so bleiben wird und nicht einmal ein gnädiger Tod diesen Zustand beenden wird. Das ist doch der Gipfel der Grausamkeit! Und das alles, weil man nicht an diesen fürchterlichen Gott glaubt! Es ist wirklich unglaublich, dass so ein Wesen als Gott verehrt wird.

Die angenehmen menschlichen Eigenschaften wie Zuwendung, Liebe, Verzeihen, Verstehen, werden nur denen zuteil, die an ihn glauben und brav und kindlich alles tun, was er von ihnen erwartet, ohne nach dem Warum und dem Sinn zu fragen.

Nicht genug, dass Gott selbst männlich ist, er erschafft auch noch den Menschen ursprünglich nur als Mann, nämlich Adam. Er gibt also auch dem Menschen die männliche Priorität. Erst als er sieht, dass Adam nicht sehr glücklich ist in seiner Einsamkeit, erschafft er ihm die Eva als Gefährtin. Wenn sie als Gefährtin gleichwertig wäre, dann wäre dies ja in Ordnung. Er erschafft sie aber nicht als ein eigenständiges Wesen, sondern er nimmt eine Rippe aus Adams Leib. Er erschafft die Frau also nicht als eine selbständige Persönlichkeit, sondern aus einem Teil des Mannes und somit ist sie ein Teil des Mannes und eigentlich kein eigenständiger Mensch! Man ist sehr versucht zu sagen, die Eva wurde nicht nur als Gefährtin, sondern auch als eine Art Spielzeug für den Mann geschaffen, damit es ihm nicht so langweilig ist! Die Tatsache, dass Eva aus der Rippe des Mannes genommen ist, zeigt deutlich, dass in der jüdischen Auffassung des Alten Testaments der Mann das Hauptwesen der Schöpfung ist.

Nun kam jedoch eine interessante Wende in den Jahren 1962 bis 1980 mit der neuen „Einheitsbibel“. Es hat sich in den letzten Jahrzehnten das Verständnis von der Gleichwertigkeit von Mann und Frau allmählich durchgesetzt und die obige Bibelstelle, die von der Rippe aus Adams Leib erzählt, wird heute nicht mehr akzeptiert. In der „Einheitsbibel“, die teilweise auf die Bibel Martin Luthers zurückgeht, heißt es nun:

„Gott schuf also den Menschen als sein Abbild; als Abbild Gottes schuf er ihn. Als Mann und Frau schuf er sie.“ Da muss man sich nun allerdings fragen, ob man denn mit der Bibel so umgehen kann, dass man sie jederzeit einem anderen Verständnis angleicht? Im Grunde genommen ist das sicher in Ordnung, denn die Zeiten ändern sich ja. Jedoch kann die

Bibel dann nicht mehr als das Wort Gottes betrachtet werden, sondern als ein von Menschen ausgedachtes Konzept. Auch ist zu bedenken, dass bisher die alte Fassung maßgeblich war und diese hat die Menschen weitgehend geprägt und das hat Folgen bis in unsere Tage. Das Wesen Gotte ist auch trotz mancher Änderungen kaum verändert, er ist auch heute noch ein Gott, der fast nur Yang-Eigenschaften hat. Wenn man das alles in der Bibel ändern wollte, dann müsste man eine ganz neue Bibel schreiben! Dass man die Bibel offensichtlich auch ändern kann, das beweist ziemlich deutlich, dass sie menschengemacht ist und somit tatsächlich nur ein Glaube ist. Einen Glauben kann man annehmen, oder auch nicht! Als ein Wissen kann man so etwas dann nicht bezeichnen und wer Recht hat oder nicht Recht hat, das kann man von so einem Buch, das auf den Glauben aufgebaut ist, nicht ableiten. Aber nun weiter zur Genesis:

Nach dem Sündenfall wird die Situation der Frau noch deutlicher. Zur Frau sagt nämlich Gott: „*Ich will deine Sorgen vermehren in der Empfängnis. In Schmerzen wirst du Kinder gebären und dein Verlangen wird nach dem Manne sein. Und er soll herrschen über dich.*" (Gen.3/16) Dies ist die Strafe für den Sündenfall, für die Verführung Adams durch Eva, von der verbotenen Frucht zu essen. Die Frau wird abgestempelt als der Inbegriff des Bösen, das durch Eva in die Welt gebracht wurde. Sie ist verantwortlich für die Existenz des Bösen schlechthin, insbesondere auch für die Sexualität, die als schlecht und böse hingestellt wird, als vom Teufel kommend, wie wir später noch eindringlicher in einem anderen Kapitel untersuchen werden. Es wird zwar nicht deutlich ausgesprochen, man kann es aber herauslesen, dass Eva den Adam mit Hilfe ihrer weiblichen Reize verführt hat. Dieser Rückschluss kann daraus gezogen werden, dass Gott die Eva bestraft für ihr sexuelles Verlangen nach dem Manne. Deshalb soll sie ihre Kinder mit Schmerzen gebären und ihre Sorgen werden durch die Empfängnis (somit als Folge ihrer Sexualität) vermehrt. Sie verliert auch das Recht über Selbstbestimmung und sogar über ihren Körper: der Mann soll herrschen über sie. Aber selbst wenn wir diese Stelle des Sündenfalls gar nicht betrachten würden, wäre immer noch deutlich genug zum Ausdruck gebracht, dass der Mann die Krone der Schöpfung ist. Es ist auch kein Wunder, nachdem doch Gott, das oberste und alleinige geistige Wesen, ein Mann ist. So ist es doch ganz klar, dass das Männliche als Prinzip alleine schon wegen der männlichen Eigenschaft Gottes den Vorrang vor dem weiblichen Prinzip hat. Hier, in der Genesis beginnt schon das, was uns westlichen Menschen heute so viele Probleme bereitet und sogar die Potenz in sich trägt, dass wir die ganze Erde total vernichten können: Das Prinzip von Yin und Yang, das Gleichgewicht zweier gleichstarker Energien, ist in keiner Weise vorhanden! Es wird in der Genesis nur Yang als überwiegende, ja sogar als die alleinige wirkliche Energie hingestellt. Gott ist männlich und somit ist nach der jüdisch-christlichen Auffassung auch aller Anfang und alle Urenergie männlich. Dass diese unglaubliche Einseitigkeit Folgen haben muss, ist wohl keine Frage!

Oft wurde ich schon in Diskussionen darauf angesprochen, dass Gott doch auch das weibliche Prinzip in sich vereinigt und dass man offensichtlich nur der Einfachheit halber Gott als männlich bezeichnet, indem man von „ihm“ spricht. Das sei doch alles nebensächlich und man solle sich nicht in solchen Kleinigkeiten auslassen. – Nein, das sind leider keine Kleinigkeiten und auch keine unbedachte Verwendung von Worten, indem man die Person Gottes männlich darstellt und indem man von „dem“ Gott spricht. Gott hat tatsächlich nichts Weibliches. Wir müssen nur all die oben genannten Eigenschaften betrachten, dann wird in der Handlungsweise Gottes erkenntlich, dass er NUR männliche Eigenschaften hat und diese sogar in der Übertreibung, weil der Ausgleich durch Yin nicht vorhanden ist. Er ist die Verkörperung von Yang.

Jedoch ist Yang in der chinesischen Philosophie ganz anders, nämlich viel ausgeglichener und nicht so extrem einseitig männlich wie im Christentum. Denn dem chinesischen Yang ist ja immer das Yin beigestellt. Beide können alleine gar nicht existieren. Das ist ganz anders als in der jüdisch-christlichen Lehre, wo Gott allein der Schöpfer und der Herrscher ist. Das Weltprinzip, die Weltordnung ist somit in dieser Lehre total missachtet worden und durch eine gedankliche Konstruktion, die in der Idee des männlichen Gottes gipfelt, ersetzt worden. Ich muss es nochmals betonen: es geht hier selbstverständlich nicht um das Geschlecht. Wenn wir nur über das Geschlecht Gottes diskutieren würden, dann wäre dies in der Tat unwichtig. Nein, es geht um Eigenschaften, um Energien. Es geht um Yang-Energien, die gänzlich ohne eine Yin Ergänzung sind. Würde man eine Göttin mit eben diesen genannten männlichen Eigenschaften ausstatten oder beschreiben, dann wäre sie, auch wenn sie dem Namen nach eine Göttin wäre, den Eigenschaften nach männlich, also auch Yang.

Ich frage mich erstaunt, wie es möglich ist, dass über so viele Jahrhunderte, ja sogar Jahrtausende, wenn man das Judentum mit einbezieht, die Frauen das Überhandnehmen des Männlichen hingenommen haben. Selbst wenn die Männer die Macht ausgeübt hatten, so hätten sich doch auch Frauen finden müssen, die sich zusammentun und reklamieren und auf dieses Ungleichgewicht aufmerksam machen. Dass dies nicht geschehen ist, zeigt eigentlich in erschreckender Weise, wie Menschen von Religionen geprägt werden können, sodass sie gar keine eigenen Gedanken und Wertmaßstäbe mehr haben. Dass die Männer den Frauen nicht aus dieser Misere heraus geholfen haben, dass sie nicht verlangt haben nach einer echten Partnerin, einer echten Freundin und Kameradin, finde ich auch erstaunlich! Jedoch werden wir auch das besser verstehen, wenn wir bedenken, dass die Männer selbstverständlich ebenso geprägt waren wie die Frauen und somit all diese Dinge wegen ihrer Prägung hingenommen haben. Und eine weitere Antwort sehe ich in der Androhung dieser oben angesprochenen grausamen Strafen in der Angst vor diesem strengen und allgewaltigen Gott. Die Angst hat unsere Vergangenheit und unsere Gesellschaft geprägt! Eine bittere und traurige Erkenntnis! Leider ist es so, dass sogar heute noch Millionen von Frauen auf der ganzen Welt als zweitklassig, als minderwertig, als unwichtig betrachtet werden und sie sich sogar selbst als zweitklassig und unwichtig empfinden und es als selbstverständlich hinnehmen, wenn sie unterdrückt oder zumindest als weniger wichtig betrachtet werden.

Hätte Gott weibliche Eigenschaften, wie z.B. bedingungslose Liebe zu gewähren (also nicht zu sagen: wenn du das und jenes nicht tust, dann wirst du vernichtet, wie das der christliche Gott tut!), dann wäre Gott, selbst wenn man ihm eine männliche Gestalt gibt, auch ein weiblicher Gott. Zumindest ein Gott mit auch weiblichen Yin-Eigenschaften. Wenn wir nun Gott durch eine Göttin ersetzen und sie nur mit weiblichen Eigenschaften ausstatten würden und es keinen ausgleichenden männlichen Partner gäbe, würde dies ebenfalls zum Ungleichgewicht führen, allerdings dann andersherum, nämlich durch überwiegende Yin-Energie. Wenn wir reif genug wären, würden wir überhaupt keinen Gott und auch keine Göttin brauchen (siehe 4. Kapitel!)

Viele Leserinnen und Leser werden sicher erstaunt sein, diese oben zitierten Bibelstellen zu lesen, denn nur wenige Menschen kennen die Bibel wirklich oder interessieren sich ernsthaft für ihre Religion. Es ist ja viel einfacher, den Weg aller mit zu gehen, ohne lange zu fragen nach dem Warum. Ich habe auch in vielen Diskussionen die Antwort erhalten, dass diese Geschichten aus dem Alten Testament für uns gar nicht mehr relevant seien, weil wir doch in einer modernen und einer ganz anderen Welt leben als die Generationen vor Hunderten und sogar vor Tausenden von Jahren. Außerdem wird oft darauf hingewiesen, dass Jesus den Neuen Bund mit den Menschen geschlossen hat und somit eine neue Zeit mit und durch Jesus angebrochen ist. Leider entbehren diese Argumente jeglicher Grundlage.

Freilich, die Zeiten haben sich geändert, jedoch nicht die Grundlage der christlichen Religion. Es stimmt auch nicht, dass die Genesis mit Jesus nichts zu tun hat. Im Gegenteil: Das Erscheinen des Erlösers ist eine notwendige Folge aus der Genesis, aus der Geschichte mit dem Sündenfall von Adam und Eva. Um das genauer zu erläutern, muss ich diese Geschichte der ersten Menschen nochmals ansprechen.

Gott stellte einen Baum in die Mitte des Paradieses und verbot Adam und Eva, davon zu essen. Er drohte ihnen an, dass sie sterben würden, wenn sie dieses Gebot missachten. Nun kommt hier schon ein großes Fragezeichen. Nach allem, was wir aus der Bibel von Adam und Eva wissen, hatten sie die Erkenntnis des Todes noch nicht. Sie wussten also nicht, was „sterben" bedeutet. Wir wissen ferner, dass es im Paradies nichts Böses gab, keine Krankheit, kein Alter, keinen Tod. Nun kann man freilich dagegenhalten, dass dies symbolisch gemeint ist. Man wird sagen, dass die Menschen in der Bewusstseinsstufe der Tiere lebten, die zwar sterben, jedoch während ihres Lebens davon nichts wissen, keine Erkenntnis des Seins haben. Nur weil Adam und Eva vom Baum der Erkenntnis aßen, erfuhren sie, dass ihr Leben nicht unbegrenzt sein würde. Da macht es jedoch keinen Sinn, auch nicht, wenn man die ganze Geschichte als Symbol betrachtet, ihnen etwas anzudrohen, das sie noch nicht verstehen können. Die Tragweite ihres Tun wurde ihnen erst klar, als sie das Verbot überschritten hatten. Man kann zwar weiterhin argumentieren, dass Gott wollte, dass sie seine absolute Autorität anerkennen, ohne nach einem Warum zu fragen. Hier können wir aber sogleich wieder die Frage aufwerfen, ob sie die Autorität Gottes schon erkennen konnten, nachdem sie zu diesem Zeitpunkt vom Baum der Erkenntnis noch nicht gegessen hatten, die Erkenntnis also noch nicht erhalten hatten. Gott hat also die Anerkennung seiner Autorität erzwungen, ohne sich um die Folgen für die Menschen zu kümmern, die naiv und unschuldig in diese Falle hinein tappten. Es ist sehr niederträchtig von einem Gott, der doch angeblich alles weiß und alles kennt, der die Menschen erschaffen hat, sie also schon aus diesem Grunde bestens kennen muss, diesen Menschen etwas zu verbieten, von denen er von vornherein schon weiß, dass sie solch ein Gebot nicht einhalten werden und auch nicht können. Wer die Menschen kennt wird wissen, dass sie ein Gebot, das sie nicht verstehen und das keinen Sinn macht, nicht einhalten. In der Pädagogik ist es ein Grundsatz, dass man Verbote verständlich macht, andererseits werden sie nicht befolgt. Gottes Handlungsweise empfinde ich als sehr ungöttlich und in keiner Weise als liebevolles Verstehen für uns Menschen. Ich kann mich auch des Gefühls nicht erwehren, dass Gott sogar Freude daran findet, die Menschen zu bestrafen. Wir haben in meinen vorherigen Ausführungen schon sehr deutlich gesehen, dass die Strafe bei Gott ein sehr wichtiger Aspekt ist.

Die Strafen, die aus dem Ungehorsam folgen, sind sowohl für Adam wie auch für Eva von größter Bedeutung. Zu einem großen Teil haben diese Strafen die Anhänger dieser Religion bis in die heutige Zeit unglaublich geprägt und haben schließlich dazu geführt, dass wir eine seelenlose Gesellschaft geworden sind.

Zu Adam sagt der Herr: "*Verflucht sei das Land, weil du das getan hast. In Sorgen sollst du dein Brot essen für alle Tage deines Lebens. Dornen und Disteln soll die Erde tragen. Im Schweiße deines Angesichtes sollst du dein Brot essen, bis du zur Erde zurückkehrst*." (Gen. 2/17-19). Die Eva bestraft Gott: *„Leid und Kümmernis sollst du erfahren. Mit Schmerzen sollst du Kinder gebären. Dein Verlangen sei nach dem Manne und er soll über dich herrschen“*. Ihre sexuellen Bedürfnisse sind also eine Bestrafung! Dann soll sie auch noch Leid und Kümmernis erfahren und ihre Kinder in Schmerzen gebären. Hinzu kommt noch die Frage, warum ein sexuelles Bedürfnis bestraft wird und warum soll deswegen der Mann über sie herrschen? Der Mann hat doch auch ein sexuelles Bedürfnis. Das macht doch alles keinen Sinn! Die Bestrafung der Sexualität der Frau hat in der Geschichte der Menschheit der christlichen Welt eine enorme Auswirkung gehabt. Wir werden deshalb das Thema Sexualität in einem eigenen Kapitel behandeln, weil die Auswirkung so große Folgen hatte und heute noch immer hat und für jeden Einzelnen, gleich ob Mann oder Frau, von so großer Bedeutung ist.

Aber auch die Strafe, die Adam erhält, nämlich sein Brot im Schweiße des Angesichts zu erwerben, somit die Tatsache, dass die Arbeit eine Strafe Gottes ist und nicht Freude, nicht kreatives Schaffen und Befriedigung, nicht der positive Ausdruck des Seins, diese Einstellung hat ebenfalls unsere Gesellschaft geprägt. Die Erde ist demnach verflucht, ein Ort des Leidens, der Mühsal, der Sorge und Plage. Wir sind nach der Lehre dieser Religion nicht hier, um uns des Lebens zu erfreuen, sondern um zu leiden. Das Schlimme hierbei ist, dass es nicht Adam und Eva als Einzelwesen trifft, sondern nach unserer religiösen Anschauung die ganze Menschheit als Nachkommen von diesem ersten Menschenpaar. Solange es Menschen geben wird, sind sie mit dieser Erbsünde belastet. Als Individuum haben wir dies alles nicht verursacht, trotzdem betrifft es uns, ist ein Geburtsmakel, der uns ungerechter Weise zuteil wird. Vor diesem Fluch Gottes gibt es kein Entrinnen. Dies alles redet uns diese Religion ein. Das sind doch alles ganz fürchterliche Dinge und eigentlich nicht das, was man sich von einer Religion erwartet.

Betrachten wir nun das Neue Testament und die christliche Lehre, so wird es offensichtlich, welchen Bezug das Erscheinen Christi zur Genesis hat. Die von Gott verfluchte Welt findet Rettung durch den Erlöser. Durch den Opfertod Jesu wird Gott mit den Menschen wieder versöhnt. Diese Rettung kommt jedoch nicht für alle Menschen, sondern nur für jene, die Christus nachfolgen, den absoluten Glauben an ihn bekennen und Christen werden. Nur diese werden in das Himmelreich eingehen. Die Heiden jedoch, die nicht an ihn glauben, werden in der Sünde Adams und Evas verharren, sie werden die Erbsünde niemals los werden und das ewige Leben, das gleichgesetzt wird mit dem verlorenen Paradies, nicht erreichen. Der Engel mit dem flammenden Schwert wird ihnen den Eintritt für alle Zeiten verwehren.

Es wird somit klar ersichtlich, dass Jesus gar nicht hätte kommen müssen, wenn Adam und Eva nicht Gottes Verbot übertreten hätten. Somit ist das Erscheinen von Christus eine Folge der in der Genesis beschriebenen Geschichte. Und somit ist die Genesis immer noch für alle Christen maßgeblich, denn Christus und somit auch die Christen gäbe es ohne den Sündenfall gar nicht!

Ich möchte an dieser Stelle auch noch daran erinnern, was ich im 4. Kapitel über die Sehnsucht nach dem Paradies gesagt habe. Diese Sehnsucht aus der Kindheit wurde in der jüdischen und später ebenso in der christlichen Lehre ausgenutzt, um die Religion zu etablieren. Wer die religiösen Regeln und Gebote geschrieben hat, muss eine sehr gute Kenntnis der menschlichen Psyche gehabt haben. Diese Kenntnis wurde jedoch benutzt, um die Macht der Religion zu etablieren und nicht etwa, um den Menschen zu helfen. Je mehr man bei einem Menschen diese kindlichen Prägungen mit allen erdenklichen Mitteln immer wieder neu aufleben lässt oder zumindest alles tut, um sie zu erhalten, umso mehr verfestigen sie sich. Das ist also ein sehr raffinierter Schachzug der Religionsstifter gewesen, der sich bis heute noch auswirkt!

Der Glaube an die Aussagen der Religion spielt eine Hauptrolle im Christentum. Was geschieht jedoch, wenn wir von Anfang an diese ganze Geschichte von Adam und Eva nicht glauben? Wenn wir nicht glauben, dass das Leben im Paradies mit dem Bewusstsein oder Nichtbewusstsein oder mit der Erkenntnis von Gut und Böse zusammenhängt - oder was man als Gut und Böse bezeichnet, z.B. Sexualität oder die Verweigerung des absoluten Gehorsams, selbst wenn er keinen Sinn macht!? Würden wir dann nicht viel eher die Welt selbstverständlich als einen paradiesischen Ort betrachten? Oder zumindest als einen Ort, den wir mit unserer Arbeit und durch unser Verhalten zu einem paradiesischen oder zumindest zu einem angenehmen Ort machen könnten! Ist es nicht tatsächlich so, dass es Menschen gibt, die aus obigen Gründen tatsächlich im Paradies leben – auch wenn sie keine, oder vielleicht sogar, WEIL sie keine Christen sind?

 Wenn wir Gott nicht für eine strafende, unberechenbare Instanz halten, wenn wir unsere Sexualität nicht als schmutzig und vom Teufel kommend betrachten, wenn wir zwar erkennen, dass wir sterben müssen, dies jedoch nicht als Strafe betrachten, sondern als Teil des Lebens, als einen Kreislauf, der sich schließt und der erfüllt wird - wenn wir diese optimistische, lebensbejahende Einstellung hätten, dann würden wir Jesus als Erlöser gar nicht benötigen. Wovon müssten wir dann erlöst werden? Die Christen meinen doch nur, wir müssten erlöst werden, weil sie an die Geschichte von Adam und Eva glauben! Auch Himmel und Hölle sind eine Erfindung des Juden-Christentums. Die Kelten kannten ein Leben nach dem Tode ohne das christliche Strafgericht. Sie glaubten, dass das diesseitige Leben von Bedeutung für das spätere war, dass sie gewissermaßen alles, was sie hier erlebt hatten, als Erinnerung mitnehmen würden und dass es dadurch nicht ganz unbedeutend war, wie man lebte. Sie kannten jedoch keine Strafe für Dinge, welche sie hier im diesseitigen Leben vielleicht falsch gemacht hatten. Ich denke, dass ihr Leben wesentlich einfacher und ohne ständigen Druck war. Der Begriff der Sünde war ihnen fremd. Von den schrecklichen Strafen Gottes waren sie befreit und somit sicher wesentlich freiere Menschen als wir es heute sind. Das alles trifft natürlich nicht nur für die Kelten zu, sondern für die meisten indigenen Völker. Alle diese Menschen brauchten und brauchen keinen Erlöser für etwas, das sie gar nicht kannten. Die Christen jedoch glauben, dass sie erlöst werden müssen von einer Schuld, die irgendwelche Vorfahren vor Millionen Jahren auf sich geladen haben. Wobei ihre sogenannte Sünde nur darin bestand, dass sie von einer verbotenen Frucht aßen. Es geht jedoch nicht nur um die Erlösung von der vermeintlichen Schuld ihrer Vorfahren, sondern die Christen glauben, dass sie dann wieder im Paradies sein dürfen, nämlich im Himmel.

Um es nochmals zu sagen: Wenn wir eine positive Lebenseinstellung hätten, wenn wir uns trotz der Disteln und Dornen an der Arbeit erfreuen würden, wenn wir diese Disteln und Dornen einfach ausreißen würden, ohne eine große Sache daraus zu machen, wenn wir uns also hineinstellen würden in den Kreislauf der Natur, einschließlich der Anerkennung des Todes und gelegentlicher Krankheiten, wenn wir unsere Sexualität freudig erleben würden, wenn wir Gott oder überhaupt das Göttliche nicht nur als männlich betrachten würden und wenn wir nicht glauben würden, dass es die sogenannte Erbsünde gibt, dann kämen wir tatsächlich zu dem überraschenden Schluss, dass wir Christus nicht brauchen! Wir müssten dann auch nicht die Männer über die Frauen stellen, wir würden nicht die männlichen Prinzipien (Yang) höher bewerten als die weiblichen, wir könnten echte Partnerschaften eingehen und uns am Leben erfreuen, an den vielen schönen Dingen, die wir täglich erleben können! Wir wären frei und müssten uns nicht immerzu schuldig fühlen.

Auch Maria als Jungfrau wäre nicht nötig. Ich werde jedoch die Rolle der Maria im Kapitel über die Sexualität näher untersuchen. Schieben wir also dieses Thema noch ein wenig auf.

Viele Menschen werden jetzt sagen, dass die Geschichte von der Erschaffung der Erde und der Menschen nicht so wörtlich zu nehmen sei. Sicher, wir wissen alle, dass es hier um eine symbolhafte Erzählung geht und Adam und Eva nicht als Einzelwesen erschaffen wurden. Wir wissen, dass die Menschheit generell damit gemeint ist. Wir wissen auch, dass die Entwicklung bis hin zur Erkenntnis und des immer höher entwickelten Intellekts sich langsam vollzogen hat und dass dies nichts mit Schuld zu tun hat, sondern die Evolution war, die uns zu dem gemacht hat, was wir heute sind. Trotzdem jedoch ändert diese moderne Erkenntnis nichts an dem Bild Gottes, es ändert nichts an den Strafandrohungen, es ändert nichts an der Wertung der Sexualität, es ändert nichts an der Bevorzugung des Männlichen, es ändert nichts an der gesamten Aussage der Genesis. Zusätzlich gibt es sogar heute immer noch Menschen, die tatsächlich glauben, dass Gott Adam und Eva erschaffen hat, so wie es Wort für Wort in der Bibel steht!

Kehren wir nochmals zurück zur Arbeit als Strafe Gottes. Die Mächtigen dieser Erde haben hier ein sehr wirkungsvolles Instrument in ihren Händen. Wenn die Menschen ohnehin für ihre Erbsünde mit der Arbeit bestraft werden, ist es für die Mächtigen kein Verbrechen, diese Arbeit für sich auszunutzen. "*Man drücke die Leute mit Arbeit, dass sie zu schaffen haben und sich nicht kehren an falsche Reden*" (2 Moses 5/9). Man fühlte sich also im Recht, andere auszunutzen. Damit wird die Grundlage für die Armut geschaffen. Die Armen haben für wenig Lohn zu arbeiten, die Reichen werden dadurch immer reicher. Der wahre Grund für Armut ist in den meisten Fällen nicht, dass die Erde die Menschen nicht ernähren könnte, sondern die ungleiche Verteilung der Güter. Dies gibt es zwar auch in nicht christlichen Ländern, in den christlichen kann dieses Verhalten jedoch zusätzlich noch geschickt religiös ausgenutzt oder gerechtfertigt werden. Nun kommt aber noch ein ganz makaberer Winkelzug dazu: Den Armen erzählt man nämlich, dass sie ihren Lohn im Himmel finden. Je schlechter es ihnen auf dieser Welt ergeht, umso mehr Lohn werden sie im Himmel finden! Die Reichen sind durch ihren Reichtum schon hier belohnt. Sie werden Mühe haben, ins Himmelreich einzugehen, denn "*eher geht ein Kamel durch ein Nadelöhr als ein Reicher in den Himmel!*" Die Armen können sich also demnach glücklich preisen, dass sie arm sind, denn der Lohn in der Ewigkeit ist ja so sehr viel größer als das bisschen Reichtum auf dieser Erde für diese sehr kurze Zeitspanne. Die Armen sind also im christlichen Glauben die wahren Auserwählten, die Lieblinge und

Kinder Gottes! Nebenbei bemerkt ist dies auch im Buddhismus und Hinduismus nicht anders. Zwar geht es dort nicht um den Himmel, sondern um das Karma. Aber die Wirkung ist ähnlich. Nachdem die Mehrzahl der Bevölkerung arm ist, wurde das Christentum tatsächlich eine Volksreligion. Ist es da verwunderlich, dass gerade in den ärmsten Ländern dieser Erde das Christentum und auch die anderen genannten Religionen besonders stark sind? Es ist tatsächlich häufig der einzige Trost, der solchen Menschen bleibt. Warum jedoch sind diese Länder so arm? Die Antwort ist: Weil die Reichen zu reich sind und die Armen ausnutzen. Viele vermeintlich arme Länder wären gar nicht arm, wenn die Güter gleichmäßig verteilt wären.

Wir haben in unseren Betrachtungen bisher das Alten Testament besonders untersucht. Jedoch auch im Neuen Testament erscheint die gleiche Gottesgestalt. Am Bild Gottes hat sich nichts verändert. Da Jesus selbst Jude war, ist es eigentlich klar, dass die jüdische Sichtweise getreulich weiter fortgeführt wird. Jesus spricht zwar auch gelegentlich von dem gütigen Vater, der die guten Taten belohnt wie z.B. bei Mathäus: "*Der Vater, der ins Verborgene sieht, wird es dir vergelten*" (Math.6/4). Die Strafen jedoch werden als besonders grausam und hart und auch häufiger erwähnt als die gütigen Eigenschaften Gottes. Interessant ist, dass es in der Regel nicht darum geht, kriminelle Handlungen zu bestrafen, Mord etwa oder Diebstahl, also das, was wir normalerweise als "das Böse" verstehen würden, sondern die größten Strafen gelten dem Unglauben. So heißt es z.B. bei Mathäus, dass die zwölf Jünger ausgesandt werden sollen, um das Wort Gottes zu verkünden. Wenn sie aber in ein Haus kommen "*wo man euch nicht aufnimmt und auf eure Worte nicht hört, da verlasst das Haus und die Stadt und schüttelt den Staub von euren Füßen. Wahrlich, ich sage euch, dem Lande Sodom und Gomorrha wird es am Tage des Gerichts besser ergehen als einer solchen Stadt*“ (Math. 10/14-15). Wenn also eine Stadt so furchtbar bestraft wird, nur weil sie die Jünger Jesu nicht aufgenommen hat und nicht auf ihre Worte gehört hat, dann fragt man schon nach der Gerechtigkeit von solchen Bestrafungen. Oder ein anderes Beispiel: "*Wer einem von diesen Kleinen, die an mich glauben, Ärgernis gibt, für den wäre es besser, dass ihm ein Mühlstein um den Hals gehängt und er ins Meer geworfen würde*“ (Markus 9/42). Also wiederum die schlimmsten Folgen für jemand, der andere vom rechten Glauben abbringt!

Die Sünde gegen den Glauben wird immer wieder als besonders verwerflich hingestellt, es ist die schlimmste Sünde schlechthin! Bei allen anderen Vergehen kann man auf einige Nachsicht rechnen, nicht jedoch bei Glaubensfragen. Der Maria Magdalena, der Prostituierten, wird vergeben, weil sie an Jesus glaubt und ihm die Füße salbt. Würde sie nicht an ihn glauben, würde ihr Jesus nicht so leicht ihren Lebenswandel verzeihen.

Auch die Androhung der Strafen im Jüngsten Gericht sind fürchterlich! Die Trennung der Guten und der Bösen ist hier endgültig, für alle Ewigkeit und kann nicht mehr aufgehoben werden. Also auch wieder kein barmherziger, kein guter Gott, der uns in die Arme nimmt und uns verzeiht. Im Widerspruch dazu wird im Gleichnis vom verlorenen Sohn diesem schwarzen Schaf der Familie am Ende doch verziehen. Das gleiche wird im Gleichnis von den Arbeitern im Weinberg deutlich. Die Arbeiter, die zuletzt kommen, erhalten den gleichen Lohn wie die Ersten. Wer also gerade noch rechtzeitig kommt, d.h. wer vor seinem Tode die Sünden noch bereut, hat eine Chance. Gleichgültig, wie wüst man gelebt hat, wenn man in letzter Minute zurückfindet, gibt es Erbarmen. Dieses Verfahren lässt sehr viel Spielraum für das Böse, wenn man das Risiko eines plötzlichen Todes in Kauf nimmt! Jeder hofft natürlich, dass man noch genügend Zeit findet, um alles wieder ins rechte Lot zu bringen. Aus diesem Gleichnis wird man somit in keiner Weise einen Anreiz für ein moralisches Leben über eine lange Zeit oder gar während des ganzen Lebens finden können. Es ist überhaupt nicht geeignet, die Menschen auf einen guten Lebensweg zu bringen!

Es ist interessant, wie manches Mal von der großzügigen Vergebung der Sünden gesprochen wird, dann aber wieder für kleinere Vergehen die höchsten Strafen verhängt werden! Wie zum Beispiel im Gleichnis von dem reichen Prasser. Es wird hier erzählt, dass ein Reicher jeden Tag seine Gelage hält, der arme Lazarus dagegen sitzt vor der Türe und bekommt nicht einmal die Brosamen ab, die vom Tische fallen. Als nun der Reiche stirbt, kommt er in die Hölle. Dort erleidet er qualvolle Strafen. "*Als er in der Hölle inmitten seiner Qualen seine Augen erhob, sah er von Ferne Abraham und in seinem Schoße Lazarus. Da rief er: Vater Abraham, erbarme dich meiner und sende Lazarus, damit er seine Finger ins Wasser tauche und meine Zunge kühle, denn ich leide große Qualen in dieser Feuersglut. Abraham erwiderte: Bedenke, mein Sohn, dir ist es in deinem Leben gut ergangen, Lazarus dagegen schlecht. Jetzt wird er hier getröstet, du aber wirst gepeinigt.*" (Luk.16/23-26). Es ist in diesem Falle freilich richtig, dass der reiche Prasser dem Lazarus hätte etwas abgeben sollen von seinem Überfluss. Ich will ihn also in keiner Weise in Schutz nehmen! Jedoch frage ich mich, ob ein barmherziger Gott nur wegen dieses Vergehens die Höllenstrafe für alle Ewigkeit bereithalten sollte!

Nachdem wir schon vom Reichtum sprechen, wollen wir auch gleich noch das Gleichnis vom reichen Jüngling betrachten. Es kommt ein reicher Jüngling zu Jesus und fragt: "*Meister, was muss ich Gutes tun, um das ewige Leben zu erlangen? Er antwortete ihm: Was fragst du mich nach dem Guten? Nur einer ist der Gute. Willst du aber zum Leben eingehen, so halte die Gebote. Er fragte ihn: Welche? Jesus antwortete: Du sollst nicht töten, du sollst nicht ehebrechen, du sollst nicht stehlen, du sollst kein falsches Zeugnis geben, du sollst Vater und Mutter ehren. Der Jüngling erwiderte ihm: Dies alles habe ich von meiner Jugend an beobachtet, was fehlt mir noch? Jesus antwortete ihm: Willst du vollkommen sein, so geh' hin, verkaufe, was du hast und gib den Erlös den Armen. So wirst du einen Schatz im Himmel haben. Dann komm und folge mir nach!"* (Math.19/16-22) Nach diesem Gleichnis genügt es also nicht, die Gebote zu halten, sondern es wird die absolute Nachfolge verlangt. Der Jüngling muss auf das weltliche Leben gänzlich verzichten und mit Jesus herumziehen! Eine ähnliche absolute Nachfolge wird auch von den zwölf Aposteln gefordert. Sie sollen sogar Frau und Kinder verlassen, um Jesus zu folgen! Immer wieder finden wir diese Stellen, wo es um die absolute Nachfolge und um den absoluten Glauben geht. Nicht nur der Glaube an Gott, auch der Glaube an Jesus als den Sohn Gottes wird gefordert und nur dann kann man das ewige Leben erlangen! "*Wer an den Sohn glaubt, hat das ewige Leben. Wer aber dem Sohne nicht glaubt, wird das Leben nicht sehen, sondern Gottes Zorn lastet auf ihm*" (Joh. 3/36). Als Jesus im Tempel lehrte, sagte er: "*Ihr stammt von unten, ich stamme von oben. Ihr seid von dieser Welt, ich bin nicht von dieser Welt. Ich habe euch gesagt, ihr werdet in euren Sünden sterben. Denn wenn ihr nicht glaubt, dass ich es bin, so werdet ihr in euren Sünden sterben*" (Joh. 8/23-24)

Wir sehen an diesen Beispielen, dass Jesus das alttestamentarische Bild Gottes nicht verändert hat und sogar auch auf sich selbst anwendet. Es genügt also nicht nur der Glaube an Gottvater, sondern auch der Glaube an Jesus ist nötig, um ins Himmelreich einzugehen. Er weist zwar immer darauf hin, dass seine Vollmachten vom Vater kommen (im Johannesevangelium können wir das bis zum Überdruss nachlesen!), gleichzeitig jedoch nimmt er die gleiche Verehrung und Anerkennung für sich in Anspruch. Wenn er auch nie sagt: "Ich bin Gott", so stellt er sich doch wesensgleich hin mit dem Vater. Wenn wir uns fragen, warum die christliche Religion so lange überlebt hat, so liegt die Antwort neben der Machtausübung der Priester sicher auch sehr stark in der Angst vor den Strafen. Die meisten Menschen glauben ja an einen Gott in irgendeiner Weise und niemand ist sicher, ob nicht doch etwas Wahres an diesem in der Bibel geschilderten Gott ist. Die Erkenntnis, dass die Angst und Furcht die Grundlage des Überlebens des Christentums ist, ist sehr bedrückend. Traurig ist auch, dass die Angst gerade eine solche Religion am Leben erhält, die von sich behauptet, die Lehre von der Liebe zu sein!

Ich habe nun von mehr als nur der Männlichkeit Gottes gesprochen, jedoch glaube ich, dass es wichtig ist, diesen allgemeinen Überblick zu bekommen. Wichtig ist auch, dass wir erkennen, dass in der übertriebenen Männlichkeit Gottes, ohne die abmildernde und ausgleichende Energie des Weiblichen die männlichen Eigenschaften schrecklich überhand nehmen und zu negativen Eigenschaften werden, wie z.B. die Rache, die Strafe bis in alle Ewigkeit, die Forderung nach absolutem Gehorsam ohne jegliche Nachsicht und Verständnis. Nachsicht und Verständnis wären weibliche Eigenschaften, aber diese Eigenschaften kann ein nur männlicher Gott nicht haben. In der gesamten jüdisch-christlichen Lehre wird fast nur Wert auf die Yang Energien gelegt, während Yin kaum in Erscheinung tritt.

Ich möchte nun nochmals auf die besonderen Energieformen von Yin und Yang hinweisen. Wenn wir die männlichen Yang-Eigenschaften nochmals genauer betrachten, dann werden wir eben genau diese Eigenschaften als die in der Bibel beschriebenen Eigenschaften Gottes wiederfinden. Ganz besonders wichtig erscheint mir, dass die Haupteigenschaft Gottes der Intellekt ist. *„Am Anfang war das Wort und das Wort war bei Gott“* (Joh. 1). Im Originaltext heißt es allerdings „Logos“, was man dann mit „Wort“ übersetzt hat. Mit „Logos“ ist nicht nur Intellekt im heutigen Sinn zu verstehen, sondern die „Idee“ und das „Denken“. Das Denken also, die Idee, das gedankliche Vermögen, sich etwas vorzustellen, das abstrakte Denken, das ist hier der Anfang der Schöpfung. Dieser Logos ist somit der Gott in dieser Religion. Er ist nicht ein Spirit im Sinne der Naturreligionen, sondern ein intelligenter, ein denkender Gott. Nachdem es jedoch Spirit in meiner Definition (siehe Kapitel 2) in dem jüdisch-christlichen Denkschema nicht gibt, wird automatisch das Denken und der Intellekt auch mit „Spiritualität“ gleichgesetzt. Hier beginnt also schon die unglückliche Verwirrung von zwei sehr verschiedenen Begriffen, die große Folgen hat.

Wir werden uns nun nicht mehr wundern, dass in unserer christlichen Gesellschaft der Intellekt so hoch bewertet wird. Nun kommt aber noch eine verblüffende Schlussfolgerung: Da der Intellekt vom Gehirn – also von einem Körperteil - ausgeht und deshalb eigentlich Materie ist, also eine materielle und keine spirituelle Erscheinung ist, haben wir gleichzeitig einen unglaublich hohen Materialismus entwickelt, die wirkliche Spiritualität und das Verstehen, was Seele ist, jedoch nahezu gänzlich verloren. Makaber ist hierbei, dass man heute Religionen und somit auch die christliche Religion als etwas Spirituelles bezeichnet! Hier sieht man wieder einmal sehr deutlich, dass wir total vergessen haben, was Spiritualität eigentlich ist und was man unter Spirit versteht (siehe 2. Kapitel).

Wundern wir uns nun immer noch, dass die Frauen in den letzten Jahrhunderten unterdrückt wurden? Wundern wir uns immer noch, dass die weiblichen Energien und Eigenschaften nicht sehr viel wert sind? Wundern wir uns immer noch, dass wir (Männer und Frauen gleichermaßen) unsere seelischen Werte und Eigenschaften (also Yin) nicht mehr ebenso hoch einschätzen wie die Intelligenz, ja, dass wir nicht einmal mehr wissen, was seelische Eigenschaften sind!? Wundern wir uns immer noch, dass wir heute eine Kriminalität haben wie nie zuvor, dass sogar Kinder schon kriminell werden, ja sogar zu Mördern werden, die kaltblütig ihre Schulkameraden und Lehrer erschießen? – Sicherlich, die Welt war auch in früheren und in den vorchristlichen Jahrhunderten nicht heil. Heute jedoch ist kein Zweifel daran, dass wir total aus dem Gleichgewicht geraten sind. Der Verlust des Gleichgewichts zwischen Yin und Yang ist tatsächlich unser Hauptproblem!

Materiell geht es uns zwar gut und das ist ja auch kein Wunder, denn wir streben nach materiellem Wohlstand am allermeisten. Auch die Frauen haben es heute besser, sie haben das gleiche Recht und können tun und lassen was sie wollen. In der Medizin haben wir unglaubliche Erfolge und niemand möchte wohl wieder zurück ins Mittelalter. Aber gerade das ist ja das Traurige an unserer derzeitigen Lage: Wir hätten so viele Möglichkeiten und es könnte uns so gut gehen, wenn wir nur ein wenig weiser und somit auch glücklicher wären! Auch am Intellekt ist nichts auszusetzen und auch nicht an der Männlichkeit und den männlichen Eigenschaften. Das Problem ist lediglich das Übergewicht des Männlichen und des Intellekts (beides Yang!). Wenn wir das Gleichgewicht herstellen würden, dann wären unsere Lebensbedingungen heute in der Tat paradiesisch.

Die Frage, warum das Christentum so lange überlebt hat, müssen wir auch in Zusammenhang bringen mit dem, was ich im 4. Kapitel ausgeführt habe. Erinnern Sie sich bitte daran, dass ich dort von der Prägung im Kindesalter gesprochen habe. Jedoch müssen wir nun auch noch die Prägungen durch die christliche Erziehung dazu nehmen. Besonders im Kindesalter sind wir allen Konditionierungen ausgeliefert. Ob wir wollen oder nicht, die christliche Erziehung, aber auch die in allen westlichen Ländern allgemein gültigen moralischen Vorstellungen haben uns sehr stark geprägt. Aber nicht nur die Moral, sondern auch die gesamte Lebensart, Sitten und Gebräuche, ja sogar die Kunst, die Volkslieder, die Bauwerke, einfach alles was wir im täglichen und im ganz gewöhnlichen Leben immerzu auch ganz unbewusst erfahren, hat uns von Grund auf geprägt und beeinflusst unser Leben immer noch. Und all diese Dinge sind von der Religion geprägt. Es ist erstaunlich leicht, Menschen zu konditionieren. Die ständige Wiederholung ist das einfachste Mittel. Und natürlich die Nachahmung! Man tut eben das, was „man“ tut. Wie man etwas tut und insbesondere, warum man etwas tut, wird kaum hinterfragt. Man denkt gar nicht daran, alltägliche Dinge ständig zu hinterfragen! Aus diesen Gründen geschehen diese Dinge unbewusst. Jedoch ist ausgerechnet das, was wir in unserem Unterbewusstsein gespeichert haben, besonders fest sitzend und bestimmend.

Unsere Konditionierung ist ein starker Motor unseres Tun. Der Begriff der Konditionierung wird in der Psychologie verwendet. Ein Wissenschaftler, Pawlow, hat dies mit seinem Hund erstmals erforscht. Er gab bei jeder Fütterung ein Klingelzeichen und natürlich wusste der Hund bald, dass es Futter gab, sobald die Glocke ertönte. Was Pawlow jedoch weiterhin erforschte, war das eigentliche Phänomen der Konditionierung, was man früher noch nicht so genau beachtet hatte. Es erfolgten nämlich beim Ertönen der Glocke auch körperliche Funktionen oder Symptome, wie zum Beispiel Speichelfluss. Dies erfolgte dann später auch noch, wenn die Glocke geläutet wurde und es kein Futter gab. Also eine automatisch auftretende Reaktion infolge eines Ereignisses. Wir können diese Erscheinung der Konditionierung auch an uns selbst beobachten. Wenn wir längere Zeit immer einen bestimmten Weg gefahren sind, dann kann es uns geschehen, dass wir an einer bestimmten Abzweigung auch dann abbiegen, wenn wir gar nicht diesen Weg fahren wollen. In Gedanken verloren wählen wir den gewohnten Weg und merken meistens erst nach einer Weile, dass wir falsch fahren.

Die Konditionierung läuft also nicht über unser bewusstes Denken ab. Ich möchte hier noch ein kleines Beispiel von meinen Enten anfügen. Ich füttere immer die Enten zuerst, dann die Hühner. Wenn die Enten fertig sind, laufen sie immer schnell noch zu dem Platz, an dem die Hühner gefüttert werden, um von dort noch Überreste des Futters mit zu bekommen. Nun habe ich die Hühner an einen anderen Ort gebracht, der nur ein paar Meter weiter weg ist. Die Enten laufen aber noch tagelang zum alten Platz, obwohl dort natürlich nun nichts mehr zu finden ist. Sie sind nicht fähig zu denken, sonst würden sie zu den Hühnern laufen. Sie laufen sogar an diesen vorbei und suchen den alten Platz auf, denn sie sind konditioniert. Da wir Menschen jedoch die Möglichkeit haben, bewusst wahrzunehmen, dass auch wir konditioniert werden können und in vielerlei Weise tatsächlich konditioniert sind, haben – oder hätten! - wir die Möglichkeit, von dieser Konditionierung wieder weg zu kommen. Solange wir jedoch diese Erkenntnisse nicht erlangen und uns nicht bewusst werden oder uns bewusst machen, dass wir konditioniert sind, fahren wir fort, in der alten konditionierten Weise zu denken und zu leben.

Weil Konditionierungen nicht im Gehirn, sondern im Rückenmark gespeichert sind, werden sie nicht automatisch über das Gehirn wieder abgebaut. Deshalb laufen meine Enten am Futter vorbei und suchen den gewohnten Futterplatz auf. Wir Menschen könnten uns jedoch bewusst machen, dass wir konditioniert sind und unser Verhalten durch die bewusste Handlung korrigieren. Es ist also möglich, uns von einer Konditionierung zu befreien, wenn wir wissen, dass sie besteht. Bei den Enten muss erst nach vielen Tagen die Erfahrung zeigen, dass es am alten Futterplatz kein Futter mehr gibt. Dann werden sie auch ihr Verhalten ändern, jedoch in diesem Fall nicht durch eine intelligente Überlegung, sondern wiederum durch Gewohnheit, also wieder eine neue Konditionierung, welche die alte dann überlagert.

Oft geschieht es auch (sowohl bei Tieren, wie auch bei Menschen), dass eine Konditionierung zu einer rituellen Handlung wird. Konrad Lorenz hat dies recht eindrücklich mit seinen Erlebnissen mit der von ihm aufgezogenen Graugans Martina dokumentiert. Diese Gans schlief in Lorenz' Schlafzimmer und auf dem Weg dorthin hatte sich infolge eines früheren Ereignisses ein besonderes Ritual entwickelt. Sie musste deshalb den Weg ins Schlafzimmer auf eine ganz bestimmte Weise vornehmen. Als es einmal sehr spät wurde und die Gans so in Eile war, dass sie ihr Ritual vergaß oder sich nicht die Zeit nahm es durchzuführen, erschrak sie sichtlich, war konfus und in Angst, kehrte zurück, um den „richtigen" Weg, auf dem sie das Ritual ausüben konnte, zu nehmen. Dann war sie sichtlich erleichtert und konnte sich zur Ruhe begeben. Ist so ein Verhalten auch relevant für uns Menschen?

Es ist interessant, dass wir in vielen Dingen nicht anders sind als die Tiere. Konditionierungen in eben dieser Weise können auch bei uns eintreten. Besonders in religiösen Riten und Gebräuchen wird dies sichtbar. Es kann zum Beispiel sein, dass wir ein Tischgebet sprechen, ohne besonders darüber nachzudenken, was und warum wir das tun und nicht einmal auf die Worte achten. Das Platznehmen an der gedeckten Tafel löst den Reflex aus, das Gebet zu sprechen und nicht unbedingt das Bedürfnis, sich bei Gott für das Mahl zu bedanken. Das Gebet ist somit eine Sitte oder auch ein Ritual geworden und nicht unbedingt ein Bedürfnis. Dies heißt natürlich nicht, dass wir dies trotzdem oder zusätzlich auch noch aus einem Bedürfnis heraus tun können. Oder ein anderes Beispiel: Katholiken bekreuzigen sich, wenn sie eine Kirche betreten. Diese Geste läuft automatisch ab, ist also eine reine Konditionierung. Nur Wenige machen sich Gedanken bei dieser Handlung, was hier eigentlich gemeint ist und warum sie dies tun. Da wir Menschen jedoch auch den höher entwickelten Verstand haben, können solche automatischen und konditionierten Verhaltensweisen gleichzeitig auch noch verstandesmäßig wahrgenommen und vollzogen werden. Wir nehmen gewissermaßen diese Konditionierung in unser Bewusstsein herein. Dadurch können sich solche Riten besonders stark auswirken. Diese Dinge sind nicht nur auf Handlungen beschränkt, sondern können sich auf unser Denken auswirken. Diesen Hinweis bitte ich besonders zu beachten! Sich von einer Religion oder einer verbreiteten Meinung oder Weltanschauung zu lösen, ist deshalb sehr schwierig und erfordert in der Tat eine ganze Menge bewusster Wahrnehmung, kritischer Hinterfragung und Anwendung von neuen Erkenntnissen oder Erfahrungen. Es ist sehr typisch für unsere Zeit, dass viele Menschen aus der Kirche austreten, weil sie die Institution als solche nicht mehr akzeptieren können oder wollen, jedoch hat sich für viele dieser Menschen in der Grundeinstellung zu ihrer Religion nichts geändert. Wir sind eben in der Weise wie wir denken, von Kindheit an konditioniert worden und empfinden meistens sogar tiefe Ängste, wenn wir von dieser Denkweise Abstand nehmen. Wir sind in dieser Beziehung dann nicht recht viel anders als die Graugans von Konrad Lorenz, die ebenfalls Angst empfand, als sie ihr Ritual nicht durchführte.

Konditionierungen tragen wesentlich dazu bei, dass wir auch in religiöser Hinsicht Dinge tun, die wir gar nicht tun würden, wenn es etwas Neues wäre. Wir würden es auch nicht mehr tun, wenn wir uns bewusst machen würden, dass diese religiösen Ansichten auch mit Konditionierung zu tun haben. So gehen wir statt dessen unseren Trott weiter und es bedarf schon einiger Anstrengung und einer Änderung des Bewusstseins, um aus einer solchen Tradition aus zu steigen.

Besonders bedenklich ist, dass die Beeinflussung durch eine Religion oder auch eine gesellschaftliche Meinung einer Gehirnwäsche gleich kommt, ohne dass wir es bemerken. Wir folgen dann einem Pfad und nennen die eigenartigsten Dinge eine Tugend, ohne dass wir darüber nachdenken, warum wir das tun. Ein solches Beispiel ist die Zeit der Minne, die ab dem zwölften Jahrhundert aufkam. Es war die Zeit, als die Marien-Verehrung zunahm und somit die Verehrung des Weiblichen in der „reinen“ Form, nämlich in der Mutterschaft und Keuschheit. Es wurde nun Sitte, dass die Ritter eine Frau verehrten, die nicht ihre eigene Frau war, sondern eine verheiratete Frau, oft die Frau des Lehnsherrn. Dieser Frau brachte man schwärmerische Liebe entgegen ohne jeden sexuellen Gedanken. Diese sogenannte „reine“ Liebe wurde als die wahre Liebe betrachtet. Es ging sogar so weit, dass man den Beweis der reinen Liebe dadurch erbrachte, dass man mit dieser angebeteten Frau im gleichen Bett schlief, ohne sich gegenseitig zu berühren. Als Zeichen der Reinheit legte der Ritter ein zweischneidiges Schwert dazwischen. Wenn diese Prüfung bestanden wurde, dann konnte man sich als wahrer Liebender betrachten. Makaber erscheint mir, dass einer verheirateten Frau diese Liebe, Verehrung und Zuwendung von ihrem eigenen Ehemann nicht zuteil wurde. Es ist ferner interessant, dass in dieser Zeit das Christentum seine größte Macht entfaltet hatte. Die alten heidnischen Gebräuche schienen endgültig beseitigt und die Lehre des Christentums betrachtete man nun als rein. Dass sich dann doch noch, besonders in den niedrigen oder auch bäuerlichen Bevölkerungsschichten, heidnische Bräuche in Form von Aberglauben, aber auch noch ein Kräuter- und Heilwissen erhalten hatte, wollte man zu dieser Zeit noch nicht recht wahrhaben. Allerdings rüstete die Kirche dann nach etwa 200 Jahren zur Verfolgung dieser „Umtriebe", die dann in der Hexenverfolgung endete. Wir sehen, zu welchen wahnsinnigen und unnatürlichen Dingen die Menschen getrieben werden können. Die Zeit der Minne wird sogar heute noch als eine hohe Zeit der europäischen Kultur gefeiert, obwohl diese Zeit im wahrsten Sinne des Wortes verrückt war. Das Wort „verrückt" müssen wir wörtlich als „ver-rückt" verstehen, also tatsächlich weggerückt von der Natur und dem natürlichen Empfinden. Zur gleichen Zeit, also etwa ab 1200 n.Chr. begann die Kirche die Lehre von der Oberherrschaft des Menschen über die Natur zu verbreiten. Dass dies gleichzeitig mit der Marienverehrung Hand in Hand ging, braucht uns nicht zu verwundern, denn die Verleugnung der Sexualität ist ebenfalls eine Abwendung von der Natur. Die Natur wäre eine Yin-Energie und die speziell weibliche Sexualität ebenfalls. Immer wieder dieselbe Geschichte mit dem Verlust des Gleichgewichts!

Aber nicht nur in den oben genannten Bereichen ist das Phänomen der Konditionierung sichtbar. Wir sind in der Tat so stark von der christlichen Lehre, christlichem Denken und christlichem Verhalten geprägt, dass uns dies nicht mehr bewusst wird. Was uns in ganz besondere Weise prägt, sind christliche Lieder, selbst wenn wir niemals in die Kirche gehen, von der Kirche überhaupt nichts mehr wissen wollen und uns Heiden nennen. Ich möchte dies mit einem sehr eindringlichen Beispiel deutlich machen: Josef Haydn hat ein sehr schönes Streichquartett komponiert. Der Anfang dieses Musikstückes ist die Deutsche Nationalhymne geworden. Nun ist es ganz unmöglich, dieses Streichquartett anzuhören, ohne dabei an das Deutschlandlied zu denken. Jedoch nicht nur an das Deutschlandlied wird man erinnert, es kommen auch sofort die Worte der ersten Strophe in Erinnerung *(Deutschland, Deutschland über alles...)*. Bei jüngeren Menschen, welche die alte Fassung der Hymne nicht mehr kennen, wird dies selbstverständlich nicht mehr der Fall sein. Bei älteren Menschen jedoch, welche die alte Hymne noch eingetrichtert bekamen, schwingen diese Worte mit, sie kommen ungefragt und automatisch in unser

Gedächtnis, ob wir das wollen oder nicht. Dies ist eine absolute Konditionierung. Nun denken Sie bitte daran, was geschieht, wenn wir Weihnachtslieder anhören oder sie gar selber singen. Die Melodien sind wirklich sehr schön, eingehend und ergreifend. Die Worte sind von diesen Melodien nicht zu trennen. Wir hören die Weihnachtslieder alle Jahre und mit ihnen gehen die Worte tief in unser Bewusstsein und unser Denken ein. Wie uns dies prägt und unser Denken beeinflusst, können wir wahrscheinlich kaum beurteilen. Aber glauben Sie mir, solange wir uns nicht total von all diesen Einflüssen fernhalten (was natürlich kaum möglich sein wird!!!), werden wir weiterhin dieser Prägung ausgesetzt sein. Übrigens ist das Wissen von der Beeinflussung über Lieder uralt. Sicher haben die Barden früherer Zeiten dies ebenso benutzt wie Politiker von heute. Mit Liedern kann man Kampfstimmung erzeugen, Überzeugungen verbreiten, Ideologien durchsetzen. Je besser und eingängiger die Melodie, desto größer die Wirkung!

Wir werden es schwierig finden, zum Ausgleich von Yin und Yang zu kommen, so lange wir Gott als das oberste Prinzip verehren und das Weibliche nicht mehr erkennen oder in der wahren und natürlichen Weise nicht anerkennen und verehren wollen. Aufgrund unserer Konditionierung und der Gehirnwäsche sind wir leider kaum in der Lage, die wahren und sehr einfachen Zusammenhänge zu erkennen und reden dann beispielsweise von Tugend, wenn wir die Umkehrung der natürlichen Gegebenheiten meinen. Wir halten jemand für tugendsam, wenn er keusch lebt. Wir machen alles kompliziert und mit unserem Intellekt so abstrakt und verwirrend, dass wir die Sicht für das Einfache und Natürliche, nämlich die Erkenntnis über und die Achtung vor der Yin-Energie verloren haben! Wir haben sie ganz automatisch dadurch verloren, dass wir uns einseitig auf die Yang-Energien konzentrieren und diese als besser und wichtiger betrachten.

Nachdem wir in unserer Gesellschaft jedoch diesen männlichen Gott geschaffen haben, müssen wir zum Verständnis unserer Situation und zum Verstehen der Entwicklung des christlichen Abendlandes die Zusammenhänge aufspüren. Nur aus dem Erkennen und dem Verstehen heraus können wir aus dem Ungleichgewicht und den vielen negativen Prägungen aussteigen und etwas verändern. Die Suche nach dem Gral in der Parzivalsage ist eigentlich die Suche nach Yin. Bevor diese Sage entstanden war, galt der Kelch oder ganz allgemein gesagt: ein Kessel, also ein Behältnis, für das weibliche Symbol, also Yin. (Das Aufnehmen, das Empfangen ist Yin!) Wenn wir jedoch die Tatsachen umdrehen und den Gral als den Kelch des männlichen Gottes betrachten, wie das nun mit der

Gralslegende geschehen ist - und diesen verlorenen Kelch des männlichen Gottes suchen, dann wird unsere Suche vergeblich sein und bleiben, denn die Suche geht den falschen Weg! Es sollte die verlorene Yin-Energie gesucht werden!

Fahren wir fort in der Betrachtung der geschichtlichen Entwicklung des Abendlandes.

Die römische Geschichte und die Entwicklung dieser Kultur hat für ganz Europa eine bis in die heutige Zeit reichende Auswirkung. In Deutschland, aber auch in anderen europäischen Ländern kann man diese Einflüsse noch sehr deutlich erkennen. Zum Beispiel geht die Rechtsprechung immer noch auf das römische Recht zurück. Die Baukunst, der Straßenbau, das Heizungssystem, politische Strukturen, der Städtebau, all das sind Auswirkungen der römischen Zeit.

Werfen wir deshalb nochmals einen kleinen Blick in die römische Zeit nach etwa 500 v. Chr. Für die Kunst kann man das gleiche sagen wie ich das schon an anderer Stelle für Griechenland erwähnt habe. Perfekt und schön im Sinne von kunstvoll (= Können, also Yang!) zeigen sich die Bilder und Statuen, jedoch nicht intuitiv und nicht spirituell aussagestark. Schön in der Perfektion. Die Perfektion und das handwerkliche Können sind Yang-Eigenschaften.

Und wie ist es mit der Stellung der Frau? - Auch wieder ähnlich wie in Griechenland. Wahrscheinlich hatte die Frau eine noch geringere Wertschätzung als dort. Das lateinische Wort für „heiraten" heißt: „in matrimonium ducere" (= in die Mutterschaft führen). Dies sagt deutlich, wofür die Frauen da waren: nämlich für die Mutterschaft, für die Erben des Mannes zu sorgen, ihm Kinder zu gebären. Für den Haushalt und für die Nachkommen brauchte man die Ehefrauen, für die Liebe (man sollte freilich besser sagen: für den Sex), hatte man Hetären, Geliebte. Diese waren gewissermaßen Prostituierte, wie wir das heute auch kennen. Es gab allerdings gelegentlich auch ziemlich feste Bindungen mit diesen Hetären, die jedoch nicht als Ehe deklariert waren und der Mann war auch üblicherweise zusätzlich verheiratet. Solche Bindungen konnten sogar ein Leben lang anhalten. Eine solche Geliebte wurde normalerweise vom Mann unterhalten.

Die sexuelle Freizügigkeit nahm gegen Ende des römischen Reiches immer mehr zu. Auf den beliebten Gastmahlen (wir würde heute sagen: Partys) waren immer reichlich Dirnen vorhanden, auch Lustknaben gab es, jedoch waren sie in aller Regel nicht für die Frauen gedacht, sondern für die Männer!

Es braucht uns nicht zu verwundern, dass das männlich orientierte Christentum sich in Rom zuerst etablieren konnte und sich dann von hier aus über die westliche Welt ausbreitete. Die Weltanschauung der Römer in Bezug auf die Frauen war sehr ähnlich wie die der christlichen Religion, nämlich die alleinige Wertschätzung der Frau wegen der Mutterschaft (Maria, die Nur-Mutter, eine Frau ohne Sex). Das Weibliche ist in beiden Weltanschauungen gleichbedeutend mit Mutterschaft und der Gedanke der Gleichheit von Mann und Frau und der daraus resultierende Gedanke der Partnerschaft, ist in beiden Gesellschaftssystemen nicht vorhanden. Wenn wir dann noch weiter die Orientierung der Römer auf Ausbreitung ihrer Herrschaft durch ein extrem starkes und gut durchstrukturiertes Militär (wieder nur Yang!) betrachten, ebenso ihre Staatsform, ihre Ausrichtung auf Technik und all diese Dinge, welche alles Yang-Energien sind, dann sehen wir schon in Rom, dass der Ausgleich von Yin und Yang mehr als gestört war und auch aus diesem Grund die christliche Lehre mit ebenfalls Yang orientierter Sichtweise dort relativ schnell Wurzeln schlagen konnte.

Von den Kelten und Germanen wissen wir nicht ganz so viel wie von den Griechen und Römern, denn beide Völker hatten damals noch keine Schrift. Die Verherrlichung des Kampfes bei den Germanen weist sie ebenfalls als mehr Yang-orientiert aus. Zu den höchsten Ehren führte der Tod im Kampf und sogar nach dem Tode erhielten die gefallenen Krieger den höchsten Lohn in Walhall. Offensichtlich galten auch deshalb die Männer mehr als die Frauen. Im Vergleich zu den Römern hatten die Frauen jedoch immerhin noch eine recht gute Stellung. Sie wurden geehrt und als Mütter hoch eingeschätzt, jedoch weniger um ihrer selbst willen. Dass der Mann Anspruch auf die sexuelle Treue der Frau hatte, geht aus den sehr strengen Sittenvorstellungen und Gebräuchen hervor. Untreue der Frau wurde mit dem Tode bestraft. Von einer ähnlichen Bestrafung der Männer ist nichts bekannt! Wir erkennen also auch hier, dass sich in einem weiteren großen europäischen Volk schon vor der christlichen Zeit eine Hinwendung zu Yang abzeichnet.

Die Kelten waren ausgewogener. Männer und Frauen galten absolut gleich viel. Ihre Kunst zeigt sehr deutlich, dass sie eine nach Yin ausgerichtete Kultur hatten. Die Muster sind rund, ineinander verwoben und sehr fantasievoll. Hier kann man keine Überbewertung von Yang erkennen. Die Kunst ist immer das beste Beispiel für die spirituelle Ausrichtung eines Volkes. Da jedoch die Römer nahezu alle keltischen Stämme sehr stark dezimiert hatten oder manche sogar ganz ausgerottet wurden, blieb nur im kleinen Maßstab das keltische Erbe in Europa erhalten. Wir können trotzdem immer noch Anzeichen aus der keltischen Vergangenheit erkennen, insbesondere in Süddeutschland und in Österreich, auch in Teilen der Schweiz. Die bayrischen sogenannten Zopfmuster auf Trachten und auch in Strickwesten oder Strümpfen sind immer noch keltische Muster! Auch sind einige Feiertage immer noch an denselben Tagen, wie sie es in keltischen Zeiten waren, zum Beispiel der 1. Mai (Beltane bei den Kelten) und der 1. November, Allerheiligen (Samhain bei den Kelten). Auch im Brauchtum ist besonders in Bayern und Österreich noch sehr viel aus den keltischen Zeiten vorhanden. Trotz des noch lange vorhandenen keltischen Einflusses in den südlichen Teilen von Deutschland und in Österreich, konnte sich dann die keltische Lebensart und insbesondere die keltische Weltsicht gegen die vordringende christliche Lehre nicht durchsetzen. Die christlichen Missionare gingen damals schon ebenso vor wie in jüngster Zeit noch in den Kolonien. Einesteils wird und wurde in den Kolonien durch Gewalt die christliche Lehre angeordnet, andererseits werden die Kinder in großzügiger Weise unterrichtet, wobei natürlich hierbei die christliche Lehre ganz automatisch den Kindern nahe gebracht wird.

Als die Germanen später Rom überrannten, hätte man meinen können, dass Rom nun germanisiert werden würde. Jedoch übernahmen die Germanen weit mehr von der römischen Kultur als die Römer von den Germanen, denn die Römer betrachteten die Germanen immer noch für ein barbarisches Volk. Auch imponierte den Germanen das verfeinerte Leben und die Leistungen der Römer im Straßenbau und in der Architektur wurden bestaunt und als fortschrittlich geschätzt. Selbstverständlich war auch das verfeinerte Leben und der Luxus in Rom etwas, das man auch gerne haben wollte. So kam es, dass schließlich mehr von Rom nach Deutschland kam als umgekehrt. Die Germanen übernahmen die römische Architektur und Bauweise, die Schrift und grundsätzlich die gesamte Bildungsstruktur, das Recht, ja sogar die lateinische Sprache wurde zur Sprache der Gebildeten und Vornehmen. Sie wird heute noch zur Benennung der Tier- und Pflanzennamen verwendet, sowie in der Medizin für die Bezeichnung der Krankheiten! Auch die Denkweise, nämlich die hohe Wertung des Verstandes, der Logik, der Ratio wurde übernommen. Die Römer galten eben trotz ihrer Schwächen, die sich gegen Ende ihrer Herrschaft zeigten, als das fortschrittlichste Volk mit höchster Bildung und luxuriöser Lebensweise. So kam es, dass das römische Denken und römische Wertvorstellungen bis heute in unserer Gesellschaft sichtbar sind.

Der größte Einschnitt in der Geschichte Europas war jedoch die Einführung des Christentum. Diese neue Religion setzte sich zwar nicht über Nacht durch, jedoch in unglaublich kurzer Zeit. Der römische Kaiser Constantin der Große (325-337 n.Chr.) erhob das Christentum zur Staatsreligion. Zwischen 400 und 550 n. Chr. gelangte das Christentum dann auch nach Deutschland. Norddeutschland konnte teilweise noch länger heidnisch bleiben. Karl der Große brach jedoch den Widerstand der Sachsen

(Niedersachsen galt damals auch als sächsisch) um 800 n.Chr. Im Allgemeinen kann man jedoch sagen, dass etwa um 600 n.Chr. die meisten germanischen Stämme christlich waren. Ebenso die noch verbliebenen kleineren Reste keltischer Bauern, die meist im Hinterland lebten und sich allmählich mit den Germanen vermischten.

Nachdem im vorchristlichen Rom schon von etwa 500 v. Chr. an eine Wende eingetreten war, welche die Vorherrschaft des Mannes und alles Männlichen förderte, kann man verstehen, dass das Christentum nicht unbedingt eine so grundlegend neue Lehre war. Der einzige bedeutende Unterschied war lediglich der Glaube an nur einen Gott anstelle der vielen Götter der Römer. Ein sehr wesentlicher Grund dürfte auch gewesen sein, dass die Götter der Römer nicht mehr mit der Natur und der Materie verbunden waren, sondern getrennt von ihr und es sich somit bereits bei den Römern um eine dualistische, trennende Weltsicht handelte. Eine Änderung der Weltsicht vom Grundsatz her war deshalb schon gegeben und die Frage, ob es nun nur EINEN Gott oder mehrere Götter gab, war nicht mehr gar so wichtig. Zudem gab es dann auch noch den Gott in drei Personen und auch die Maria war noch einer Göttin vergleichbar. Das alles förderte sicher die Annahme des Christentums.

Auch war das frühe Christentum in Deutschland noch sehr stark mit heidnischem Brauchtum durchsetzt und man kann davon ausgehen, dass auch die alleinige Verehrung des nur e i n e n Gottes nicht ganz so ernst genommen wurde. Die Kirche verschloss wohl auch absichtlich ihre Augen vor Resten heidnischer Bräuche, um die Einführung der neuen Religion zu erleichtern. Die großen Feste wurden bewusst auf Zeiten heidnischer Feste gelegt (Weihnachten = Wintersonnenwende, Maria Lichtmess (1. Februar) = das keltische Imbolc, Allerheiligen = das keltische Samhain), um den Menschen den Übertritt zum Christentum zu erleichtern.

An heiligen heidnischen Orten, wie z.B. an heiligen Quellen, auf Bergkuppen, bei heiligen Bäumen, wurden mit Vorliebe die ersten Kirchen gebaut. Das Leben der frühen Christen unterschied sich dadurch wenig von dem heidnischen Leben vorher. Sie kamen nach wie vor zu ihren heiligen Orten zu den gleichen Zeiten und Festtagen, nur die Götter waren jetzt zu einem einzigen Gott geworden. Nachdem aber auch noch Gott in drei Personen auftritt und zudem die Muttergottes noch Verehrung fand und heute noch findet, war auch der Grundsatz des Monotheismus nicht so deutlich spürbar. Es dauerte viele Jahrhunderte, bis sich langsam aber sicher der Wandel zu dem vollzogen hatte, was wir heute als Christentum bezeichnen. Selbst heute noch feiern wir christliche Feste an den heiligen Tagen unserer heidnischen Vorfahren!

Es ist allerdings interessant, dass die eigentliche Lehre sich schon sehr früh gefestigt hatte, unberücksichtigt vom christlich-heidnischen Brauchtum. Insbesondere Augustinus (geboren 355 n.Chr.), den die Kirche als großen Heiligen verehrt und ihm den Beinamen "Kirchenvater" gab, hat wesentlich zu der Lehre, die heute noch gültig ist, beigetragen. Er war ein fanatischer Verfechter des Zölibats, er predigte die Askese, die Abkehr von den "fleischlichen Genüssen" (wobei insbesondere die Sexualität gemeint war und heute immer noch ist!). Er begründete das Weltbild der christlichen Moral und legte viele Regeln für das tägliche Leben fest, die sehr stark an die Regeln und Gebote des Alten Testaments und die Lebensweise der Juden erinnern, die sich dem Gesetz des Moses unterwerfen mussten. Es waren zwar andere Regeln, die Ähnlichkeit liegt jedoch in der Art und Weise, wie das tägliche Leben in feste Formen gepresst wird durch Verhaltensvorschriften in solchen Dingen, die eigentlich mit Religion nichts zu tun haben bzw. künstlich und mühsam in Beziehung zu Glaubensfragen gebracht werden.

Lange vor Augustinus waren jedoch die Apostel die ersten Lehrer, besonders Petrus und Paulus betätigten sich sehr in der Ausbreitung der Lehre ihres Herrn und Meisters Jesus Christus. Ihre Briefe an die Gläubigen sind ein Teil der Heiligen Schrift. Seit den frühesten Anfängen hat sich die Lehre des Christentums nicht sehr wesentlich verändert.

Nachdem wir nun wissen, wie - und zum Teil auch, warum - sich das Christentum ausbreiten konnte und wie dadurch das Gleichgewicht von Yin und Yang gestört wurde, werde ich Ihnen nun die Auswirkungen dieser Religion auf unsere Gesellschaft in den nächsten drei Kapiteln aufzeigen, und zwar die Auswirkungen, die insbesondere der Glaube an den alleinigen männlichen Gott hat, daraus folgernd die Auswirkung auf die Frauen und die weibliche Energie, dann die Auswirkung auf die Sexualität und schließlich die Auswirkung auf die Liebe (nicht nur auf die sexuelle Liebe, sondern die Liebe im Allgemeinen). All das zeigt, wie das Gleichgewicht von Yin und Yang nicht mehr vorhanden ist und zwar weitgehend infolge unserer christlichen Prägung. Dann folgt noch ein kurzes Kapitel über die Auswirkung auf die Natur und warum wir uns von der Natur so weit entfernt haben, sie benutzen, sie zerstören. All diese Dinge sind im unmittelbaren Zusammenhang zu sehen mit unserer christlichen dualistischen Beeinflussung und dem daraus entstandenen Weltbild, das sehr einseitig in Richtung Yang ist.

7. Kapitel: Der christliche Einfluss auf die Sexualität

Die christliche Lehre beginnt nicht mit dem Neuen Testament, sondern mit dem Anfang des Alten Testaments mit der Genesis. Dies mag ein wenig überraschend klingen, denn man meint doch immer, das Alte Testament habe mit dem Neuen nicht viel gemein und sei deshalb auch nicht für die Christen relevant, sondern nur für die Juden. Christus erscheint ja erst im Neuen Testament und deshalb wurde auch die neue Lehre nach Christus benannt und ist ja auch in dem Wort Christentum enthalten. Diese Meinung ist jedoch nicht richtig, wie ich schon an anderer Stelle erwähnt habe. Ich will jedoch nochmals auf den Zusammenhang von Altem und Neuem Testament eingehen, auch wenn einiges davon schon gesagt wurde.

Das Erscheinen von Christus wäre nämlich gar nicht nötig gewesen, wenn es die Genesis nicht gäbe. Hier, in der Genesis wird die Erschaffung der Erde und des Menschen (Adam und Eva) beschrieben. Diese ersten Menschen leben im Paradies und haben ein „paradiesisch" schönes Leben. Sie kannten kein Leid und lebten immer in Freude. Nur ein Verbot gab Gott: Nicht von der Frucht des Baumes zu essen, der in der Mitte des Paradieses stand.

Nun überschritten die Menschen jedoch dieses einzige Verbot und Gott bestrafte sie nun sehr drastisch: Sie mussten das Paradies verlassen und ein Engel mit einem flammenden Schwert wird ihnen für immer den Zutritt versperren. Außerdem werden sie nun nicht mehr ewig leben können, sondern sterben. Auf der Erde gibt es nun das Leid und Elend und es gibt keine Möglichkeit, wieder den früheren paradiesischen Zustand zu erlangen. Ferner wird als weitere Strafe für ihr Vergehen die Erbsünde auch über alle ihre Nachkommen verhängt. Von dieser Sünde wird in Zukunft kein Mensch frei sein, denn Adam und Eva sind ja die ersten Menschen und somit die Vorfahren aller Menschen.

Schließlich hatte Jesus, der Sohn Gottes, Mitleid mit den Menschen und beschloss, als Mensch geboren zu werden und die Menschen von der Erbsünde zu befreien und ihnen nach ihrem Tod das Paradies (den Himmel) wieder zu öffnen. Jesus Christus bewirkt dies, indem er das größte Opfer bringt, zu dem ein Mensch fähig ist, nämlich mit dem Opfertod. Damit erlöst er die Menschen (er wird deshalb auch der „Erlöser" genannt). Die Sache hat jedoch einen Haken: Nur solche Menschen können erlöst werden und wieder nach ihrem Tod in den Himmel, also in das verlorene Paradies eingehen, die an Christus glauben und die Gebote Gottes befolgen. Ohne den Glauben an Christus gibt es keine Erlösung und die Menschen werden nicht nur sterben und nicht weiterleben, sondern sogar noch in der Hölle für ewig gequält werden.

Es ist nicht schwer, aus diesem Winkelzug der Religionsstifter zu erkennen, welche große Macht und wie viel Einfluss diese Religion bringen würde. Die Macht der Kirche ist ja schließlich bis heute fast ungebrochen. Ich sage „fast“, denn ganz so gläubig und abhängig sind heute nicht mehr alle Menschen, selbst wenn sie sich noch als Christen bezeichnen. Allerdings kann man dann die Frage stellen, ob sie dann noch wirklich Christen sind, denn sie folgen ja nicht den wichtigen Grundregeln dieser Religion. Aber das ist eine Frage, die ich nun nicht weiter erörtern will. Ich wollte nur darauf hinweisen, dass tatsächlich die christliche Lehre bereits bei der Genesis beginnt. In jedem Religionsunterricht wird auch die Genesis angesprochen.

Wenn wir jedoch über Yin und Yang wirklich Bescheid wissen wollen und insbesondere, wenn wir unser Leben nach dem Verständnis von Yin und Yang ausrichten, dann ist es unerlässlich, uns über unsere Gesellschaft Gedanken zu machen und die Gründe aufzudecken, die zu dem unglaublichen Ungleichgewicht von Yin und Yang geführt haben und uns auf diese Weise eine große Menge von tief greifenden Problemen gebracht haben. Makaber dabei ist, dass wir ohne die christliche Lehre und die vielen schlimmen Auswirkungen, die sie gebracht hat, viel wahrscheinlicher in einem paradiesischerem Zustand leben würden als mit den Problemen, die uns die christliche Lehre beschert hat.

Wir müssen nun die Genesis genauer ansehen und Punkt für Punkt die dort gemachten Aussagen auf die Auswirkungen auf unsere Gesellschaft untersuchen. Ich werde zu diesem Zweck jeweils ein Zitat aus der Genesis in Kursivschrift anführen und dann die Auswirkungen erläutern.

„Und Gott sagte: Lasst uns den Menschen machen nach unserem Bild und Gleichnis. Und lasst ihn die Herrschaft haben über die Fische des Meeres, über die Vögel des Himmels und über die Tiere auf der Erde und über alles, was auf der Erde kriecht.“ (Gen. 1/26).

Die Herrschaft über die ganze Welt zu haben, ist eine ganz extreme Yang-Eigenschaft. Wohin dies führte und wie wir die Erde systematisch zerstören und allmählich zu einem unbewohnbaren Ort machen, das muss ich wohl nicht weiter erläutern. Was hier dabei herauskommen wird, das wird der Hölle viel mehr ähneln als einem Paradies. Das Gegenteil, nämlich die Erde zu schützen und nicht bis zum Letzten auszubeuten, das wäre viel mehr dazu geeignet, ein Paradies zu schaffen und glücklich zusammen zu leben.

Eva wird folgendermaßen für ihr Vergehen bestraft: *„Leid und Kümmernis sollst du erfahren. Ich will deine Sorgen vermehren in der Empfängnis. In Schmerzen wirst du Kinder gebären und dein Verlangen wird nach dem Manne sein. Und er soll herrschen über dich.*" (Gen.3/16)

Frauen sollen also Leid und Kümmernis erfahren. Besonders zu beachten ist jedoch, dass dies mit ihrem Frausein zu tun hat und mit der Sexualität. Ihre Sorgen sollen vermehr werden durch die Empfängnis. Also infolge der Tatsache, dass sie Sex hat. Hiermit wird die Sexualität in Verbindung mit dem Ungehorsam gegen Gottes Gebote gebracht und somit wird die Sexualität nicht als ein schönes und „göttliches Erlebnis" betrachtet, sonder das Gegenteil ist der Fall. Nachdem der Teufel durch die Schlange der Eva geraten hat, von der Frucht zu essen, wird auch noch der Teufel in Beziehung zur Sexualität gebracht. Nämlich der Rat des Teufels, das Gebot Gottes zu missachten, führt über die Sexualität – nämlich durch die Empfängnis - zu Leiden und Kümmernis. Nun kommt jedoch noch die fast schon unglaubliche weitere Verfluchung durch Gottes hinzu, indem er der Frau das Verlangen nach dem Manne gibt und die Frau dann im Zuge davon dem Mann die Herrschaft über die Frau gibt.

Zweierlei Folgen hat dies: Erstens wird die Sexualität als schlecht und böse hingestellt, denn sie wird als die Ursache für das Leid hingestellt. Zweitens wird dem Mann damit die Herrschaft über die Frau gegeben. Was dies in unserer Gesellschaft angerichtet hat, lässt sich kaum in Worte fassen. Dass darüber hinaus auch das Gleichgewicht von Yin und Yang extrem empfindlich gestört wurde, ist wohl keine Frage mehr. Die Männer konnten nun auf ihr Recht pochen, die Frauen zu unterdrücken. Dadurch wurde nun ein gewaltiges Ungleichgewicht von Mann und Frau und somit von Yin und Yang geschaffen und zudem wegen der Unterdrückung der Frauen großes Leid in die Welt gebracht. Und das über viele Jahrhunderte hinweg! Dieses Leid der Frauen kommt jedoch in Wahrheit nicht daher, dass sie Sex haben oder weil sie ein sexuelles Bedürfnis und ein Verlangen nach dem Manne haben, sondern weil ein erdachter Gott es laut der Genesis als Strafe über die Frauen verhängt hat. Die hier zitierte Aussage aus der Genesis hat den Männern seit Einführung des Christentums das vermeintliche Recht gegeben, über die Frauen zu herrschen. Diese Unterdrückung ist somit das wirkliche Leid und nicht das Bedürfnis nach Sexualität.

Das nun folgende Zitat übertrifft jedoch alle anderen nochmals um Einiges:

Zur Schlange sagt Gott: „*Und ich will Feindschaft setzen zwischen dir und dem Weibe, zwischen deiner und ihrer Nachkommenschaft. Sie* (das Weib!) *soll dir den Kopf zertreten mit ihrer Ferse*" (Gen.3/14-15)

Um dieses Zitat zu erklären und zu verstehen, muss ich weiter ausholen und erklären, warum die Schlange hier als Teufel dargestellt wird und welche Bedeutung die Schlange vor der christlicher Zeit hatte und heute immer noch in vielen Kulturen hat.

In der Genesis ist die Schlange die Verkörperung des Bösen, des Teufels. Wenn wir uns in anderen Kulturen umsehen, sowohl in alten wie auch in modernen nicht-christlichen, nicht-jüdischen und nicht von unserer westlichen Kultur geprägten Gesellschaften, dann stellen wir mit Erstaunen fest, dass die Schlange in fast allen Ländern dieser Erde und in fast allen Kulturen in keiner Weise als teuflisch, böse oder schlecht betrachtet wird. Ganz im Gegenteil: Die Schlange ist ein heiliges Tier, hervorstechend und bevorzugt behandelt im Vergleich mit allen anderen Tieren! Schlangensymbole (z.B. die Spirale, die gleichzeitig das Symbol des sich entfaltenden Lebens ist, sowie auch das Symbol der Ewigkeit) werden sehr häufig verwendet und zwar immer im positiven Zusammenhang. Die Schlange wird als lebensspendend verehrt, als Mittler zwischen der spirituellen und der materiellen Welt. Meistens auch als Symbol für Weisheit. Die Medizin hat den Äskulapstab (eine Schlange windet sich um einen Stab) als ihr Zeichen, also auch hier ein Symbol für das Lebens und für Heilung. In der minoischen Kultur von Kreta galt die Schlange als heilig. In der keltischen Tradition war die Schlange das wissende Tier, die Verbindung zur spirituellen Welt.

Der Kaduzeusstab, (das ist ein Stab mit zwei sich windenden Schlangen, am oberen Ende sind Flügel), ursprünglich ein Symbol des ägyptischen Gottes Toth, kam später nach Rom und ist seitdem als Hermesstab bekannt. Auch hier symbolisiert die Schlange die Verbindung zu der Götterwelt (Hermes, der Götterbote!). Hermes trägt auch noch Flügel an den Schuhen, dies bezeichnet ebenfalls die Verbindung zur spirituellen Welt. Die Verbindung Schlange-Vogel kommt noch bei vielen anderen Kulturen vor. Die beiden Schlangen beim Hermesstab erinnern an die indische Kundalini. Diese ist die Urenergie des Lebens. Sie sitzt am unteren Ende des Rückgrats und windet sich als zwei Schlangen um die Wirbelsäule bis hin zum Kopf. Die sieben Überkreuzungen der beiden Schlangen bezeichnen jeweils ein Chakra.

Auch in Amerika, sowohl in Nord wie Süd, wird die Schlange verehrt. Die Inka und Maya Kultur kennt den geflügelten Schlangengott, die Flügel bezeichnen auch hier wieder die Verbindung zur spirituellen Welt Die Vögel gelten fast überall ebenfalls als Verbindung zur göttlichen Welt

– siehe auch Federn als Kopfschmuck bei vielen Naturvölkern, ja sogar in Bayern und Tirol steckt man sich immer noch Vogelfedern an den Hut! Ein wichtiger Gott im antiken Mexiko war Quetzalcoatl. Er war halb Schlange, halb Vogel. Interessant ist hier, dass dieser Gott als Heiler verehrt wurde, ähnlich wie die Äskulapschlange bei uns, welche auf die griechische Mythologie zurückgeht. Quetzalcoatl war der Herr des Lebens, also eine weitere Ähnlichkeit zu vielen anderen Kulturen (siehe auch die Kelten), die ebenfalls die Schlange und die Spirale als eine Form des Schlangenmusters als Lebenskraft kannten. In Indien ist die Schlange das Abbild des Gottes Shiva. Die Hopi-Indianer machen Kulttänze mit Klapperschlangen. Die Aboriginies in Australien kennen die Regenbogenschlange als Schöpfer der Landschaft. Schlangenmuster erscheinen so häufig, dass eine Aufzählung aller gar nicht möglich ist. Ich möchte nur nochmals auf die keltische Tradition verweisen, denn dies ist ja unsere alte europäische Kultur. Hier ist eines der wichtigsten und am häufigsten anzutreffende Muster das so genannte „Flechtmuster“, also zwei oder auch mehr sich windende Linien. Das Zopfmuster in den bayerischen alten Strickwesten oder in den Wadenstrümpfen ist immer noch ein Überbleibsel aus dieser alten spirituellen Zeit. Freilich, heute sind das nur noch Modemuster und niemand trägt diese bewusst als spirituelle Bedeutung. Diese Muster gehen jedoch auf 2000 Jahre alte Gebräuche zurück, welche nicht modische Zwecke hatten, sondern die Spiritualität der Menschen ausdrückte. Auch bei den Germanen spielt eine Schlange eine Rolle. Zwar nicht als göttliches Attribut oder eine Verkörperung eines Gottes, sondern die „Weltenschlange“ umfasst die Erde und hält sie zusammen.

Eine andere interessante Tatsache ist, dass der Gott Marduk in Babylon ebenfalls ein Schlangengott war. Er war der Schöpfer des Universums. Ich erwähne dies deshalb besonders, weil zur Zeit Babylons die Bibel entstanden ist. Es ist denkbar, dass dies mit diesem Schlangengott und Schöpfer Marduk in Zusammenhang steht. Die Semiten, welche ursprünglich nördlich vom Land der Sumerer in den Bergen als Hirtenvolk lebten, waren ständig im Streit mit den Sumerern, die sie schließlich besiegten und ihr Land besetzten und zusammen mit der verbliebenen Restbevölkerung der Sumerer das neue Reich Babylon gründeten. Die Semiten verehrten einen anderen Gott, Jehova. Dieser Gott war für sie der einzige Gott und Marduk wäre für diesen Gott eine gefährliche Konkurrenz geworden. Möglicherweise hat man deshalb die Schlange als das Symbol des Bösen verwendet, um diese Konkurrenz fernzuhalten oder zumindest schlecht zu machen. [6]

---

[6] Das Buch von Helmut Uhlig „Die Sumerer“ ist sehr zu empfehlen, falls man sich über die interessante Geschichte und Kultur der Sumerer interessiert.

Zu all diesen Bedeutungen der Schlange kommt nun noch eine weitere dazu: Sie ist auch noch das Symbol für Sexualität. Weiterhin überraschend ist, dass in all den Ländern mit der positiven und sogar heiligen Bedeutung der Schlange die Sexualität ebenfalls heilig ist und hoch geschätzt wird. Nicht nur geschätzt als Freizeitgestaltung oder als „Spaß“, wie das in unserer heutigen Gesellschaft so sehr zu sein scheint, sondern als tief empfundenes spirituelles Erleben. Sexualität ist hier verbunden mit Weisheit und ebenfalls die Verbindung zur spirituellen Welt. Siehe hierzu auch die indische Weltsicht. Auch hier (besonders in der alten tantrischen Lehre sowohl in Indien wie auch in China) ist die Sexualität ein Weg zu spiritueller Erfahrung.

Die frühen christlichen Führer arbeiteten sehr intensiv daran, alles heidnische Denken und Verstehen zu vernichten oder ins Gegenteil zu verwandeln. Auch mit der Bedeutung der Schlange ist dies geschehen. Es ist jedoch sehr interessant, auf einem Bild von Albrecht Dürer die Schlange mit einer kleinen Krone abgebildet zu sehen. Die Krone als Zeichen der Königswürde ist ein Symbol der Weisheit. Ein weiteres gleiches Beispiel finden wir in einem Kirchenfenster im Ulmer Dom. Hier trägt die Schlange ebenfalls eine Krone, in diesem Falle sogar auf einem menschlichen Kopf und ist groß und deutlich zu erkennen. In dem Buch: Biblische Mythen und Mysterien schreibt der Autor Gilbert Thurlow: „...“*Die Schlange mit dem menschlichen Kopf trägt eine Krone und symbolisiert somit die Quelle der Weisheit“.*

Es ist fast unglaublich, dass sogar in einer Kathedrale solche alten Erinnerungen noch weiterleben können. Es war somit um die Zeit von ca. 1400 – 1500 n.Chr. noch immerhin ein intuitives Wissen vorhanden, das wir heute mit dem Studium alter Quellen oder dem Studium heutiger nichtchristlicher Kulturen mühsam zusammensuchen müssen.

Dem Teufel in der Form der Schlange wird in der Genesis unterstellt, dass er Gott schwächen will, indem er die Menschen ebenfalls zu göttlichen Fähigkeiten, nämlich zum Logos, also zum höher entwickelten Intellekt verhilft. Sie sollen deshalb nach dem Rat der Schlange vom Baum der Erkenntnis essen, damit sie ihren Intellekt entwickeln und anwenden können. Wenn Gott als Spirit dargestellt wäre und nicht als Logos, dann würde dies alles keinen Sinn machen. Gott in der Bibel jedoch ist ein Wesen, das eigentlich nur Intellekt ist (Logos) und will seine Vormachtstellung und seine Intelligenz nicht teilen mit uns Menschen. Dies zeigt wiederum, dass er gar kein liebender Gott ist, denn Liebe will teilen! Gott will nicht, dass wir werden wie er. Er will seine Dominanz behalten und wir sehen ja heute und während der ganzen Entwicklung des christlichen Westens, dass leider genau dieses Dominanzstreben (Yang !!!) ein vorherrschendes Merkmal unserer Gesellschaft ist! Der Gott der Bibel ist der strenge Vater, der uns bestraft, wenn wir böse sind und der uns belohnt, wenn wir ihm gehorchen. Er will keine gleichwertigen Partner. Er will Untertanen, damit dadurch seine Stärke sichtbar wird. Er will die Autorität behalten. Das alles erinnert uns doch sehr stark an unsere eigene christliche Prägung und somit an das typische westliche Verhalten der Menschen im Westen! Dieses Verhalten Gottes ist nicht das, was man von einem wirklichen Spirit erwartet! Das ist in der Tat nicht göttlich! Der Gott der Bibel ist ja auch ein menschengemachter Gott. Wir haben ihn nach unserem Bild und Gleichnis erschaffen, wir haben ihn mit all den menschlichen Eigenschaften versehen, sowohl guten wie auch nicht guten. Wäre Gott ein wirklicher Spirit, dann wäre er erhaben über solche Gefühle. Gott jedoch will nicht, dass Adam und Eva vom Baum der Erkenntnis essen, damit sie nicht wie er werden, nämlich intelligent!

Die Schlange, wenn wir ihre alte heidnische Bedeutung als weises Wesen beachten, wollte uns eigentlich helfen, dass wir als intelligente und weise Menschen leben und durch das Erlangen der Ich-Erkenntnis auch die Sexualität bewusst erleben können. Die menschliche bewusst erlebte Sexualität ist eine wertvolle Gabe. Das Essen der verbotenen Frucht hat uns erst zum intelligenten Menschen gemacht und somit können wir nun die Sexualität bewusst erleben. Darüber dürfen wir doch nicht böse sein. Gott jedoch bestraft Adam und Eva ganz fürchterlich und verbannt sie aus dem Paradies. Jedoch nicht nur wegen der nun erreichten Intelligenz wurden sie bestraft, sondern auch weil sie nun Sex bewusst erleben konnten. Mit der höheren Intelligenz hatten sie ihr ICH erkannt und dadurch auch die Möglichkeit erhalten, sich selbst zu erkennen, sich etwas Abstraktes vorzustellen und in ihr Bewusstsein herein zu nehmen. Sie waren sich nun bewusst darüber, dass sie auch sexuelle Bedürfnisse hatten. In der Genesis heißt es: *Ihre Augen wurden geöffnet und sie wussten, dass sie nackt waren und sie nähten Feigenblätter zusammen und machten sich Schürzen. Jedoch dann ging Gott durch den Garten und rief: „Adam, wo bist du“? Adam erwiderte: „Ich hörte deine Stimme im Garten und versteckte mich, denn ich war nackt!“ Gott antwortete: „Wer sagte dir, dass du nackt bist? Hast du von der verbotenen Frucht gegessen?“*

Da Adam und Eva nun wegen ihrer erreichten Intelligenz sich selbst erkennen konnten und somit sich auch bewusst darüber waren, dass sie nackt waren, war ihnen auch bewusst, dass sie sexuelle Wesen waren und dass sie sexuelle Bedürfnisse hatten und auch diese auslebten. Mit dem Verbot, von der Frucht zu essen, hatte ihnen Gott den Zugang zu ihrem Intellekt verwehrt und dadurch auch das Bewusstsein ihrer Sexualität. Durch die Überschreitung des Verbots, von der verbotenen Frucht zu essen, wussten sie nun auch, dass auch Sex verboten war, denn das Essen der Frucht war ja verboten gewesen. Weil sie sich nun ihrer Nacktheit bewusst waren und sahen, dass sie nackt und sexuelle Wesen waren, schämten sie sich. Denn ihre Nacktheit erinnerte sie daran, dass sie Sex gehabt hatten. Sie schämten sich also nicht nur wegen der Nacktheit, sondern auch wegen ihrer sexuellen Bedürfnisse. Die verbotene Frucht bedeutet also sowohl die Intelligenz wie auch die Sexualität. Ohne unseren Intellekt könnten wir uns gar nicht unserer Sexualität bewusst werden.

Hier, in dieser oben zitierten Bibelstelle liegt der Grund für das Verbot von Sex, das bis heute die Christen beeinflusst. Sex ist nach kirchlicher Lehre nur dann erlaubt, wenn man Kinder zeugen will, denn Gott empfahl ihnen, sich zu mehren. Der jetzige Papst, der sonst recht fortschrittlich ist und sich auch nicht scheut, heiße Themen anzusprechen, hat in diesem Falle an der alten Auffassung über Sexualität festgehalten und ist immer noch gegen Empfängnisverhütung. Demnach ist Sex nur dann erlaubt, wenn man Kinder zeugen will. Denn ohne Verhütung zeugt man automatisch Kinder! Die Einstellung des Papstes ist in der heutigen Zeit schon sehr erstaunlich!

Naturvölker, aber auch manche sehr hochstehende Kulturen schämen sich keineswegs, weil sie Sex haben. Die Scham vor Nacktheit und die Auffassung, dass Sex etwas Verbotenes und minderwertig oder nur ein tierisches Verlangen ist, das ist also kein natürliches Verhalten, sondern durch die christliche Lehre erst geschaffen worden. Die Autoren der Bibel haben die Sexualität ganz bewusst schlecht gemacht, weil dies ein ganz starkes Machtinstrument ist. Dies haben die christlichen Führer erkannt und wenden das Verbot von Sex bis heute an.

In nicht-christlichen Ländern ist das ganz anders. Ich besuchte vor einigen Jahren den Tempelbezirk in Bangkok (City of Temples). Dort sah ich die Statue eines fast mannsgroßen erigierten Penis auf einem Sockel. Frauen kamen, beugten ihre Knie, beteten, brachten Blumen und bekränzten dieses Symbol des Lebens, die männlichen Energie und Kraft. Diese Menschen haben noch ein Gefühl für die Heiligkeit der Sexualität. – Auch in Neuseeland kann man noch ähnliche Beispiele erleben. In der Maori-Kultur werden männliche wie auch weibliche Genitalien bei den Figuren der Vorfahren ohne Scheu abgebildet, ja sogar übertrieben in der Größe, sodass die Bedeutung und Wichtigkeit zum Ausdruck gebracht wird. Diese Abbildungen sind der Ausdruck der Stärke, der Vitalität und der Lebensenergie. Auch in Indien finden wir oft Götterfiguren in der sexuellen Umarmung. All diese Beispiele zeigen sehr deutlich, dass die Sexualität in nicht-christlichen Kulturen in keiner Weise als schmutzig und sündhaft betrachtet wird, sondern ganz im Gegenteil als heilige oder sogar als spirituelle Handlung.

Wenn man nun die Sexualität als böse oder sogar als DAS BÖSE schlechthin und als Symbol des Teufels betrachtet, dann kann man sich wohl vorstellen, welchen Einfluss das auf eine Gesellschaft haben muss. Es kommt aber noch viel schlimmer, wenn wir genauer und mit größerem Bewusstsein die Genesis lesen und tatsächlich jedes Wort genau unter die Lupe nehmen.

Zuerst einmal fällt auf, dass die Schlange selbst verflucht wird: Gott fragt die Eva, warum sie vom Baum gegessen habe. Eva verweist auf die Schlange. "*Und Gott sprach zu der Schlange: Weil du das getan hast, werde ich dich verfluchen über allem Getier. Auf deinem Bauch sollst du kriechen und Staub sollst du essen alle Tage deines Lebens. Und ich will Feindschaft setzen zwischen dir und dem Weibe, zwischen deiner und ihrer Nachkommenschaft. Sie* (das Weib) *soll dir den Kopf zertreten mit ihrer Ferse*" (Gen.3/14-15) Wenn wir nun wissen, dass die Schlange für die Sexualität steht, dann wird hier die Sexualität verflucht. Nun muss man jedoch weiterhin wissen, dass die Schlange nicht nur Sexualität im Allgemeinen bedeutet, sondern insbesondere die männliche Kraft (Potenz) und die männliche Sexualität. Die Form der Schlange erinnert ja tatsächlich an einen Penis. Auch das Sperma hat eine Schlangenform. Gott setzt somit Feindschaft zwischen dem Weib und der Schlange. Nachdem die Schlange jedoch ein Symbol der männlichen Kraft und Sexualität ist, wird hier Feindschaft zwischen Mann und Frau gesät. Das gilt auch für alle Nachfahren! Was für eine ungeheuerliche Wendung in unserem Leben! Natürlich setzt Gott auch Feindschaft zwischen die Frau und ihre eigene Sexualität, denn die Sexualität ist ja verboten und somit auch die Sexualität der Frau. Die Folgen von dieser Verzerrung der natürlichen Gegebenheiten sind sehr schlimm, ja sogar katastrophal in der Auswirkung. Nur sind diese Zusammenhänge kaum jemandem bekannt.

Das obige Bibelzitat ist jedoch noch in anderer Weise besonders wichtig und aufschlussreich. Der letzte Satz des obigen Zitats aus der Genesis muss so gelesen werden: *Sie* (das Weib) *soll dir (*der Schlange, denn an sie ist diese Aussage gerichtet*) den Kopf zertreten mit ihrer Ferse.*

Nachdem die Schlange hier ein Symbol des Teufels ist, wird „das Weib" den Teufel vernichten. Welche Frau sollte jedoch die Kraft und Stärke haben, den Teufel zu töten? Das kann nur die Hl. Maria sein. Das wird auch von Theologen so gesehen. Diese Theorie ist jedoch ein wenig zweifelhaft, denn eigentlich wird doch Jesus das Böse, also den Teufel besiegen. Oder erlöst uns Jesus nur von der Erbsünde und öffnet uns damit wieder das Paradies und seine Mutter hilft durch ihre Keuschheit mit, die „teuflische“ Sexualität zu vernichten?

Aber nun kommt noch eine andere Deutung mit herein. Denn zur Zeit, als die Bibel geschrieben wurde, war das Symbol der Schlange die Sexualität und insbesondere die männliche Kraft und die sexuelle männliche Energie, also auch die Potenz. Dies klingt sogar sehr überzeugend. Die Frage ist hier nur noch, welches Weib es fertig bringt, die männliche Sexualität zu töten? Wird es Maria sein oder ist mit „das Weib“ nicht eine ganz bestimmte Frau gemeint, sondern die Frauen ganz allgemein und insbesondere die Möglichkeit der Frau, ihre Sexualität zu unterdrücken (siehe dazu im nächsten Kapitel noch mehr zu diesem Thema!) und auf diese Weise auch die Freude und Lust an der Sexualität den Männern zu vermiesen? Ja, schlimmer noch: die männliche Sexualität und Potenz zu töten (nämlich den Kopf zu zertreten!) Eine Frau, die keinerlei Interesse an Sex hat, kann tatsächlich ihren Ehemann nicht nur ständig frustrieren, sondern es ist tatsächlich möglich, dass man im Laufe der Jahre immer weniger Interesse an Sex hat, wenn dieser ständig unterbunden wird oder auch schlecht oder lächerlich gemacht wird. Wie auch immer man diesen Satz aus der Genesis auslegt, er bedeutet nicht Liebe und nicht eine Erfüllung im sexuellen Bereich, sondern einen Kriegszustand zwischen Männern und Frauen.

Dass die Frau es in der Vergangenheit oft versucht hat, sich von der Sexualität wegen des Einflusses der christlichen Lehre und aufgrund der biblischen Geschichte versucht hat, sich von der Sexualität abzuwenden, ist kein Wunder. Denn Eva wurde extrem für ihr Vergehen, den Adam mit dem Apfel zu verführen, bestraft. Übrigens ist der Apfel ein Symbol für die weibliche Brust. Eva hat also den Adam mit ihren weiblichen Reizen zum Essen der verbotenen Frucht verführt. Beachtlich ist bei ihrer Bestrafung, dass Eva nicht <u>nur</u> dafür bestraft wird, dass sie Sex hatte, sondern allein schon für ihr Verlangen nach dem Mann wird sie bestraft!

Die christliche Morallehre über die Sexualität hat jedoch nicht nur die Frauen in den nachfolgenden Jahrhunderten geprägt, sondern auch die Männer. Die Auswirkung für die Frauen ist augenfällig, nicht so deutlich erkennbar ist dies für die Männer. Ich werde später im nächsten Kapitel im Zusammenhang mit der Umkehrung der gebenden und der empfangenden Energie im sexuellen Bereich auf beide Partner, also auch auf die Auswirkungen auf die Männer eingehen und wie tiefgreifend sich dies für die männliche Sexualität und darüber hinaus für das Selbstwertgefühl des Mannes auswirkte und oft heute noch auswirkt.

Die Genesis hat nicht nur die Sexualität schlecht gemacht und vielen Menschen damit nicht nur die Freude am Sex verdorben, sondern darüber hinaus sehr häufig das Zusammenleben von Mann und Frau nicht nur schwierig gemacht, sondern unendlich viel Leid geschaffen und viele Menschen unglücklich gemacht. Zusätzlich hat die Beeinflussung durch die christliche Lehre das Verhalten in der Beziehung zwischen Männern und Frauen in der abendländischen christlichen Gesellschaft von dem ursprünglichen und normalen Verhalten umgekehrt. **Es hat die männlichen und weiblichen Energien im Verhalten der Geschlechter in Bezug auf das Geben und Empfangen ins Gegenteil verkehrt!** Wie dies zustande kam und welche Folgen das hat, werde im nächsten Kapitel beschreiben.

8. Kapitel: Das fehlende Gleichgewicht von Yin und Yang im menschlichen Zusammenleben und insbesondere in Beziehungen von Mann und Frau

Wir leben in einer sehr turbulenten Zeit. Vieles ändert sich heute automatisch, obwohl auch andererseits Vieles immer noch so ist, wie es seit Jahrhunderten war. In den letzten 50 bis 100 Jahren entstand eine Art von Eigendynamik. Die in Riesenschritten fortschreitende Industrialisierung änderte unseren Lebensstil nachhaltig. Auch die feministische Bewegung brachte viele Änderungen im menschlichen Zusammenleben. Nachdem die Frauen vorher viele Dinge nicht tun konnten oder durften und nun plötzlich alle Möglichkeiten offen stehen, stürzten und stürzen sie sich heute immer noch auf das, was vorher verboten oder unmöglich war. Dies ist absolut verständlich und logisch! Wir müssen allerdings auch berücksichtigen, dass auch heute immer noch, ja sogar in zunehmender Weise, die männlichen Eigenschaften als die höherwertigen angesehen werden, wie z.B. Erfolg im Beruf haben, Führungseigenschaften entwickeln, nach außen gehen, Intelligenz, Streben nach hohen Leistungen und somit auch das extreme Wettbewerbsverhalten unserer Zeit etc. Auch der Leistungssport wird als wichtiger angesehen als reines sportliches Freizeitvergnügen ohne Leistungsdruck oder auch typisch weibliche Sportarten. Der Materialismus ist eine Höherbewertung des Habens im Vergleich zum Sein.[7] All das sind Yang-Energien. Diese Höher<u>bewertung</u> ist das eigentliche Problem und keineswegs nur die Tatsache, dass Frauen nach den bisher typischen männlichen Eigenschaften und Beschäftigungen streben. Es ist nicht verwunderlich, dass Frauen einesteils alle diese Dinge nun auch tun wollen, die vorher nicht möglich waren, denn alles was man nicht darf oder durfte ist immer besonders interessant und dies ganz besonders dann, wenn gleichzeitig diese Dinge höher bewertet wurden und heute immer noch werden. Wenn dies nicht der Fall wäre, dann hätten die Frauen bald, nachdem sie das alles probehalber versucht hätten, diese typischen männlichen Dinge wieder fallen lassen und sich wieder den weiblichen Beschäftigungen und Eigenschaften oder auch Eigenheiten zugewendet. Die bessere Bezahlung der sogenannten Männerberufe spielt natürlich auch eine sehr große Rolle, ja sogar die Hauptrolle! Es ist also die <u>Wertung</u>, die wir nicht nur den Berufen, sondern allen Yang-Eigenschaften geben, was unsere heutigen Probleme verursacht. Es muss uns nun nicht verwundern, dass „Werten" selbst schon eine Yang-Eigenschaft ist.

---

[7] Siehe auch das Buch von Erich Fromm: „Haben oder Sein"

Frauen und Männer finden es nun ganz in Ordnung, dass jeder nach einem Beruf strebt, der angesehen ist und vielleicht sogar noch gut bezahlt ist. Man findet auch nichts dabei, dass Frauen auch im privaten Leben gerne solche Dinge tun, die sie vorher nicht tun durften, z.B. auch in der Freizeitbeschäftigung und im Sport. Dies ist verständlich und logisch! Niemand macht sich hierbei allerdings Gedanken darüber, was denn mit den typischen weiblichen Eigenschaften geschieht. Die Weiblichkeit, also Yin bleibt bei diesem Verhalten unweigerlich auf der Strecke! Dies geschieht ganz automatisch dadurch, dass wir - wie dies das Beispiel einer Waage deutlich zeigt - die eine Seite höher bewerten als die andere und ist deshalb eine automatische Folge der höheren Bewertung der Yang-Eigenschaften. Wenn wir bei einer Waage eine Seite beschweren, dann wird automatisch die andere Seite leichter, auch wenn wir dort nichts geändert und weggenommen haben.

Wenn wir uns die heutige Welt genauer betrachten, dann werden wir sicher feststellen, dass solche Eigenschaften wie z.B. Verstehen, Sorge um Andere, Ausgleichen, Mitempfinden, Lehren, usw. zur Mangelware geworden sind. Diese genannten Eigenschaften wären alles Yin-Energien. Diese werden automatisch verdrängt, wenn alle Menschen sich nur noch nach Yang ausrichten. Daran leidet die Welt heute. Von der Seele, die ja auch Yin ist, erst gar nicht zu sprechen, denn viele Menschen wissen nicht einmal mehr, was damit gemeint ist! Dies alles geht soweit, dass wir auch die Sorge um die Welt, um die Natur, um das Wohlsein der Nachbarn und auch anderer Völker, die wir mit unserem Abfall und der verunreinigten Luft belasten und zudem noch finanziell ausbeuten, nicht mehr beachten und diese Dinge nicht mehr selbstverständlich richtig gemacht werden. Auch wird nicht wirklich ernsthaft darüber nachgedacht, dass wir schon allein durch unseren Wohlstand automatisch die armen Länder nur noch ärmer machen. Ich erinnere wieder an das Prinzip der Waage!

Nun werden Viele sagen, dass sich in den letzten Jahren im Hinblick auf die Umwelt unendlich viel verändert hat. Leider jedoch ist dies alles nur geschehen unter dem Druck der Notwendigkeit, unter der Androhung von Strafe (auch erhöhter Kosten) und nicht, oder nur in Ausnahmefällen, aufgrund der Einsicht. Ganz schlimm sind heute an vielen Orten die aufflammenden Kriege, die als Ursache meistens die verschiedenen Religionen haben. Oder die Religion wird als Grund der Aggression benutzt und als Ursache hingestellt. Was hier an Leid geschaffen wird, das kann man nicht mehr beschreiben. Die Ursache für all diese schlimmen Vorgänge ist auch hier das Übergewicht von Yang.

Das weibliche Mitgefühl und Verständnis als eine typische Yin-Energie ist heute wirklich selten zu finden. Im alltäglichen Leben wird die

Missachtung der weiblichen Eigenschaften und auch der typisch weiblichen Berufe ebenfalls sehr deutlich. Eine Frau, die sich dem Wohle der Familie und der Betreuung der Kinder widmet (was meiner Ansicht nach die allerwichtigste Aufgabe überhaupt ist, denn unsere Kinder sind die Zukunft und wie die Welt in 20 oder 30 Jahren aussehen wird, das werden unsere Kinder bestimmen!) wird immer noch als „nur Hausfrau“ betitelt und von den „berufstätigen“ Frauen ein wenig mitleidig und von oben herab betrachtet. Geld kann sie damit ohnehin nicht verdienen, also wird ihre Arbeit auch nicht anerkannt. Denn letztendlich ist unser Maßstab für das, was wertvoll ist, immer das Geld. Das ist natürlich eine sehr extreme materialistische Einstellung und somit Yang. Leider wird die Welt heute tatsächlich vom Materialismus geprägt und somit von Yang! Aber auch eine Lehrerin ist in unserer Gesellschaft nicht so viel wert wie ein Bankdirektor. Fragen wir uns einmal, warum eigentlich? Was ist Besonderes an dem Beruf eines Bankdirektors und was ist der Unterschied zur wirklich schwierigen Aufgabe, Kinder zu erziehen und zu lehren? Ein anderes Beispiel: warum tragen heute die meisten Frauen Hosen, die Männer aber keine Röcke? Auch diese Antwort ist klar: Weil die Hose ein männliches Kleidungsstück ist und deshalb „besser“ oder angesehener ist. Frauen wollen männlich sein und glauben, damit ebenbürtig zu sein! Niemand denkt hierbei daran, dass man auch dann ebenbürtig wäre, wenn man alles, was Yin ist ebenso hoch schätzen und bewerten würde. Von diesem Missverständnis hängen tatsächlich all diese vielen Probleme von heute ab. Würden wir verstehen, was Yin und Yang ist, dann würden wir viele unserer heutigen Probleme gar nicht haben.

Allerdings gibt es noch einen weiteren sehr schwerwiegenden Grund dafür, dass Yang so stark wurde. Dieser ganz schwer wiegende Grund sind die modernen technischen Möglichkeiten und die damit zusammenhängende Lebensweise. Forscher haben herausgefunden, dass eine häufige Beschäftigung mit Computerspielen, aber auch all die vielen Beschäftigungen, die heute mit den laufend neu angebotenen technischen Möglichkeiten (Handy, Ipod, Tablets, Smartphone etc.....) besonders das Leben von Jugendlichen sehr prägen, dass sie einen negativen Einfluss auf die Empathie haben und auf die Entwicklung der Jugendlichen in Richtung Gefühl, also der Seele. Mit anderen Worten: Je mehr wir uns mit diesen technischen Geräten beschäftigen, umso weniger entwickeln wir menschliches Mitgefühl, Mitleid, Verstehen, Liebe. Es wurde bewiesen, dass Menschen, die sich gerade mit diesen technischen Dingen befasst hatten, gar nicht mehr wahrnahmen, dass ein Mensch in ihrer Umgebung Hilfe bräuchte. Sie sehen diese real existierenden Menschen einfach nicht mehr! Ist das nicht extrem beunruhigend für unsere Zukunft?

Zusätzlich bringt uns die moderne Technik auch gute Verdienstmöglichkeiten und gibt uns nicht nur im Beruf, sondern auch im privaten Leben ein angenehmeres Leben und höheren Wohlstand. Dieser höhere Wohlstand besteht jedoch weitgehend darin, dass wir mehr Eigentum erwerben und insbesondere auch mehr Luxus genießen können (großes Auto, Ferienreisen, teure Lebensmittel usw.). All das ist Yang und hat mit Yin nicht das Geringste zu tun.

Das alles zeigt, dass die Yang-Energie nicht nur stärker als die Yin-Energie geworden ist, sondern dass sie sogar unser ganzes Leben diktiert oder beeinflusst. Wo soll diese Entwicklung noch hinführen???

Ich könnte unendlich in diesem Thema fortfahren und unzählige Beispiele anführen. Jeder kann sich jedoch selbst aus dem täglichen Leben genügend solcher Beispiele zusammen suchen, die das oben Gesagte belegen. Wir müssen uns bestimmte Dinge erst bewusst machen, um größere Zusammenhänge zu erkennen. Die Überbewertung des Männlichen und der Yang-Energie und damit automatisch folgernd die Minderbewertung der weiblichen Yin-Energie ist eine Tatsache, die nicht weg zu leugnen ist und die dazu führt und geführt hat, Yin und somit das Weibliche als Prinzip (nicht die Frauen, ich bitte dies besonders zu beachten!) in der Welt insgesamt zu schwächen. All diese Einflüsse haben die Frauen bezüglich ihrer Yin-Eigenschaften verändert. Dies bedeutet natürlich nicht, dass die Frauen weder schwächer noch stärker geworden sind. Sie sind nur anders, sie sind männlicher geworden. Was schwächer geworden ist, das ist die Weiblichkeit als Energieform, also Yin schlechthin und nicht die Personen, die weiblich sind, also die Frauen. Nachdem das Männliche (Beruf, Auftreten, Verhalten) immer noch höher eingeschätzt wird, fühlen sich die Frauen , die nun männlicher geworden sind, tatsächlich deshalb sogar stärker, weil sie nun auch wie die Männer die Yang-Energie angenommen haben und das ist eine ganz bedenkliche Entwicklung, denn hiermit wird das Rad immer weiter in Richtung Yang gedreht, ohne dass wir dies überhaupt bemerken oder es uns ins Bewusstsein kommt. Die Yin-Energien werden gar nicht absichtlich weniger hoch geschätzt als die Yang-Energien. Jedoch werden sie automatisch geschwächt dadurch, dass wir die Yang-Energien stärken. Das ist ja gerade das Gefährliche an dieser Entwicklung: Sie läuft unbewusst ab und deshalb bemerken wir gar nicht, was hier geschieht und machen uns deshalb auch keine Gedanken über die Auswirkungen!

Oft meint man auch fälschlicherweise, dass die Feministinnen die Weiblichkeit fördern. Jedoch wird offensichtlich nicht deutlich gesehen, dass sie sich weiterhin im gleichen System von der Höherbewertung von Yang bewegen, auch wenn sie die Vorzeichen umgedreht haben und nun als Frauen diese Energie anstreben. Alle Feministinnen handeln zwar nicht so, jedoch ist auffallend, dass dies doch für Viele zutrifft. Sie glauben, sie hätten sich befreit, da sie nun von der Bevormundung der Männer frei sind. Das stimmt zwar, sie haben sich davon befreit und das ist auch richtig und notwendig gewesen. Jedoch glauben und leben sie immer noch in der alten Vorstellung, dass es um Dominanz geht und nicht um ein ausgewogenes Miteinander. Das Matriarchat, das von Feministinnen oft angestrebt wird, ist nur eine Umkehrung des Patriarchats und somit eigentlich nicht wirklich etwas Neues, denn es ist nun wiederum eine Ungleichheit. Weder die Männer noch die Frauen sind heute von der alten Vorstellung des Dominierens und der Machtausübung befreit. Frei werden wir erst, wenn wir nicht mehr nach Vorherrschaft, nach Macht und Dominanz streben, sondern erkennen, dass nur in der gemeinsamen Aktion von Gleichberechtigten echte Kraft und Stärke liegt. Nur so wird Yin wieder ins Gleichgewicht kommen und weder Yin noch Yang wird überwiegen. Dass früher die Männer ihre Frauen sehr oft unterdrückten, dieses Verhalten ist selbstverständlich total falsch, denn damit haben sie die Yang-Energie in hohem Masse übertrieben. Auch wenn ich mich nun wiederhole, sage ich es nochmals: Wenn sowohl Frauen wie auch Männer die Yang-Energien suchen und sie höher bewerten, dann wird automatisch die Yin-Energie geschwächt, so wie es das Beispiel der Waage sehr deutlich macht. Egal, ob dies von Männern oder von Frauen bewirkt wird! Wir sind leider noch weit davon entfernt, das Gleichgewicht von Yin und Yang zu finden. Im Moment überwiegt das Yang und leider tragen manche Feministinnen weiterhin dazu bei, dass es so bleibt und sogar noch mehr wird, indem sie selbst (die Frauen) männlich werden wollen. Das System der Einseitigkeit ist also noch lange nicht beseitigt, sondern es nimmt sogar ständig noch zu! Wenn einmal ein gewisses Maß an Ungleichheit erreicht ist, dann füttert dieses System sich selbst, es entsteht eine Eigendynamit und somit verstärkt sich automatisch dieser Trend immer mehr. Heute wird allerdings nicht mehr so viel vom Matriarchat gesprochen und die extreme feministische Bewegung hat sich etwas entschärft.

Nun werden viele Menschen sagen, dass dieses Problem der Zunahme der männlichen Energie ganz einfach dadurch zu lösen sei, dass die Männer mehr weibliche Aufgaben übernehmen oder in allen Bereichen ihre weibliche Seite mehr ausprägen sollten. Man meint, dass dadurch der Ausgleich geschaffen wäre und jeder könnte sein oder tun was er oder sie will und man müsste nicht danach fragen, ob es eine weibliche oder eine männliche Aufgabe oder Beschäftigung ist.

Das klingt natürlich sehr logisch und erscheint einfach durchführbar. Das Problem liegt jedoch darin, dass wir leider die weiblichen Eigenschaften oder Berufe und Beschäftigungen als weniger wertvoll und nicht als attraktiv betrachten, weil ja das männliche Prinzip höher bewertet wird. Jedoch nicht nur in den Berufen, sondern überall werten wir Yang-Eigenschaften höher. Zum Beispiel: sehr wichtig zu sein oder viel Geld zu verdienen etc....Hierin liegt also das eigentliche Problem und nicht darin, wer nun was tun sollte. Solange wir die Yang-Eigenschaften höher bewerten, kann man natürlich von den Männern ebenso wenig wie von den Frauen verlangen, dass sie diese in der Meinung und Bewertung der Menschen weniger attraktiven Dinge tun. Dies wird also nicht geschehen, oder zumindest nicht in solchem Maße, dass eine tatsächliche Balance der männlichen und weiblichen Energie erzielt wird.

Die einzige Lösung ist die echte Gleichwertigkeit von Yin und Yang als Energieform! Wenn wir dies wieder erreichen, dann ist es in der Tat auch nicht mehr so wichtig, ob ein Mann oder eine Frau eine typisch männliche oder eine typisch weibliche Arbeit verrichtet. Es geht deshalb darum, dass wir auch die bisher als typisch weiblich bezeichneten Frauenberufe (z.B. Krankenschwester, Lehrerin, Kindergärtnerin oder auch Hausfrauen etc.) und auch typisch weibliche Freizeitbeschäftigungen oder Vorlieben als ebenso wertvoll betrachten wie alles, was bisher als typisch männlich galt. Ob dann ein Mann oder eine Frau diesen Beruf hat oder sich dieser Beschäftigung widmet, ist dann ohne Belang! Der Ausgleich hinsichtlich der Bezahlung der sogenannten weiblichen Berufe ist weiterhin eine wichtig Voraussetzung für eine Änderung.

Ich habe in den vorigen Kapiteln immer wieder darauf hingewiesen, dass durch den christlichen Einfluss die Yang-Energie in extremer Weise gefördert wurde. Dass dies überhaupt möglich wurde, liegt daran, dass die Menschen dies gar nicht bemerkten. Die Kirche erzählte den Menschen viele schöne Dinge und dass sie in den Himmel kommen würden, wenn sie die Gebote Gottes einhalten und ihren Glauben an Gott bewahren würden. So lange wir blind dem Einfluss dieses Glaubens folgen, wird sich kaum etwas an dem Übergewicht von Yang ändern. Der erste Weg zu einer Änderung wäre, diese Beeinflussung der christlichen Lehre erst mal zu erkennen. Erst wenn wir wissen, was schief gelaufen ist in unserer Gesellschaft, und mehr noch, wenn wir wissen WARUM das alles schief gelaufen ist, haben wir eine Chance, etwas zu ändern.

Wenn wir die Balance zwischen Yin und Yang nicht mehr herstellen können und wir weiterhin nur die eine Seite hoch bewerten und die andere nicht, dann ist das Prinzip der Polarität gestört und der Lebens- und

Energiefluss ist gehemmt. Dies wird nach einiger Zeit zum totalen Zusammenbruch einer Gesellschaft führen.

Allerdings dürfen wir nun auch nicht den Fehler machen, dass wir nun Yin überbewerten und Yang ganz schlecht machen. Nur der Ausgleich, nur das Gleichgewicht hilft uns weiter.

Heute kann man auch oft feststellen, dass zwar die männlichen Yang-Eigenschaften mehr angestrebt werden als die Yin-Eigenschaften, jedoch eigenartiger Weise viele typischen Yang-Eigenschaften oft auch schlecht gemacht werden. Dies kommt jedoch nicht daher, dass diese Eigenschaften grundsätzlich negativ sind, sondern dass sie nur in der Übermacht und Häufigkeit oder auch in der Stärke, wie sie auftreten, ungünstig werden. Wenn wir als Beispiel mal die Aggression oder die Gewalt betrachten, dann ist es verständlich, dass man diese Yang-Eigenschaft als sehr unerwünscht und sogar als gefährlich betrachtet. In der Tat ist Gewalt auch gefährlich. Jedoch wird Aggression erst dann gefährlich, wenn sie das normale Maß überschreitet und dadurch zur Gewalt wird.

Nun wird die Frage auftauchen, ob die Aggression nicht immer gefährlich ist? – Nein, Aggression in der normalen oder abgeschwächten Form ist nicht nur nicht gefährlich, sondern sogar lebensnotwendig. Wenn der Ausgleich und das Gleichgewicht mit den weiblichen Energien vorhanden wäre, dann würden sich solche Eigenschaften auf das normale und notwendige Maß beschränken.[8] Am Beispiel der Aggression können wir das sehr gut erkennen. Wenn wir uns nicht wehren könnten, dann würden wir auch unser Eigentum nicht verteidigen oder schützen und schließlich verhungern oder zumindest leiden. Wir könnten unsere Kinder nicht ernähren und könnten nicht weiterbestehen. Aggression in dieser abgemilderten Form heißt dann: Selbstverteidigung, Schutz der Familie und natürlich auch Selbstschutz. Dies ist jedoch nur dann in dieser notwendigen milden Form möglich, wenn das Gegengewicht der weiblichen Eigenschaften vorliegt. Auf der Gegenseite, also im Yin-Bereich, ist das ebenso zutreffend. Positive weibliche Eigenschaften können so übertrieben werden, dass sie gefährlich werden und das Individuum zerstören können. Als Beispiel sei die sich aufopfernde Mutter genannt, die soweit ihre Wünsche zurückstellt, dass sie selbst nicht mehr ein menschenwürdiges Leben führen kann. Hier ist ein wenig männlicher Egoismus (Yang) und auch Verteidigungsbereitschaft (ebenfalls Yang) nötig. Auch können Frauen sich derartig in Emotionen (Yin) verstricken, dass sie die Sicht und das Empfinden für die Realität verlieren. Dass zusätzlich das Zusammenleben mit einer solchen von Emotionen getriebenen Frau fast unmöglich ist, sei

[8] *Ich möchte hier besonders auf die Arbeiten von Konrad Lorenz hinweisen, z.B. auf sein Buch „Das sogenannte Böse“*

nur noch am Rande erwähnt. Ebenso kann selbstverständlich eine Frau mit einem aggressiven Mann auch nicht glücklich zusammen leben. Jede einseitige Orientierung, egal ob bei Mann oder Frau, ist für eine gute Beziehung hinderlich.

Bedenklich und gefährlich wird es, wir uns nicht um GleichWERTIGKEIT bemühen, sondern meinen, wir müssten vollkommen gleich werden. Wenn wir also Männer und Frauen gleichzeitig sein wollen in allen Bereichen. Mit anderen Worten: Wenn es keine Menschen mehr gäbe, die wirklich und eindeutig Männer wären und wenn es keine Frauen mehr gäbe, die wirklich und eindeutig Frauen wären, dann wäre diese Welt ein sehr trauriger Ort. Dies würde das Auslöschen von Yin und Yang im menschlichen Bereich bedeuten! Alle Spannung, alle Energie wäre uns dann genommen. Besser müssten wir sagen: Wir hätten uns selbst die Urenergie des Lebens entzogen! Es gäbe keine Kraft und Stärke mehr, keine innere Spannung. Denn diese innere Spannung wird ständig aus den zwei Polen von Yin und Yang genährt. Das Leben wäre unglaublich langweilig und eintönig ohne diese beiden Urkräfte von Yin und Yang. Nachdem Yin und Yang nicht nur für die Menschen, sondern für das ganze Universum das Urprinzip allen Seins ist, könnte es sogar sein, dass wir langsam aber sicher an der Eintönigkeit und dem Fehlen von Energie zugrunde gehen würden. Es sei denn, wir erkennen rechtzeitig, wohin das führt und kehren wieder zur Normalität zurück.

Es gibt tatsächlich Menschen, die meinen, wir müssten das männliche und das weibliche Prinzip im Individuum vereinigen, also Mann und Frau gleichzeitig sein. Diese Vorstellung ist auch eine Folge aus der christlichen Lehre. Diese Meinung resultiert daraus, dass Gott die Einheit ist und man diese Einheit als das Vollkommene betrachtet, weil es ja nur diesen einen Gott gibt. Da es so etwas gar nicht geben kann und der christliche Gott nur ein Glaubenkonstrukt ist, wird nicht bedacht!

Ich möchte nun noch ein Zitat aus der Genesis anführen, das zwar mit dem ersten Satz auf Yin (Erde, Natur!) hinweist, aber ansonsten nicht auf das Ungleichgewicht von Yin und Yang hinweist, jedoch trotzdem in ganz starker Weise unsere Gesellschaft und unser Leben geprägt hat.

Gott bestraft Adam für seinen Ungehorsam, von der verbotenen Frucht zu essen, mit folgenden Worten: *„Verflucht sei das Land, weil du das getan hast! In Sorge sollst du dein Brot essen für alle Tage deines Lebens. Dornen und Disteln soll die Erde tragen. Im Schweiße deines Angesichts sollst du dein Brot essen, bis du zur Erde zurückkehrst.“*

Hier werden zwei Themen angesprochen. Erstens wird die Erde verflucht. Auf diese Aussage und ihre Folgen werde ich im 10. Kapitel näher eingehen. Das zweite Thema gehört jedoch hierher. Es geht um den Wert der Arbeit und welche Einstellung wir im Westen von der Arbeit haben. Gott bestraft die Menschen wegen ihrer Sünden damit, dass die Erde ein mühsamer Ort wird und die Arbeit zu einer Plage. In der westlichen Welt wird tatsächlich die Arbeit als Plage betrachtet. Selbstverständlich kann die Arbeit zur Plage werden. Man kann dies so empfinden. Jedoch wird die Arbeit hauptsächlich jenen Menschen zur Plage, die von den Reichen ausgebeutet werden. Man könnte die Arbeit, falls sie gerechter aufgeteilt wäre, durchaus als Befriedigung und Freude erleben. Selbstverständlich wachsen auch Disteln und Dornen auf unseren Feldern. Aber deshalb ist doch nicht jede Arbeit NUR Plage. Auch die Drohung, dass man bis an sein Lebensende nur im Schweiße des Angesichts sein Brot verdienen muss, ist übertrieben. Und auch wieder nur für diejenigen zutreffend, die von den Reichen ausgenutzt werden. Warum sollten wir auch niemals bis an unser Lebensende mit Freude essen und immer nur mit Sorge daran denken, was wir morgen essen werden?

Aber nun wieder zurück zu Yin und Yang.

Wie sollten die beiden Prinzipien von Yin und Yang in einer Partnerschaft von Mann und Frau aussehen? Muss nun die Frau unbedingt die Yin-Eigenschaften haben und der Mann die Yang-Eigenschaften? Müssen Mann und Frau somit unbedingt verschieden sein oder können sie doch gleich sein?

Logischer Weise können sie (und sollen sogar) zwar gleichwertig, jedoch nicht gleich sein, denn Mann und Frau sind schon aus rein anatomischen Gründen nicht gleich und Jeder wird verstehen, dass man dann auch in anderer Weise wohl kaum ganz gleich sein kann. Außerdem kann keine Spannung entstehen und somit auch kein Energiestrom fließen, wenn zwei Pole gleich sind. Yin und Yang können nicht gleich sein, Yang kann nicht gleichzeitig Yin sein. Ein Mann kann nicht gleichzeitig eine Frau sein und umgekehrt! Außerdem ist zu beachten, dass sich zwei gleiche Pole sogar abstoßen.

Ich habe schon im vorigen Kapitel darauf verwiesen, dass ich nun auch noch über die Umkehrung von der Energie des Gebens und Empfangens sprechen werde. Was ist das Geben und Empfangen im sexuellen und im emotionalen Bereich?

Eigentlich gilt auch hier, dass beide Partner sowohl geben wie auch empfangen sollten. Leider jedoch hat sich dieses ausgewogene Verhältnis durch den christlichen Einfluss sehr einseitig entwickelt. Die Frau soll sich infolge des christlichen Einflusses zu der sich selbstlos gebenden und ständig sorgenden Mutter und Ehefrau entwickeln. Nicht nur in Bezug auf die Kinder, sondern auch für den Mann soll sie achten und ihn umsorgen. In der Genesis wird der Mann dazu bestimmt, die Feldarbeit (unter Mühsalen!) zu erledigen, während für die Frau die Mühsalen der Geburt und viel Leid und Sorgen angedroht werden. Die Frau wird darüber hinaus in der Bibel immer wieder als Mutter dargestellt und außerdem soll der Mann über sie herrschen. Die Frau wird dadurch zum Eigentum des Mannes. Der Frau wird die Sorge für die Familie übergeben, der Mann wird für den finanziellen Bedarf sorgen.

Nach der christlichen Vorstellung ist die wahre Bestimmung der Frau die Mutterschaft. Sie muss dem Mann Nachkommen schenken (dies wird in der Bibel sehr oft erwähnt!). Nachdem sie auch noch in der Genesis für ihr sexuelles Verhalten und sogar für ihre sexuellen Bedürfnisse bestraft wird, hat sie keine Wünsche zu haben und soll nur dem Mann zu Diensten sein. Also nicht nur durch ihre Arbeit und die Geburten vieler Kinder, sondern auch sexuell soll sie ihren Mann dienen, ohne eigene Wünsche, ja nicht einmal eigene Bedürfnisse zu haben! Die Frau wird dadurch zur Gebenden und Gewährenden gemacht, die sowohl ihre Arbeit wie auch ihren Körper dem Mann anbietet, ohne selbst irgend einen Nutzen oder Freude zu haben. Sie muss also ständig geben, sogar ihren Körper muss sie dem Mann zur Verfügung stellen! Sie erfüllt damit nur ihre Pflicht, auch wenn sie keine Lust verspürt. Sie hat nach der christlichen Lehre die moralische Verpflichtung dazu. Sicher kam es auch immer wieder vor, dass der Mann sein Recht auch mit Gewalt einforderte, obwohl dies in den meisten westlichen Ländern offiziell nicht geduldet war.

Wenn die Frau jedoch „willig“ war, dann „gewährte“ sie ihm ihre Gunst. Das heißt, er durfte sie „besitzen“.

Man kann hier sehr deutlich durch die Begriffe, die ich in Anführungszeichen gesetzt habe, sehen, dass die Frau nun zur Gebenden oder zur Gewährenden und der Mann zum Fordernden und zum Empfangenden geworden ist. Dies ist die Umkehrung von Geben und Empfangen, die ich am Ende des vorigen Kapitels angesprochen habe. Dies hat tatsächlich ihren Ursprung in der Bibel und der christlichen Lehre.

Nun könnte man all dem entgegen halten, dass das Geben, das Schenken eine Yin-Energie ist. Jedoch ist das Geben in dem soeben beschriebenen christlichen Sinn nicht mit Freude verbunden, sondern eine Pflicht (siehe Genesis: *ich will deine Sorgen vermehren in der Empfängnis* und weiter heißt es dann: *dein Verlangen wird nach dem Manne sein. Und er soll herrschen über dich).* Nachdem die Menschen in der christlichen Lehre nur Sex haben sollten, wenn sie Kinder zeugen, gibt es also nur den Sex zum Sinne der Empfängnis. Und hiermit sollen der Frau die *Sorgen vermehrt werden*! Von einem freudigen Geben – und schon gleich nicht aus einem freudigen Teilen der sexuellen Bedürfnisse und auch der Freuden - kann hier doch keine Rede sein! Aber nun wird sie trotzdem ein Verlangen haben und deshalb soll der Mann herrschen über sie. Dieses Herrschen über die Frau hat zur Folge, dass der Mann nun den Sex fordern kann und wird. Die Forderung ist zwar in unserer Gesellschaft etwas abgemildert worden, aber von einem Verschenken seiner sexuellen Kraft und dass er der Frau die Erfüllung und Freude schenken könnte, ist keine Rede. Nicht wenigstens ein wenig Freude zu schenken in der Sexualität ist doch kaum möglich unter normalen Umständen. Allerdings, wenn man den Körper der Frau nur benutzt und die Frau sich nicht einmal Freude gönnen darf, ja sogar Sorgen und Kummer damit verbunden sind, dann kann die Frau gar nichts bekommen, sondern man wird ihr nur etwas nehmen. Nämlich das schlechte Gewissen und Ängste vor einer Strafe, weil sie vielleicht doch ein Verlangen und gar noch Freude gehabt hat. So kann die Frau gar nicht beschenkt werden, sondern man wird ihr, wenn sie christlich denkt und fühlt, eher Kummer bereiten, wie das die Genesis tatsächlich ausdrückt. Der Frau Freude mit Sex zu schenken ist auch im christlichen Verständnis ganz undenkbar, denn Sex ist ja etwas, das vom Teufel kommt und eine Sünde ist. Die Frau muss nach christlicher Sicht dem Mann seinen Drang nach Sex zwar gewähren, denn sonst würde sie ja keine Kinder bekommen und ihre Existenzberechtigung wäre damit gar nicht gegeben. Mutter zu sein und Kinder zu empfangen, wird jedoch gefordert (siehe Genesis: *wachset und mehret euch*!). Kinder zu haben wird sogar zu Pflicht der Frau. Dadurch wurde sie zur Gewährenden, aber nicht zur Beschenkten. Der Mann dagegen wurde dadurch zum Fordernden oder zum Bittsteller und von einem Schenken konnte keine Rede sein.

Aufgrund dieser Verdrehungen der Tatsachen und der menschlichen Eigenarten wurde die Frau dazu erzogen – ja man kann sogar sagen, dazu gezwungen durch die christliche Moral – möglichst kein sexuelles Bedürfnis zu haben oder es zumindest nicht zu zeigen. Es wurde früher, ja sogar noch vor etwas mehr als 100 Jahren, sogar von Wissenschaftlern und Ärzten angenommen, dass Frauen gar kein Sexbedürfnis haben!

Infolde der christlichen Beeinflussung hat sich ergeben, dass Frauen den Mann „erhörten“ oder ihm „zum Gefallen waren“. Mit anderen Worten, ohne selbst Freude am Sex zu haben, sollten sie ihren Körper den Männern zur Verfügung stellen.

Nun hat sich die Umkehrung von dem eigentlich weiblichen naturgemäßen Empfangen der männlichen Energie zum weiblichen Geben und Gewähren in unserer Kultur in den vergangenen Jahrhunderten so extrem geändert, dass tatsächlich der Mann manchmal zum Bittsteller wurde und die Frau nur noch diejenige war, die gibt und gewährt. Die Literatur ist voll von diesen Beispielen. Da muss der Mann vor der Frau niederknien und sie darum bitten, ihn zu „erhören“ und dergleichen mehr. Auch Opern behandeln dieses Thema mit Vorliebe (sieh die Arie:*„holdes Mädchen sieh mein Leiden, willst du so daran dich weiden“* etc.....). Diese Einstellung degradiert sowohl den Mann wie auch die Frau. Es gibt heute immer noch Männer, die sagen, sie hätten eine Frau „besessen“, wenn sie Sex mit ihr hatten. Von diesem Denkmuster müssen wir unbedingt weg kommen, sonst können Männer und Frauen nicht auf gleicher Augenhöhe und als Partner zusammen leben und sich auch nicht lieben. Höchstens kurzfristig im Rausch der sexuellen Gefühle kann so etwas wie Liebe anklingen, aber nicht auf Dauer.

Ich sprach soeben von den naturgemäßen weiblichen Empfangen der männlichen Energie. Dieses Empfangen ist tatsächlich von der Natur vorgegeben. Die Anatomie der Frau zeigt dies ganz deutlich. Ihre Genitalien gehen nach innen, sie „empfängt“ den Samen und ein Kind. Während die Anatomie des Mannes nach Außen geht. Er gibt der Frau den Samen. Er kann auch, wenn die Energien wieder richtig ablaufen, der Frau viel Freude und eine große Erfüllung schenken. Nun werden die Frauen sagen, dass sie doch dem Mann auch Freude schenken. Das stimmt natürlich. Jedoch laufen diese Dinge heute sehr oft ein wenig anders ab. Nachdem den Männern gar nicht bewusst wird, dass sie eigentlich die Gebenden wären, achten viele Männer nicht darauf, der Frau wirklich alles zu schenken, was ein Mann geben könnte. Natürlich sollten beide, Mann und Frau sich gegenseitig so viel wie möglich schenken. Nur sind viel zu viele Frauen frustriert, weil sie wegen der zu schnellen Vorgehensweise ihres Partners oft nicht zur vollen Entfaltung ihrer Möglichkeiten kommen. Dies liegt sicher nicht daran, dass die Männer nun alle Egoisten sind und nur ihre schnelle Befriedigung suchen, sondern es hat seinen Grund tatsächlich darin, dass Männer gar nicht auf den Gedanken kommen, dass sie eigentlich viel Freude und Energie GEBEN könnten. Allerdings ist heute der Egoismus sehr verbreitet und viele Menschen denken auch beim Sex oft nur an ihre eigenen Wünsche und Bedürfnisse, sodass ihnen der Gedanke, einem Partner oder einer Partnerin etwas zu schenken, gar nicht aufkommt. Wenn ein Mann eine Frau wirklich voll und ganz glücklich macht, dann ist das nicht nur für die Frau, sondern auch für den Mann ein wunderbares Gefühl. Wenn ein Mann sich sofort nach dem Sex umdreht und einschläft, dann ist etwas nicht ganz richtig abgelaufen und die männliche und weibliche Energie ist nicht wirklich ausgetauscht worden. Denn ein Mann, der seiner Geliebten alles geschenkt hat, was er kann geben kann und was sie braucht, um glücklich zu sein, der wird angeregt sein und nicht sich umdrehen und einschlafen. Und die Frau wird in ihrem Glücksgefühl müde und entspannt sein und bald im Arm ihres Geliebten einschlafen.

Was kann getan werden, um die Umkehrung von Geben und Empfangen wieder umzukehren?

Im allgemeinen emotionalen, nicht sexuellen Bereich ist es eigentlich ganz einfach. Beide Partner müssen versuchen, sich zu verstehen und jeder sollte dem anderen zuhören können. Über das Verstehen als wichtiges Kennzeichen der Liebe habe ich nun schon an mehreren Stellen ausführlich geschrieben. Jeder sollte das Geben, was er oder sie geben kann und der andere sollte dies mit Freude und Dankbarkeit annehmen. Wenn wir uns über die Prägungen durch den christlichen Einfluss bewusst werden, dann ist schon mal der wichtigste Schritt getan.

Wie ist es jedoch im sexuellen Bereich?

Leider fehlt es hier immer noch sehr an der richtigen Aufklärung. Die meisten Menschen meinen zwar, die Aufklärung sei heute vollkommen ausreichend und sogar bis ins kleinste Detail gehend, aber im Bereich der Seele, der Gefühle und in Bezug auf Yin und Yang ist leider nicht viel von der heutigen Aufklärung zu erwarten

Aber noch viel wichtiger als die unzureichende Aufklärung durch Elternhaus und Schule ist, dass wir modernen Menschen sehr materialistisch und somit auch sehr egozentrisch und sogar egoistisch geworden sind. Jeder denkt zuerst einmal an sich selbst und an das eigene Glück, an die eigene Befriedigung und wie man diese am besten erreichen kann oder könnte. Das wirkliche – also auch das seelische Verstehen des Partners – und somit wieder mal die Yin-Energie - bleibt auf der Strecke. Wir müssen also lernen, uns auszusprechen und insbesondere herauszufinden versuchen, ob unser Partner/Partnerin alles bekommt, was er oder sie braucht. Also nicht die eigenen Bedürfnisse und Wünsche automatisch auf den Anderen anwenden, denn Frauen und Männer sind nun mal verschieden und haben nicht immer die ganz gleichen Wünsche und Bedürfnisse.

Einiges Wissen über die sexuellen Verschiedenheiten von Mann und Frau im Gefühlsbereich sind dazu notwendig. Besonders zwei Dinge sollte man wissen und dann beachten:

1. Männer können fast jederzeit Sex haben. Egal, ob sie Stress in der Arbeit hatten oder andere Sorgen. Der Mann ist biologisch so geartet, dass durch die ständige Produktion von Sperma ein extrem starkes Bedürfnis nach Sex besteht. Wie dies zustande kommt, will ich kurz erklären: In den Hoden wird ständig Sperma produziert. Es wird dann in den Nebenhoden gespeichert und wenn diese voll sind, wandert das Sperma in den

Samensträngen weiter bis kurz vor die Prostata. Hier, vor der Prostata, mündet der Samenstrang in eine Ausbuchtung, die Samenampullen. Dort wird nun weiterhin das Sperma gespeichert, bis dieser Speicherplatz vollkommen voll ist. Es entsteht nun hier ein enorm starker Druck, der sich als fast nicht zu bändigender und schlecht zu unterdrückender sexueller Drang auswirkt. Erfolgt kein Abbau durch eine sexuelle Aktion, dann wird das Sperma auch ohne Sex ausgestoßen, meist während des Schlafs. Im Volksmund wird dies „feuchter Traum" genannt. In jungen Jahren ist dies besonders ausgeprägt. Im Alter wird dieser Druck weniger, weil nicht mehr gar so viel Sperma erzeugt wird und der Körper auch lernt, nicht gebrauchtes Sperma körperintern abzubauen. Als Folge von dieser biologischen Tatsache des Entleerungsdrucks trachten Männer, besonders in jungen Jahren, sehr intensiv nach dem Erreichen des Orgasmus und sind dadurch beim Sex sehr stürmisch und drängend, was sehr häufig dazu führt, dass die Partnerin nicht in dieser kurzen Zeit mitkommen kann. Zwar können Männer mit der Zeit lernen, etwas langsamer zu werden, aber in jungen Jahren ist dies nicht ganz einfach.

2. Frauen haben selbstverständlich auch sexuelle Bedürfnisse, die sehr stark sein können, jedoch den starken Druck wie die Männer haben sie nicht. Frauen können sogar ihre sexuellen Gefühle und Bedürfnisse gänzlich ausblenden und diese auch tatsächlich gar nicht wahrnehmen, wie das von dem Forscherpaar Masters/Johnson sehr deutlich schon in den 60er Jahren bewiesen wurde. Die weiblichen Genitalien sind sehr versteckt, sodass oft eine sexuelle Reaktion in diesem Bereich gar nicht wahrgenommen wird. Ein Anschwellen der Schleimhäute der Vagina und eine Befeuchtung als sexuelle Reaktion oder auch eine Erektion der Klitoris wird nicht immer wahrgenommen. Auch das, was Frauen als ein „Kribbeln im Bauch" oder „Schmetterlinge im Bauch" bezeichnen, ist eine sexuelle Reaktion. Sie kommt zustande, weil sich bei sexueller Erregung (auch schon bei relativ schwacher) in der Gebärmutter ein Blutandrang einstellt, der dieses Kribbeln verursacht. Frauen sprechen sehr oft von einem „Bauchgefühl" und meinen dann, dass dies sogar ein intuitives Gefühl sei und dass sie diesem ohne Bedenken folgen können. Sie merken meistens nicht, dass diese Gefühle sexueller Art sind. Wenn sich eine Frau nur darauf verlässt, dass es intuitive und deshalb „richtige" Gefühle sind und sie deshalb bedenkenlos eine Beziehung eingeht, dann kann sie zwar vielleicht sogar guten Sex erfahren, aber ob sie dann mit diesem Mann auch in allen anderen Bereichen zusammenpasst und glücklich wird, das ist damit noch lange nicht gesagt! Das genannte Kribbeln im Bauch ist ungefähr dasselbe, was ein Mann im Penis empfindet, wenn er eine sexuell anziehende Frau trifft oder sexuell angeregt wird. Auch hier wird dieses

Gefühl im Penis von einem Blutandrang hervorgerufen. Nur merkt ein Mann dies sehr eindeutig als eine sexuelle Reaktion, während eine Frau ihr Kribbeln im Bauch nicht als sexuelle Reaktion erlebt und sogar ganz offen darüber spricht. Man stelle sich mal vor, ein Mann würde offen davon sprechen, dass er ein Kribbeln im Penis verspürt, wenn er eine anziehende Frau trifft!

Frauen können also, so wie die christliche Lehre es will, ihren Sex ganz unterdrücken oder sogar nicht einmal bewusst wahrnehmen, was Männer infolge der biologischen und anatomischen Gegebenheiten nicht können. Mit Schwäche der Männer oder Stärke der Frauen hat das nichts zu tun.

Weil Frauen tatsächlich ihre sexuellen Gefühle und Bedürfnisse unterdrücken können, ja sogar nicht einmal immer wahrnehmen, ist es möglich geworden, dass sie sich als die Gebenden und Gewährenden empfinden. Denn sie können – falls sie es wollen oder so erzogen wurden – tatsächlich glauben, dass sie Sex gar nicht brauchen. Heute tritt werden sicher nicht mehr alle Mädchen so erzogen wie früher. Man könnte deshalb meinen, dass es heute keine Frauen mehr gibt, die behaupten, kein Interesse an Sex zu haben. Jedoch gibt es das wirklich immer noch. Allerdings können Frauen auch in einer nicht zufriedenstellenden Beziehung leicht vorgeben, keinen Sex zu brauchen, um damit dem Drängen des Mannes aus dem Weg zu gehen.

Wenn eine Frau ihre sexuellen Bedürfnisse kennen und sie immer und grundsätzlich als stark – wie der Mann es tut - empfinden würden, dann würden sie sich nicht mit der Rolle der Gewährenden zufrieden geben, sondern würden gerne Zuwendung und natürlich auch Sex gerne empfangen wollen. Die Tatsache, dass Frauen ihre Bedürfnisse abschalten können, hat es erst ermöglicht, dass sie nicht mehr die Empfangenden sind, sondern in unserer Gesellschaft die Gewährenden wurden. Weil die Männer nun die Frauen bitten oder auch verführen müssen, wurden sie automatisch zu den Empfangenden oder auch den Fordernden und haben ganz vergessen, dass sie eigentlich der Frau das Glück und die Freude schenken können, denn dies ist ihre ureigene Energieform. Diese Umkehrung hat leider viele Männer zu egoistischen Empfängern von Liebe und Sex gemacht!

Bei Frauen ist das Bedürfnis nach Sex anders und nicht nur ein rein körperliches Verlangen. Zwar haben sie das körperliche

Verlangen auch, jedoch können sie, wie wir gesehen haben, dieses rein sexuelle Verlangen unterdrücken oder sogar nicht einmal wahrnehmen, falls sie so konditioniert sind. Um Interesse aufkommen zu lassen und dann auch noch Freude am Sex zu haben, brauchen die meisten Frauen die rechte Stimmung und Umgebung. Wenn sie Sorgen haben oder Ärger in der Arbeit oder sonst unangenehme Erlebnisse während des Tages hatten, ist es für sie schwer oder oft sogar unmöglich, sich mit ganzer Freude einem sexuellen Erlebnis hinzugeben. Ausnahmen gibt es natürlich, wie es ja bei fast allen Dingen immer auch Ausnahmen gibt. Wenn der Mann nun Sex wünscht oder gar fordert (weil er sich dazu im Recht fühlt, denn er soll doch der Bibel zufolge über die Frau herrschen!), dann könnte sein, dass sie zwar mitmacht, um ihm zu Gefallen zu sein oder sogar aus Liebe. Sie wird jedoch dann, trotz der Liebe, keinen befriedigenden Sex erleben, denn sie kann es wirklich nicht, sie (die meisten Frauen jedenfalls, es gibt immer auch Ausnahmen!) kann nicht total abschalten, wenn ihre Gedanken nicht frei sind. Wenn dies genannte Verhalten ein ständiges oder sehr häufiges Muster wird, dann kann man sich ausdenken, dass dies auf lange Sicht für eine Beziehung nicht förderlich ist. Es kann sogar sein, dass die Frau irgendwann einmal ganz die Lust auf Sex verliert. Es gibt immer noch eine Menge sogenannter frigider Frauen. Eigentlich dürfte es so etwas gar nicht geben, denn von Natur aus ist keine Frau frigide, es sei denn, es liegen körperliche Probleme vor (z.B. Hormonmangel), die man von einem Facharzt abklären sollte. Zwar sind nicht immer die Männer Schuld daran, dass eine Frau nicht die tiefe Befriedigung findet, aber es soll auch nicht übersehen werden, dass ein falsches Vorgehen des Mannes in vielen Fällen die Ursache ist. Eine persönliche Schuldzuweisung ist allerdings in vielen Fällen auch nicht gerechtfertigt, denn die Erziehung oder die mangelnde Aufklärung, also rein das Wissen um manche Zusammenhänge verhindern oft, dass es den Männern bewusst wird, dass sie etwas ändern müssten. Wir meinen heute, über den rein sexuellen Ablauf alles zu wissen, also über die rein körperlichen sexuellen Funktionen, aber wie es im Gefühlsbereich ist, das wissen Viele nicht. Und selbst im rein technischen sexuellen Ablauf wissen viele Menschen nur Bruchstücke oder nur einige Einzelheiten, aber wie alles zusammenhängt und was die biologischen Unterschiede sind, das ist nicht immer ausreichend bekannt. Auch hier wird deutlich, wie man heute alles im Yang-Bereich kennt, aber von Yin ist nicht viel zu finden.

Die sexuelle Erregungskurve ist bei der Frau ein wenig anders als beim Mann. Beim Mann steigt sie sehr steil an und mündet in den Höhepunkt. Dann fällt sie sehr schnell ab, meistens in wenigen Sekunden. – Bei der Frau beginnt die Kurve langsam, steigert sich dann bis zum Höhepunkt und endet dann auch langsamer. Mit anderen Worten: Die Frau braucht länger als der Mann. Auch hier gibt es natürlich Ausnahmen.

Wenn nun der Mann so geprägt ist, dass er sich nicht als Gebender empfindet und die Frau so geprägt ist, dass sie Geben sollte, dann kann man sich doch sicher vorstellen, dass sich dieses Verhalten sehr schlecht ändern wird. Man meint, dass man sich den vermeintlich natürlichen Verhältnissen entsprechend verhält und ändert nichts an dieser ungünstigen Situation. Wenn man sich jedoch bewusst wird, dass wir falsch geprägt wurden, dann sollte es doch nicht allzu schwer sein, wenn der Mann mehr Rücksicht nimmt auf die etwas anders gearteten Emotionen und Bedürfnisse der Frau. In der Praxis würde das bedeuten: Der Mann drängt die Frau nicht zum Sex, wenn sie nicht in der rechten Stimmung ist. Wie schon oben beschrieben, ist dies nicht eine schlechte Angewohnheit der Frau, sondern ihre weibliche Eigenart, die sie schlecht ändern kann. Es geht also darum, sich zu verstehen. Das Verstehen ist natürlich eine der wichtigsten Yin-Energien! Wenn das alles geschehen würde ,dann könnte der Mann der Frau etwas geben. Nicht nur „etwas", sondern die volle Freude und Befriedigung. Wenn nun Männer meinen, sie würden damit ihre eigenen Bedürfnisse aufgeben, dann täuschen sie sich. Denn die größte Freude kann es für den Mann sein, eine in jeder Weise zufriedene Partnerin im Arm zu haben. Seinen Höhepunkt wird er trotzdem bekommen. Die echte Liebe (Yin) ist allerdings hier Voraussetzung, nicht nur eine sexuelle Anziehung.

Viele Männer müssen oft erst lernen, zärtlich zu sein. Sie meinen oft, dass es männlich ist, wenn man erobert, wenn man ungestüm voran geht und gleich „zur Sache kommt". Mehr Geduld und vor allem mehr Verstehen für die Frau und ihre etwas anderen Bedürfnisse ist notwendig, wenn eine Partnerschaft langfristig glücklich sein soll. Männer meinen oft, dass „Kuschelsex" nicht männlich sei und dass Frauen das forsche Vorgehen dem Kuscheln vorziehen. Freilich sind nicht alle Menschen gleich und sicher gibt es Frauen, die einem Macho zu Füssen liegen. Dies dürfte aber sicherlich die Ausnahme sein. Viele Männer sind auch nur dann zärtlich zu ihrer Partnerin, wenn sie Sex wollen. Das führt dazu, dass die Frau dann nur Zärtlichkeiten, einen liebevollen Kuss, eine Umarmung nur dann bekommt, wenn der Partner Sex möchte. Für eine Frau ist es jedoch sehr wichtig, dass sie um ihrer selbst willen und nicht nur als Sexobjekt geliebt wird. Wenn sie nur Zärtlichkeiten bekommt, wenn er Sex will, dann wird sie unter Druck gesetzt und wird dadurch zur Gebenden, denn sie denkt bei jeder Zärtlichkeit sofort, dass sie nun für Sex bereit sein soll. Nämlich, dem Mann Sex zu „gewähren", wenn er es gerade will. Jedoch sollte ihr der Mann nicht nur ein schönes sexuelles Erleben schenken, sondern auch Zuwendung und Liebe, ohne dass es gleich zu einer sexuellen Handlung kommen muss oder sollte. Viele Männer müssen noch viel lernen und sich in die Psyche der Frau hineindenken. Es würde doch nichts daran liegen, der Partnerin einmal einen zärtliche Kuss oder ein wenig Kuscheln zu „schenken", auch wenn man gerade keinen Sex will. Dann wird der Mann tatsächlich zum Gebenden, nämlich zum Geben von Liebe und Zuwendung und nicht nur von Sex und die Frau wird dann mit dieser Liebe beschenkt. Der Mann ist dann nicht der Fordernde, sondern der Gebende. Freilich muss die Frau auch die zärtliche Liebe und Zuwendung mit Freude annehmen. Geben und Empfangen gehören immer zusammen, denn es ist ja wieder einmal Yang (Geben) und Yin (Empfangen).

Es geht bei all diesen oben genannten Tatsachen um ganz starke Prägungen, die durch die christliche Lehre ständig ausgeübt wurden und immer noch werden. Kaum jemand macht sich hierüber wirklich Gedanken. Zum Teil geschieht diese Prägung in ganz subtiler Weise, sodass die Gläubigen dies meistens gar nicht bemerken. Erinnern Sie sich bitte an die vielen Bibelzitate, die ich weiter vorne ausführlich erwähnt und kopiert habe.

Im allgemeinen emotionalen, nicht sexuellen Bereich ist es eigentlich ganz einfach, die Prägungen durch die christliche Lehre zu korrigieren. Beide Partner müssen versuchen, sich zu verstehen und jeder sollte dem anderen zuhören können. Über das Verstehen als wichtiges Kennzeichen der Liebe habe ich nun schon an mehreren Stellen ausführlich geschrieben. Jeder sollte <u>das</u> Geben, was er oder sie geben <u>kann</u> und der andere sollte dies mit Freude und Dankbarkeit annehmen. Wenn wir uns über die Prägungen durch den christlichen Einfluss bewusst werden, dann ist schon mal der wichtigste Schritt getan.

Man könnte noch viel über dieses Thema schreiben, jedoch würde dies den Rahmen dieses Buches sprengen. Ich hoffe, dass ich nun klarstellen konnte, was mit dem Geben und Annehmen im Zusammenhang mit dem Thema dieses Buches gemeint ist und wie es sich mit der Yin- und Yang-Energie diesbezüglich verhält. Ich möchte in diesem Zusammenhang wieder mal daran erinnern, dass Sex ohne Liebe eine reine Yang-Energie ist, Liebe jedoch, also das Verstehen, Zuwendung, Mitgefühl ist die dringend dazu gehörende Yin-Energie. Wenn es nur um Sex geht ohne wirklich Liebe – auch wenn er noch so gut und aufregend und sogar vordergründig befriedigend ist – wird nur Yang ausgelebt und das muss unweigerlich nach einiger Zeit zur Ernüchterung und sogar zu einem Anöden und somit zur unweigerlichen Trennung führen. Oder, wenn man sich nicht trennen will, weil Kinder da sind oder weil man Angst vor der Trennung und dem Alleinsein hat oder welche Gründe auch vorliegen mögen, wird aus einer solchen Beziehung kein Glück und keine Freude mehr erwachsen und das Leben schleppt sich nur noch mühsam dahin, Tag für Tag. Und das alles nur, weil die Seele fehlt, weil man sich nicht zu verstehen gelernt hat, weil man egoistisch ist . Kurzum, weil man nur der Yang-Energie folgt und Yin in unserer Gesellschaft immer mehr verdrängt wird. Wir könnten dies jedoch ändern. Ein Wissen hierüber und dann daraus folgernd ein neues Bewusstsein über die Kräfte von Yin und Yang und deren ständigem Ausgleich wird diese heute sehr schlimme Situation ändern. Leider ist die ganze Welt heute voll von der einseitigen Yang-Energie und es scheint sehr schwer zu sein, aus diesem allgemeinen Trend auszusteigen. Wenn wir uns jedoch niemals Gedanken machen über die hier in diesem Buch aufgezeigten Zusammenhänge, dann wird von selbst nie etwas geschehen. Wenn wir nicht im Kleinen anfangen – und dieses „Kleine" ist das tägliche Leben und insbesondere auch die Situation in den Familien, dann wird sich sehr wahrscheinlich auch im Großen so bald nichts ändern.

Nun kurz noch zu einer Frage, die bezüglich der gebenden und empfangenen Energie von Mann und Frau auftauchen wird: Muss nun die Frau unbedingt in einer partnerschaftlichen Beziehung überwiegend oder sogar immer die Yin-Energie haben und der Mann die Yang-Energie oder kann es auch umgekehrt sein?

Im Prinzip könnte es sicher auch umgekehrt sein und dies kommt auch gelegentlich vor. Die Rollenverteilungen sind heute nicht mehr so stark ausgeprägt wie früher, daher gibt es heute viele sehr aktive Frauen, also Yang-orientierte und viele ruhige Männer, also Yin orientiert. Auch können Männer sehr sanft sein, Frauen jedoch sehr ungeduldig und ein wenig ruppig, oder die Frau geht in die Arbeit und der Mann schaut nach den Kindern und versorgt den Haushalt, und so weiter....Wenn sich die beiden Pole ausgleichen, dann ist dies in Ordnung und kann für Beide befriedigend und richtig sein. Die Mehrzahl der Fälle wird dies jedoch sicher nicht sein, aber das ist nebensächlich. Warum es nicht die Mehrzahl der Fälle sein wird, liegt daran, dass im Wesen der Frau in den meisten Fällen naturgemäß mehr die Yin-Energie vorkommt und im Wesen des

Mannes die Yang-Energie. Die Lebensumstände können und werden allerdings eine ganz wesentliche Rolle spielen. Wie sich ein Kind entwickelt, wird weitgehend von der Prägung durch die Eltern oder dem gesamten Umfeld, in dem es aufwächst, bestimmt. Wie dieses Kind in jungen Jahren geprägt wurde, so wird es später als Erwachsener sein und sich verhalten. Prägungen und Umwelteinflüsse können Mädchen burschikos machen oder auch ruhig und zurückhaltend. Und Buben ebenso.

Wie sich das umgekehrte Verhalten in einer partnerschaftlichen Beziehung auch auf das sexuelle Verhalten und auf den gesamten emotionalen Bereich auswirkt und ob es Probleme durch eine Umkehrung geben kann, wage ich nicht zu beantworten. Wenn man diese Frage ausreichend beantworten möchte, müsste man viele entsprechende Untersuchungen solcher Partnerschaften durchführen, was sicherlich nicht ganz einfach sein wird. Wir werden also diese Frage zum jetzigen Zeitpunkt noch unbeantwortet lassen müssen. Vielleicht gibt es irgendwann einmal Forscher, die solche Untersuchungen vornehmen werden.

Ich möchte nun noch etwas ansprechen, was in partnerschaftlichen Beziehungen von Bedeutung sein kann. Es ist eine herausgegriffene besonders auffällige Yang-Eigenschaft: die **Aktivität**. Die Entsprechung dazu ist die Ruhe (Yin). Wie alle Yang-Eigenschaften scheint die Aktivität heute in extremer Weise vorrangig zu sein. Es ist „modern" oder zeitgerecht, wenn man immer beschäftigt ist, keine Zeit hat, immer aktiv ist. Wenn man immer unterwegs ist, einen Terminkalender führt und dort erst mal nachsehen muss, wann man Zeit für einen Besuch hat, dann ist man sehr angesehen, während man einen ruhigen Menschen, der gar noch reichlich Zeit hat, viel weniger schätzt. So ein Mensch wird dann als langweilig eingeschätzt und man wird ihn viel leichter übersehen oder nicht für wichtig erachten. Ruhige und zurückhaltende Menschen fallen schließlich schon wegen dieser Eigenschaft weniger auf, sodass man aktive Menschen automatisch mehr beachtet. Deshalb kommen sich aktive Menschen auch sehr wichtig vor und das fördert wiederum ihre Aktivitäten. Sich wichtig zu nehmen, ist natürlich auch eine Yang-Energie und hat weitere Folgen. Sie zieht weitere Yang-Energien an oder es ergeben sich diese automatisch daraus. So entsteht ein Kreislauf: Aus dem Streben nach Wichtigkeit folgert der Wettbewerb und dann weiterhin das Streben nach Dominanz. Die Leistung sowohl im Beruf wie auch im Privatleben wird dadurch extrem wichtig. Wir sprechen nicht umsonst von einer Leistungsgesellschaft. Man meint, je aktiver man ist, umso mehr

Erfolg wird man haben. Je mehr Erfolg man hat, umso mehr wird man diesen halten wollen, denn er zeigt deutlich, dass man wichtig ist und somit hoch angesehen. Deshalb wird aus dieser Wichtigkeit immer wieder das Streben und der Wunsch nach noch mehr Wichtigkeit automatisch folgen und somit mehr Dominanz angestrebt und der Leistungsdruck steigt immer weiter. Dabei merken die meisten Menschen gar nicht, dass sie sich diesen Druck selbst geschaffen haben! Nachdem die Menschen die Anerkennung durch Leistung suchen, wird dies logischer Weise von den Vorgesetzen ausgenutzt und als Druckmittel für noch mehr Leistung verwendet und dadurch steigt der Leistungsdruck noch mehr. Dieser Druck der Leistung kann Leben zerstören, kann unglücklich machen. Denn nicht jeder Mensch kann immerzu gute Leistungen bringen. Nicht Jeder kann beispielsweise der Erste im Sport sein, denn der Erste kann nur EINER sein, alle Anderen sind die Verlierer! Auch kann nicht jeder Mensch einen ständigen Leistungsdruck aushalten. Die Flucht in Drogen und sehr häufig auch in Depressionen ist oft der Ausweg, welcher die betroffenen Menschen zu immer mehr Leiden führt.

All diese Dinge prägen unser Leben und unsere Gesellschaft. Nachdem die Menschen weiterhin völlig auf die Yang-Energien ausgerichtet sind, fehlt die ausgleichende Yin-Energie nicht nur in Einzelbereichen, sondern überall! Viele Menschen wollen dies alles oft gar nicht einmal, sie hätten ein wenig Ruhe ganz gerne und wären sogar mit einem Beruf zufrieden, welcher nicht ein ganz so hohes Ansehen bringt, solange es wenigstens zum Auskommen reicht. Nachdem jedoch der Druck der Gesellschaft nach dem „Ansehen“ extrem groß geworden ist, folgen sie dem Druck dann trotzdem. Man reagiert oft automatisch in einer bestimmten Weise, weil Alle so sind und weil es allgemein als wichtig erachtet wird. Diese Dinge geschehen durch die Prägung der Gesellschaft. Kinder, die in einer solchen Gesellschaft groß werden, sind automatisch auf Leistung, Aktivität und auf Yang ausgerichtet.

Nun ist es doch klar, dass in einer Partnerbeziehung, in der beide ständig unterwegs und immerzu aktiv sind, die Ruhe fehlt und somit die Yin-Energie. Auf die Dauer wird dies nicht gut gehen. Es muss in einer Familie auch ein ruhender Pol sein. Es muss auch Stille geben und Zeit für das Nachdenken, ein Platz für Besinnlichkeit. Nicht nur für das Elternpaar ist dies notwendig, sondern auch für die Kinder. Wenn sie diese Ruhe nicht kennen lernen, dann werden sie noch mehr durchs Leben hetzen als ihre Eltern und einem Roboter ähnlicher sein als einem Menschen. Die Seele wird hier überhaupt nicht ausgeprägt. Ich erinnere an das 2. Kapitel und die Beschreibung der seelenlosen Gesellschaft!

Nochmals bezugnehmend auf das, was ich vorher über das sexuelle Verhalten gesagt habe, möchte ich nun besonders darauf aufmerksam machen, dass in einer Atmosphäre der Unruhe und Hektik ein besinnliches und tief befriedigendes sexuelles Erleben nicht nur schwer zu erreichen sein wird, sondern fast schon unmöglich ist. Nach einem hektischen Tag und einem ebenso hektischen Abend schnell noch nach dem Fernsehen ein wenig Sex zu haben, wird zu keinem nachhaltigen und tief befriedigendem Erlebnis werden.

Was ich über die übertriebene Aktivität gesagt habe, gilt sinngemäß natürlich auch für alle anderen typischen Yang-Eigenschaften.

Nachdem ich etwas ausführlicher über die Ruhe und die Aktivität geschrieben habe, sehen wir ganz deutlich, warum das Geben Yang und des Empfangens Yin ist. Das Geben wird jedoch in unserer Gesellschaft als typisch weibliche Eigenschaft betrachtet, also denkt man doch nun, es müsste Yin sein. Aber hier ist ja gerade die Umkehrung zu erkennen, die durch den christlichen Einfluss entstanden ist, wie ich nun schon sehr ausführlich dargelegt habe. Das Geben ist ein aktives Tun und kann somit gar nicht Yin sein. Es ist also Yang, während das Annehmen und Empfangen nichts oder nur wenig mit dem Tun, also mit Aktivität zu tun hat, sondern mehr im Gefühlsbereich liegt, also Yin ist. Die Umkehrung von Geben und Empfangen durch den christlichen Einfluss hat also in unserer Gesellschaft in grundlegender Weise die Beziehungen zwischen Mann und Frau auf unnatürliche Weise verändert. Und wir modernen Menschen, die wir immer meinen, wir seien nun sehr aufgeklärt und wissen nun viel mehr als unsere Vorfahren, wir merken das nicht einmal!

Es ist klar, dass es für einen Mann sehr befriedigend sein wird und ihm auch Vertrauen in seine Männlichkeit gibt und somit Stolz und das Selbstbewusstsein fördern wird, wenn er der Frau Liebe und Zärtlichkeit und auch die volle sexuelle Erfüllung <u>schenken</u> kann. Denn das liegt nun mal in seiner Natur, auch wenn die vielen Jahrhunderte der christlichen Erziehung dies unterdrückt hat. Ebenso ist es für die Frau nicht nur aus anatomischen Gründen, sondern auch aufgrund ihres Gefühlslebens sicher mehr erfüllend, die männliche Kraft und Stärke als Geschenk zu erhalten und sich die Liebe und Zuneigung schenken und sich sexuell ein wenig verwöhnen zu lassen. Nebenbei bemerkt ist es in der Indischen Liebeskunst eine Selbstverständlichkeit, dass der Mann der Gebende ist und die Frau sich diesem Geschenk mit Freude hingibt. Das muss uns nicht wundern, denn die christliche Lehre ist in Indien kaum verbreitet und somit konnte sich das natürlich Verhältnis von Geben und Empfangen auch nicht ändern.

Man sollte in diesen Dingen jedoch nicht zu strikt sein oder in ein stereotypes Verhalten verfallen. Es ist nicht gut, wenn Männer und Frauen jeder nicht auch ein wenig die Nehmenden und auch ein wenig die Gebenden sind. Dann ist das Gleichgewicht hergestellt und alles ist in Ordnung. Diese Situation ist sogar ideal. Es ist ohnehin nicht oder kaum möglich, dass immer nur einer gibt und der andere immer nur empfängt. Das Wort „nehmen" sollte man hier nicht verwenden, denn es geht nicht um ein forderndes nehmen (was Yang wäre!), sondern um ein Empfangen. Das ist zwar nur ein vermeintlich kleiner Unterschied der Wortwahl, jedoch ist er von großer Bedeutung.

Dass die Frauen aus einem inneren Bedürfnis heraus die Empfangenden sind, wird heute in den sogenannten Wellnesshotels oder sonstigen Wellnessbetrieben sehr deutlich sichtbar. Hier werden allerlei Dinge angeboten, die nicht nur allgemein der Erholung dienen, sondern ganz besonders auch ein Wohlfühlen des Körpers beinhalten. Massagen sind immer dabei und werden ganz besonders von Frauen mit großem Genuss angenommen. Nun kann man zwar sagen, die Frauen sind nun mal so und sie mögen das. – Ja, klar, die Frauen mögen das, weil sie gerne etwas Schönes **annehmen**. Und zwar ganz besonders im körperlichen Bereich. Eine Massage ist nichts anderes als ein zärtliches Empfinden, nichts anderes als ein Streicheln des Körpers. Offensichtlich erleben Frauen, die dies in einer Massage durch bezahlte Kräfte suchen, dies in ihrem Privatleben nicht ausreichend. Wenn sie gerade keinen Partner haben, dann ist dies verständlich. Wenn sie jedoch in einer Partnerschaft leben, dann sollten sie genug Zärtlichkeit und Streicheleinheiten von dem Partner bekommen. Da jedoch die Männer und Frauen umgepolt wurden und die Männer sich deshalb als die Empfangenden empfinden, werden sie ihre Geliebte nicht ausreichend mit dem versorgen, was eine Frau von ihrer Natur aus sehr dringend benötigt. Sie bekommt deshalb sehr häufig nicht genug und muss sich dann die Zuwendung in einem Wellnesscenter holen. Das ist eigentlich sehr traurig.

Dass Partnerschaften heute in großer Zahl schon nach wenigen Jahren wieder auseinander brechen, hat sehr oft – oder sogar meistens – mit sexuellen Problemen zu tun. Man meint dann, man würde sexuell nicht zusammen passen, versucht vielleicht für einige Zeit, dies durch andere sexuelle Praktiken zu lösen. In Wahrheit liegen die Probleme gar nicht in der Art und Weise, wie man Sex ausübt. Denn in Wahrheit sind die Probleme darin begründet, dass wir falsch gepolt sind und insbesondere auch, dass die Yin-Energie zu kurz kommt. Abhilfe kann hier nur geschaffen werden, wenn ein Paar zum wahren Ausgleich von Yin und Yang kommen kann.

Obwohl ich es schon sehr ausführlich angesprochen habe, möchte ich nochmals betonen, dass die Ruhe in einer Partnerschaft ein sehr wichtiger Faktor ist. Das trifft sowohl für den gesamten täglichen Lebensrhythmus zu, wie auch für den sexuellen Bereich. Sex wird oft als reine aktive Sache betrachtet. Jedoch kann ein tiefes sexuelles Empfinden auch entstehen, wenn Mann und Frau nur ruhig beisammen liegen, sich im Arm halten und die ruhige Zeit zusammen genießen. Dass aus einer solchen Ruhezeit dann auch wieder eine sexuelle Aktivität entstehen kann, ist selbstverständlich und zeigt eigentlich nur wieder mal auf, wie Ruhe und Aktivität im Idealfall sich abwechseln und ergänzen sollten. Wenn jedoch die Aktivität im sexuellen Bereich als einzige Energieform vorhanden ist und es kaum oder gar kein ruhiges Zusammensein geben kann, wo sich die Seelen treffen können, dann wird selbst das intensivste sexuelle Erleben auf Dauer nicht ausreichen und Trennungen sind vorprogrammiert. Wenn eine Partnerschaft wackelt und gefährdet ist, dann wird dies oft in einem gemeinsamen Urlaub sehr einfach gelöst. Denn nun haben die Partner Zeit und Ruhe füreinander. Dass man dies jedoch auch im Alltag praktizieren könnte, das schaffen viele Paare nicht und nach dem Urlaub sind alle Probleme wieder genau so da wie vorher. Eigentlich müsste man ja nicht jeden Abend fernsehen oder sonst wie ständig aktiv sein. Keiner zwingt uns, auch in der Freizeit ständig aktiv zu sein.

Man übersieht oft auch, dass ein Nichtstun auch aktiv sein kann, nur in anderer Weise. Man kann ruhig sein, beobachten, aufmerksam sein und vieles aufnehmen, was einem ständig aktiven Menschen gar nicht auffällt, weil er gar nicht stillhalten kann in seiner Aktivität. Somit ist auch die Ruhe in gewisser Weise ein aktives Tun. Umgekehrt kann es auch sein. Ein aktiver Mensch kann so in seiner Aktivität gefangen sein, dass er gar nicht bemerkt, dass man in der sehr extremen Aktivität manchmal gar nichts mehr tut, weil man nur noch getrieben ist von seiner eigenen Aktivität und etwas nur noch automatisch ausführt, ohne zu denken. Wenn man bei einer Tätigkeit nicht mitdenkt und auch nichts mehr fühlt, dann ist dies keine echte Aktivität, sondern zwanghaft. So eine automatisch ablaufende Tätigkeit ist dann zwar keine Ruhe, denn man tut ja ständig etwas, jedoch ist es eine Art von Nichtstun im Tun. Solche Situationen kommen recht häufig vor. Oft fehlt sogar der echte Anreiz, etwas zu tun. Man tut es jedoch trotzdem, weil man nicht ruhig sein KANN. Zwanghaftes Handeln (z.B. etwas zu tun, weil MAN etwas tut oder tun sollte oder auch ein unbewusstes zwanghaftes Tun!!!) hat sehr viel mit Yang zu tun. Auch an diesem Beispiel sehen wir, wie Yang sich immer wieder selbst verstärkt, wenn diese Energie einmal die Oberhand gewonnen hat. Dieser Automatismus kann allerdings auch bei einem Übergewicht von Yin entstehen. Auch bei einem Übermaß an Yin könnte sich diese Energie dann immer weiter automatisch ausweiten. Nur ist das in unserer Gesellschaft wegen des Übergewichts von Yang kaum der Fall.

Auch an diesen Beispielen sehen wir, wie wichtig es ist, Yin und Yang im Gleichgewicht zu halten. Denn wenn es einmal gestört ist, dann folgert daraus eine immer noch größere Ungleichheit. Es wird zu einer Spirale ohne Ende! Deshalb müssen wir ganz besonders aufpassen, schon beim ersten Anzeichen einer Störung etwas zu unternehmen. Leider haben wir das in unserer Gesellschaft schon vor Jahrhunderten versäumt. Deshalb haben wir heute unsere großen Probleme!

Noch etwas zur weiteren Klarstellung über das Geben und Empfangen: Ich habe nun ausführlich davon gesprochen, dass die Frauen in unserer vom Christentum geprägten Gesellschaft anstelle des Empfangens das Gewähren praktizieren. Eine Frau, die gewährt (z.B. Sex oder auch Zärtlichkeit), ist in Wirklichkeit keine Gebende. Wenn man Gewähren mit Geben gleichsetzt, so ist dies leider ein Trugschluss. Wenn jemand etwas gewährt, dann stellt sich dieser Mensch automatisch über denjenigen, dem man diesen Gefallen tut und etwas gewährt. Man teilt ihm die Liebe zu. Die Liebe wird dadurch zur Ware, zum Konsumartikel. Oder auch zu einem Machtmittel. Hier kann kein Austausch erfolgen. Solche Frauen geben nicht nur ihren Partnern nichts, sie tun auch sich selbst keinen Gefallen, denn sie blockieren ihre weibliche Energie und verwandeln ihre Weiblichkeit zur Ware, auch wenn ihnen dies nicht bewusst wird und selbst wenn sie sich nicht verkaufen gegen Geld, sondern kostenlos ihren Körper zur „Benutzung“ freigeben. Ich weiß, dies ist ein hartes Wort. Aber leider ist es auch ein wahres Wort! Von „Schenken“ kann man in so einem Falle ohnehin nicht sprechen, denn es ist ein wohl überdachtes und dosiertes Handeln. Solche Frauen, die sich als die Starken fühlen, weil sie ihre Gunst den Männern zuteilen können, haben meist auch eine sehr harte und unweibliche Ausstrahlung, die daher kommt, dass sie keinen wirklichen Zugang zu ihrer Sexualität und ihrer wirklichen Weiblichkeit haben und somit auch von Yin keine Ahnung haben. Diese Art der Gewährung ist somit nicht Yin, sondern Yang!

Wir erleben heute in noch nie da gewesener Weise, wie Partnerschaften zerbrechen. Wenn ein Paar mehr als 7 Jahre beisammen ist, dann wird dies schon als großer Erfolg betrachtet. Dies weist doch eindeutig darauf hin, dass heute der normale und ungehinderte Energiefluss zwischen Mann und Frau gestört ist.

Sicherlich könnte man nun in allen möglichen Bereichen die Ursachen dafür suchen. Jedoch sind heute die wirtschaftlichen Umstände meisten besser als je zuvor und in Bezug auf Freiheit sind wir auch kaum eingeschränkt. Wir können arbeiten was wir wollen, wir können wohnen, wo wir wollen, wir können religiös sein oder auch nicht. Alle Möglichkeiten stehen uns heute viel mehr offen als jemals zuvor. Diese Freiheit kann natürlich auch ein Grund sein, warum das Zusammenleben von Mann und Frau nicht mehr reibungslos abläuft. Auch unser recht hoher Wohlstand kann Schuld daran sein. Wir haben zwar sehr viele Bequemlichkeiten und niemand muss wirklich Not leiden, jedoch ist es eine alte Weisheit, dass man immer noch mehr will, wenn man ohnehin schon viel oder gar alles hat. All diese Dinge spielen sicher mit herein, wenn Partnerschaften auseinander gehen.

Nachdem jedoch der Energiefluss von Yin und Yang heute extrem gestört ist, bin ich sicher, dass dies die Hauptursache für Partnerprobleme ist. Dieser wichtige Energiefluss ist jedoch nicht nur in der persönlichen Beziehung zwischen zwei Menschen gestört, sondern in allen Bereichen unseres modernen Lebens gibt es die Gleichwertigkeit von Yin und Yang nicht mehr und somit leben wir und unsere gesamte Gesellschaft ständig in einem gestörten Energiefeld, welches nicht nur partnerschaftliche Beziehungen betrifft. In diesen, so scheint es jedoch, wirkt sich der fehlende Energiestrom besonders nachteilig aus, weil es ja letztendlich hier ganz deutlich und sehr tief greifend um eine ständige Konfrontation mit diesem nicht funktionierenden Energiestrom von Yin und Yang geht. Denn schließlich geht es ja in der Beziehung um ein Zusammenkommen von einer Frau und einem Mann und somit naturgemäß um Yin und Yang. In der sexuellen Beziehung wirkt sich dieser falsche Energiefluss ganz besonders stark aus. Denn mit der Sexualität oder durch die Sexualität könnte auf geradezu ideale Weise der richtige Energiestrom erlebt werden und dadurch unser Leben sehr intensiv und nachhaltig in positiver Weise beeinflusst werden. Gute und für beide Partner nicht nur körperlich, sondern auch seelisch erlebte befriedigende Sexualität wird unser ganzes Leben und unser Wohlbefinden sowohl im seelischen wie auch im körperlichen Bereich stark beeinflussen und uns wirklich anhaltend und nachhaltig glücklich machen. Ist die Sexualität jedoch nur oberflächlich befriedigend im rein körperlichen Bereich (Yang) und wenn der richtige Energiefluss gestört ist oder sogar falsch gepolt ist, dann kann eine Beziehung auf lange Sicht gar nicht glücklich sein oder bleiben und eine Trennung ist schon von Anfang an vorprogrammiert. Anfänglich kann die Sexualität, selbst wenn sie falsch gepolt ist, sogar vermeintlich große Freude machen. Oft ist diese anfängliche Freude auch nur bedingt durch den Reiz des Neuen. Aber lange anhalten wird dieser Reiz nicht und meistens nach 2-3 Jahren lässt die Euphorie langsam aber sicher nach und schließlich ist alles nur noch langweilig. Wobei eine Beziehung über drei Jahre schon lang ist, viele Beziehungen halten noch viel weniger lang.

Es gibt neben der Umkehrung von Geben und Empfangen auch noch einen weitere Grund für das häufige Scheitern von Beziehungen: Den Egoismus. Eine etwas mildere Form ist die Egozentrik. Wenn jeder nur an sich denkt, dann kann es kein Geben und Empfangen geben. Der Egoismus und die Egozentrik ist natürlich auch wieder nur Yang! Warum so viele Menschen egoistisch geworden sind, liegt unter Anderem auch daran, dass uns Gott zum Herrscher der Erde eingesetzt hat und wir uns deshalb so sehr wichtig nehmen.

Als Fazit aus diesen Überlegungen können wir nun sagen, dass nicht nur jedes Paar für den richtigen Energieausgleich verantwortlich ist, sondern die ganze Gesellschaft ist es. Denn zu viele gelangweilte oder unzufriedene Menschen können nichts Positives schaffen. Es müssten sich alle Menschen bewusst werden, dass unser heutiges Leben unnatürlich ist und wir uns mehr den Yin-Energien zuwenden müssen und dadurch automatisch die Yang-Energien auf die normale Ebene kommt. Eine grundsätzliche Änderung der Gesellschaft können nur wir alle gemeinsam hervorrufen. Wenn jedoch niemand darüber nachdenkt und es keinem bewusst wird, was in unserer Gesellschaft geschehen ist, dann wird eine Änderung nicht eintreten.

Es könnte sicher jeder Mensch dazu beitragen, wenigstens in der eigenen Mann-Frau-Partnerschaft und auch im übrigen Leben sowie im eigenen familiären Bereich etwas zu ändern. Nachdem die Familie der Kern einer Gesellschaft ist, muss in der Familie angefangen werden. Und die Familie fängt mit einem Mann und einer Frau an. Wenn sich diese Beiden einig sind und über Yin und Yang Bescheid wissen und darüber, dass diese beiden Kräften im Gleichgewicht sein müssen, dann wird der erste Schritt zu einer Änderung schon getan sein. Wie ein Paar dies bewerkstelligt, muss jedes Paar selbst wissen und heraus finden. Man wird den Gegebenheiten folgen und kann sicherlich nicht nur nach einem ausgedachten Plan vorgehen. Sobald wir jedoch über diese hier aufgezeigten Tatsachen Bescheid wissen, werden sicher auch gangbare Wege gefunden werden. Es geht doch in diesem Buch darum, das Wesen und die zwei verschiedenen Energieformen von von Yin und Yang zu verstehen. Die vielen Beispiele, die ich hier bringe, sollen dazu beitragen. An Beispielen lässt sich viel besser alles erklären, als an langen theoretischen Abhandlungen über das Wesen von Yin und Yang.

Ich möchte nun noch auf einige typische Dinge verweisen, welche in unserer Gesellschaft in besonderer Weise durch das Überwiegen der Yang-

Energien entstanden sind. Diese haben nicht unbedingt immer mit partnerschaftlichen Beziehungen zu tun, jedoch spielen sie oft doch in diesen Bereich mit hinein und außerdem geht es dabei auch um das Ungleichgewicht von Yin und Yang im menschliche Zusammenleben und passt somit in dieses Kapitel. Es geht um die Mode.

Es besteht ein Zusammenhang zwischen dem Überwiegen von Yang und der übertriebenen Hinwendung zur Mode. Nicht so sein zu wollen, wie man von Natur aus ist, das bedeutet, dass man dem Aussehen des Körpers mehr Gewicht gibt als der Seele. Dies ist eine deutliche Hinwendung zu Yang. Dass Mode üblicher Weise von Frauen mehr geschätzt wird als von Männern, bedeutet nicht automatisch, dass die Mode eine Yin-Energie ist.

Selbstverständlich haben sich Frauen aller Zeiten gerne ein hübsches Kleid angezogen oder eine schöne Kette, einen Armreif angelegt oder Wert auf schönes und volles Haar gelegt. Das ist Ausschmückung und deshalb feminin, jedoch noch nicht Mode. Ein Kleid, das die Figur vorteilhaft betont und einer Frau gut steht, ist noch kein Modeartikel. Diese Dinge unterstreichen die Weiblichkeit, aber verändern nicht den Typ und die Persönlichkeit der Frau. Mode und Kosmetik jedoch – besonders wenn dies übertrieben wird - verändert einen Menschen viel mehr, als es nur ein hübsches Kleid tun könnte. Modeartikel, die oft sehr verrückt und unnatürlich sein können, betonen nicht die Persönlichkeit der Frau, sondern macht sie zu einem unpersönlichen Gegenstand, der lediglich dem jeweiligen Modetrend entspricht. Der Mensch wird zu einer Sache! Interessant ist auch, dass Mode in übertriebener Weise nur in Kulturen vorkommt, die sehr wohlhabend sind. Das hat zwar auch etwas damit zu tun, dass sich arme Leute dies nicht leisten können, aber es hat auch damit zu tun, dass reiche Länder wegen des Materialismus sehr nach Yang ausgerichtet sind. Wenn das nicht so wäre, dann wären sie auch nicht sehr reich. Sie sind demnach so materialistisch, <u>weil</u> sie extrem nach Yang ausgerichtet sind. Extreme Ausrichtung auf Yang ist somit die Ursache und nicht die Folge des Reichtums.

Auch in alten Kulturen gab es schon die Mode und oft auch in ebenso verrückter Weise wie dies heute bei uns der Fall ist. Aber wenn wir mal genauer hinsehen, dann werden wir sehr schnell heraus finden, dass solche Kulturen (wie z.B. Ägypten, Babylon etc.) unserer heutigen Zeit sehr ähnlich waren in Bezug auf Materialismus und Reichtum. Die Ägypter beispielsweise waren ebenso wie wir heute, sehr stark Yang orientiert. Indigene Völker jedoch kennen meistens keine Mode in unserem Sinne. Bei diesen Völkern ist auch meistens Yin und Yang noch im Gleichgewicht.

Wenn sich Menschen mehr um ihr Aussehen, also mehr um Äußerlichkeiten kümmern und nicht um ihr wahres Sein als ganzer Mensch, nämlich mit Spirit und Körper, dann zeigt dies, dass sie ihren Körper gar nicht als die gleichwertige Seite ihres Ichs empfinden, sondern als ein Eigentum. Sie haben dann kein echtes Körperbewusstsein, sondern betrachten ihren Körper als eine Sache, die sie besitzen. Sie sagen und meinen es auch so, dass sie einen Körper haben und nicht selbst dieser Körper sind. Diese Vorstellung ist auch in unserer westlichen Gesellschaft vorherrschend. Es ist nun kein Wunder, dass solche Menschen mit ihrem Körper, also mit ihrem Eigentum einen guten Eindruck machen wollen. Es ist nicht anders, als wenn man ein großes Auto oder eine teure Villa haben will. Damit zeigt man dann zwei Dinge: Dass man wohlhabend ist und sich das leisten kann und dass man das, was man besitzt (also in diesem Fall den Körper) ebenfalls reich ausstatten kann. Dies kann mit teuerer Kleidung geschehen oder auch mit kostbarem Schmuck. Weil es beim Reichtum sehr typisch ist, dass man damit andere Menschen nicht nur beeindrucken, sondern auch übertrumpfen will, muss das Auto mit wachsendem Wohlstand immer größer und das Haus immer vornehmer werden. Eine viel einfachere Methode jedoch, sich wichtig vorzukommen und vor anderen hervorzustechen, ist die Mode. Diese kann zwar auch sehr teuer sein, aber es gibt auch preisgünstige Möglichkeiten, sich auffallende und ungewöhnliche Kleidung zu beschaffen. Kosmetik ist ebenfalls ein Mittel, nicht so zu sein, wie man nun mal von Natur aus ist, sondern das Aussehen und somit auch die eigene Persönlich sehr beträchtlich zu verändern. Tatsächlich wird man dann jemand Anderer. Aber man wird jemand, der nur noch Körper ist und man keine Ahnung hat, dass man auch Spirit ist. Extrem wird dies, wenn man dann auch noch den Körper durch sogenannte Schönheitsoperationen verändert, um dem jeweiligen Schönheitsideal zu entsprechen. Oder um jünger auszusehen, als man ist. Kaum jemand, der sich in der hier angesprochenen Weise benimmt, macht sich wohl Gedanken darüber, dass sie von der Ganzheit als Mensch keine Ahnung haben. Dass sie sich selbst immer mehr trennen von dem eigentlich Menschsein und dass sie Körper und Spirit nicht als Einheit betrachten. Mode, Kosmetik und Veränderungen des Körpers durch Schönheitsoperationen sind extreme Yang-Eigenschaften. Auch wenn es nun gar nicht danach aussieht, dass unser christlicher Glaube etwas damit zu tun hat, so ist es doch keine Frage, dass unsere Grundeinstellung geprägt ist von der Vorstellung, dass Körper und Spirit getrennt sind, weil Gott und die Materie nach dieser Lehre getrennt sind und keine Einheit bilden.

Nun noch ein kurzer Hinweis auf das gegenseitige Verstehen. Das gegenseitige Verstehen von Mann und Frau und ihren geschlechtsspezifische Eigenheiten und Bedürfnissen fehlt heute vielen Menschen sehr oft. Vom Verstehen im seelischen Bereich erst gar nicht zu sprechen. Weil wir keine Seele ausgeprägt haben und nicht einmal mehr wissen, was Seele ist, deshalb können wir uns im seelischen Bereich auch gar nicht mehr kennen lernen und verstehen. Wenn ich junge Paare beobachte und ihre Erzählungen oder auch nur auf am Rande hingeworfene Bemerkungen achte, fällt mir immer auf, dass wir heute ein ganz großes Manko in Bezug auf das Verstehen haben. Die Menschen machen sich gar nicht mehr die Mühe oder merken es nicht einmal, dass sie sich nicht gegenseitig verstehen. Und zwar meine ich das Verstehen in ihrer Verschiedenheit. Sie suchen ständig nach den Gleichheiten, bemängeln auch das Fehlen der Gleichheiten und kommen gar nicht auf den Gedanken, die Verschiedenheiten auch einmal genauer zu betrachten und zu hinterfragen und dann, als Ergebnis, diese Verschiedenheiten nicht nur zu akzeptieren, sondern sich hinein zu fühlen in das Seelenleben des Partners/der Partnerin und diese Verschiedenheiten als Bereicherung zu erleben. Bei Gleichheiten gibt es gar nichts zu verstehen. Aber Mann und Frau sind nun mal verschieden und das ist gut so. Diese Verschiedenheiten gilt es, sie nicht nur zu erkennen, sondern sie auch anzuerkennen und sie zu verstehen. Sich in den Gefühlsbereich, aber auch in das körperliche „Anderssein" hineinzudenken, das macht die Liebe aus. Eine echte Liebe ohne das Verstehen kann es gar nicht geben. Das Verstehen ist der Kern der Liebe. Wenn man meint, guten Sex zu haben, sich aber dann nicht versteht, wenn es einmal gerade nicht ganz so supergut läuft, dann liegt das fast immer daran, dass man sich nicht verstehen kann. Dass man nicht einmal weiß, was Verstehen ist! Oft meint dann einer der Partner, dass der andere ihn oder sie nicht versteht. Aber kaum jemand stellt sich dann selbst die Frage, ob man denn auch selbst den Partner/die Partnerin versteht. Dies kommt daher, dass so viele Menschen egozentrisch denken, also nur an ihre verletzten Gefühle und dem Nicht-Verstanden-Werden. Dass der Partner oder die Partnerin sich auch nicht verstanden fühlt, das merken diese egozentrisch orientierten Menschen meistens gar nicht. Es kommt ihnen nicht einmal der Gedanke, dass so etwas auch möglich sein könnte. Denn all ihre Gedanken kreisen nur um ihr eigenes Ego! All das ist Yang!

Viel Gutes bezüglich des Verstehens der Verschiedenheit von Mann und Frau könnte schon bei Jugendlichen vor der Pubertät erreicht werden. Das notwendige Verständnis könnte gefördert werden, wenn es eine gute Aufklärung über die Verschiedenheit der Gefühle und Reaktionen sowohl durch das Elternhaus wie auch in der Schule gäbe und man auch diese oben genannten Dinge des Verstehens der Verschiedenheiten ansprechen würde. Wir sind zwar heute sehr offen, wenn es sexuell um körperliche, also rein funktionelle Dinge geht (das ist natürlich wieder Yang!), wenn es jedoch um Gefühle (Yin!) geht, dann ist keine Offenheit vorhanden und wir schweigen lieber. Das größte Problem ist, dass wir uns tatsächlich nicht verstehen können, weil unser ganzes Leben extrem nach Yang ausgerichtet ist und aus diesem Manko resultieren die Schwierigkeiten im Zusammenleben.

Wir sind heute in eine sehr eigenartige, ja sogar als makaber zu bezeichnende Situation geraten. Früher waren die Menschen so erzogen, dass sie die Sexualität als schmutzig und sündhaft betrachteten und aus diesem Grund viele Menschen keine wirkliche Freude daran erleben konnten. Zum Glück gab es immer ein paar Ausnahmen! Heute haben wir dieses Problem zwar möglicherweise noch nicht ganz, aber doch weitgehend überwunden, denn als sündhaft gilt Sex heute nur noch in ganz extrem christlichen Kreisen. Ganz sind wir aus dem Mittelalter wohl doch noch nicht herausgewachsen! Die meisten Menschen gehen jedoch sehr frei mit der Sexualität um. Dafür haben wir uns jedoch ein neues Problem eingehandelt. Nämlich das Fehlen der Seele. Dies verhindert den Austausch von Gefühlen. Makaber dabei ist, dass früher, als Sex noch als schmutzige und sündhafte Sache betrachtet wurde, ausgerechnet das Gefühl sehr stark betont war, die Freude und das tiefe Empfinden der Sexualität jedoch durch die prüde christliche Beeinflussung verhindert wurde. In diesen besonderen Fällen hat sicherlich damals die übertriebene Yin-Energie speziell in den zwischenmenschlichen Beziehungen die Yang-Energie (also auch das Wissen über die Sexualität, die Anatomie und sexuelle Vorgänge) verdrängt, was dann zu vielen Problemen geführt hatte. Nun ist diese Hürde weitgehend genommen und trotzdem haben wir Probleme. Diese haben wir uns jedoch selbst geschaffen durch die extreme Hinwendung zur Yang-Energie. Die Menschen fallen leider oft von einem Extrem ins andere. Früher waren die Menschen oft unglücklich, weil sie kaum etwas über die Sexualität wussten oder nur vom Hörensagen Halbweisheiten irgendwo aufschnappten. Heute leben sich viele Menschen sexuell aus, auch mit oft wechselnden Partnern, aber zu einer lang anhaltenden Bindung sind sie nicht fähig! Wilhelm Reich hat schon 1945 darauf hingewiesen, dass die meisten Menschen sich einen „Gefühlspanzer“ angelegt haben, um ihre innersten Gefühle nicht zu zeigen. Damals war die Ursache sicherlich die Scheu vor der Sexualität, welche auf den christlichen Einfluss zurück zu führen ist. Heute gibt es andere Gründe, wenn wir uns einen „Gefühlspanzer“ anschaffen, nämlich das Fehlen der Seele und damit die Scheu oder sogar das Unvermögen, über Gefühle zu sprechen oder sie zu zeigen. Die heute sehr oft gesuchten sexuellen Erlebnisse z.B. bei einem einmaligen Sexerlebnis (ONS) mit einem vollkommen fremden Menschen kann kein tiefes und inniges (somit auch kein seelisches) Yin-Erleben sein und auch nicht die tiefe innere Befriedigung bringen. Reich betont, dass bei den damaligen Menschen das Fließen der Gefühle verhindert wurde und dies das Wohlbefinden und den Charakter des ganzen Menschen negativ beeinflusst hat (siehe Wilhelm Reich: *„Die sexuelle Revolution. Zur charakterlichen Selbststeuerung des Menschen*“). Es geht hiermit bei Reich um das Fließen der Gefühle. Nun werden sicher viele junge Menschen von heute sagen, dass ihre Gefühle sehr stark sind, wenn sie Sex haben. Nur ist es eine Frage, was sie mit Gefühlen meinen. Ich habe oft herausgehört aus solchen Bemerkungen, dass man in diesen Fällen nur das reine Körpergefühl meint. Also in diesem Fall die sexuellen körperlichen Reize und Reaktionen und ob man sie stark oder weniger stark empfindet. Und dann versucht man, diese rein körperlichen Reize so stark wie möglich zu empfinden und meint dann, dass man tiefe Gefühle hat. Aber das sind alles keine seelischen Empfindungen, sondern rein körperliche Wahrnehmungen, also Yang. Auch das sexuelle Bedürfnis und der sexuelle Drang wird oft als ein „Gefühl“ bezeichnet. Dass man dies alles körperlich intensiv wahrnehmen und erleben kann, ist keine Frage. All das liegt im Bereich von Yang. Dies meinte Reich jedoch nicht, sondern das Fließen der <u>seelischen</u> Gefühle. Dies ist nur möglich, wenn wir die Yin-Energien noch kennen und mit unserer Seele wahrnehmen, also die Wärme der Gefühle dem Partner gegenüber, was dann die eigentliche Liebe wäre. Aber hier gibt es schon wieder ein Missverstehen, wenn wir nämlich Sex mit Liebe gleichsetzen, was heute sehr oft geschieht, ja sogar die Regel ist. Denn dann meinen wir, dass wir doch die Liebe teilen. Aber wir meinen dann den Sex, weil wir meinen, sexuelle Gefühle seien automatisch gleichbedeutend mit Liebe. Unsere Sprache ist leider hier sehr verwaschen. Im Englischen ist es nicht besser, da sagt man: „to make love“. Damit ist nur der Sex gemeint, aber nicht das, was Liebe ist, also keine seelische Zuwendung, keine Seelengemeinschaft. Wir können Liebe auch gar nicht „machen“! Wir sind heute so in der einseitigen Yang-Energie gefangen, dass wir all diese Dinge kaum mehr wahrnehmen und auch nicht verstehen können. Das ist wohl das Hauptproblem: wir wissen nicht einmal mehr, was Seele ist, was seelische Gefühle sind, was Liebe ist! Aber wir <u>meinen</u> es zu wissen, weil wir mit unserem Verstand die Körpergefühle als Liebe bezeichnen, aber in Wahrheit nicht wissen was Liebe wirklich ist und deshalb auch nicht die Yin-Energien damit meinen können! Denn wir wissen gar nicht mehr, dass es so etwas gibt.

Das Teilen ist neben dem Verstehen auch ein Kennzeichen der Liebe. Nicht nur das Teilen der sexuellen Erlebnisse, sondern das Teilen von Gefühlen in dem Sinn, den ich soeben versucht habe zu erklären. Auch das Teilen und Verstehen von allen anderen Arten von Bedürfnissen ist Liebe. Das Mitteilen ist auch eine Art von Liebe, denn es ist ja auch ein Teilen. Zum Beispiel das Mitteilen von Erlebnissen des Alltags oder der Arbeit. Auch wenn es oft nur Kleinigkeiten sind, so ist dieses Mitteilen eine Art von Liebe, ein Teilhaben an der Welt des Anderen. Es ist nicht nur wichtig, dass wir sagen: „Ich liebe dich!“ Dies kann zu einer Floskel werden, die gar nichts mehr sagt. Ich kannte ein Ehepaar, das dies täglich mehrmals sagte und sich auch nur mit „Darling“ ansprachen, aber es waren nur leere Worte, denn die Ehe war total am Ende und die Scheidung ließ nicht lange auf sich warten. Wenn wir jedoch sagen würden: „Ich brauche dich, du bist wichtig in meinem Leben, ohne dich ist es nur halb so schön!“ ….oder ähnliche Dinge, dann wäre dies eine Mitteilung unserer Gefühle und somit ein Teilen. Und wenn wir nicht nur oberflächlich, sondern mit wirklichem Interesse zuhören können, wenn uns der Partner/die Partnerin etwas erzählt (auch wenn es für uns belanglose Dinge zu sein scheinen), dann ist dies ein echtes Teilen und das ist Liebe. Ich kannte einen Mann, der sofort abweisend reagierte, wenn seine Frau etwas von ihrem Leben und ihrem Alltag erzählte. Ja, er sagte sogar: „Das interessiert mich nicht!“. So ein Verhalten ist der Gipfel der Lieblosigkeit.

Warum ist es für uns heute so schwierig, unsere Gefühle mitzuteilen?

Ich habe einmal die Liebesbriefe meiner Großeltern gelesen. Dort wimmelt es nur so von Liebesbeteuerungen. Um die Jahrhundertwende zum 20. Jahrhundert schrieben sich Verliebte in etwa folgender Weise: "Mein hochgeschätztes Liebchen, wie sehr vermisse ich dich! Wenn ich nur einen einzigen Blick in deine dunklen Augen werfen könnte, den Druck deiner Hand spüren würde usw..." Ja, dieser Schreibstil ist für uns heute fast nicht mehr erträglich. Ist es jedoch mehr erträglich, gar nichts mehr von Liebe zu schreiben oder zu sagen? Oder nur eine SMS zu schreiben mit den kurzen Worten: ich liebe dich. Und das ist dann alles, auch wenn es jeden Tag geschrieben wird. Sind wir nicht wieder einmal von dem einen Extrem ins andere gefallen? Die seelischen Eigenschaften, die früher sicher übertrieben waren, sind uns heute völlig verloren gegangen! Ein Mittelweg wäre auch hier sicher gut. Zumindest sollten wir nicht vergessen, unserem Partner gelegentlich zu sagen, dass wir ihn oder sie brauchen und dass ein Zusammensein schön und befriedigend ist! Ich habe kürzlich in einer Diskussionsrunde gesagt, dass man seinem Partner jeden Tag etwas Liebes sagen sollte. Eine Teilnehmerin fragte mich ganz entsetzt: "Jeden Tag!?" - Dieses Beispiel zeigt, wie sehr wir von diesen

Dingen weggekommen sind und wie schwer es ist, seelische Dinge mitzuteilen. Wenn nun jemand meinen sollte, man solle dem Partner/der Partnerin jeden Tag kurz mal so nebenbei texten „ich liebe dich“ dann ist man sicher nicht auf dem richtigen Weg. Wir sehen an diesem Beispiel, wie schwer es heute ist, den richtigen Weg für die Mitteilung und Wahrnehmung von Gefühlen zu finden. Die Technik (Yang!) macht es zwar extrem einfach, sich etwas zu schreiben, aber etwas MIT-ZU-TEILEN (Yin!) können wir nicht mehr!

Wie schwer es ist, sich auszutauschen und wirklich offen miteinander zu sprechen, wird sehr häufig besonders im sexuellen Bereich ersichtlich, wenn es einmal nicht so abläuft wie man sich das vorgestellt oder erwartet hat. Das kann für Beide frustrierend sein. Anstelle sich gegenseitig zu fragen und mögliche Erwartungen anzusprechen und damit Klarheit zu schaffen oder auch Missverständnisse in der Kommunikation aufzuklären und insbesondere auch unsere Verschiedenheit zu verstehen, ziehen sie sich noch weiter hinter ihre Schutzmauer zurück, leiden und schweigen. Oder die Paare trennen sich wieder, ohne auch nur annähernd ihre wirklichen Probleme angesprochen zu haben. Dieses Verhalten hat wieder einmal damit zu tun, dass wir die Yin-Energien total vernachlässigen und sie nicht mehr für wichtig halten. Miteinander zu sprechen, sich ehrlich auszutauschen und auch seelische Bedürfnisse und Wünsche anzusprechen und auszusprechen , das wäre Yin!

Warum haben wir es nur so schwer, unsere Gefühle zu zeigen und mitzuteilen? Nach der Lektüre dieses Buches sollten wir eigentlich die Antwort wissen! Wir sollten wissen, dass wir tatsächlich etwas ändern können und müssen! Fangen wir also sofort damit an! Ja, jetzt sofort! Gehen Sie zu ihrem Partner/Partnerin und sagen Sie ihm oder ihr etwas Nettes! Sagen Sie, dass es schön ist mit ihr oder mit ihm beisammen zu sein, sagen Sie, dass sie hübsch ist, dass er ein guter Ehemann ist, sagen Sie irgendetwas Liebes! Sie werden sich wundern, wie sich ihr Leben ändern wird von eben diesem Augenblick an!

Ich habe sehr ausführlich über das Wesen der männlichen und weiblichen gebenden und empfangenden Energie gesprochen. Es mag so erscheinen, als würde ich die Umkehrung dieser Energien und die Folgen überbewerten. Wenn wir jedoch das Wesen von Yin und Yang voll und ganz erkennen und dann verstehen, dass es sich hier tatsächlich um die Urenergie des Seins handelt, dann werden wir beginnen zu verstehen, dass es nicht nur für jeden Einzelnen wichtig ist, sondern tatsächlich für das Fortbestehen unserer Gesellschaft absolut lebensnotwendig, das normale und richtige Gleichgewicht wieder herzustellen. Es wird dann auch verständlich, dass wir dieses Gleichgewicht nicht nur in der Beziehung der Geschlechter zueinander, sondern in allen Lebensbereichen finden müssen. Dazu gehört auch - ja sogar in besonderem Maße eine ausgeglichene Weltanschauung. Allerdings darf man Weltanschauung nicht mit Religion verwechseln, insbesondere sollte man nicht an die großen Weltreligionen und insbesondere nicht an Institutionalisierungen denken. Es geht also mehr um eine Philosophie. Die nach meiner Meinung nach beste Philosophie ist überhaupt keine Religion, sondern es wäre der moderne Humanismus. Dieser ist frei von Glaubensvorstellungen, frei von Gedankenkonstrukten und frei von irgend welchen religiösen Strömungen. Somit ist er für alle Menschen gleichermaßen geeignet, gleichgültig woher sie kommen und in welchem Land sie aufgewachsen sind. Man könnte den Humanismus in den Schulen lehren und als Richtschnur für ein glückliches Leben für ALLE den Kindern schon in der Schule nahe bringen. Die Kindererziehung ist ohnehin eine ganz wichtige Aufgabe und auch wieder mal eine wichtige Yin-Energie!

Die negativen Auswirkungen von Religionen sehen wir gerade in unserer Zeit besonders deutlich. Die vielen unsinnigen und meistens auch extrem grausamen Kriege wegen der verschiedenen religiösen Ansichten zeigt uns überdeutlich, wohin Religionen führen können. Und auch, wie sie sich anbieten und sehr geeignet sind, missbraucht zu werden und Macht auszuüben! Auch das Flüchtlingsproblem, das sich zu einer echten Herausforderung für alle westlichen Länder zeigt, hat überwiegend religiöse Hintergründe. Allerdings wird die Religion oft nur zur Machtausübung missbraucht!

Das Verstehen und die Einsicht, dass wir alle in einem Boot sitzen und dass wir nur eine gemeinsame Zukunft haben können, wenn wir bescheidener werden und auf alle Menschen gleichermaßen Rücksicht nehmen, ist wichtiger als jede Religion. Denn eine Religion hält uns im kindlichen Bereich gefangen mit den vielen Regeln und Vorschriften und Glaubenssätzen. Der Humanismus jedoch würde die Reife der Menschen fördern. Wir müssen bald umdenken, wir haben nicht mehr viel Zeit. Die Welt ist in Bedrängnis. Nicht nur wegen der Ausbeutung unserer Bodenschätze und anderen Reserven, dem Klimawandel oder der Übervölkerung der Erde, sondern auch wegen der Gefühlskälte der Menschen. Der übertriebene Materialismus hat fast alle Länder der Erde in eine Schuldenlast gestürzt, welche kaum mehr abgebaut werden kann, denn ein ständiges Wachstum ist unmöglich. Dann wird Geld gedruckt, aber das ist doch keine wirklich Lösung der Probleme!

Zwar bringt ein Wachstum der Wirtschaft für kurze Zeit eine finanzielle Verbesserung, jedoch kann diese niemals lange anhalten. Denn ein ständiges Wachstum ist unmöglich. Statt Wachstum sollten die

Politiker heute auf den soliden Erhalt unserer Errungenschaften achten und nicht auf Wachstum setzen. Durch das ständige Wachstum wird sich eine wirtschaftliche Katastrophe anbahnen. Zu dieser Katastrophe kommt noch hinzu, dass wir im seelischen Bereich zu Krüppeln geworden sind und nicht glücklich sind! Es ist nur noch eine Frage der Zeit, wann es zu einem totalen Zusammenbruch der westlichen Staaten – und wahrscheinlich nicht NUR der westlichen Staaten - kommt. Nur ein totales Umdenken wird uns vor dieser Katastrophe bewahren.

Ich habe in diesem Buch sehr ausführlich über die zwischenmenschlichen Beziehungen gesprochen und dies könnte man als eine zu einseitige Sicht betrachten. Jedoch ist die Beziehung und das Zusammenleben von Mann und Frau und die Erziehung der Kinder, also die Familie, die Keimzelle unserer Kultur. Dort müssen wir zuerst anfangen mit dem Umdenken und dies dann in die Tat umsetzen. Dass heute zu viele Kinder in zerrütten Familien aufwachsen oder Scheidungskinder sind, dass immer mehr Kinder von fremden Personen in Kita oder Kindergärten erzogen werden, wird sich in naher Zukunft sehr unangenehm auswirken. Denn die Seele wird in den genannten Situationen kaum ausreichend ausgeprägt werden können.

Auch der Pornokonsum ist eine reine Yang-Energie. Liebe wird man hier nicht erleben, denn es geht einzig und allein nur um den Sex. Diese nach Yang ausgerichtete Entwicklung scheint mir noch nicht den Höhepunkt erreicht zu haben, denn wir steuern mit Riesenschritten auf eine fast unglaubliche Übermacht von Yang zu. Der Materialismus, die immer mehr technisierte Welt, die so hoch eingeschätzte allgegenwärtige Telekommunikation, welche echte Unterhaltung und echten Austausch auf ein Minimum beschränkt und viele, viele andere Entwicklungen treiben uns immer weiter in eine Welt von nur noch Yang-Energie hinein. So ein noch nie da gewesenes Ungleichgewicht, kann auf Dauer nicht gut gehen.

Ob wir nach einem sich anbahnenden totalen Zusammenbruch zur Besinnung kommen, kann niemand wissen. Möglich wäre es. Allerdings müsste eine neue Gesellschaftsordnung gefunden werden, welche auf dem Ausgleich von Yin und Yang aufbaut. In einer solchen Gesellschaft gäbe es dann auch nicht mehr den übertriebenen Materialismus. Denn wenn Yang nicht mehr überwiegen würde, dann würden die Menschen viel mehr aufeinander achten und sich nicht auf Kosten der Armen bereichern. Sie würden dann Verständnis und Mitleid haben (natürlich wieder mal Yin!) und ihren Wohlstand mit anderen teilen oder noch besser: den übertriebenen Wohlstand gar nicht erst aufkommen lassen, denn dann würden sie verstehen (Yin!), dass die Welt nur dann in Ordnung sein kann (= Ausgleich von Yin und Yang!). Der Humanismus würde dann selbstverständlich sein und auch die Mann-Frau-Partnerschaften wären dann wieder glücklich. Wenn wir jedoch trotz großer Not und Bedrängnis nichts lernen und nicht erkennen, das uns der übertriebene Materialismus die Katastrophe gebracht hat und dass alles daher kommt, dass wir uns einseitig nur auf die Yang-Energien konzentriert haben und nur diese für wichtig erachtet haben, dann könnte sein, dass zwar ein Wiederaufbau nach einem Zusammenbruch möglich ist, jedoch ohne ein Neubesinnen wird sich dann alles wiederholen und irgendwann einmal könnten wir wieder dort sein, wo wir jetzt auch sind. In der Geschichte der Menschheit ist dies schon mehrmals geschehen. Allerdings in früheren Zeiten in kleineren Maßstäben und nur örtlich erfolgt. Heute wird ein Zusammenbruch unserer Gesellschaft wegen der Vernetzung aller Länder und Völker (also wegen der sogenannten „Globalisierung“) schlimmer sein als je zuvor.

Ich will jedoch die Hoffnung nicht aufgeben, sonst hätte ich dieses Buch gar nicht geschrieben. Vielleicht werden wir als Menschheit in der Gesamtheit doch noch ein wenig weiser und fähig werden, aus den Fehlern der Vergangenheit – also aus unseren jetzigen Fehlern - zu lernen!

9. Kapitel: Die Wahrheit über die „Liebe“ und den „Frieden“ im Christentum

Wenn man mit einem gläubigen Christen über die in diesem Buch angesprochenen Themen spricht, wird immer der Einwand kommen, dass doch das Christentum so viele positive Seiten hat und die Menschen sehr viel besser wären, wenn sie die geforderten Gebote einhalten und dieser Lehre folgen würden. Es wird dann auch darauf hingewiesen, dass das Christentum die Botschaft des Friedens und der Liebe ist. Es wird sehr oft so getan, als ob das Christentum die Liebe und den Frieden in die Welt gebracht hätte. Es hört sich so an, als ob es weder den Frieden noch die Liebe vorher gegeben hätte. Das Christentum also gewissermaßen als Erfinder der Liebe und des Friedens! Sollte man widersprechen und behaupten, dass es die Liebe schon immer gibt, dann wird zwar zugegeben, dass man sicher früher auch schon andere Menschen, z.B. die Kinder oder den Ehepartner geliebt hat. Jedoch wird dann mit Sicherheit die Nächstenliebe angeführt, die Liebe zum Nachbarn und sogar die Feindesliebe. Die Friedensbotschaft basiert im Evangelium auf der Liebe und Feindesliebe und natürlich auf der Liebe zu Gott. Weiter wird dann argumentiert, dass, wenn wir in diesem Sinne unsere Feinde lieben, wir keine Kriege mehr führen. Eine sehr einfache und logische Folgerung, nicht wahr?

Paradoxerweise war - und ist immer noch - gerade in den Jahrhunderten des Christentums eine besonders kriegerische Zeit. Es gab in dieser Zeit kaum eine Generation, die nicht einen Krieg miterlebt hat. Darüber hinaus überraschend und bestürzend ist ferner, dass die Ausbreitung des Christentums über die ganze Erde mit großer Grausamkeit und viel Blutvergießen erfolgt ist. Wo bleibt da die Nächstenliebe? Von der Feindesliebe ganz zu schweigen! Zum Beweis der blutigen Ausbreitung des Christentum möchte ich nur eine wenige Beispiele nennen:

Karl der Große ließ mehr als dreitausend (ja, Sie lesen richtig: 3.000) Sachsen hinrichten, weil sie sich nicht taufen lassen wollten und ihrem alten Glauben anhingen! Die Kreuzzüge im Mittelalter hatten zum einzigen Grund, das sogenannte "Heilige Land" in Besitz zu nehmen, gleichgültig was es an Menschenleben kostete. Die Zahl der hierbei ermordeten Menschen kann nur geschätzt werden, es waren viele Tausende in den vielen Kreuzzügen. In Jerusalem sollen sogar im Jahre 1099 bei der Eroberung von Jerusalem eine Million Menschen umgekommen sein, nur weil sie dort lebten und keine Christen waren. Alle Einwohner der Stadt, ohne jede Ausnahme, wurden getötet. Die Feldzüge wurden von den Kaisern und Königen Europas ausgerüstet und von der Kirche gesegnet, ja gesegnet zum Morden! Es ging natürlich um Heiden oder Andersgläubige, diese Menschen galten ja nicht sehr viel oder offensichtlich gar nichts! Dass diese Menschen das sogenannte „Heilige Land“ als ihr rechtmäßiges Land betrachteten und es tatsächlich auch ihr Land war, spielte dabei überhaupt keine Rolle. Denn Heiden waren ja offensichtlich Freiwild und hatten keine Rechte. Nicht einmal das Recht auf ihr eigenes Land!

Die Missionierung der Teile der Welt, die wir heute die dritte Welt nennen, ging ebenfalls nicht ohne Blutvergießen ab. Der spanische Feldherr Pizarro besiegte im Namen seines Kaisers und für die Christenheit das riesige Inkareich, das fast die gesamte Westküste von Südamerika einschloss. Es war eine hochstehende, blühende Kultur, ein intelligentes und wohlorganisiertes Volk. Pizarro hatte den letzten Inkakaiser gefangen genommen und befahl ihm für seine Freigabe einen Raum im Kaiserpalast mit Gold anzufüllen. Das Gold wurde beschafft und Pizarro staunte über den so schnell herbeigeschafften Reichtum. Da befahl er nochmals das Anfüllen und auch das geschah auf Befehl des noch immer gefangen gehaltenen Kaisers. Anschließend musste der Kaiser noch seinem Volk, das durch die vernichtenden Schlachten dezimiert und geschwächt war, befehlen, den christlichen Glauben anzunehmen und auch der Kaiser musste sich öffentlich auf dem Platz vor dem Palast taufen lassen, um seinem Volk zu zeigen, dass der christliche Gott der richtige Gott war. Trotz der Versprechen der Spanier, den Kaiser freizugeben, ließ Pizarro ihn nach seiner Taufe im Angesicht des Kreuzes erdrosseln! Eine wahrhaft christliche Feindesliebe! Von da an übernahmen die Missionare in Südamerika die Herrschaft und predigten vom wahren Glauben und dem wahren Reich Gottes und natürlich von der Liebe! Wie viel Menschen getötet wurden, weil sie sich nicht taufen ließen, kann nicht mehr überprüft werden. Die Zahlen sind jedoch astronomisch!

Wir müssen jedoch gar nicht so sehr in der Vergangenheit suchen. Die heutigen Kriege und ständigen Übergriffe zwischen den Religionen beweist doch immer noch, dass diese Religionen nicht die Liebe und den Frieden bringen. Ansonsten würde doch kein Krieg nur deshalb geführt werden, weil die „Anderen“ den anderen Glauben haben.

Ein weiteres sehr dunkles Kapitel des christlichen Abendlandes ist die Hexenverfolgung im Mittelalter. Es wurden in etwa zweihundert Jahren in Europa schätzungsweise fast 1 Million Hexen verbrannt, 90% davon waren Frauen. Im Jahre 1487 wurde ein Buch veröffentlicht: der Hexenhammer. Es ist in drei Teile gegliedert: Die Hexerei - die Wirkung der Hexerei und Gegenmittel - das Hexenprozessrecht. Das Lexikon gibt unter dem Stichwort "Hexenprozesse" folgende Auskunft: "*Verfolgung und Verurteilung von Hexen von etwa 1400 bis 1700. Entwickelte sich zu Beginn der Ketzerverfolgung als besonderes Verfahren der Inquisition. Es wurden vorwiegend Frauen verfolgt. Die Grundlage für die Hexenverfolgung bildete die Erkenntnis der Scholastik von den Teufelskräften. Im Pakt mit dem Teufel wurden die schändlichen Kräfte auf Menschen übertragen. Für einen männlichen Teufel bot sich die Frau naturgemäß mehr zum Pakt an.*" - Diese Erklärung sagt nicht deutlich genug, was der wirkliche Grund für die Hexenverfolgung war. Leider wird hier alles ein wenig verschönt. Ich habe schon weiter vorne ausgeführt, dass das Christentum in den ersten Jahrhunderten nicht so dogmatisch war, wie wir es heute kennen. Vielmehr wurden viele heidnischen Bräuche und Vorstellungen mit in den neuen Glauben hereingenommen, zum Teil ganz bewusst, zum Teil ergab es sich wohl ohne besonderes Zutun. Man weiß zumindest, dass die Kirche am Anfang diese heidnischen Bräuche tolerierte und teilweise sogar unterstützte, um es den Heiden leichter zu machen, den neuen Glauben anzunehmen. Man kann davon ausgehen, dass eine unterschwellig vorhandene, manchmal sogar ganz offen ausgetragene heidnische Vorstellungswelt normal und allgemein verbreitet war. Auch ein Wissen von mystischen und geheimen Zusammenhängen des Lebens und der natürlichen Kräfte wurde von Generation zu Generation weitergegeben.

Etwa vom zwölften Jahrhundert an begann die Kirche dann, sich immer mehr von diesen heidnischen Überlieferungen frei zu machen, was jedoch nicht so einfach war, wie man sich wohl vorstellen kann. Der alte Glaube war tief im Volk verwurzelt. Die Menschen lebten noch sehr nahe mit der Natur und waren abhängig von ihren Kräften, im Guten wie im Bösen. Sogar heute noch können wir manch altes Wissen finden, das sich trotz aller Verfolgung nicht gänzlich ausrotten ließ. Vieles wird freilich als Aberglaube abgetan und belächelt. Vieles ist auch verborgen oder versteckt in die Welt der Märchen eingebettet. Die Märchen der Gebrüder Grimm erzählen uns von Feen, Sylphen und Nymphen, von Elfen, Riesen und Zwergen. Dies sind die alten Götter und Göttinnen unserer Vorfahren, wenngleich sie sich ein wenig verändert haben! Denken Sie nur an den Wassermann! Es ist eindeutig der Geist, der im Wasser lebt, die Mächte des Wassers symbolisiert, über diese Mächte gebietet. Oder die vielen Tiergeschichten, in denen Tiere den Menschen helfen oder sie auch für frevelhafte Taten bestrafen. Das ist heidnischer Animismus pur! Das Wort „Animismus“ kommt von dem lateinischen Wort „animus“, also Seele und ist somit auch wieder die Yin-Energie. Die alten Märchen förderten diese Energie. Nun sind heute die Märchen gar nicht mehr beliebt, denn man zieht die Computerspiele und das Fernsehen vor. Was man dort sieht, hat jedoch mit Yin nicht viel oder gar nichts zu tun. Vielmehr sind die Cartoons rein technisch hergestellte Gestalten und die Themen sind auch dementsprechend! Was wir heute den Kindern anbieten, ist nicht mehr Yin, sondern Yang. Dann wundern wir uns, wenn die Welt von Yang-Energien überflutet wird! Das ist jetzt zwar eine kleine Themenabweichung, aber es ist trotzdem gut, auch auf solchen Nebenwegen unsere Entwicklung zu erkennen!

Um die heidnischen Umtriebe und die Ketzerei total zu vernichten, wurde Anfang des dreizehnten Jahrhunderts durch das Zusammenwirken der weltlichen und kirchlichen Obrigkeit, besonders unter Kaiser Friedrich II und den Päpsten Innozenz III und Gregor IX, die Inquisition eingerichtet. Die Aufgabe dieser Instanz war, die Ketzer zu verfolgen und Verdächtige aufzuspüren. Als Ketzer verstand man jeden, der nicht der "reinen" Lehre der Kirche folgte. Die päpstlichen Inquisitoren, meist Dominikanermönche, sollten die Ketzer ausfindig machen. Seit Papst Innozenz IV war auch die Anwendung der Folter erlaubt. Die meisten Hexen wurden verbrannt. Die Brutalität der Hexenverfolgung steht der Brutalität der Judenverfolgung unter Hitler in nichts nach! Die Foltermethoden waren unbeschreiblich grausam. Das alles geschah im Namen Christi! Trotz des Wissens und Verstehens heute müssen wir uns fragen: Warum gibt es keine Gebete für die vielen Unschuldigen, keine Sühne für die unschuldigen Opfer eines religiösen Wahnsinns? Und vor Allem: Wo blieb damals die Nächstenliebe? - Dass die meisten Opfer Frauen waren ist aus dem Verständnis der Bibel klar nachzuvollziehen! Die Eva hatte ja auf die Einflüsterung des Teufels (der Schlange) gehört und den Adam verführt.

Die oben zitierte Stelle aus dem Lexikon ist nach meinem Dafürhalten zu einfach. Wenn wir uns betrachten, welche Rolle die Frau in der christlichen Lehre spielt und schon im Judentum gespielt hat, auch was die Genesis über Eva berichtet, die Verführerin des Mannes, die offen war für den Teufel und das Böse, dann wird klar, dass in dieser Religion alles Übel von der Frau kommen muss!

Gibt es einen Grund, dass ausgerechnet das Christentum, welches die Liebe und den Frieden, ja sogar die Feindesliebe lehrt, so grausam und kriegerisch ist? Wie kommt es, dass diese Religion, die man die Lehre des Friedens nennt, in der Praxis genau das Gegenteil ist?

Man kann es sich leicht machen und sagen, es sei schlicht und einfach die menschliche Natur. Der Mensch sei kriegerisch und aggressiv und das erkläre alles. Diese Antwort befriedigt jedoch nicht! Es gibt auf der Erde viele Völker, die wirklich sehr friedlich sind. Die Moriori von Neuseeland, die vor den Maori schon in Neuseeland waren, kannten keine kriegerischen Auseinandersetzungen. Ihre Religion (natürlich waren sie Heiden und keine Christen!) hatte es ihnen verboten, aggressiv zu sein. Dieses Volk lebte in der Tat über einige Jahrhunderte in vollkommenem Frieden. Auch die Aboriginies von Australien kannten keinen Krieg (von ganz wenigen Ausnahmen abgesehen, wie Revierabgrenzungen benachbarter Stämme). Auf jeden Fall gab es keine Vernichtungskriege oder Kriege mit dem Ziel der totalen Unterwerfung. Dieser „unchristliche" friedliche Zustand dauerte viele tausend Jahre! Neuere Forschungen sprechen von einem unglaublichen Zeitraum von 30-40.000 Jahren! Auch in Indien gibt es und gab es Völker und Stämme, die in absolutem Frieden leben oder lebten. Auch unsere keltischen Vorfahren waren nicht angriffslustig, wenngleich sie sich tapfer verteidigen konnten und wegen ihrer diesbezüglichen Tapferkeit gefürchtet und geachtet wurden. Die Meinung, die Kelten seien ein kriegerisches Volk gewesen, beruht mehr auf den Verteidigungskriegen und nicht so sehr in ihrer Tendenz der Ausbreitung. Sie breiteten sich zwar über weite Teile Europas aus, jedoch besiedelten sie überwiegend wenig besiedelte Gebiete. Freilich waren sie nicht so friedfertig wie die vorgenannten Völker, jedoch längst nicht so kriegerisch, wie es ihr Ruf heute erscheinen lässt und auch nicht so kriegerisch wie die Christen! Die christlichen Chronisten im 7. und 8. Jahrhundert, die viele von den keltischen Legenden und Mythen aufschrieben, taten alles, um die heidnischen Kelten als barbarisch zu kennzeichnen. Damit wollten sie aufzeigen, wie edel und wie viel besser das Christentum war.

Wenn wir somit aufgrund dieser wenigen Beispiele, die sich sicher noch weiter ergänzen ließen, behaupten wollen, die christliche Religion sei die Religion des Friedens, so ist das einfach nicht wahr! Es stimmt auch nicht, dass der Krieg eine in der menschlichen Natur verankerte zwingende Notwendigkeit ist. Zwar ist die Aggression im Sinne der Verteidigung unseres Reviers eine angeborene und menschliche Eigenschaft, jedoch ist diese Eigenschaft nicht gleichzusetzen mit der Eroberung und Unterdrückung anderer Völker und der daraus resultierenden Kriege. Und noch weniger eine Erklärung für die vielen Religionskriege, die bis heute nicht aufgehört haben und gerade jetzt sogar wieder besonders aufleben.

Eine Erklärung, warum es friedliebende und nicht friedliebende Völker gibt, könnten verschiedene genetischen Anlagen sein. Diese Erklärung könnte man teilweise akzeptieren, jedoch nicht zu 100%. Viele Anhänger einer Religion meinen, dass sie die einzige wahre Lehre haben. Dies liefert dann die vermeintliche Rechtfertigung der Ausbreitung, denn man glaubt etwas Gutes zu tun, wenn man das Heil auch den bisher Nichtgläubigen bringt, um ihnen ebenfalls das Himmelreich und den „wahren" Glauben zu bringen. Wenn ich sage, dies sei eine Rechtfertigung für die Ausbreitungstendenz, dann meine ich dies als Erklärung und Rechtfertigung nur für die Anhänger dieser Religion und natürlich nicht als allgemeine Rechtfertigung. Die Ausbreitungstendenz ist auf jeden Fall im höchsten Maße intolerant. Wenn man dies gar noch mit Gewalt tut, dann muss man sich schon fragen, wo die sogenannte Nächstenliebe bleibt! Wenn wir dann indigene Völker betrachten, die keine Religion haben, oder eine sogenannte Naturreligion, dann werden wir feststellen, dass diese Völker in aller Regel sehr friedlich sind. Eine Naturreligion ist keine dogmatische Religion, sondern ist die Achtung und sogar die Liebe zur Natur. Selbst wenn man die Naturerscheinungen dann als Götter betrachtet, so sind diese Naturreligionen frei von festen Vorschriften und Glaubenssätzen. Es gibt jedoch Sitten, Gebräuche und Riten. Aber das sind keine Dogmen.

Was hat dies alles mit der Feindes- oder Nächstenliebe zu tun?

Dass die Ausbreitungs- und Eroberungstendenz des Christentums mit dem Gebot der Nächsten- und Feindesliebe zu tun hat, erscheint sehr paradox. Um dies zu erkennen, müssen wir jedoch dieses Gebot ein wenig genauer unter die Lupe nehmen.

Das Gebot der Gottesliebe ist schon im Alten Testament verankert. Neu jedoch ist im Neuen Testament die Forderung der Nächsten- und Feindesliebe. Die Feindesliebe wird wohl jeden Menschen verwunderlich vorkommen, ja sogar als entgegen der menschlichen Natur. Die Nächstenliebe erscheint uns schon nicht mehr so fremd. Die Gottesliebe schon gleich gar nicht. Hier gibt es wohl kaum Zweifel oder überhaupt ein Nachdenken. Trotzdem möchte ich darum bitten, etwas tiefer über diese Dinge nachzudenken, was dies alles eigentlich bedeutet und was dieser vage Begriff „Gottesliebe“ meint.

Betrachten wir zuerst einmal das Wort "Liebe" und was damit gemeint ist. Hier tauchen sofort, wie wohl kaum anders erwartet, Probleme auf! Verwirrung wird gestiftet mit den vielerlei Bedeutungen dieses Begriffes. Da gibt es "Agape", dann die "platonische Liebe", "Eros", außerdem die Liebe zu den Kindern, die Liebe der Kinder zu den Eltern, die Liebe zu einem Freund, die Liebe zur Natur, die Liebe zu einem Tier usw. Viele Leute lieben auch ihr Auto oder ihre Wohnung oder das Haus. Viele Formen von Liebe also und alle sind ein wenig verschieden. Gibt es jedoch so etwas wie einen gemeinsamen Nenner für das, was man "Liebe" nennt? Gibt es einen Oberbegriff für dieses Wort? Gibt es etwas, das immer als Liebe bezeichnet werden kann oder ein Bestandteil davon ist und in all diesen genannten Formen vorkommt?

Wenn ich nach diesem gemeinsamen Nenner suche, dann komme ich zu einem sehr interessanten Ergebnis. All das nämlich, was wir mit Liebe bezeichnen, hat etwas mit dem Gefühl zu tun, mit der inneren Hinwendung unseres Ichs zu einem anderen Menschen oder sogar zu einer anderen Sache. Wenn Sie sich erinnern, was ich mit "Seele" beschrieben habe, dann kann man auch sagen, die Liebe sei ein Erleben der Seele ohne wesentliche oder nur mit sehr untergeordneter Beteiligung des Verstandes. Das Wort "Beteiligung des Verstandes" ist vielleicht nicht ganz korrekt gewählt, denn in irgendeiner Form ist ja unser Verstand während unseres ganzen Lebens und in allen Lebenslagen beteiligt. Es gibt nur ganz wenige Ausnahmen, bei denen wir unseren Verstand gänzlich ausschalten können (und selbst das könnte man anzweifeln!). Lassen Sie uns also besser sagen, die Liebe ist ein Gefühl oder ein Erleben der Seele, das nicht in der Hauptsache vom Verstand verursacht und auch nur (meistens jedenfalls) nur gering davon beeinflusst wird! Bei der Liebe zu einer Sache (Wohnung, Auto etc.) wird der Verstand sicherlich etwas mehr mitzusprechen haben, z.B. ob die Wohnung groß genug ist oder das Auto den Anforderungen an die Größe der Familie entspricht und dergleichen mehr. Trotzdem spiel die Seele auch hier immer noch eine gewisse Rolle. Denn ein Auto oder ein Haus kann uns gefallen, obwohl wir gar keinen wirklichen Grund dafür angeben können.

Wenn wir einen Menschen kennen lernen, dann gibt es, grob gesehen, drei Möglichkeiten der gefühlsmäßigen Wahrnehmung. Erstens: Wir haben ein positives Gefühl. Zweitens: Wir haben ein negatives Gefühl. Drittens: Unser Gefühl ist neutral (der Mensch ist uns somit gleichgültig). Wenn wir einen solchen Menschen, den wir zuerst als „neutral“ einschätzen, näher kennen lernen, kann es gelegentlich vorkommen, dass sich diese ersten Eindrücke ändert. Es kann jedoch auch vorkommen, dass wir einen Menschen, zu dem wir anfänglich ein positives Gefühl hatten, plötzlich gar nicht mehr mögen oder dass wir einen anfänglich sehr unsympathischen Menschen plötzlich gern haben. Aus der ursprünglich neutralen Stellung ist es jedoch schon leichter möglich, dass sich ein positives oder auch negatives Gefühl entwickelt, wenn man sich näher kennen lernt. Trotz einer späteren Entwicklung zum Positiven oder Negativen hin wird jedoch unsere Einstellung einem Menschen gegenüber in erster Linie vom Gefühl beeinflusst. Es ist zwar möglich, dass wir einen tüchtigen Menschen schätzen lernen, unser Gefühl für ihn ist jedoch nach wie vor davon nicht sehr wesentlich beeinflusst. In diesem Falle wird es eher eine Wertschätzung sein, die vom Verstand geleitet ist. Wir können also mit unserem Verstand die Beziehung zu einem Menschen regeln und sogar unter Umständen ein (nicht zu enges!) Zusammenleben ermöglichen, selbst wenn wir gefühlsmäßig nicht sehr beteiligt sind. Deutlich lässt sich aber hier erkennen, dass in einer solchen Beziehung dann von "Liebe" nicht die Rede sein kann! Der Verstand kann also einen gewissen Einfluss ausüben. Dieser Einfluss wird sich jedoch immer auf Äußerlichkeiten beschränken, z.B. bei der Zusammenarbeit mit einem Kollegen und Ähnliches. Wir können natürlich auch die Freundschaft zu einem sympathischen Menschen bewusst suchen, also auch mit dem Verstand beitragen, diesem Menschen näher zu kommen oder sogar in eine enge Beziehung oder Liebe zu treten. Wir können die Tiefe und Intensität eines solchen Vorgangs mit unserem Verstand beeinflussen, z.B. bewusst die Nähe dieses Menschen aufsuchen, mit verstandesmäßigen Argumenten die Bindung vertiefen etc. Trotzdem wird eine Zuneigung oder Abneigung letzten Endes hauptsächlich immer eine Sache des Gefühls sein und bleiben! Eine Beziehung, die nur auf Gründe des Verstandes aufgebaut ist, kann keine echte Liebe sein.

Das Gefühl der Liebe in diesem Sinne kann man nicht erzwingen. Wenn uns jemand zutiefst unsympathisch ist, dann werden wir für diesen Menschen keine Liebe aufbringen können. Was immer wir mit unserem Verstand tun, es wird keine Liebe werden! Wir können uns höchsten zwingen zur Toleranz, aber dies ist deutlich nicht Liebe! Liebe ist ein Gefühl, das sich weder mit dem Verstand noch mit dem Willen herbei zwingen lässt! Wenn wir nun in der Bibel lesen, wir sollen unseren Nächsten und sogar unseren Feind "lieben", so ist das ein Gebot, das wir schlicht und einfach als Menschen und mit unserer menschlichen Natur nicht erfüllen können. Es ist genauso, als würde uns jemand zum Gebot machen, das Gewicht einer Tonne auf unseren Schultern zu tragen. Unser Körper ist dafür nicht stark genug und nicht dafür gemacht. Was soll also so ein Gebot! Unsere Seele ist nicht dafür ausgestattet, jeden Menschen zu lieben!

Ich habe schon von der Toleranz gesprochen. Das ist etwas anderes als Liebe. Ich möchte natürlich klarstellen, dass wir unsere Feinde und schon gleich gar nicht unseren Nachbarn hassen müssen oder sollen! Wir können ihnen sogar verzeihen, wenn sie uns Unrecht getan haben, aber lieben können wir sie deshalb sicherlich nicht! Und wir müssen es auch nicht! Die Toleranz ist zwar auch nicht ganz einfach zu erreichen und es kann schon sehr nervig sein, wenn unser Nachbar immer gerade dann den Rasenmäher anwirft, wenn wir unsere Ruhe haben wollen. Jedoch ist Toleranz möglich und vielleicht ist sogar mit einem freundlichen Wort schon viel geholfen. Aber nochmals: Liebe ist das deswegen nicht!

Auch mit der Liebe zu Gott hat es seine Probleme. Selbst wenn man an die Existenz von Gott glaubt, so ist es trotzdem nicht vorstellbar, diese Art von Gefühl zu Gott, das man als Liebe bezeichnen könnte, zu erleben oder gar bewusst zu kreieren. Falls man an Gott glaubt, so kann das doch nur ein für uns unfassbarer Geist sein. Zu diesem großen Spirit, zu dieser Quelle der Energie, oder wie wir uns das sonst noch vorstellen wollen, kann es doch nicht möglich sein, ein Gefühl zu entwickeln, das man Liebe nennen könnte. Freilich, wenn man die im Christentum verbreitete naive Vorstellung eines liebenden Vaters hat, eines Gottes, der mehr ein Mensch anstelle eines geistigen Wesens oder gar eine Energieform ist, dann kann man sich in ein Gefühl der Liebe hineinphantasieren. Besonders bei Frauen kann man ein solch schwärmerisches Gefühl für Gott oder für Jesus öfters entdecken als bei Männern. Diese gefühlsmäßige Hinwendung ist sehr oft ein Ersatz für einen wirklichen Geliebten aus Fleisch und Blut. Jesus ist der immer liebende Held, der alles kann und über alle anderen Männer erhaben ist, und auch Gott ist schließlich ein Mann und kann somit leichter von einer Frau als Liebesersatz empfunden werden. Wenn wir es so betrachten, dann schließt sich der Kreis wieder: Es wird ein menschenähnlicher Gott geschaffen, den wir dann als Vaterfigur oder als Geliebten tatsächlich lieben können! Bei manchen Frauenorden gibt es den Ausdruck: Braut Christi. Bedenken wir auch, dass die Sexualität als unerwünscht und schmutzig betrachtet wird (insbesondere für die Frauen wegen der Verfehlung Evas!), dann wird es noch deutlicher, dass gerade Frauen sich in eine Ersatzbefriedigung flüchten für etwas, das ihnen das wirkliche Leben vorenthält oder verboten ist.

Im Zusammenhang mit der Gottesliebe gibt es noch eine sehr interessante Bibelstelle. Wir wissen, dass Jesus fordert: *"Liebe den Herrn, deinen Gott wie dich selbst!"* Wir können daraus schließen, dass wir uns auch selbst lieben sollen, was absolut natürlich und selbstverständlich erscheint! Nun gibt es aber eine andere Stelle und diese sagt: *"Wenn jemand zu mir kommt, aber Vater und Mutter, Frau und Kind und Bruder und Schwester, ja auch sich selbst nicht hasst, so kann er nicht mein Jünger sein!"(Luk.14/25).* Hier kommt man aus dem Staunen nicht heraus! Man soll also seine Familie hassen! Wie ist das mit der Liebe zu vereinbaren? Soll man den Nächsten und den Feind lieben, die Familie jedoch hassen? Und warum soll man einmal sich selbst lieben und dann wieder sich selbst hassen? Und wie ist es, wenn wir Gott lieben sollen wie uns selbst, wenn wir uns aber selbst hassen sollen? Ist nicht die Schlussfolgerung, dass man Gott somit auch hassen soll wie sich selbst? Oder soll man ihn einmal hassen, nämlich wenn er zornig, rachsüchtig und strafend ist und ihn lieben, wenn er uns belohnt, weil wir brav waren? Wir sehen, man kann die eine Stelle verwenden, um genau das Gegenteil von einer anderen zu beweisen! Solche verschiedenen Aussagen kommen in der Bibel mehrmals in anderen Zusammenhängen vor, was nicht verwundert, denn sie ist von verschiedenen Menschen (nicht von Gott!) geschrieben und somit müssen verschiedene Meinungen vorkommen!

Ein weiteres Beispiel für die Missachtung der Familie finden wir bei Mathäus 19-29: *„Ja, jeder, der Haus, Bruder, Schwester, Vater, Mutter,*

Frau, Kind und Acker um meines Namens willen verlässt, wird das Hundertfache dafür empfangen und das ewige Leben erreichen." Neben der Missachtung der Familie kommt hier noch eine Menge Egoismus dazu. Man soll also getrost seine Familie im Stich lassen, nur um sich selbst einen Platz im Himmel zu sichern. Was für eine bodenlos egoistische Verhaltensweise! Man muss sich nämlich auch dessen bewusst sein, dass zu dieser Zeit keinerlei soziale Absicherung der Familie bestand. Frau und Kinder waren sich selbst überlassen, wenn der Vater einfach um seiner selbst willen seine Verantwortung vergaß und davonging. In einer Zeit, in der es ohnehin schwierig war, eine Familie zu ernähren, war dies schon eine unglaubliche Forderung. Ich kann dies nur als unmenschlich bezeichnen und von Liebe kann man hier schon erst recht nicht mehr sprechen!

Ein weiteres interessantes Beispiel aus dem Neuen Testament ist bei Matthäus 10/34 zu finden: „*Glaubt nicht, ich sei gekommen, Frieden auf die Erde zu bringen. Ich bin nicht gekommen, den Frieden zu bringen, sondern das Schwert. Denn ich bin gekommen, den Sohn mit seinem Vater zu entzweien, die Tochter mit der Mutter, die Schwiegertochter mit ihrer Schwiegermutter.*" Und ein paar Zeilen weiter kommt wieder die Verheißung des Lohnes. Diese sehr eindringliche Stelle, die sogar zweimal hintereinander in aufeinander folgenden Sätzen darauf hinweist, dass Jesus nicht gekommen sei, um den Frieden zu bringen, muss jeden Leser davon überzeugen, dass Jesus nicht der Friedensbringer ist und auch nicht die Liebe in die Familien bringen will. Die Liebe, die Jesus bringt, ist nur die Liebe zu ihm selbst bzw. zu Gott. An anderer Stelle sagt er, indem er auf die Apostel weist: „*Wer ist meine Mutter, wer sind meine Brüder? ... Seht da meine Mutter und meine Brüder! Denn wer den Willen meines Vaters im Himmel tut, der ist mir Bruder, Schwester und Mutter.*" Nur wer also willig nachfolgt, der ist ein Teil seiner Familie. Ist das wiederum die Liebe? – Nein, dies ist Liebe unter einer <u>Bedingung</u>, nicht die <u>bedingungslose Liebe,</u> welche die wahre Liebe ist! Leider haben wir dieses Muster in unserer Erziehung sehr stark adoptiert. „Wenn du brav bist, dann haben dich Mama und Papa lieb!" Liebe also nur unter Bedingungen des Bravseins, des Gehorsams. Denken wir auch wieder an die Genesis, denn hier ist schon dieses Grundmuster festgelegt. Wenn Adam und Eva Gott nicht gehorchen, werden sie hinausgeschmissen! Wir brauchen uns also gar nicht zu wundern, dass Jesus dieses Grundmuster seines jüdischen Glaubens weiter fortführt und anwendet.

Bei all diesen Argumenten kommen jetzt natürlich die ganz Schlauen und sagen, hier seien Fehler in der Übersetzung aufgetreten oder es sei alles nicht so gemeint. Liebe würde ohnehin Toleranz bedeuten etc. Nicht nur hier, da es um die Liebe geht, sondern auch an anderen Stellen tauchen diese Argumente auf und es heißt bei Unklarheiten oder Ungereimtheiten immer, es sei so nicht gemeint. Ja, ich frage mich dann, wenn wir alle diese Stellen so auslegen können, wie es uns gerade passt und dies und jenes nicht so gemeint ist, welche Stellen sind es dann, die so gemeint sind, wie sie geschrieben sind? Können dann diese Stellen, die so gemeint sind, auch ausgelegt werden, dass sie nicht so gemeint sind? Wenn wir so anfangen, dann bräuchte kein Mensch mehr die Bibel zu lesen und alles könnte so ausgelegt werden, wie man es gerade für richtig hält! Dann hätte jeder seine eigene Religion und seine eigene Auffassung, was ich für sehr interessant und für gar nicht so übel halte. Freilich brauchen wir dann keine Kirchen und keine Priester mehr und die Menschen müssten erwachsen und verantwortungsbewusst werden, um das Richtige zu tun! Und das Christentum gäbe es dann auch nicht mehr, denn wenn wir uns unsere eigene Religion erarbeiten, dann können wir dies nicht das Christentum nennen. Wirklich erwachsene und reife Menschen sollten eine Religion, die ihnen alles vorschreibt, ohnehin nicht benötigen. Wir wissen nämlich im Grunde selbst ganz genau, was richtig und falsch ist und brauchen niemand, der uns mit Geboten und Maßregelungen den richtigen Weg zeigt. Jedoch leider: Dieser Zustand der Reife, in dem wir dann auch wirklich das Richtige T U N würden, ist noch nicht erreicht.

Kommen wir zurück zur Auslegung und vermeintlichen Übersetzungsfehlern. Ich meine, dass Liebe ein deutliches Wort ist und nicht Toleranz damit gemeint ist. Wenn man Toleranz gemeint hätte, dann hätte man dieses Wort verwenden können. Es mag zwar tatsächlich vorkommen, dass Übersetzungsfehler unterlaufen, jedoch nicht in so einem einfachen und eindeutigen Fall wie Liebe und Toleranz. Selbst wenn wir damals das Wort Toleranz in der deutschen Sprache noch nicht benutzt haben, dann hätte es ein entsprechendes Wort dafür gegeben, wie z.B. Nachsicht oder Duldsamkeit.

Halten wir also fest, dass wir weder unseren Feind noch unseren Nachbarn lieben können und erlauben Sie mir auch ein großes Fragezeichen hinter das Wort "Gottesliebe" zu setzen! Es ist ohnehin fraglich, ob man einen Gott, den man gleichzeitig fürchten soll, wie die Bibel verlangt, auch lieben kann! Gleichgültig aber, ob es sich um den Nächsten, um den Feind oder um Gott handelt, die Liebe kann nicht befohlen werden! Es ist absurd, die Liebe als Gesetz und als Gebot hinzustellen! Wenn dann sogar noch die Drohung kommt, dass man das ewige Leben nicht erlangen kann, wenn man diese Liebe nicht praktiziert, dann wird es sehr bedenklich, ja es wird sogar gefährlich! Es ist deshalb gefährlich, weil es von vornherein klar ist, dass ich dieses Gebot nicht einhalten kann. Ich werde also automatisch zum Versager, ja sogar zum bösen Menschen. Wir alle wissen, dass wir nicht vollkommen sind! Wir alle wissen, dass wir auch niemals vollkommen werden können. Jesus aber verlangt von uns: *"Ihr sollt vollkommen sein wie euer Vater im Himmel vollkommen ist."*

Karl Jaspers schreibt in seinem Buch „Die maßgebenden Menschen“: *"Diese Imperative sind, als ob der Mensch keine Situation des Endlichen in der Welt, keine Aufgabe von Weltgestaltung und Verwirklichung mehr hätte, Imperative für Heilige, die als Bürger des Gottesreiches ihnen folgen können und dürfen. .....Es sind vor allem nicht Imperative des äußeren Handelns, sondern Imperative, die in das Innerste der Seele in ihr Sein selbst noch vor allem Tun dringen. Die Seele soll rein sein. Der Keim der bösen Bewegung im Verborgenen der Seele ist schon gleicher Weise verwerflich wie die äußere Handlung."*

Die imperative Forderung nach etwas, von dem wir von vornherein wissen, es nicht erreichen zu können, begegnet uns bereits in der Genesis, im Verbot vom Baum der Erkenntnis zu essen. Die Menschen konnten noch kein Verstehen oder eine Einsicht dieses Verbotes haben. Dieses Verbot ist ebenso unsinnig wie das Gebot der Feindesliebe. Mit der Sexualität ist es ähnlich. Auch sie wird als schändlich hingestellt, dem Bösen zugeordnet, dem Tierischen und Teuflischen! Trotzdem wissen wir, dass ein Verbot nicht erfüllt werden kann! Auch hier ist die Folge das Gefühl der Minderwertigkeit, des Versagens, das Gefühl des sündig Seins, der Schuld! Darüber hinaus wird die vermeintliche Gewissheit der Strafe immer gegenwärtig sein!

Muss ich noch mehr erläutern, wie sich diese Gebote auf die Menschen und auf die Gesellschaft auswirken? Dass die Kirche diese Strategie als sehr wirksam für ihre Machtausübung erkannt hat ist allenthalben sichtbar. Wenn man einem Menschen permanent vor Augen führt, welch ein Versager er ist und dass er die Gebote Gottes nicht erfüllt, wenn wir ihm zeigen, wie sündhaft er ist und schlecht, dann ist die Manipulation solcher Menschen relativ einfach. Wenn man sich dann gar noch als der Nachfolger Jesu und der Vertreter Gottes auf Erden hinstellt und sich selbst somit göttliche Vollmachten gibt, dann wird der Einfluss und die Macht dieser Religion und ihrer Institutionen sehr offensichtlich. Es wird mit der Erlösung durch Christus und schließlich mit der Möglichkeit, den Himmel doch noch zu erlangen, gelockt. Das Erscheinen von Christus wird erst dadurch notwendig, dass wir uns schuldig fühlen wegen der Nichteinhaltung von Geboten, die wir aufgrund unserer menschlichen Natur ohnehin nicht einhalten können. Wenn man diese unsinnigen Gebote nicht aufgestellt hätte, dann wäre ein Erlöser von diesen vermeintlichen Sünden nicht notwendig. Auch der Begriff der „Erbsünde“ ist lächerlich. Wie können wir nach Millionen Jahren immer noch für etwas bestraft werden, das unsere sehr weit entfernten Vorfahren einmal gemacht haben, indem sie ein unsinniges Gebot überschritten haben? Niemand käme wohl auf den Gedanken, uns für ein Fehlverhalten unserer Eltern, Großeltern oder Urgroßeltern zu bestrafen. Das Christentum basiert auf der Einführung von Geboten, die wir notgedrungen überschreiten müssen. Dies zeigt, dass das Christentum eine rein gedanklich konstruierte Religion ist und mit dem natürlichen Empfinden der Menschen nichts zu tun hat, ja uns sogar von der Natur (einschließlich unserer menschlichen Natur) hinwegführt und uns zu reinen Gedankenmenschen macht.

Kommen wir zurück zur Frage nach der aggressiven Ausbreitungstendenz des Christentum, welche die von Jesus geforderte Liebe zur Heuchelei werden lässt. Ich glaube, dass zumindest eine teilweise Erklärung darin besteht, dass Menschen, denen man ein nicht durchführbares Gebot gibt, dieses Gebot ganz einfach nicht beachten. Mit der Sexualität ist dies sehr offensichtlich. Mit der Feindesliebe ist es nicht anders. Die Menschen sind sexuell tätig, obwohl die Kirche den Geschlechtsverkehr nur zum Zwecke der Zeugung erlaubt. Ebenso lieben sie auch ihre Nachbarn und ihre Feinde nicht! Sehr viel sinnvoller wäre ein Gebot, das die Toleranz fordert und ich frage mich allen Ernstes, warum dies in all diesen Jahrhunderten nicht korrigiert wurde. Das wäre ein Gebot, das Menschen halten könnten und das eher den Frieden auf die Welt bringen würde, als ein Gebot der Feindesliebe, das niemand einhalten kann. Interessant ist in diesem Zusammenhang, dass viele Christen gerade auf das Gebot der Feindesliebe sehr stolz sind und als große Errungenschaft des Christentums betrachten. Diese Tatsache beweist eigentlich nur, wie oberflächlich und unkritisch viele Menschen einem Glauben folgen, der keinen Sinn macht. Und den sie nicht einmal verstehen können oder wollen und nur nachplappern, was man ihnen sagt.

Ich will nun noch einen kleinen Blick in die Frühgeschichte der Menschheit werfen und den Versuch unternehmen, Ihnen zu erklären, wieso die jüdisch-christliche Religion überhaupt entstanden ist und warum damals die Menschen das Bild des Vatergottes erfunden haben.

Wir können heute mit ziemlicher Sicherheit annehmen, dass mit dem Paradies das Land der Sumerer zwischen Euphrat und Tigris gemeint ist. Die Genesis sagt: *"Und Gott pflanzte einen Garten Eden im Osten.....- und ein Fluss kam aus dem Garten und formte vier Arme: der Name des ersten ist Pison ... und der Name des zweiten ist Gihon.... und der Name des dritten ist Hiddekel.... und der Name des vierten ist Euphrates."* Damals lebten die semitischen Völker im Gebirge westwärts vom Land der Sumerer, also war Sumer im Osten der Semiten. Auch Archäologen bestätigen, dass ihre Funde auf biblische Geschehnisse hinweisen. Beispielsweise hat man nachgewiesen, dass es eine große Flut in dem Gebiet der Sumerer gab, die katastrophale Verwüstungen angerichtet hat und offensichtlich die in der Bibel beschriebene Sintflut war. Die bislang vertretene Meinung, der Mensch komme aus dem Land Mesopotamien, wird durch neueste Forschungen widerlegt. Man weiß heute ziemlich sicher, dass der Ursprung der Menschheit in Afrika war. Die Überheblichkeit der Christen findet dies eine schwer zu schluckende Pille, denn es wird oft und gerne behauptet, die Schöpfungsgeschichte der Bibel sei relevant für alle Völker. In Wirklichkeit betrifft die Bibel ursprünglich nur einen kleinen Teil der Menschheit und es gibt unzählige Schöpfungsgeschichten anderer Völker, die keinerlei Ähnlichkeit mit der jüdisch-christlichen haben.

Betrachten wir also nun diesen Teil der Welt, die sumerische und semitische Welt. Die Sumerer sind das erste Kulturvolk dieser Erde, ihre Geschichte beginnt vor ca. 5.000 Jahren. Sie waren Ackerbauern und schufen durch ihren Fleiß und mit ihrem Können ein ungewöhnlich fruchtbares Land zwischen Euphrat und Tigris. Sie entwickelten ein ausgeklügeltes Bewässerungssystem, bauten Städte und Paläste, hatten eine wohl organisierte Staatsordnung und waren eigentlich glückliche Menschen, die in einem tatsächlich von ihnen geschaffenen Paradies lebten. Ihre Kultur beruhte auf der Zusammenarbeit der Menschen unter Ausnutzung der verschiedenen Fähigkeiten, ferner auf dem Bau von Städten und der Organisation eines Staates. Die Grundlage ihres Wohlstandes war die Landwirtschaft. Sie waren Ackerbauern, hatten auch Haustiere, die Milch, Butter und Käse in ausreichendem Maße lieferten und auch gelegentlich einen Braten auf den Tisch brachten. Sie hatten in dieser Frühzeit der Menschheit eine beachtliche Kulturstufe erreicht und hatten eine Schrift entwickelt. Überaus reiche Funde an Schrifttafeln ermöglichen es uns heute, sehr genau über dieses Volk informiert zu sein.

Wie es typisch für sesshafte Ackerbauern ist, waren die Sumerer in der Regel friedliebend, wenngleich Rivalitäten der Städte untereinander im Laufe der Zeit dieses friedliche Bild änderten. Auch ihre Nachbarn hatten ein gieriges Auge auf den wohlhabenden Staat. Insbesondere die im Nordwesten lebenden nomadisierenden Stämme der Semiten bedrohten die Sumerer während der ganzen Zeit dieser sumerischen Geschichte und sie brachten schließlich etwa 2.000 v. Chr. die Vernichtung. Das Volk, das sich dann aus den Trümmern neu formte, waren die Babylonier.[9]

Aus der Sicht der herumziehenden Semiten, die nur wenig Eigentum hatten, wie das bei Nomaden der Fall ist, war das Land der Sumerer tatsächlich ein Paradies. Schon alleine das komfortable Leben in Steinhäusern, die reichlich zur Verfügung stehende Nahrung (für die freilich hart

[9] Mehr über die Sumerer finden Sie im Buch von Helmut Uhlig: „Die Sumerer“

gearbeitet werden musste!) und das relativ friedliche Leben war für sie eben das Paradies.

Die Sumerer verehrten Götter und Göttinnen gleichermaßen. Ihre Hauptgöttin war Inana, die Göttin der Erde, des Lebens und der Liebe. Sie verkörperte die Mutter Erde, insbesondere ihre Fruchtbarkeit mit ihrer weiblichen Sinnlichkeit. Mit großer Offenheit wird in Epen und Gedichten das Liebesleben dieser Göttin beschrieben. Da die Sumerer Ackerbauern waren, ist es selbstverständlich, dass die Hauptgottheit eine Frau, also die Verkörperung der Fruchtbarkeit und des Wachsens und das Sinnbild der Erde war. Alle Völker, die von der Landwirtschaft leben, haben in ihrer ursprünglichen Religion eine weibliche Gottheit entweder als Hauptgottheit oder zumindest gleichwertig mit einem männlichen Gott. Dies entspringt der Lebensweise der Menschen, die schon immer die Erde als weibliches und mütterliches Element betrachteten. Dieser Göttin (der Erde!) verdankten sie ihr Leben und ihre Nahrung.

Es gibt bei den Sumerern aber auch noch einen männlichen Gott der Erde. Es ist Enki, der "Herr der Erde" und der Gott des Süßwassers. Dieser Gott war wahrscheinlich in der Wichtigkeit mit Inana gleichwertig, denn ohne Wasser und die Regulierung desselben in Kanälen wäre das Leben in der regenarmen Gegend von Mesopotamien nicht möglich gewesen. Im Gegensatz zu Inana, die mehr die Erde als ein Element der Fruchtbarkeit und dies auch in spiritueller Hinsicht bedeutet, ist Enki mehr der Gott der Erde als physisches Element. Also auch hier das alte und immer wiederkehrende Verständnis, dass das weibliche Element Spirit ist, das männliche die Materie. Also Yin und Yang ist hier im Gleichgewicht! Enki ist gleichzeitig der Herr der "hundert göttlichen Kräfte". Die Schöpfungsgeschichte der Sumerer berichtet von der Erschaffung der Menschen folgendes: Die Göttin Nammu, die Urmutter, die Himmel und Erde geboren hat und auch Enkis Mutter ist, will den Göttern, die unter der Last der Arbeit, welche die Erhaltung der Erde mit sich bringt, Hilfskräfte schaffen. Sie fragt Enki, ihren Sohn und er gibt ihr den Rat, aus dem Süßwasser und dem Lehm die Menschen zu formen. Zusammen mit acht helfenden Göttinnen werden sodann die Menschen geschaffen. Es ist hier interessant, dass nicht ein einzelner Mensch als Urvater, sondern die Menschen in ihrer Gesamtheit geschaffen werden. Der intellektuelle Plan der Schöpfung kommt von einem männlichen Gott, während die ausführenden Kräfte die Göttinnen sind.

Infolge der gleichwertigen Verehrung von Göttern und Göttinnen war auch das Leben in Sumer sehr harmonisch und im Gleichgewicht zwischen männlichen und weiblichen Prinzipien. Ich habe eine gewisse Ähnlichkeit der Religion und auch der Lebensweise der Sumerer mit den Kelten entdeckt, was rein zufällig sein kann, denn auch die Kelten waren Ackerbauern und es ist somit nicht verwunderlich, dass sich hier Ähnlichkeiten ergeben. Verblüffend sind allerdings Ähnlichkeiten in den religiösen Gebräuchen, besonders das Frühlingsfest, das bei beiden Völkern mit einer heiligen Hochzeit zelebriert wurde und es wurde auch jeweils ein Baum aufgestellt als Symbol der Fruchtbarkeit und zum Zeichen der Verbindung zwischen Himmel (männlich, Yang) und Erde (weiblich, Yin). Wir haben besonders in Bayern und Österreich, aber auch in allen keltischen Ländern heute immer noch den Brauch des Maibaumes, der auf diese fünftausend Jahre alte Tradition sehr wahrscheinlich zurückgeht! Es ist ferner interessant, dass man in Rumänien sumerische Tontafeln gefunden hat. Ferner wissen wir, dass die Kelten aus dem Osten kamen, bevor sie Österreich und Bayern, und dann später weiter den Westen besiedelten. Sie siedelten zuerst hauptsächlich entlang der Donau und es ist ziemlich sicher, dass sie entlang der Donau eingewandert waren. Die Donau fließt aber auch durch Rumänien! Ein Zusammenhang mit den Sumerern ist also gar nicht so abwegig. Diese Zusammenhänge herauszufinden ist tatsächlich aufregend. Stehen wir vielleicht in einer der längsten ununterbrochenen Kette von religiösen und spirituellen Erfahrungen, welche die Menschheit kennt, selbst wenn wir sie nicht mehr als solche betrachten und diese Riten nur noch altes Volksbrauchtum sind? In der Tat eine faszinierende Entdeckung, welche ich hier nur nebenbei erwähnen wollte!

Die heilige Hochzeit bei den Sumerern war die geschlechtliche Vereinigung des Königs mit der Hohen Priesterin. Sie symbolisierte die Vereinigung der Göttin Inana mit dem Halbgott Dumuzi, der aus den Bergen stammte und die männliche schöpferische und befruchtende Urkraft bedeutet. Dieser Akt war die Vereinigung der männlichen Energie mit der weiblichen Kraft der Göttin, welche die Erde für die neue Ackerbausaison fruchtbar machen sollte. Vor dieser Zeremonie, die auf dem Dach des Tempels der Göttin stattfand, wurde ein geschmückter Baum in einer Prozession durch die Stadt getragen und vor dem Tempel der Inana aufgestellt. Ganz ähnlich ist der Ritus bei den Kelten abgelaufen.

Zurück zu den Semiten in den Bergen. Die Sumerer bezeichnen sie als wild und angriffslustig, als Barbaren. Sie sind eine ständige Bedrohung der Sumerer, sie plündern immer wieder Städte und ziehen sich dann in die Wildheit ihrer Berge zurück. Die Semiten und Sumerer waren total gegensätzliche Gesellschaften. Die Sumerer liebten den Frieden, um ihr hart verdientes Brot und die Früchte ihrer Arbeit in Ruhe genießen zu können und die Semiten liebten die Raubzüge, um ihr einfaches Leben mit ein wenig Luxus zu bereichern. Sie weideten ihre Herden wo gerade gutes Weideland war. Sie pflegten das Land nicht, wie es die Sumerer taten, denn diese wollten ja immer wieder eine neue Ernte auf dem gleichen Stück Land erzielen. Die Semiten konnten es sich dagegen erlauben, das Land völlig aus zu laugen, denn sie zogen ohnehin weiter und es war ihnen gleichgültig, was mit dem Land, auf dem sie gestern noch gelebt hatten, heute oder morgen geschehen würde. Irgendwann erholte sich das Land auf natürliche Weise. Liebe oder Sorge für das Land empfanden die Semiten demnach nicht. Das Umherziehen brachte auch Konflikte mit benachbarten Völkern und Stämmen mit sich, gleichgültig ob diese sesshaft oder ebenfalls Nomaden waren. Diese Lebensweise erforderte kriegerische und kämpferische Fähigkeiten in besonderem Maße. Zur Erhaltung und Verteidigung waren die Männer wichtiger als die körperlich schwächeren Frauen, die für die körperlich leichteren und einfachen Arbeiten der Nahrungsverarbeitung und für die Beschaffung der Kleidung gebraucht wurden. Bei den Sumerern dagegen hatte die Frau die gleiche Wertstellung wie der Mann, denn nur durch Zusammenarbeit unter Ausnutzung der verschiedenen Fähigkeiten konnten sie ihre Arbeit erfolgreich durchführen. Der Wohlstand und der hohe Stand der Kultur war ohne jeden Zweifel ein Ergebnis dieser gänzlich anderen Einstellung der Geschlechter zueinander und ebenso die Folge der Ausnutzung der verschiedenen Fähigkeiten der Männer und Frauen.

Die Religion der angriffslustigen und männlich orientierten Nomaden war logischerweise eine andere als die der sesshaften Sumerer. Die Grundlage ihres Lebens war das Umherziehen und damit verbunden der Kampf und die Kriegsführung. Eine Göttin würde einem solchen Volk keine Stärke geben, kein Vorbild sein! Auch der Besitz spielt für ein nomadisierendes Volk keine sehr große Rolle. Ihre Habe muss schnell verpackt und verladen werden können, ihre Wohnstätten in Form von Zelten müssen ohne großen Aufwand auf- und abgebaut werden können. Dies ist lebensnotwendig! Wegen ihrer geringen Habe können sie auch bei kriegerischen Auseinandersetzungen nicht so viel verlieren. Das macht sie risikofreudiger und aggressiver.

Für die Sumerer war es im Gegensatz dazu lebensnotwendig, eine feste Behausung zu haben, in denen sie ihre Nahrungsmittel sicher lagern konnten, denn selbst im fruchtbarsten Land ist nicht zu jeder Jahreszeit eine Ernte möglich. Da man nicht herum zog mit den Weidetieren, musste auch für Stallungen gesorgt werden. Die Sorge ums tägliche Leben und auch die Vorsorge ist unter solchen Bedingungen lebensnotwendig und kann nicht einem Gott überlassen werden, der schon für den nächsten Tag sorgen wird. Für die Nomaden kann das tatsächlich zutreffen. Sie können morgen einen guten Weidegrund finden. Notfalls kann man auch die wohlhabenden Nachbarn ein wenig ausplündern. Den eigenen Stamm oder das eigene Volk lässt man natürlich in Frieden! Die anderen jedoch (später Heiden genannt!) sind Freiwild.

Die ausführliche Betrachtung der genannten Umstände von Sumer und den Semiten ist sehr hilfreich, um unsere eigene monotheistische Religion vom Ursprung her besser zu verstehen. Aus all diesen Betrachtungen und Fakten wird es sehr deutlich, dass die Semiten einen starken Gott brauchten, einen männlichen Gott, dem sie als Führer folgen konnten und den sie um Schutz für ihre Raubzüge baten. Die Kraft und Stärke, die sie im täglichen Leben brauchten, musste auch ihr Gott haben, wie könnte er sie sonst schützen und wie könnte er sonst ein Vorbild sein! All das trifft heute immer noch ebenso zu wie damals.

Hier, bei diesen semitischen Stämmen, ist nach jetzigem Wissensstand die Bibel entstanden. Nach all dem Gesagten kann man leicht die in der Bibel geschilderten Vorkommnisse, Situationen und Lebensumstände verstehen. Hier wird ein Gott von den Menschen geschaffen, der ihren Bedürfnissen und ihrem eigenen Bild gleichkommt! Es ist der Gott, dem sie blind vertrauen müssen, wenn sie in Schwierigkeiten sind, denn ohne dieses Vertrauen würden sie nicht wagen, ins Ungewisse zu wandern. Er muss sie bestärken in ihrer Männlichkeit, da sie ohne diese nicht überleben würden. Auf der ganzen Welt kann man diese Grundmuster der ursprünglichen Religionen finden, nämlich die ausgewogene, männlich und weiblich gleichzeitig orientierte Religion der Ackerbauern und die männliche und aggressive Religion der Nomaden. Beide Formen sind den jeweiligen Lebensumständen angemessen und somit für das jeweilige Volk richtig. Der Glaube der Ackerbauern an eine die Fruchtbarkeit bringende Göttin ist ebenso wichtig und richtig wie der Glaube eines Nomaden an den starken männlichen Gott.

Wenn zwei solche unterschiedlichen Völker aufeinander treffen, gibt es natürlich Konflikte. Von den Semiten wird dies in der Bibel mit der Geschichte von Kain und Abel bildhaft beschrieben. Kain tötet schließlich seinen Bruder Abel. Hier setzt sich das Sündenregister fort, das mit dem Baum der Erkenntnis begonnen und mit der Sintflut und auch mit der Zerstörung von Sodom und Gomorrha endet. Auch der Turmbau zu Babel kann hier noch mit genannt werden. All das soll dann schließlich mit dem Erscheinen des Messias, den die Christen dann in dem Erlöser Jesus Christus sahen, zu einem guten Ende gebracht werden.

Wir haben gesehen, dass jede Religion für die entsprechenden Lebensumstände ihre Berechtigung hat. Nun ist es allerdings geschehen, dass die Semiten nach vielen Wanderungen schließlich in das von ihrem Gott verheißene Land kommen und sesshaft werden. Sie haben jedoch unglücklicherweise ihre Religion nicht den veränderten Umständen angepasst, sondern verehren immer noch ihren Gott aus der längst vergangenen Nomadenzeit. Auch als Ackerbauern sind sie offensichtlich nicht so erfolgreich, wie es sein könnte. Das alte Palästina soll, alten Berichten zufolge, tatsächlich ein unbeschreiblich fruchtbares Land gewesen sein. Die Nomaden jedoch, die nicht gelernt haben, auf den Erhalt der Fruchtbarkeit zu achten oder sogar das Land als heilig zu betrachten, laugen die Erde aus, denn sie verhalten sich immer noch so, als würden sie das Land benutzen und dann zurücklassen. Sie haben kein Verständnis für den Erhalt ihrer Lebensgrundlage. Das ehemals gelobte Land ist heute karg und fast eine Wüste. Es muss uns jetzt auch nicht mehr verwundern, dass wir keinerlei liebevollen Hinweise für die Natur in der Bibel lesen. Diese liebevolle und sorgende Art war den Nomaden fremd.

Diese Hintergrundinformation erachte ich für wichtig zum Verständnis der in der Bibel geschilderten Vorkommnisse. Sie ist auch wichtig für unser eigenes Verständnis, wichtig für das Verstehen, warum sich die christliche Religion als Nachfolgereligion des Judentums so entwickelt hat, wie sie heute ist und dass sie in ihrer Urform eigentlich immer noch die aggressive Religion der Nomaden ist. Vielleicht verstehen wir jetzt besser, warum diese Religion immer wieder Verwirrung stiftet, warum das Gleichgewicht gestört ist und warum wir heute so große Schwierigkeiten haben, dieser Religion noch zu folgen. Als sesshafte Gesellschaft brauchen wir eine ausgewogene Religion, wir brauchen das Gleichgewicht und die Harmonie zwischen männlich und weiblich, wir brauchen die wirkliche Liebe, nicht die Nächsten- oder Feindesliebe, sondern die wirkliche Liebe zwischen den Geschlechtern und in der Familie, wir brauchen wieder die Familie! Wir brauchen die Seele, ohne den Intellekt darüber zu vernachlässigen, ihn aber auch nicht zu hoch einzuschätzen! Wir brauchen Männer und Frauen, die aussteigen aus Zwängen, die ihnen eine nicht angemessene Gesellschaft auferlegt! Kurzum, wir brauchen das Gleichgewicht von Yin und Yang.

Wir sollten allerdings auch erkennen, dass wir selbst die Gesellschaft sind und somit können nur wir selbst durch einen Bewusstseinswandel die Gesellschaft ändern.

Kommen wir zurück auf die sogenannte Nächstenliebe. Wenn wir tatsächlich jeden Menschen lieben würden, das heißt mit ihm alles teilen wollten, dann könnten wir nicht überleben. Wenn jeder kommen könnte und das von uns erworbene Gut mit uns teilen wollte, dann würden wir ganz einfach verhungern, denn es bliebe für uns und unsere Familie nichts übrig. Ich möchte auch den Menschen sehen, dem es nichts ausmacht, wenn Fremde in seinem Schlafzimmer übernachten und sich im ganzen Haus breit machen. Das ist freilich sicher ein wenig zu deutlich und übertrieben ausgedrückt, jedoch ist es in der Hauptaussage richtig. Eine gewisse Verteidigungsbereitschaft und auch Abgrenzung anderen Menschen gegenüber ist für uns eine Notwendigkeit des Überlebens und auch notwendig für unser Wohlbefinden. Wir sind zwar in gewisser Weise „Herdentiere", jedoch geht das nicht so weit, dass wir alles mit allen teilen wollen und können. Wir brauchen unsere Privatatmosphäre. Dies sind biologische Gegebenheiten und ein Gesetz der sogenannten Nächsten-„Liebe" kann dies nicht aufheben. Es gibt auch absolut keine Notwendigkeit dafür.

Was allerdings nun infolge dieses Gebotes der Nächstenliebe geschehen ist im Laufe der Zeit, ist sehr bedauerlich. Die wirkliche Liebe wird durch dieses Gebot nicht gefördert, sondern eher geschwächt oder sogar ganz ausgelöscht, weil sie in der Bibel nicht einmal einer Erwähnung wert ist und offensichtlich nicht wichtig ist!

Was ich hier meine, muss ich etwas näher erläutern. Machen wir uns nochmals bewusst, dass der Inbegriff der Liebe das Teilen ist. Wirklich alles zu teilen ist jedoch nur innerhalb der Familie möglich, wie ich soeben versucht habe zu erklären. Wiederum innerhalb der Familie gibt es jedoch zwei, eigentlich sogar drei verschiedene Formen der Liebe. Diese sind: Die Liebe von Mann und Frau (also den Ehepartnern), die Liebe der Eltern zu den Kindern (Enkelkinder eingeschlossen), und die dritte Form ist die Liebe der Kinder zu den Eltern (Großeltern eingeschlossen). Eine etwas abgeschwächte Form der Liebe kann natürlich auch zu entfernteren Verwandten auftreten. Diese Liebe wird nicht mehr so stark sein, denn wir werden mit diesen Verwandten nicht mehr grundsätzlich alles teilen wollen und können.

Die Liebe der Eltern zu den Kindern ist eine ganz besondere Art der Liebe. Diese Liebe ist kaum eine bewusste Liebe. Sie ist mehr instinktiv. Es ist auch nicht unbedingt eine Liebe des gegenseitigen Teilens, sondern eher eine Liebe des einseitigen Gebens. Die Eltern teilen zwar mit den Kindern, jedoch ist das Teilen der Kinder mit den Eltern nicht so bedeutungsvoll. Man kann zwar sagen, dass sie die Wohnung zusammen teilen, jedoch ist dies mehr begründet in der Abhängigkeit der Kinder. Auch teilen Eltern und Kinder nicht alle Gefühle zusammen, denn Gefühle der Erwachsenen sind andere Gefühle als die der Kinder. Man kann sich natürlich darum bemühen, sich zu verstehen. Dies ist jedoch nicht ganz dasselbe wie Teilen, wenngleich es immerhin das Mitteilen und Mitfühlen etwas mit Teilen zu tun hat. Im Sexuellen Bereich hört dieses Teilen dann ohnehin total auf. Wollen wir also nochmals festhalten, dass die Beziehung der Eltern zu den Kindern in erster Linie eine angeborene instinktive Liebe ist. Diese Form der Liebe kann sehr stark sein. In der Regel und unter normalen Umständen wird sie sogar immer vorhanden und immer stark sein. Wäre es nicht so, dann würden Kinder nicht überleben können.

Die Liebe der Kinder zu den Eltern ist zwar ähnlich und ebenfalls instinktiv und nicht vom Verstand geprägt, jedoch ein wenig anders als die Liebe der Eltern zu den Kindern. Die Liebe der Kinder zu den Eltern ist eine abhängige Liebe. Es ist möglich, dass diese Liebe nachlässt, wenn die Kinder älter werden und als mehr oder weniger Erwachsene das Elternhaus verlassen. In diesem Stadium kann dann die Liebe der ursprünglichen Abhängigkeit zur Freundschaft werden, was der Idealfall und dem erwachsenen Menschen angemessen ist. Die abhängige Liebe der Kinder zu den Eltern kann mit der Liebe zu Gott verglichen werden. Solange wir uns abhängig von Gott und als seine Kinder betrachten, ist dann diese Form der Liebe die sogenannte „Gottesliebe“. Betrachtet man dies unter dem Gesichtspunkt der Weiterentwicklung und Evolution der Menschheit, wird diese abhängige Kinderliebe zu Gott in Zukunft nicht weiterbestehen und in dem Maße nachlassen, wie wir anfangen, reif und erwachsen zu werden. Darüber habe ich bereits im 4. Kapitel sehr ausführlich geschrieben.

Kommen wir nun zu der Liebe, die zwei erwachsene Menschen, ein Mann und eine Frau, zueinander empfinden. Diese Liebe hat mit Gefühlen zu tun und natürlich auch mit Sexualität. Es geht hierbei um eine Anziehung, die wir nicht erklären können und wohl auch nicht unbedingt erklären müssen. Wie ich in den vorherigen Kapiteln ausführlich beschrieben habe, sollten wir nicht danach streben, die Sexualität von anderen Gefühlen zu trennen, sondern als ganzer Mensch die breite Skala unserer Gefühlsmöglichkeiten nutzen. Die sogenannte reine oder platonische Liebe ist keine Grundlage für ein eheliches Zusammenleben. Sie ist widernatürlich und man kann auch keinerlei Vorteil darin erkennen. Nur wenn wir, geformt von der christlichen Moral, die Sexualität als schlecht betrachten, macht diese Art der Liebe noch einen gewissen Sinn.

Ich möchte zusammenfassend sagen, dass diese drei Formen der Liebe, nämlich die Liebe der Eltern zu den Kindern, die Liebe der Kinder zu den Eltern und die Liebe zwischen Mann und Frau die eigentliche Liebe ist. Wenn wir Nächstenliebe oder gar Feindesliebe, die man besser mit „Toleranz“ oder „Akzeptanz“ oder auch mit „Achtung“ beschreiben sollte und auch noch das „Mitgefühl“ oder auch „Barmherzigkeit“ mit hineinnehmen würde, dann wären dies die richtigen Begriffe für das, was in der christlichen Lehre als Nächsten“liebe“, also auch als <u>Liebe</u> bezeichnet. Der Begriff „Liebe“ wird, wenn man alles in einen Topf wirft, eine Inflation des Begriffes der echten Liebe. Wenn wir jedoch nur immer von Nächstenliebe sprechen dann verliert die wirkliche Liebe an Bedeutung und an Wert. Genau das ist in unserer Gesellschaft geschehen. Wir wissen gar nicht mehr, was wirkliche Liebe ist! Diese wirkliche Liebe teilt tatsächlich alles, das Materielle wie das Spirituelle, das Eigentum (Auto, Bankkonto, Wohnung oder Haus), die Gefühle, die Sexualität, Bedürfnisse, Freude und Traurigkeit. All das können wir mit unserem Nachbarn oder irgend einem Menschen nicht teilen und mit einem Feind schon gleich gar nicht. Die Liebe gar als ein Gesetz oder ein Gebot hinzustellen, ist absurd. Liebe kann man nicht durch Gesetze verordnen!

Wenn wir die Bibel aufmerksam lesen, dann werden wir keinerlei Hinweise auf diese wahre und echte Form der Liebe finden. Es heißt zwar an einer Stelle, Mann und Frau werden ein Fleisch sein. Dies bezieht sich jedoch mehr auf das sexuelle Erleben, denn die „fleischliche Lust“ oder das „Fleisch“ wird in der Bibel immer als eine rein körperliche Sache beschrieben. Mit Liebe hat das also nicht unbedingt etwas zu tun.

Wenn die Autoren der Bibel etwas von der wirklichen Liebe gewusst hätten, dann hätten sie leicht diese immerhin als erstrebenswert oder als wertvoll behandeln und empfehlen können und darauf hinweisen können, sie zu pflegen. Dies ist in der Bibel nicht der Fall. Es ist die fehlende Wertschätzung der wirklichen Liebe, die auffallen muss, wenn man die Bibel studiert. Es wird zwar oft auf das hohe Lied der Liebe Salomons hingewiesen und als Beispiel hingestellt, wie hoch doch die Liebe sogar im Alten Testament geschätzt wurde. Diese Stelle ist tatsächlich eine poetische Beschreibung über ganze zwei Seiten. Wenn dies allerdings alles ist, was die Bibel, die einige hundert Seiten umfasst, zu bieten hat, dann kann man dies wohl mit Recht als fast gar nichts bezeichnen. Darüber hinaus könnte man auch sagen, dass die Beschreibung der weiblichen Reize einer geliebten Frau, wie das sehr schön poetisch in dem Hohen Lied beschrieben wird, auch wiederum gar nicht allzu viel mit der Liebe im Allgemeinen zu tun hat und solche Gedichte oder Prosa kommen in der Literatur haufenweise vor. Wenn dagegen von der Beziehung zwischen Mann und Frau in der Bibel die Rede ist, dann ist es eigentlich immer das Recht des Mannes auf die Unbescholtenheit der Frau. Dass die Frau hier als ein Eigentum des Mannes betrachtet wird, ist keine Frage. Mit Liebe hat dies absolut gar nichts zu tun. Es ist sogar eher das Gegenteil der Fall!

Wenn wir festhalten, dass die Bibel im Neuen Testament sehr viel über Nächstenliebe, Feindesliebe und Gottesliebe – letztere auch im Alten Testament - spricht und wir gesehen haben, dass diese Art der Liebe gar nicht die wahre Liebe ist und gar nicht sein kann, sondern eigentlich Toleranz damit gemeint ist, die eigentliche Liebe zwischen Mann und Frau dagegen überhaupt nicht erwähnt oder gewürdigt wird, dann ist es schon eine arge Verkennung der Tatsachen, das Christentum als die Religion der Liebe hinzustellen!

In der Lehre des Juden-Christentums sind die größten Sünden die Sexualität und der Ungehorsam gegen Gott, wie dies in der Genesis ausgedrückt wird. Der Verstoß gegen diese beiden Kardinalsünden bewirkt den Ausschluss aus dem Paradies. Das Verbot, von der Frucht des Baumes der Erkenntnis zu essen, kann von Adam und Eva nicht verstanden werden. Diesen Ungehorsam, der eigentlich gar keiner ist, zu bestrafen, ist widersinnig. Das andere Verbot, nämlich Sex zu haben, ist ebenfalls widersinnig und lässt sich in nichts rechtfertigen oder erklären. Sexualität als Sünde hinzustellen, ist scheinheilig und soll die wirklichen Sünden und Verfehlungen der Menschen vertuschen. Die größte Sünde ist nämlich der Egoismus. Dieser verhindert das geistige Wachsen eines Menschen. Er verhindert ein glückliches Zusammenleben und verhindert ganz allgemein Glück und Zufriedenheit.

Der Egoismus ist das Grundübel. Er ist das Gegenteil der Liebe. Unsere Zeit ist extrem egoistisch geworden. Ich möchte nur als Stichwort das Klonen anführen, welches immerhin schon möglich ist und von manchen Menschen als Ideal betrachtet wird. Dieses Verfahren fragt nicht mehr nach Liebe oder nach menschlichen Beziehungen. Es ist der absolut egoistische Wunsch als Ich weiterzuleben. Mehr Egoismus ist schon fast nicht mehr vorstellbar. Wenn jemand in dieser Weise im Körper eines geklonten Kindes fortleben möchte, dann ist das Egoismus in reiner Form. Von anderen ethischen Aspekten ganz zu schweigen. Es ist fast nicht vorstellbar, dass solche medizinischen Versuche tatsächlich ernsthaft erwogen werden und sogar schon in Arbeit sind, ohne dass die Allgemeinheit nähere Informationen erhält. Was sich hier alles hinter verschlossenen Türen abspielt, ist sicher gewaltig. Letztendlich ist mit dem Egoismus sehr viel Geld zu verdienen, das muss auch einmal gesagt werden! Das Geldverdienen und der Konsum fördert wiederum den Egoismus und so wird alles zu einem Teufelskreis, aus dem man sehr schlecht ausbrechen kann und wahrscheinlich auch gar nicht ausbrechen will, denn die Menschen heute sind im Großen und Ganzen wirklich sehr egoistisch geworden und denken wirklich immer nur an sich selbst und wollen sich gar nicht ändern.

Wir sehen also wie weit wir schon gekommen sind und wie lebensnotwendig eine wirkliche Umkehr von Grund auf ist. Das Christentum kann hier nicht weiterhelfen mit seiner Moral und dem Beiseiteschieben der wirklichen Probleme und in der Bestrebung, Pseudo-Übel zu verteufeln anstelle die wirklichen Übel der Menschheit anzugehen und den Egoismus zu bekämpfen, der das Grundübel der Menschheit ist. Alle anderen Verfehlungen haben immer in irgendeiner Form mit Egoismus zu tun. Diese weiteren Übel können Habgier sein, aber auch Machtstreben,

Dominanzstreben und so weiter.... Ein egoistischer Mensch kümmert sich nicht um das Wohl anderer Menschen oder um die Natur! Von all dem sagt die Bibel nichts. Die Sexualität ist ein Alibi und hat eine Sündenbockfunktion bekommen, um von den wirklichen Problemen abzulenken. Es ist geradezu absurd und manchmal lächerlich, mit welcher Energie die Kirche den Kampf gegen die Sexualität führte und immer noch versteckt führt. Reste von dieser Anti-Sex-Kampagne sind heute immer noch zu finden. Ich selbst kann mich noch gut an meine Kindheit und den Religionsunterricht erinnern. Mit größter Eindringlichkeit wurde immer wieder erzählt, wie gefährlich und krank machend die Onanie sei und dass wir fürchterliche Strafen zu erwarten hätten, wenn wir diesem Laster frönen würden. Die Androhung von Krankheiten, ja sogar von Irresein, war ein ganz beliebtes Thema in diesen Stunden der religiösen Erziehung. Es gibt tatsächlich heute noch Erwachsene, die von solchen Märchen immer noch überzeugt sind. Die Kirche hat diese Ansichten verbreitet und sie benutzt, um ihre Machtposition auszubauen. Der Kirche ist es letztendlich gleichgültig, ob die Menschen habgierig sind oder nicht. Sie ist jedoch daran interessiert, dass die Menschen ein schlechtes Gewissen haben und willige Schäfchen sind, die der Kirche und dem Hirten folgen. Die Priester bezeichnen sich ja auch als die Hirten! Je mehr die Menschen an materiellen Gütern anhäufen, desto mehr zahlen sie auch Steuern und festigen somit wiederum die Macht der Institution. Es wird zwar in der Bibel viel von der Armut gesprochen, jedoch auch hier kann man erkennen, dass es sich um eine Alibifunktion handelt. Ähnlich wie mit der Liebe ist es nämlich auch hier kaum durchführbar, all seine Habe an die Armen zu geben. Dieses Verhalten ist total wider die menschliche Natur. Freilich soll man sich nicht im Materialismus verlieren. Jedoch gilt auch hier, dass das Gleichgewicht gewahrt oder erreicht werden soll. Weder das Anhäufen von Reichtum, noch der totale Verzicht auf alle Annehmlichkeiten des Lebens sind erstrebenswert. Die Bibel verlangt von den Menschen etwas, das sie gar nicht erreichen können! Somit wird es auch erst gar nicht angestrebt. Wenn ich weiß, ich werde ein Ziel ohnehin niemals erreichen, dann werde ich mich auch nicht anstrengen.

Eine weitere große echte „Sünde“ ist die Intoleranz. Diese mag zwar nicht gar so schlimm und folgenschwer sein wie der Egoismus. Jedoch sind die Folgen von Intoleranz schon beachtlich. Intoleranz und Egoismus sind ohnehin verwandt und kommen in der Regel gemeinsam. Wenn wir unsere Nachbarn tolerieren würden, anstatt sie zu lieben, dann wäre dies in der Tat durchführbar und würde die Welt zu einem friedlichen Ort machen. Eine Religion, die dieses vertreten und fördern würde, könnte mit Recht eine Religion des Friedens genannt werden. Nichts davon jedoch im Christentum. Im Gegenteil: Die Macht der Kirche konnte nur dadurch so groß werden, weil sie gegen jede andere Religion oder Weltanschauung intolerant war. Den Menschen zu erzählen, dass sie zur einzigen wahren und richtigen Religion gehören, ist in der Tat ein gewaltiges Machtinstrument. Sogar Hitler arbeitete mit diesen Mitteln. Zwar nicht mit Hilfe der Religion, aber indem er den Deutschen einhämmerte, sie seien die Herrenrasse. Es war für das deutsche Volk eine wahre Euphorie, zu der Herrenrasse zu gehören. Dieser Stolz hat Millionen Menschen beflügelt und zu großen Taten angestachelt. Zu so einer wichtigen und großen Nation zu gehören, ist ein überwältigendes Gefühl. Wie dieses Hochgefühl dann geendet hat, wissen wir alle! Ich war zwar noch ein Kind zu dieser Zeit, jedoch kann ich mich noch gut an die euphorische Stimmung erinnern.

Mit dem Christentum ist es ähnlich. Man glaubt, dass man zur einzigen und wahren Religion gehört und das ist schon ein erhebendes Gefühl! Und dann kommt natürlich auch noch die Belohnung im Himmel! Diese Versprechen machen die Gläubigen zu treuen und willigen Nachfolgern. Wenn man allerdings das Gute nur deshalb tut, um den Lohn im Himmel zu erhalten, dann kann ich das nur als egoistisch bezeichnen.

Die Intoleranz der Christen gegenüber Andersgläubigen wird natürlich von den Christen selbst meist gar nicht wahrgenommen. Erst wenn wir selbst keine Christen sind, kann diese Arroganz weh tun, denn dann ist man selbst betroffen. Natürlich darf ich nicht versäumen, darauf hinzuweisen, dass nicht unbedingt alle Christen intolerant und arrogant sind. Jedoch ist die Intoleranz schon auch ein Kennzeichen dieser Lehre. Wer ein wahrer Christ sein will, der ist geradezu aufgefordert, das Weitertragen des Christentums als Pflicht zu betrachten. Wie gesagt, als Christ wird einem dies nicht bewusst. Erst seitdem ich mich vom Christentum abgewendet habe, fallen mir diese Dinge sehr eindringlich auf. Auf einer Party, die ich kürzlich besuchte, kam folgendes Gespräch auf, das deutlich macht, wovon ich hier spreche. Es ist natürlich nur ein kurzer Auszug aus diesen Gesprächen. Meine Gesprächspartnerin will ich einfach mit „M“ bezeichnen.

M: „Sind wir nicht gut dran, dass wir Christen sind und dass Gott so gut für uns sorgt!“
Ich: „Ich denke, dass andere Menschen, die keine Christen sind, es ebenfalls gut haben können.“
M: „Nein, ich kann Beispiele geben von Missionaren in Afrika. Sie beteten mit den zum wahren Glauben übergetretenen und dann gelang ihnen alles. Gott half ihnen, denn sie waren Christen geworden!“

Ich: „Denkst du, dass andere Religionen falsch sind? Nehmen wir an, ein Buddhist wäre hier anwesend. Ich denke, er würde sich beleidigt fühlen und außerdem würde er glauben, dass er ebenfalls die für ihn richtige Religion hat.“
M: „Nein, Buddhisten glauben überhaupt nicht an Gott! Buddha ist kein Gott, denn es gibt nur den einen Gott. Die Buddhisten machten Buddha zum Gott! Es gibt keinen Gott in irgendeiner anderen Religion. Es gibt nur einen Gott! Wenn du an diesen einen Gott glaubst, dann wirst du die Erlösung finden durch Jesus. Er ist für uns gestorben. In welcher anderen Religion gibt es so etwas? Kein anderer Gott ist für die Menschen gestorben. Buddha ist nicht für seine Gläubigen gestorben. Wie kann er ein Gott sein? Es bleibt dabei, es gibt nur einen Gott und wer an ihn glaubt, der wird gerettet.“
Ich: „Das ist dein Glaube, soweit kann man das akzeptieren. Aber andere Menschen haben einen anderen Glauben und der ist für sie ebenso richtig wie deiner richtig ist für dich. Worin liegt der Unterschied?“
M: „Der Unterschied ist doch klar! Die anderen glauben an den falschen Gott. Es steht alles in der Bibel, das ist der Beweis!“
Ich: „Die Bibel ist nur ein Buch, das von Menschen geschrieben ist. Andere Religionen haben auch ihre Bücher, auf die sie sich berufen.“
M: „Sie glauben an die falschen Götter und die falschen Bücher! Jesus sagt: Nur durch mich kommt ihr in den Himmel. Die Heiden glauben nicht an diese Wahrheit und deshalb kommen sie nicht in den Himmel. Die Wahrheit ist in dein Herz geschrieben. Wenn du nicht auf diese Wahrheit hörst, dann bist du selber schuld, wenn du nicht gerettet wirst und in Sünden sterben musst.“

Diese Konversation mag in der Tat ein wenig einfältig oder naiv erscheinen. Sie war jedoch wirklich so und ich habe nichts übertrieben. In ähnlicher Weise habe ich inzwischen viele solche Diskussion gehört. Es ist tatsächlich ein bestimmtes und immer wieder angewandtes System in der Argumentation dieser Menschen. Deshalb ist diese hier angeführte Diskussion keine seltene Ausnahme, auch wenn meine Gesprächspartnerin extrem naiv ihre Argumente darlegte. Andere intelligentere Menschen machen es sicher etwas geschickter. Das Muster ist trotzdem immer dasselbe, ob es nun ein wenig intellektueller geführt wird oder in diesen einfachen Worten dargelegt wird. An dieser kleinen Konversation kann man ein ganz bestimmtes Vorgehen und ein Schema erkennen, es bedarf eigentlich keiner weiteren Erklärung. Worauf ich jedoch besonders hinweisen möchte, ist die Ignoranz, die Arroganz und die Intoleranz gegenüber jedem, der nicht zu diesem Glauben gehört. Wo bleibt hier wiederum die Nächstenliebe?

Wir sehen hier ganz deutlich, dass es die Toleranz wäre, die wir brauchen, um wirklich friedlich zusammen leben zu können und nicht die sogenannte Nächstenliebe. Wenn wir nur diejenigen lieben, die mit uns einig gehen, dann ist dies kein besonders hervorzuhebender Akt. Auch in der schon zitierten Bibelstelle wird dies ebenfalls deutlich. Jesus wird gefragt nach seinen Brüdern und seiner Mutter und er verweist auf seine Nachfolger und nennt sie seine Brüder und seine Mutter. Also auch für Jesus sind nur das die Nächsten, die ihm nachfolgen. Für die anderen gibt es nur fürchterliche Strafen. Es ist also kein Wunder, wenn die gläubigen Christen ebenso verfahren. Nur leider, sie merken es gar nicht, wie arrogant, intolerant und lieblos sie dabei sind. Ganz im Gegenteil, sie glauben, dass sie großartig sind in ihrer Heuchelei! Und dann meinen sie noch, ihr Glaube hätte etwas mit Liebe zu tun!

Dieses heuchlerische Verhalten ist eine ganz böse Erscheinung, denn sie macht die Menschen glauben, dass sie tatsächlich gut sind, auch wenn sie noch so intolerant Anderen gegenüber sind. Aber das Glück und die Freiheit können sich Heuchler nicht erwerben. Ich möchte in diesem Zusammenhang noch darauf hinweisen, dass es das Recht eines jeden Menschen ist, andere Menschen <u>nicht</u> zu mögen. Um nicht missverstanden zu werden: Nicht mögen ist nicht gleichbedeutend mit Hass! Dass mir aber jemand nicht sympathisch ist, das ist normal. Ich kann so einem Menschen aus dem Weg gehen und es macht mich frei, wenn ich nicht so tun muss, als würde ich ihn lieben. Um es nochmals zu sagen: Das ist nicht Hass! Auch wenn man jemanden nicht mag, wenn man seine Art zu leben und seine Ansichten nicht teilt oder sogar strikt dagegen ist, kann man diesen Menschen tolerieren. Auf diese Toleranz kommt es an. Wenn wir das fertig bringen, dann können wir in Frieden zusammen leben.

Das Juden-Christentum ist auf Dualismus aufgebaut. Dies ist eine aggressive Weltanschauung, nämlich der permanente Kampf des Guten mit dem Bösem. Beide wollen sich gegenseitig dominieren. Aufgrund dieser Weltanschauung kann es gar keinen Frieden geben!

Zum Schluss dieses Kapitels möchte ich noch einige Anmerkungen über die christliche Erfindung des Teufels machen. Wie die Menschheit dazu kam, den Teufel als Personifizierung des „Bösen“ zu erfinden, lässt sich relativ einfach beweisen. Konrad Lorenz hat in seinen Schriften wiederholt bewiesen, dass die menschliche Aggression stammesgeschichtlich aus unserer Tiervergangenheit herrührt. Die Verteidigung eines Territoriums oder eines Nistplatzes, ebenso eines Partners (meist verteidigt das Männchens einen weiblichen Partner, oder das Anrecht auf diesen Partner), erfordert aggressive Handlungen. Diese sind uns gewissermaßen angeboren, in manchen Menschen allerdings stärker als in anderen. Diese

Unterschiede können vererbt und in der Abstammung bedingt sein. Einiges Potential an Aggression ist allerdings in jedem Menschen vorhanden, sofern wir dies nicht mit allen Mitteln unterdrückt haben.

Wie wir mit dieser Aggression fertig werden, ist von Fall zu Fall unterschiedlich. Ein sehr häufig vorkommendes Muster ist das Abwälzen einer Schuld oder eines Fehlverhaltens auf einen „Sündenbock". Als Sündenbock kann eine Situation oder auch eine oder mehrere Personen oder sogar ganze Völker verwendet werden. Religionskriege sind hier ein typisches Beispiel. In Gesellschaften mit ursprünglicher Stammeszugehörigkeit sind die „Bösen" ganz einfach alle, die nicht zum Stamm gehören. Mit der Vermischung der Völker in moderneren Zeiten funktioniert dieses System jedoch nicht mehr. Als Ersatz hierfür tritt nun die Zughörigkeit zu einem Volk (Franzosen gegen Deutsche, Amerikaner gegen Russen etc.). Sehr typisch sind die Religionskriege, wobei es nicht immer die Religion sein muss, es kann natürlich auch eine Ideologie, eine Philosophie, ja sogar nur reine Gewohnheit oder ein ethnischer Unterschied sein. Nach dem Motto: „Wer sich nicht so verhält wie wir, der ist anders und somit unser Feind!" (siehe auch die heutigen Flüchtlinge und deren häufige Ablehnung).

Wenn etwas schief geht, suchen wir oft nach etwas, das Schuld ist an dem Geschehen. Auch in Partnerschaften ist das oft so. Anstelle zu sagen, man hat etwas falsch gemacht, sucht man krampfhaft nach einer Entschuldigung. Dabei ist es noch relativ harmlos, wenn man den Umständen die Schuld zuweist, obwohl auch das ein sehr unmündiges Verhalten ist, wenn man in Wahrheit selbst etwas falsch gemacht hat. Wenn man jedoch einen anderen Menschen beschuldigt, obwohl man ganz eindeutig selbst der Auslöser für das Missgeschick war, dann wird die Sache schon sehr übel. Leider kommen diese Dinge ständig vor und es gibt wirklich nur sehr wenige Menschen, die dieses Verhalten – zumindest in Ansätzen - nicht zeigen. Im Prinzip weist dies eine große Unreife aus. So verhalten sich Kinder und denen kann man es noch bis zu einem gewissen Grade nachsehen. Bei Erwachsenen ist dies jedoch lächerlich.

Die Erfindung des Teufels ist eine weitere Variante der Erfindung eines Sündenbocks. Der Teufel ist die Personifizierung des Bösen, also des aggressiven Potentials in uns. In dieser Sichtweise gibt es das Böse in der Welt, nämlich den Teufel. Er ist es, der uns verführt und uns das Böse einflüstert. Er ist also in dieser Denkweise der wahre Schuldige, wir sind nur die armen Opfer und sollten eigentlich nicht wirklich bestraft werden für unsere Missetaten. Das Vorhandensein des Teufels macht es uns leichter, mit unseren dunklen Trieben fertig zu werden. Nun ist es allerdings schier unerträglich, mit dem Bösen zu leben, wenn es nur das Böse geben würde.

Es muss also auch das Gute existieren und somit wird ein Gott erschaffen, der Inbegriff des Guten. Er ist der Gegenspieler des Bösen, des Teufels, und wir hoffen und glauben, dass das Gute letzten Endes siegen wird und das gibt uns die Hoffnung, trotz unserer bösen Neigungen doch noch gerettet zu werden und zum Beispiel in den Himmel zu kommen. Wer glaubt, dass es einen Teufel gibt, kann nur im Vertrauen und im Glauben an Gott überleben. Es mag uns erstaunlich erscheinen, dass es dieser Glaube an Gott und Teufel ist, was die Kirche in der Vergangenheit, insbesondere im Mittelalter so stark gemacht hat, denn die Kirche verspricht das Heil und die Befreiung von dem Teufel im Glauben an Gott. Würden die Menschen nicht an den Teufel glauben, würden sie einen Gott nicht so dringend benötigen. Wenn wir andere Wege finden, unsere Aggression loszuwerden oder auch einen gewissen Anteil an aggressivem Verhalten in uns tolerieren und die Verantwortung für unser Tun selbst übernehmen, dann werden wir eine Religion im herkömmlichen Sinne nicht mehr so sehr benötigen. Ein Feindbild aufzubauen ist sicher nicht der richtige Weg, mit der Aggression in uns fertig zu werden.

Ein sehr sicheres Mittel ist jedoch die Liebe. Es ist erwiesen (und jeder kann dies für sich selbst herausfinden!) dass wir weit weniger aggressiv sind, wenn wir einen guten Freund haben (am besten natürlich einen Lebensgefährten/-gefährtin, den/die wir innig lieben können), mit dem oder der wir auch über andere Menschen ein wenig schimpfen können. Dies muss nicht zum Aufheizen der Aggression dienen, es wird vielmehr dazu beitragen, auf harmlose Weise unseren Ärger los zu werden. Wenn wir am Ende fähig sind, über unseren Ärger sogar noch gemeinsam zu lachen, dann haben wir schon gewonnen. Das Lachen ist der beste Weg, mit unseren Aggressionen ins Reine zu kommen und sie zur Schrulle zu machen. Wie Konrad Lorenz sagt: „Ein Mensch der lacht, schießt nicht!"

Kehren wir jedoch zur Liebe zurück. Die wahre Liebe fragt nicht nach der Belohnung. Ein wirklich Liebender liebt ohne Bedingungen. Wenn wir anfangen, unseren Partner nur zu lieben, weil wir irgendetwas damit erreichen wollen, dann ist die Liebe nicht echt. Ja, ich möchte sogar so weit gehen zu behaupten, dass wir nicht einmal wegen der Gegenliebe lieben sollten. Freilich, erwarten werden wir es schon, dass wir auch geliebt werden. Jeder Mensch will geliebt werden und dies ist eine menschliche und natürliche Erscheinung und jeder Mensch hat dieses Bedürfnis. Wir sollten aber nicht auf diese Liebe pochen oder sie gar fordern. Wenn wir bedingungslos lieben, dann werden wir sicher auch wieder geliebt, ganz automatisch und ohne dass wir es anfordern müssen.

Allerdings muss ich hier einfügen, dass auch die bedingungslose Liebe nicht immer möglich ist. Es gibt Fälle, die man nicht mehr verkraften kann. Das kann Untreue oder es kann Alkoholismus oder Drogenabhängigkeit oder kriminelle Handlungen sein. Oder auch eine psychische Krankheit. In solchen Fällen kann es die Kraft eines Menschen übersteigen, immer noch zu lieben. Vielleicht ist es möglich, einem solchen Menschen immer noch innerlich nahe und zugetan zu sein, aber man wird es nicht mehr verkraften, mit ihm oder ihr noch beisammen zu sein.

Die Liebe in der allumfassenden Form ist eine ausgewogene Liebe. Die Elemente von Yin und Yang müssen gleichmäßig vorhanden sein. Das, was in der christlichen Lehre als Liebe bezeichnet wird, ist nicht eine Liebe, welche Yin enthält. Vielmehr ist sie diktiert von der Forderung zu lieben, ja sie ist sogar zu einem Gebot geworden, dem Gebot der Nächstenliebe. Anordnen oder fordern kann man eine echte Liebe nicht. Denn diese entspringt nicht aus dem Denken, sondern aus einer Wahrnehmung, vielleicht könnte man es auch eine Intuition nennen oder ein Erkennen auf einer nicht nur materiellen Ebene. Auf jeden Fall hat es mit der Yin-Energie etwas zu tun und sie ist eine Verbindung, die auf einem seelischen Erkennen beruht. Natürlich ist immer die Ausgewogenheit auch wichtig. Ganz ohne Yang wäre eine Liebe und ein glückliches Leben, welche auch mit allen anderen Forderungen, Aufgaben und Herausforderungen des täglichen Lebens zurecht kommt, nicht möglich. Immer muss beides vorhanden sein, Yin und Yang. Und zwar so ausgewogen wie möglich! Das bedeutet also nicht, dass wir unseren Verstand total ausschalten sollen oder gar müssen, wenn wir Liebe erfahren oder erleben wollen. Nein, das wäre eine totale Einseitigkeit. Das Prinzip der Polarität ist immer das Gleichgewicht. Yin und Yang zusammen bilden die erwünschte Einheit, die Harmonie und letztendlich auch unser menschliches Glück.

Die wahre Liebe, die ich versucht habe hier zu beschreiben, ist unendlich kostbar. Und sie ist eine rein menschliche Eigenschaft! Es gibt nichts Vergleichbares auf dieser Erde! Streben Sie nach dieser Liebe! Vergessen Sie dabei aber nicht, dass Toleranz und Akzeptanz ebenfalls wichtig sind. Verwechseln Sie aber die Toleranz und Akzeptanz nicht mit der Liebe. Nächsten-"liebe" gibt es nicht. Jedoch können wir die Nachbarn und überhaupt andere Menschen tolerieren und akzeptieren und auch Mitgefühl zeigen. Das ist aber was ganz anderes als Liebe! Die wirkliche und bedingungslose Liebe aber ist immer noch das Höchste und wird es auch bleiben!

Ich habe nun sehr viel über die christliche Lehre gesprochen und manche Leserinnen und Leser mögen dies ein wenig übertrieben finden.

Wenn man jedoch die Bibel genau studiert, dann muss man zu dem Schluss kommen, das die christliche Lehre in fast allen Bereichen den Ausgleich von Yin und Yang nicht fördert. Ja, es ist eine Religion, die fast ausschließlich auf Yang ausgerichtet ist. Selbst wenn viel von Liebe gesprochen wird und man nun meinen könnte, dies sei Yin, so ist mit Liebe in der Bibel etwas ganz anderes gemeint als das, was wirkliche Liebe ist. Ich hoffe, dass ich dies in diesem Kapitel erklären konnte. Kein Wunder also, dass die gesamte, sogenannte christlich Welt, das Abendland, die westliche Welt infolge der christlichen Lehre einseitig auf Yang ausgerichtet ist, was uns ganz erhebliche Probleme bereitet. Auch die Beziehungen zwischen Mann und Frau und wie wir über die Sexualität denken und sie empfinden, wurde von der christlichen Lehre stark geprägt. Aber das Erstaunliche dabei ist, dass die meisten Menschen keine Ahnung davon haben, was hier geschehen ist. Und deshalb wird auch kaum etwas unternommen, um unsere Situation von Grund auf zu ändern.

10. Kapitel: Christentum und Natur

Auch wenn man über das Thema „Natur“ nicht so viele Hinweise und Fakten in der Bibel findet wie in dem vorigen Kapitel über die Liebe und den Frieden, so ist trotzdem die Auswirkung des Christentums auf die Natur und auf das Zusammenwirken von Natur und Mensch gewaltig. Nachdem die Natur und das Erleben in und mit der Natur eine ganz wichtige und starke Yin-Ernergie ist, habe ich auch diesbezüglich den christlichen Einfluss untersucht und interessante Ergebnisse gefunden.

Auch hier beginnt die ganze Misere schon in der Genesis. Die Genesis ist wirklich die wesentliche Grundlage der gesamten jüdisch-christlichen Religion. Die fundamentalen Anschauungen und die religiöse Zielrichtung wird schon hier festgelegt. Die weiteren Aussagen, sowohl im Alten, wie auch im Neuen Testament, basieren auf diesen Grundaussagen. Sie werden lediglich noch ausgeschmückt oder ergänzt, jedoch ergibt sich hieraus eigentlich kein neues Verständnis. Auch nicht im Neuen Testament, obwohl Jesus oft darauf hinweist, dass er eine neue Richtung einschlägt. Jedoch sind diese Neuerungen nicht sehr grundlegend. Letzten Endes sind es nur kleine Schönheitsoperationen oder Änderungen in einigen Details. Es bleibt immer noch der gleiche Gott und die gleiche Moral.

In der Genesis gibt Gott dem Menschen die Macht über die Welt der Tiere und Pflanzen. Der Mensch wird als die Krone der Schöpfung bezeichnet und er soll herrschen über die Welt. Es ist also kein Wunder, wenn dann nachfolgend in der ganzen Bibel die Erde und alles was auf ihr lebt, nicht geehrt wird um ihrer selbst willen, sondern nur als ein Zeichen der Macht Gottes. Gott erschafft den Menschen sogar in der Absicht, ihm die Herrschaft über alle anderen Kreaturen zu geben. *„Und Gott sagte: Lasst uns den Menschen machen nach unserem Bild und Gleichnis. Und lasst ihn die Herrschaft haben über die Fische des Meeres, über die Vögel des Himmels und über die Tiere auf der Erde und über alles, was auf der Erde kriecht.“ (Gen. 1/26).* Die Vormachtstellung und die Herrschaft des Menschen wird später in der Bibel nochmals mit großem Nachdruck erwähnt bei der Geschichte mit Noah. Auch Noah erhält die Vollmacht von Gott, über alles Getier zu herrschen (Gen. 9/2). Den Menschen als Herrscher über die Natur zu stellen, gibt dem Menschen das Gefühl der besonderen Wichtigkeit. Sich so extrem wichtig zu nehmen, das hat katastrophale Folgen für unser soziales Zusammenleben. Ich werde an anderer Stelle noch ausführlicher über dieses Sich-Wichtig-Nehmen der Menschen besonders der westlichen christlichen Welt eingehen.

Interessant in diesem Bibelzitat ist auch, dass Gott den Menschen nach seinem Bild und Gleichnis macht. Nachdem Gott ein Geist und nicht

Materie ist, wäre demnach der Mensch doch auch ein Geist!? Oder ist Gott doch kein Geist, sondern ein Wesen wie wir auch? Und warum muss dann der Mensch erst von der verbotenen Frucht essen, damit er wie Gott wird, wenn er doch schon in Gottes Bild und Gleichnis erschaffen wurde? Warum fällt dies niemandem auf, dass dies ja wirklich paradox ist? Diese kritischen Fragen nur mal nebenbei.

Ein weiteres Zitat aus der Genesis ist ebenfalls von großer Bedeutung. Nämlich dass Gott das Land verflucht, weil Adam gesündigt hat, indem er von der verbotenen Frucht aß: *„Verflucht sei das Land, weil du das getan hast! In Sorge sollst du dein Brot essen für alle Tage deines Lebens. Dornen und Disteln soll die Erde tragen. Im Schweiße deines Angesichts sollst du dein Brot essen, bis du zur Erde zurückkehrst.“* Das Land, die Erde, ist bei allen indigenen Völkern – und nicht nur bei diesen, sondern bei fast all den Völkern, welche überwiegend Bauern sind und vom Land leben, heilig und wird sogar oft als Gottheit – meist als eine Göttin - verehrt. Der Fluch Gottes macht es Menschen, die an die Bibel glauben, unmöglich, an die Heiligkeit der Erde und der Natur zu glauben. Zusätzlich wird auch noch die Arbeit als ewige Plage hingestellt. Das verhindert, dass Menschen auch Freude an der Arbeit haben können, was eine positive viel produktivere Lebenseinstellung bewirken würde. Hier wird jedoch die Arbeit als Strafe bezeichnet. Wer schon längere Zeit ohne Arbeit war, weiß wie wichtig und befriedigend eine gute Tätigkeit sein kann und wie wichtig das Gefühl ist, für sich selbst (und evtl. auch noch für die Familie) sorgen zu können. Arbeit wird für seelisch kranke Menschen sehr erfolgreich als Therapie eingesetzt. Die in der Bibel gezeigte negative Haltung gegenüber der Arbeit hat zwar mit dem Verhalten zur Natur nicht immer etwas zu tun, ich will diese zusätzliche negative Auswirkung aus der Genesis aber nicht unerwähnt lassen.

Nun aber weiter zur Frage, welche Rolle die Natur in der Bibel spielt. Wenn man die Bibel von Anfang bis zu Ende liest, wird man kaum eine Stelle finden, in der von der Natur etwas ausgesagt wird. Es wird zwar von der Schönheit der Natur (sehr selten!) gesprochen, jedoch immer nur im Hinblick auf die Verherrlichung und den Lobpreis Gottes. Die Schönheit der Natur wird nicht als die Schönheit als solches betrachtet. Die Schönheit für sich allein hat in der Bibel keinen Wert, wenn sie nicht Gott damit preist und ehrt. Dies ist eine sehr deutliche Missachtung von Yin! Es gibt in der Bibel nirgends einen Hinweis, die Natur um ihrer selbst willen zu ehren und zu achten oder gar zu lieben! Die Natur als spirituelle Wesenheit gibt es im Christentum nicht! Es wird zwar in Kirchenliedern auch oft die Schönheit der Natur gepriesen, jedoch immer nur als Ausdruck der

Macht, des Lobes und der Schöpfergewalt Gottes. Gott hat demnach die Natur deshalb schön gemacht, damit wir seine Macht erkennen und sie preisen! Ich frage mich: Warum muss Gott überhaupt gepriesen werden? Wenn er das höchste, das allmächtige Wesen ist, dann ist er doch auf das klein wenig Lob von uns unbedeutenden Menschen nicht angewiesen! Gott müsste doch erhaben sein über diese kleine Anerkennung von seinen eigenen Geschöpfen! Gott zu loben und zu preisen finde ich also sehr unnötig und nicht sinnvoll! Außerdem ist ein Gott, der die Welt nur deshalb erschaffen hat, um seine Macht zu demonstriert, ein sehr arroganter, egozentrischer und sogar egoistischer, von sich selbst eingenommener, ein im negativen Sinne „menschlicher“ und überdies ein nicht spiritueller Gott.

Ich möchte nochmals auf die Absicht Gottes, den Menschen als den Beherrscher der Natur einzusetzen, zurückkommen. Diese Stelle ist widersinnig, wie so viele andere Stellen in der Bibel. Warum der Mensch tatsächlich den Tieren überlegen ist, liegt an der höheren Entwicklung seines Gehirns und demzufolge an seiner höheren Intelligenz. Nun ist der Baum der Erkenntnis gleichbedeutend mit der höheren Intelligenz. Der Intellekt ist es, der uns den Tieren gegenüber überlegen sein lässt. Der aufrechte Gang hat zwar auch einige Vorteile (z.B. gibt uns dies die Möglichkeit, Werkzeuge zu handhaben), dies steht jedoch aus evolutionärer Sicht in direktem Zusammenhang mit der höheren Entwicklung unseres Intellekts und hat somit auch mit der Metapher vom Essen des Baums der Erkenntnis etwas zu tun. Gott hat jedoch den Menschen schon als Beherrscher der Natur eingesetzt, <u>bevor</u> er das Verbot erteilte, vom Baum der Erkenntnis zu essen. Wenn wir laut Bibel erst durch das Essen vom Baum der Erkenntnis diese größere Intelligenz (die sogenannte Erkenntnis) erhalten, dann macht dieses Essen der verbotenen Frucht doch gar keinen Sinn, wenn man daran glaubt, dass Gott die Menschen erschaffen hat. Denn Gott hat uns schon bei der Erschaffung dafür bestimmt, dass wir intelligenter als die Tiere sind, sonst hätte er den Menschen nicht die Macht über die Natur gegeben! Die Geschichte von Adam und Eva mag zwar in früheren Zeiten den Menschen als logisch erschienen sein, mit unserem heutigen Wissen über die Evolution wird das alles ein wenig lächerlich und kindlich-naiv.

Richtig publik gemacht und als Lehre ausgewiesen wurde die Oberherrschaft über die Natur erst um 1200 n.Chr. In dieser Zeit beginnt das Mittelalter. Man nennt diese Zeit mit Recht das schwarze Mittelalter, die düstere Zeit. Die Freude, die aus der Verbundenheit mit der Natur erwächst, war gestorben. Viele Hexen wurden verbrannt, weil sie noch Wissen über natürliche Zusammenhänge hatten, auch ein Wissen über Kräuter und natürliche Heilmittel. Für die Kirche war das alles Teufelszeug. Giordano Bruno (1548-1600) wurde sogar nur deshalb verbrannt, weil er der Meinung war, dass Gott auch in den Pflanzen, Tieren und Dingen sei, dass man dies vergleichen könne mit der Sonne im Krokus, im Hahn, im Löwen. Er sagte, dass die Kommunikation mit der Natur gleichzeitig die Verbindung zu Gott sei. Nur für diese Gedanken und Ansichten wurde er verbrannt!

Später dann waren die frühen Siedler von Amerika überzeugt von der Herrschaft des Menschen über die Natur. Cotton Mather, ein Puritaner Neuenglands, predigte gegen die Wildheit und Unberührtheit in der Natur als eine Beleidigung Gottes! Er verlangte die Beseitigung der ungepflegten Natur als Beweis für die religiöse Überzeugung! Unter den Kolonisten von damals war es üblich, die Natur als Übel und als Feind zu betrachten und dieses Übel musste man beseitigen. Nur die gepflegte und vom Menschen geordnete Natur war demnach im Sinne Gottes. Die Indianer konnten diese Einstellung kaum glauben. Es war total entgegen ihrer Vorstellung. Chief Seattle sprach in bewegten Worten über diese Unterschiede. Seine Rede berührt uns heute immer noch tief. („*Wenn alle Tiere verschwunden sind, werden die Menschen sterben wegen der großen Einsamkeit des Spirits. ....Die Erde ist nicht sein Bruder* (Seattle vergleicht und meint hier die Meinung der Weißen), *sondern sein Feind!“)* Aber nicht nur in Amerika, sondern in allen neu besiedelten und eroberten Ländern haben sich die Christen der Natur bedient, sie rigoros ausgeplündert und benutzt und tun es heute noch. Die Liebe zur Natur, das Verständnis dafür, dass wir selbst ein Teil der Natur sind, wurde uns über Jahrhunderte ausgetrieben.

Die Kirche hat ein großes Interesse daran, dass wir uns von der Natur entfernen. Wenn wir uns wieder tief und mit unserem Innersten mit der Natur befassen würden, ja wenn wir wieder Eins werden könnten mit der Natur und all diesen spirituellen Kräften (wie dies Gareth Patterson in seinem Buche, „To Walk with Lions“, beschreibt), dann würden wir die tiefen Zusammenhänge des Lebens und des Seins erleben. Nicht das rein intellektuelle Studieren der Natur in der Schule oder der Universität, sondern das direkte Erleben der Natur kann uns diese Erkenntnisse bringen, denn das Studieren ist eine reine Yang-Energie! Direktes Erleben in der Natur in tiefer Verbundenheit ist keine gedankliche und intellektuelle Erkenntnis, sondern es ist die Weisheit, die wir mit unserer Seele erfassen, also mit dem Instrument, das uns die spirituelle Welt erfahren lässt. Das Leben in und mit der Natur gibt uns das intuitive Wissen, dass das Leben ein ewiger Kreislauf ist und dass nicht das himmlische Leben das Ende oder das Endziel ist. Wir werden ferner erfahren und erleben, dass es spirituelle Kräfte gibt, die nichts zu tun haben mit dem intelligenten und nur männlichen Gott. Wir werden mit Sicherheit auch erfahren und erkennen, dass die Gleichheit zwischen den männlichen und weiblichen Energien in der Welt das große Geheimnis des Seins ist und dass das Gleichgewicht das erstrebenswerte Ziel sein muss, denn ohne dieses Gleichgewicht in jeder Beziehung und in allen Bereichen gibt es kein Fortbestehen, sowohl im materiellen wie auch im spirituellen Bereich. Wenn wir dies alles berücksichtigen, dann wird sehr schnell erkennbar, dass die Kirche im höchsten Maße daran interessiert ist (und interessiert sein muss um weiter zu bestehen!), dass wir uns von der Natur so weit wie möglich abkehren. Deshalb betrachten die Kirchenleute die Natur als ihren Feind. Sie müssen sie sogar als Feind betrachten, denn sie führt uns zurück zur natürlichen Betrachtungsweise und hinweg von der christlichen Vorstellung, dass Gott die Einheit und der Himmel das Ende ist. Der Grund für die Hexenverfolgung war darum neben dem Wissen von heidnischen Weisheiten auch das noch immer vorhandene Verstehen der Natur. Aber diese beiden Dinge, heidnisches Wissen und Verstehen der Natur, gehören natürlich zusammen und sind eigentlich ein und dasselbe.

Wenn ich einige Jahrhunderte früher gelebt hätte, wäre ich schon längst verbrannt worden wegen meiner offen ausgesprochenen Meinungen. Es hat sich also zum Glück schon einiges verändert und dies gibt mir die Hoffnung, dass wir tatsächlich auf dem Weg zum naturverbunden Leben sind, wenngleich dieser Weg noch lang und mühsam sein wird, bis wir endlich das Ziel erreichen können. Auch solche Menschen wie Gareth Patterson geben mir Zuversicht für die Zukunft. Wenn es solche Menschen gibt und Tausende seine Bücher lesen, dann muss das doch irgendwann eine Auswirkung haben! Allerdings muss ich auch eingestehen, dass gerade zur Zeit in dem nun angebrochenen digitalen Zeitalter, die Menschen immer weiter von der Natur wegkommen. Trotzdem gibt es immer noch Menschen, die sich den Sinn für die Natur erhalten haben. Vielleicht läuft der Trend zum absoluten künstlichen Leben irgendwann einmal dadurch aus, dass die Menschen merken werden, wie arm sie eigentlich sind und wie sie seelisch total verarmen und krank werden. Das Sprichwort sagt: „Der Krug geht so lange zum Brunnen, bis er bricht.“ Ich vermute, dass diese extreme technische Entwicklung sich irgendwann selbst zerstört. Wie das geschehen wird, weiß ich nicht. Jedoch kann eine so grobe Einseitigkeit von Yang, wie wir sie heute erleben, auf Dauer nicht bestehen.

Es ist aber nicht nur so, dass die Natur weder im Alten noch im Neuen Testament, weder von Jesus noch in den Briefen der Apostel besonders erwähnt wird, sondern viel schlimmer noch, wie oben schon beschrieben: Es wird den Menschen das Recht eingeräumt, sich die Natur, ja die ganze Welt, untertan zu machen. Hier gibt es oft die Meinung, dass dies nicht so wörtlich gemeint sei. Man sagt dann, dass man es nicht so zu verstehen habe, dass wir die Erde beherrschen sollen, sondern sie überwachen und gleichzeitig auch pflegen sollen. Für mich klingen solche Deutungsversuche immer sehr lächerlich. Mit Deutungen kann man alles erklären, was einem gerade ins Konzept passt – oder auch alles widerlegen, was andere meinen und was nicht ins christliche Konzept passt. Letzten Endes kommt es nicht darauf an, was alles gemeint sein könnte, sondern es kommt darauf an, wie und was im Buche geschrieben ist und wie die Menschen dieses lesen und verstehen können. Die klare und unmissverständliche Aussage ist in diesem Falle: "Macht euch die Erde untertan!" Der gewöhnliche Mann auf der Straße leitet davon ab, dass er die Krone der Schöpfung ist, dass er alles mit der Erde tun kann was er will, dass er sie benutzen und ausnutzen kann, wie es ihm beliebt. Es wird mit dieser Aussage deutlich, dass der Mensch nicht inmitten der Natur steht, als ein Teil derselben, hineingeflochten, wie wir das an den Flechtmustern unserer keltischen Vorfahren so deutlich ablesen können, sondern er ist wichtiger und mehr Wert als alle Geschöpfe der Natur und mehr als die Natur selbst! Es ist nach dieser Sichtweise doch ganz automatisch in Ordnung, die Natur auszubeuten mit dem Einsatz unserer modernen technischen Mittel. Wir meinen allen Ernstes, wir seien die Herren und die Natur ist nur eine Sache! Wenn wir etwas falsch machen sollten und uns selbst Schaden zufügen, dann wird der allmächtige und weise Gott schon eingreifen! Als wir die technischen Möglichkeiten noch nicht hatten, hielt sich diese Herrschaft über die Natur in Grenzen. Im letzten Jahrhundert jedoch, mit der Entwicklung immer besserer technischer und wissenschaftlicher Möglichkeiten, wird uns sehr deutlich bewusst, was hier angerichtet wird. Die Menschen zeigen offensichtlich keinerlei Rücksicht, wenn es ums Geldverdienen und um Macht geht. Sie haben keinerlei Verständnis mehr für die Natur. Sie wird benutzt und als Sache betrachtet. Sie ist nicht heilig, so wie sie es für unsere Vorfahren war. Die Kelten durften keinen Baum ohne Notwendigkeit fällen. Wenn die Notwendigkeit gegeben war, dann haben sie sich beim Geist des Baumes entschuldigt und um Erlaubnis gebeten, den Baum fällen zu dürfen. Ich frage mich, ob heute bei den Arbeitskolonnen, welche die Regenwälder fällen, auch nur noch ein einziger Mensch dabei ist, der an solche Dinge denkt und den Geist des Waldes um Verzeihung bittet für sein Tun, um Nachsicht dafür, dass er diesen Wald zerstört? Ich bin sicher, dass niemand dies tut! Das Geld, der Profit steht im Vordergrund, nichts anderes zählt. Nicht einmal die Überlegung, wie die Erde für die nächste Generation aussehen wird und ob sie auch für unsere Kinder und Enkel noch eine Grundlage zum Leben sein kann. Wenn man nicht einmal so weit denken kann und will, wie viel weniger wird man dann an spirituelle Zusammenhänge denken!

Bei der Tierhaltung sehen wir ebenfalls sehr deutlich, wohin uns diese Einstellung, die Natur benutzten zu dürfen, gebracht hat. Trotz der Proteste von Gruppen verständiger und mitfühlender Menschen gibt es immer noch die Hühnerbatterien und die Schweinemast auf so kleinem Raum, dass sich das Tier nicht einmal mehr in seiner Box umdrehen kann! Das Tier ist hier nur noch eine Sache, mit der man machen kann, was man will. Ich möchte nicht behaupten, dass nur Vegetarier gute Menschen sein können. Unsere menschliche Natur ist so ausgerichtet, dass wir auch Fleisch essen können. Jedoch sollte die Haltung der Tiere und auch das Schlachten mit der nötigen Achtung vor dem Tier geschehen. Wir können uns hier ein Beispiel nehmen an den nordamerikanischen Indianern und auch an anderen Naturvölkern, die ihre Jagdtiere in besonderer Weise ehren, ihnen sogar manchmal göttlichen Status verleihen. Viele ihrer Sitten und Gebräuche haben mit diesem Thema zu tun. In der westlichen christlichen Welt jedoch wird man vergeblich nach solchen Riten Ausschau halten.

Sie werden mir jetzt vielleicht in einigen Dingen widersprechen und sagen, dass zum Beispiel gerade die katholische Kirche sehr reich an Riten und Zeremonien, auch reich an Symbolen ist und eine große Spiritualität ausstrahlt. Ich möchte hier jedoch widersprechen. Teilweise stimmt es zwar: Die katholische Kirche hat von unseren heidnischen Vorfahren eine Menge von Ritualen und Symbolen übernommen. Beispielsweise galt bei den Kelten das Wasser als sehr heilig. Es war der Träger des Lebens, kam gleichzeitig vom Himmel und aus der Erde, erlabte und erhielt die Menschen und alle Lebewesen. Sich mit dem Wasser zu besprenkeln oder zu benetzen, ja sogar das Baden, bedeutete, sich mit diesem heiligen Strom des Lebens zu vereinigen, sich hinzugeben, sich Eins zu fühlen mit diesen Kräften, sich hineinzuflechten in diese spirituellen Kräfte. Die keltischen Ornamente und Muster verdeutlichen dieses Ineinanderflechten sehr gut. Die katholische Kirche hat dieses Wassersymbol in ihre Rituale mit hinein genommen. Der Unterschied zu den Gebräuchen unserer heidnischen Vorfahren ist jedoch sehr deutlich. Bei den Kelten war nämlich das Wasser selbst heilig. In der Kirche jedoch wird das Wasser erst geheiligt durch den Segensspruch und die Weihe durch den Priesters. Nur dann ist es „Weihwasser“ und hat heilige Kräfte. Das nicht geweihte Wasser hat keinerlei spirituelle Bedeutung. Also nur durch die Weihehandlung des Priesters, durch einen bewussten und willentlichen Akt des Verstandes (Yang!) wird das Wasser geweiht. Dieses Vorgehen ist also eine reine Yang-Energie und auch nicht spirituell! Das gleiche kann man vom Weihrauch sagen oder auch vom Licht. Auch der Weihrauch muss geweiht werden. Die Kerze, das Licht also, ist ebenfalls nur ein Symbol für das Licht Christi. Das Feuer und das Licht selbst sind nicht heilig. Die vier Elemente: Erde, Wasser, Luft und Licht galten den Kelten besonders viel und wir sehen, wie diese Dinge von der Kirche aufgegriffen und dann ihrer wirklichen natürlichen Heiligkeit durch eine sogenannte Weihehandlung durch den Priester beraubt wurden.

Mit dem vierten Element, nämlich der Erde, hat es eine ganz besondere Bewandtnis. In der katholischen Kirche ist es der Brauch, sich während des Gottesdienstes und vor dem Altar niederzuknien. Auch das ist ein alter keltischer Brauch. Man kniete sich nieder auf die Mutter Erde und küsste sie, wie man eine liebende Mutter küsst. Das Niederknien war hier keine Erniedrigung, sondern ein liebevoller Akt, ein Herunterkommen zur Mutter. Es ist nun interessant, dass der Papst Johannes Paul II bei seinen Reisen in die verschiedenen Länder sich ebenfalls niederkniete und die Erde küsste.

Ein Aufblühen dieses alten keltischen Brauches? - Nein! Er will nicht die heilige Mutter Erde ehren, sondern er ehrt damit das Land als Träger der Kultur des entsprechendes Volkes, welches das Christentum in dieses Land gebracht hat. Oder mit anderen Worten: Er ehrte Gott dafür, dass er sich herabgelassen hat und dieses Land christlich gemacht hatte. Also nicht die Erde unmittelbar wird geehrt, sondern Gott, der diese Erde zu dem gemacht hat, was sie jetzt ist. Bei einem Besuch eines nicht christlichen Landes hätte dieser Papst nicht die Erde geküsst. Es wäre auch ganz undenkbar, dass ein Papst die Mutter Erde ehrt wie eine Göttin, so wie es früher war. Denn im christlichen Glauben beansprucht Gott doch, dass man keine anderen Götter oder spirituelle Wesen neben ihm haben darf. Das Niederknien und Küssen der Erde ist eher ein Spott oder eine Beleidigung unserer Mutter Erde und nicht das Zeichen von neu aufkommendem Verständnis. Auch das Niederknien in der Kirche hat natürlich nicht die Bedeutung, die Mutter Erde zu grüßen, sondern es bedeutet die Erniedrigung vor Gott. Ich möchte hier noch kurz ein Bibelzitat einfügen, das diese Niedrigkeit der Erde verdeutlicht. Es ist wieder einmal aus der Genesis: *„Und Gott der Herr sagte zu der Schlange: Weil du das getan hast ... sollst du auf dem Bauche kriechen und Staub essen alle Tage deines Lebens!“*

Einfache Menschen werden bei der Christianisierung diese Zusammenhänge nicht erkannt haben und deshalb erklärt es sich, warum in früheren Zeiten so viele Heiden das Christentum angenommen haben und nichts Befremdliches daran fanden, denn sie sahen nur das Beibehalten der alten Riten und Zeichen und nicht die neue und umgekehrte Bedeutung.

Das Niederknien als Demütigung und das klein machen vor Gott zeigt darüber hinaus die kindliche Abhängigkeit als Diener oder Knecht. Man spricht ja auch von der Knechtschaft Gottes! Es wird in der Bibel auch gesagt, man solle der Diener seiner Nächsten sein und dies mag sogar recht positiv klingen. Warum jedoch braucht es überhaupt Diener? Wenn wir niemanden zum Dienst an uns zwingen und erniedrigen, dann gäbe es automatisch keine Diener und keine Herren. Dann bräuchte auch der Herr dem Knechte nicht zu dienen, wie es bei der Fußwaschung gefordert wird (Joh. 13/4-11). Es gäbe dann nur freie Menschen, so wie sich die Germanen als freie Menschen sahen. Sie grüßten die Sonne mit erhobenen Armen und riefen Wotan an. Sie brauchten sich nicht im Staube niederzuknien und sich erniedrigen vor ihren Gottheiten, denn sie waren eins mit ihnen. Sie konnten Kontakt aufnehmen mit diesen spirituellen Kräften ohne sich zu demütigen. Auch die Kelten knieten nicht nieder, um sich zu demütigen, sondern um die geliebte Mutter Erde zu ehren und ihr zu danken.

Ich gebe zu, dass einige mystische Elemente in der katholischen Kirche vorhanden sind. Das Verweilen in einer alten Kirche, vielleicht im Dämmerlicht und mit dem geheimnisvoll leuchtenden Ewigen Licht am Altar kann einem eine spirituelle Erfahrung vermitteln. Wenn aber dann ein Gottesdienst abgehalten wird und der Priester mit seinem Prunkgewand und den Ministranten und Messdienern aufzieht und die Rituale ablaufen, die zwar ursprünglich alle Sinn machten, in der Zwischenzeit jedoch so verflacht oder abgeändert sind, dass sie tatsächlich nichts mehr vermitteln (außer der Macht der Kirche natürlich!), dann ist es aus mit der spirituellen Erfahrung und der Mystik. Ich jedenfalls musste immer wieder feststellen, dass diese Riten und Gebete, die mit wenig innerer Anteilnahme herunter gelesen werden, mein Innerstes nichts berührt haben. Die Menschen mögen ja verschieden sein und andere können hierbei andere Empfindungen haben. Ich kann mich jedoch des Eindrucks nicht erwehren, dass die meisten Priester diese Handlungen und Gebete nicht wirklich verinnerlichen oder aus ihrer Spiritualität heraus den Gläubigen mitteilen. Auch die Gemeinde folgt mehr oder weniger automatisch diesen Übungen. Und wieder mal ist dies eine typische Yang-Enrgie.

Auch die oft sehr reichhaltige Ausstattung der Kirchen ist für mich nicht der Ausdruck der Spiritualität. Warum muss man überhaupt einen solchen prunkvollen Bau errichten und warum kann man nicht in der Natur, unter einem Baum oder an sonst einer heiligen Stelle beten, so wie das unsere Vorfahren gemacht haben? Wir sehen, auch der Bau von Kirchen hat etwas mit der Entfernung von der Natur zu tun. Nur das vom Menschen geschaffene Kunstwerk ist nach der christlichen Sicht etwas wert!

Besonders die pausbäckigen Engel der Barockzeit und die Überladung mit Schmuck, Gold und Silber bedeuten für mich nur Prunk und

Angeberei und dient der Machtausübung. Angeblich soll das wieder einmal der Verherrlichung Gottes dienen. Dieser Reichtum dient jedoch sicher weit mehr der Verherrlichung des Menschen und seiner Macht! Die reformierten Kirchen haben bewusst auf diesen Prunk verzichtet. Sie verbreiten dafür jedoch sehr deutlich Strenge und Sachlichkeit und damit ebenfalls weder Naturnähe noch Spiritualität und auch das ist wiederum Yang! Die vielen Kirchenaustritte heutzutage beweisen deutlich, dass die Lehre der Kirche, gleichgültig welcher Richtung, vielen Menschen nicht mehr entspricht und ihnen nichts mehr gibt.

Bei den verschiedenen Baustilen und Bauepochen vergangener Jahrhunderte lässt sich die spirituelle Entwicklung der Gläubigen ablesen. Die sehr alten Kirchen in romanischem Baustil sind noch sehr erdverbunden. Wenn man in so einer Kirche sich sammelt und meditativen Gedanken folgt, dann kann man tatsächlich spirituelle oder mystische Erfahrungen machen. Etwa ab 1200 n. Chr. begann dann die Gotische Strömung, welche diese alte einfache und erdverbundene Bauweise ablöste. Jetzt strebten die Kirchenbauten in die Höhe. Nach christlicher Meinung ist natürlich Gott oben. Im Kopf, also oben, ist unser Gehirn und der Sitz den Denkens. Das Denken, so meint man, ist eine göttliche Eigenschaft! Die Erdverbundenheit der früheren Zeit ging verloren zugunsten des intellektuellen Denkens. Diese Kirchenbauten sind wahre Wunder der Architektur und versetzen uns in Erstaunen und auch in Bewunderung für dieses Können (auch wieder Yang!). Dies hat jedoch mit echter Spiritualität nichts zu tun. Im Gegenteil: es führt uns von den spirituellen Empfindungen und den nach innen gekehrten Gefühlen weg. Die Christen sagen natürlich, dass diese Prachtbauten, insbesondere dann später in der Barockzeit, der Verherrlichung Gottes dienen. Dies ist natürlich absoluter Unsinn, denn Gott braucht keine Verherrlichung und außerdem wird mit dem Prunk viel mehr der Mensch verherrlicht und seine Möglichkeit, diese komplizierten Gebäude zu errichten. Natürlich soll auch die finanzielle Kraft und Macht damit unterstrichen und demonstriert werden. Natürlich alles wieder Yang! Auch hier zeigt sich wieder, dass es der menschliche Intellekt und der Materialismus ist, der gefeiert wird. Wenn wir allerdings gleichzeitig daran denken und verstehen, dass Gott das Wort, also der Intellekt ist, dann kann man dies natürlich auch auf das sogenannte Göttliche in uns, also unseren Intellekt anwenden und somit dienen diese Kirchen sowohl der menschlichen Größe sowie auch der Größe des „intellektuellen" Gottes im Sinne der christlichen Lehre.

Die egoistische Grundeinstellung, die wir im Laufe der Zeit in so unangenehmer Weise ausgebildet haben, hat viel mit dem Streben nach dem Himmelreich zu tun. Dieses Streben für unser persönliches Wohl im

Himmel lässt uns die Natur vergessen. Wenn wir sterben, dann geht uns das alles ohnehin nichts mehr an. Das einzige Ziel des Menschen nach christlicher Lehre ist die Erreichung des Himmels.

Um dieses Ziel zu erreichen, müssen wir rigoros vorgehen! Alle Verpflichtungen des Lebens können wir - nein, wir müssen sie sogar laut Neuem Testament ableugnen! Wir müssen notfalls sogar Vater und Mutter, ja sogar Frau und Kinder verlassen und uns ganz der Sorge um das Himmelreich widmen! Die Sorge um das tägliche Leben, ja sogar die Arbeit, werden als unwichtig hingestellt. *"Seid also nicht ängstlich besorgt und fragt nicht: Was sollen wir essen? Was sollen wir trinken? Womit sollen wir uns kleiden? Um das alles sorgen sich die Heiden. Euer himmlischer Vater weiß ja, dass ihr dies alles nötig habt. Suchet zuerst das Reich Gottes und seine Gerechtigkeit, und dies alles wird euch hinzugegeben werden." (Math. 6/25-34).* Diese Aussage stimmt anscheinend mit dem Alten Testament nicht überein, denn dort wird Adam zur Arbeit verflucht als Strafe für seinen Ungehorsam. Wenn wir allerdings bedenken, dass dieses Fallenlassen der Sorge für unser persönliches Wohlergehen nur für die Gläubigen gilt und nicht für Heiden, dann wird der Widerspruch aufgelöst. Man kann sich dann ja auch von der Arbeit der anderen, den Heiden und Nichtgläubigen ernähren! Die Gläubigen können auf Gott vertrauen, er wird sie nähren und für sie sorgen, denn die dummen Heiden arbeiten ja und sorgen für die Pflege und Fruchtbarkeit der Erde! Einige Zeilen weiter oben in vorigem Zitat gibt es noch eine Stelle, die anzeigt, dass Jesus (beziehungsweise die Autoren der Bibel) nicht viel von der Natur gewusst hat: "*Betrachtet die Vögel des Himmels! Sie säen nicht, sie ernten nicht. Euer himmlischer Vater ernährt sie! Seid ihr nicht mehr wert als sie?"* Diese Stelle wird sehr häufig zitiert und sie kann auch sehr positiv aufgefasst werden. Nämlich, dass man sich nicht zu sehr um die täglichen Dinge sorgen soll und andere Werte hochschätzen sollte. Das Gleichnis mit den Vögeln stimmt jedoch nicht. Sie säen und ernten zwar nicht, jedoch sie arbeiten ganz erheblich für ihren Lebensunterhalt. Den ganzen Tag sind sie unterwegs, um sich zu ernähren. Betrachten Sie nur einmal eine Schwalbe. Es sieht zwar so aus, als würde sie nur zum Spaß herum fliegen. In der Tat ist sie jedoch permanent auf Nahrungssuche. Das Herumfliegen ist keineswegs eine Freizeitbeschäftigung, wie wir das aus menschlicher Sicht bezeichnen würden, sondern Broterwerb (besser gesagt: Insektenerwerb!) und somit Arbeit. Worin besteht der Unterschied zu unserer Arbeit, die Säen und Ernten sein kann (oder am Computer arbeiten, in der Fabrik etc.)? Wenn die Schwalbe gar noch Junge zu versorgen hat, dann wird das Fliegenfangen harte Arbeit und Stress und es gibt fast keine freie Minute mehr, denn die jungen Schwalben brauchen jeden Tag die Menge an

Fliegen und anderen Insekten, was sie selbst wiegen! Es ist also nicht so, dass der liebe Gott sie einfach ernährt, ohne dass sie selbst etwas tun müssten! Natürlich können sie nicht bewusst über das tägliche Auskommen nachdenken und sich „Sorgen machen". Das ändert aber nichts an der Tatsache, dass sie hart arbeiten müssen!

Wenn man dann zusätzlich noch an mehreren Stellen nachlesen kann, dass man die menschlichen Verpflichtungen einfach hinwerfen kann, Frau und Kinder verlassen kann, ja sogar verlassen muss um des Himmelreiches willen, dann wird die Sache sehr bedenklich. *"Wenn jemand zu mir kommt, aber Vater und Mutter, Frau und Kind und Bruder und Schwester, ja auch sich selbst nicht hasst, so kann er nicht mein Jünger sein. Wer sein Kreuz nicht trägt und mir nicht nachfolgt, kann nicht mein Jünger sein!" (Luk.14/25-27)* oder diese Stelle: *"Wahrlich, ich sage euch: niemand verlässt um des Reiches Gottes willen Haus, Eltern, Bruder, Frau oder Kinder, ohne dass er in dieser Welt viel mehr empfängt und in der zukünftigen Welt das Leben." (Luk.18/28-30).* Wenn das nicht Egoismus im höchsten Maße ist, dann weiß ich nicht, was Egoismus ist!

Wir können heute tatsächlich leider zu häufig beobachten, wie sich Eltern nicht viel um die Kinder sorgen, wenn sie sich scheiden lassen, um ihr unabhängiges Leben wieder aufzunehmen oder mit einem anderen Partner zusammen zu leben. Sie nehmen ihren Kindern damit das Elternhaus, das Nestgefühl, die Liebe von beiden Eltern! Wie ich an anderen Stellen schon sagte, liegen Individualismus und Egoismus sehr nahe beisammen und ich glaube, dass es nur sehr wenige Menschen gibt, die diese Trennung erkennen können. Nach all diesen Betrachtungen glaube ich jedenfalls, dass heute der so hoch geschätzte Individualismus leider sehr oft in Egoismus ausartet. Die Wurzel für dieses Verhalten sehe ich, zumindest teilweise, in der religiösen Auffassung, dass unser persönliches egoistisches Glück, welches das Erreichen des Himmels ist, wichtiger ist als alle anderen Verpflichtungen und dies unser wirklich einziges Ziel auf dieser Erde und des Lebens sein soll! Für dieses ewige Leben ist demnach jeder Mensch nur ganz alleine verantwortlich nach der christlichen Lehre und Auffassung! Wer das glaubt, ist mit Gott eigentlich allein in diesem Himmel. Das Zusammensein oder das Schauen Gottes ist so einzig wichtig, dass kein Platz für irgendjemand anderen ist. Freilich sind auch andere Heilige, andere „gute" Menschen im Himmel. Man teilt also diesen Himmel mit ihnen. Ob allerdings meine Frau, meine Kinder, meine Eltern, Geschwister, Freunde etc. auch alle dort sein werden, kann ich nicht beeinflussen und weiß es auch nicht. Das Einzige, was man tun kann, ist für sich selbst zu sorgen, damit man zu den Auserwählten gehört! Man kann es drehen und wenden wie man will: Als Fazit bleibt, dass diese Lebenseinstellung uns zum Egoisten macht! Und ein weiteres Fazit ist natürlich, dass wir uns dann um die Natur nicht sehr kümmern werden. Ein Egoist kümmert sich eben nur um sein eigenes Wohl.

Zwar sind heute nicht mehr alle Menschen der westlichen Länder gläubige Christen, sodass für diese die Frage nach dem ewigen Leben und dem Himmel nicht mehr relevant zu sein scheint. Jedoch ist es erstaunlich, dass die meisten Menschen, selbst wenn sie nicht mehr in die Kirche gehen und keine Kirchensteuer mehr zahlen, trotzdem noch glauben, dass es ein Leben nach dem Tod gibt. Unsere Prägung über viele Jahrhunderte ist sehr fest in der gesamten Gesellschaft verankert, sodass sich unser Lebensgefühl und unsere Verhaltensmuster nicht so schnell ändern lassen. Die meisten Menschen machen sich auch keine Gedanke um solche Zusammenhänge und leben so, wie MAN nun mal lebt in unserer Gesellschaft. Deshalb trifft all das, was ich von der christlichen Prägung sage, immer noch für fast alle Menschen in unserer Gesellschaft zu. Das wird sich erst dann ändern, wenn sehr viele Menschen sich bewusst werden über diese Prägungen.

Ein weiterer Grund für die Ausbreitung des Egoismus ist natürlich auch die Abkehr von den Yin-Energien. Aber auch das hängt mit dem Christentum zusammen, wie ich nun schon an mehreren Stellen erwähnt habe.

Auch die Vorstellung, dass die irdische Welt „unten", während der Himmel „oben" ist, die irdische Welt gegenüber der spirituellen Welt (bzw. dem Himmel) unterlegen ist, nur ein Übergangsstadium und unwichtig, unvollkommen und mit Krankheiten, Mühsal, Arbeit, Tod und allem möglichem Leid behaftet ist, trägt wesentlich dazu bei, dass wir die Natur als Beispiel oder Verkörperung der irdischen Welt nicht besonders hoch achten und schätzen. Wir schätzen sie nur in Bezug auf das, was sie uns im materiellen Bereich gibt. Wir werden also schon nicht so dumm sein, sie total zu übersehen, denn wir wollen ja etwas von ihr haben. Schließlich kommt alle Nahrung von ihr. Aber die Natur wird ohne Liebe ausgebeutet und nicht gepflegt. Wir haben uns auch von allen natürlichen Dingen im Laufe der Zeit so weit entfernt, dass wir die Natur gar nicht mehr richtig verstehen können. Dieses Entfernen von der Natur hat eindeutig damit zu tun, dass wir sie nur benutzen. Die heutige Landwirtschaft zeigt dies sehr deutlich. Anstelle die Böden zu pflegen, wird Kunstdünger benutzt, der die Pflanzen zum Wachstum zwingt. Das Ergebnis sind zwar große Erträge, die Pflanzen sind jedoch weniger widerstandsfähig und um dies wieder wett zu machen, werden dann alle Arten von chemischen Spritzmitteln verwendet und somit dreht sich das Rad immer weiter. Wenn ich die Tierhaltung nun auch noch erwähne, dann wird mir übel, wenn ich an die

Zustände und die Haltungsbedingungen denke. Das Tier, das doch schließlich auch Empfindungen hat, so wie wir auch, wird nur als Sache betrachtet. Ich will hier gar nicht noch mehr darüber schreiben, denn es ist schon unerträglich, auch nur daran zu denken. Was hier geschieht und wie roh und kalt die Menschen heute geworden sind, kann man in Worten nicht mehr beschreiben. Und dabei sprechen wir heute von einer modernen „fortschrittlichen“ Zeit! Ja, wir sind in der Tat weggekommen, also hinweg und somit fortgeschritten von der Menschlichkeit. Auch die moderne Tierhaltung wird als „fortschrittlich“ bezeichnet.

Es muss uns nicht verwundern, dass man nach der christlichen Lehre die Natur nicht sehr achtet, wenn wir weiterhin den Kern der christlichen Lehre betrachten. Die Grundidee des Christentums ist die Auferstehung Christi und somit die Überwindung des Todes. Ich habe unzählige Male in der Predigt an Ostern den Priester davon sprechen hören, dass Weihnachten und selbst Karfreitag umsonst gewesen wäre, wenn Jesus nicht triumphierend von den Toten auferstanden wäre. Dies ist die Quintessenz des Christentums! Wenn wir aber den Tod überwinden, dann überwinden wir letztendlich auch die Natur, die Welt, alles Irdische. Damit wird deutlich, dass die Natur und die irdische Welt im Grunde genommen nichts wert ist, sie muss „überwunden“ werden! Wenn die Natur so wenig wert ist, dann braucht es uns auch nicht zu wundern, dass wir sie nicht ehren.

Menschen, die noch immer im christlichen Denken gefangen sind, werden nun freilich sagen, dass die ganze Mühsal auf Erden dadurch verursacht wurde, dass Adam und Eva ungehorsam waren. Aber auch hier drehen wir uns mit diesen Argumenten im Kreise, denn der ganze Ungehorsam war von Gott provoziert und eine Bestrafung wäre gar nicht notwendig geworden, wenn Gott nicht dieses unsinnige Verbot erlassen hätte. Wir können hier erkennen, dass die Geschichte von Adam und Eva auch eine gewisse Sündenbockfunktion hat. Es ist auf jeden Fall immer günstig, wenn man eine plausible Erklärung parat hat, die unser Fehlverhalten erklären oder sogar entschuldigen soll. Über das Thema „Sündenfall“ und die Geschichte vom Baum der Erkenntnis gibt es jedoch noch einiges mehr zu sagen, was allerdings mit dem hier behandelten Thema „Natur“ nicht mehr unmittelbar verbunden ist. Ich werde über die Bedeutung des Baumes der Erkenntnis im 13. Kapitel noch mehr sagen.

11. Kapitel: Spirit und Materie

Ich habe in den vorigen Kapiteln wiederholt davon gesprochen, dass die Materie und Spirit in Bezug auf Yin und Yang im Verstehen der Polarität gleichwertig sind. Jedoch nicht nur das, diese beiden Seinsformen gehören zusammen, sie bilden eine Einheit - bei gleichzeitiger Verschiedenheit - und es kann die eine ohne die andere nicht bestehen. Wenn es keine Nacht gäbe, dann gäbe es auch nicht den Tag. Ohne oben gibt es kein unten, ohne Geburt keinen Tod. Wenn es die Materie nicht gäbe, dann gäbe es auch nicht den Spirit. Umgekehrt natürlich ebenso: Wenn es nicht den Spirit gäbe, dann gäbe es auch nicht die Materie. Der Unterschied zur jüdisch-christlichen dualistischen Weltanschauung ist die Gleichwertigkeit, trotz der Verschiedenheit. Das Zusammengehören und sich gegenseitige Bedingen von Spirit und Materie gibt es im Christentum nicht. Es ist in der Philosophie der Polarität auch nicht so, dass Spirit die Materie erschafft, sondern beide bestehen schon immer und bilden ein Spannungsfeld, das wir als eine Energie des Seins – oder sogar als DIE Energie des Seins - bezeichnen können. Spirit und Materie erhalten sich nicht nur, sondern erschaffen und verändern sich auch ständig gegenseitig. Es ist ein Prozess ohne Anfang und ohne Ende. Ein sehr wichtiger Unterschied zur dualistischen (also der christlichen) Weltsicht ist, das sowohl die Materie, wie auch Spirit als Individualität nicht unverändert bestehen, sondern dass sich Materie, aber auch Spirit ständig ändern. Das ständige Werden und Vergehen der Individualität trifft somit für Beide zu. Bei der Materie ist dies für unser Verständnis keine Frage. Wir wissen, dass alles, was entsteht oder entstanden ist, auch wieder zugrunde geht und sich ständig ändert. Jedoch für Spirit glauben wir nach unserem christlichen Verständnis, dass dieser ewig weiter existieren wird. Die Erkenntnis, dass dies nicht der Fall ist und dass auch Spirit der ständigen Veränderung unterworfen ist, das ist wohl der wichtigste Unterschied zur christlich geprägten Weltanschauung. Denn dort ist Gott ewig und unveränderlich und auch wir Menschen, so glauben wir, werden in einer spirituellen Seinsform ewig unverändert weiter existieren. Eigenartiger Weise glauben wir, dass nur wir Menschen ein ewiges Leben haben, Tiere, oder Pflanzen dagegen nicht und Dinge erst recht nicht. Das „sich selbst wichtig nehmen“ des Menschen ist in keiner Weise gerechtfertigt und hat erhebliche Folgen nicht nur für uns, sondern für die ganze Erde.

Es ist eine weit verbreitete Ansicht in unserer Kultur und auch in manchen anderen Kulturen, dass Spirit sich in der Materie manifestiert. Nach dieser Ansicht ist der Spirit die erschaffende Energie, welche die Materie hervorbringt. Diese spirituelle Kraft kann personifiziert werden und ist dann ein Gott oder auch eine Göttin. Solange wir in dieser Denkweise verhaftet sind, werden wir nicht verstehen, was Polarität wirklich ist, nämlich die Gleichheit und das sich gegenseitige Bedingen von Spirit und Materie. Die Materie ist die materialisierte Form von Spirit. Aber es ist umgekehrt betrachtet ebenfalls so, dass Spirit die spirituelle Form von Materie ist. Beides sind die zwei Seiten einer Medaille, die zusammen das Ganze ergeben. Die Trennung von Spirit und Materie ist nicht absolut, sondern beide sind immer verbunden. Der Vergleich mit der Medaille zeigt dies. Aber das bedeutet noch lange nicht, dass Spirit die Materie aus sich selbst heraus erschafft, wie es bei unseren westlichen Mythologien vom Schöpfergott oder der Schöpfergöttin zum Ausdruck gebracht wird. Man könnte zwar auf dem Standpunkt beharren, dass sich Spirit in Materie manifestiert, jedoch muss man dann auch erkennen, dass es umgekehrt ebenso ist, dass nämlich die Materie sich auch in Spirit manifestiert. Dass es somit ein ständiges Hin und Her ist. Damit ist der Austausch von Energien wieder gegeben. Diese Art des Denkens ist so neu, dass es tatsächlich für die meisten Menschen noch recht unwahrscheinlich und suspekt klingt. Wir sind über so lange Zeit in einem bestimmten Denkschema verhaftet, dass wir tatsächlich Mühe haben, etwas ganz anderes, bisher noch nicht da Gewesenes zu erkennen oder überhaupt darüber nachzudenken.

Ich sprach mehrmals von der „Energie“ des Seins. Diese Energie ist allerdings nicht gleichbedeutend mit der Energie, die nach moderner wissenschaftlicher Erkenntnis gleichzusetzen ist mit Materie und im wissenschaftlichen Kontext eine andere Erscheinungsform von ihr ist. Diese neue wissenschaftliche Erkenntnis zweifle ich nicht an. Es muss jedoch daraus gefolgert werden, dass die oben angesprochene Energie des Seins der Energie<u>fluss, also das Spannungsfeld</u> ist, welcher entsteht aus den beiden Polen von Spirit und Materie. Man sollte eigentlich für dieses Phänomen ein anderes Wort benutzen, denn das Wort Energie ist demnach ein wenig irreführend und wird für zwei Phänomene benutzt, die nicht das Gleiche sind. Nachdem es jedoch dieses andere Wort noch nicht gibt und ich auch nicht eines erfinden will, sollten wir dies getrost „Energie“ nennen, jedoch müssen wir immer im Gedächtnis behalten, dass dies natürlich nicht nur die Energie der Materie im physikalischen Kontext ist und auch nicht nur eine einseitige Energie, die nur von Spirit ausgeht.

Ich möchte hier kurz einfügen, dass heute in der modernen Wissenschaft, insbesondere in der Quantenphysik, jedoch auch in der Astrophysik, von „Information“ gesprochen wird, wenn es um ein Phänomen geht, dass noch recht wenig erforscht ist, jedoch von den Wissenschaftlern als gesichertes Wissen angenommen wird. Es würde mich nicht überraschen, wenn „Information“ identisch wäre mit dem, was ich „Spirit“ nenne. „Information“ ist im rein wissenschaftlichen Kontext etwas, das offensichtlich nicht eindeutig in den Bereich der Materie gehört. Und doch ist diese Information an die Materie gebunden. Information kann fehlende oder zerstörte Komponenten in einem Atom wieder ersetzen. Somit könnte man diese Information als eine erschaffende Kraft bezeichnen. Jedoch, wie ich soeben sagte, ist die Information insofern an die Materie gebunden, als sie auch nicht mehr vorhanden ist, wenn überhaupt keine Atome vorhanden sind. Dies ist die genannte Bindung an die Materie. Ich sehe diese Bindung an die Materie ebenso auch für Spirit. Deshalb könnte tatsächlich „Information“ und Spirit dasselbe sein.

Ich will diese Gedanken nicht weiter ausführen, denn es handelt sich hier um ganz neues Territorium der Wissenschaft. Ich wollte nur andeuten, dass auch hier ein sich gegenseitiges Bedingen vorliegt und eine vermeintliche Erschaffung nicht aus dem Nichts kommt, sondern aus der Materie, welche bereits vorhanden ist und natürlich gleichzeitig aus dem Spirit, der ebenfalls schon immer vorhanden ist. Allerdings ist sowohl Spirit wie Materie in ständiger Veränderung. Also gibt es nichts in beiden Bereichen, das schon immer unverändert ist und immer sein wird. Also auch hier eine sehr andere Sichtweise als die christliche, welche davon spricht, dass Gott schon immer war und immer sein wird. Die christliche Sichtweise ist linear, also von einem Uranfang ausgehend und sich in eine vorgegebene Richtung ausdehnt oder weiter entwickelt. In der Philosophie der Polarität gibt es keine lineare Entwicklung, sondern ein ständiges Weitergehen, ohne Anfang und ohne Ende. Zum genauen Verständnis möchte ich noch anfügen, dass DIE Materie und DER Spirit in der Gesamtheit tatsächlich schon immer waren und immer sein werden. Nicht jedoch die Einzelerscheinungen, oder wie ich es nenne: die Individualitäten von Materie und analog dazu auch die Individualitäten von Spirit, sondern Materie und Spirit als Seinsform in der Gesamtheit sind ewig. Diese Beiden kann man in ihrer Gesamtheit dann auch eine Einheit nennen. Denn sie gehören für immer zusammen. Ich möchte wirklich sehr eindringlich nochmals betonen, dass es nicht um die Individualitäten geht. Die Erde ist tatsächlich als Individualität irgendwann einmal entstanden und mit ihr auch ihr Spirit. Beide sind gleichzeitig entstanden. Dasselbe gilt für alle Sterne. Keiner war schon immer und keiner wird unveränderlich für immer bleiben. Jedoch Materie und ebenso auch Spirit war schon immer und wird auch immer sein.

Meine Vermutung, dass Spirit und die in der Wissenschaft entdeckte „Information“ möglicherweise dasselbe sein könnte, beruht auf der Tatsache, dass Information zwar nicht Materie ist, jedoch untrennbar mit ihr verbunden ist und sich beides, nämlich Materie und Information in gewisser Weise bedingen und gegenseitig erschaffen. Falls tatsächlich Information und Spirit dasselbe sein sollte, dann wird man sehr wahrscheinlich nicht sehr viel weiter das Wesen oder gar eine Art von Substanz der Information mit wissenschaftlichen Mitteln überprüfen oder erforschen können. Denn die Wissenschaft kann nur mit materiellen Mitteln forschen. Information scheint – trotz der Zusammengehörigkeit mit der Materie – nicht Materie zu sein.

Wir sehen, dieses Thema ist kompliziert. Ich will es auch nicht so extrem schwierig machen und werde versuchen, diese neue Denkweise in so einfachen Worten zu erklären, wie das möglich ist. Legen wir das Problem mit den verschiedenen Energien eine Weile beiseite und betrachten wir das Grundsätzliche der spirituellen und der materiellen Daseinsform. Lassen Sie mich dies in Form eines bildhaften Beispiels tun:

Die materielle und die spirituelle Welt sind, wie ich schon mehrmals erwähnt habe, zu vergleichen mit den zwei Seiten einer Münze. Sie sind verschieden, gehören jedoch zusammen. Nun ist es allerdings so, dass wir als körperliche Wesen (also mit anderen Worten: als Materie) alles, was wir erleben, mit unserem Körper erleben und erfahren, also mit materiellen Möglichkeiten. Das Erfahrene können wir verstehen. In dem Wort „verstehen" ist das Wort „Verstand" enthalten. Dies zeigt sehr deutlich, dass wir mit dem Werkzeug „Verstand", also mit einem materiellen Werkzeug, nämlich mit Hilfe des Gehirns, dies erfassen. Deshalb ist es auch ganz natürlich und selbstverständlich, dass wir in diesem mit unserem Körper erlebten Instrument, also mit unseren Sinnen und dann durch das Speichern mit unserem Verstand, in erster Linie die materielle Welt wahrnehmen und dies führt dann bei vielen Menschen zu der Ansicht, dass die Materie die einzige Seinsform ist. Um auf das Beispiel mit der Münze zurück zu kommen: Wir sehen nur die eine Seite der Münze. Obwohl die zweite Seite ebenso wichtig ist und die Münze ohne diese gar keine Münze wäre, könnten wir nun annehmen, dass es nur diese eine Seite gibt, auf die wir gerade schauen und sie mit unseren fünf Sinnen wahrnehmen können. Allerdings hinkt dieses Beispiel ein wenig, denn wir können die Münze umdrehen und sehen dann die andere Seite. So einfach geht es mit Materie und Spirit leider nicht.

Das ganze Erleben beider Seinsformen, also Spirit und Materie, gleichzeitig voll und ganz, scheint uns nicht möglich zu sein. Warum das mit Materie und Spirit so ist, kann ich nur vermuten, aber nicht wissen. Es könnte sein, dass unser Verstand uns so stark beeinflusst und wir in extremer Weise auf Wahrnehmungen, die wir mit dem Verstand verarbeiten und uns nur auf dieses Erfassen konzentrieren, eine andere Wahrnehmung dadurch verhindert wird. Alle unsere Wahrnehmungen mit den fünf Sinnen werden sofort in das Gehirn geleitet und dort auch mehr oder weniger lange und deutlich gespeichert. Vielleicht erfahren Tiere, welche nicht so stark von der Gehirntätigkeit geprägt sind, weil ihr Gehirn nicht so stark ausgeprägt ist, andere, also spirituelle Erfahrungen besser oder sogar sehr gut. Viele Erfahrungen mit Tieren machen diese Vermutung sehr wahrscheinlich. Jedoch gibt es Menschen, die tatsächlich spirituelle (intuitive) Erlebnisse haben. Das können Visionen sein (aber bitte nicht verwechseln mit Erlebnissen durch Drogen!) oder auch Träume. Allerdings ist sicherlich nicht jeder Traum – ja sogar fast keiner - ein solches spirituelles Erlebnis, sondern vielmehr das, was uns im unbewussten Schlafzustand unser Gehirn noch zusammenreimt oder frühere Erlebnisse aufleben lässt.

Ein wirklich echtes Erleben von Spirit wird wahrscheinlich von unserem ständigen wachen und immerzu arbeitenden Verstand verhindert. Also auch hier wieder das Überwiegen der Yang-Energie. Denn das Denken ist eine eindeutige Yang-Energie. Sicherlich wäre es möglich, die Yin-Energie des Erfassens von Spirit zu üben, indem wir das Denken und das immer währende Geplapper in unserem Gehirn einschränken. Abstellen ist natürlich auch nicht richtig, denn dann wäre ja wieder das Gleichgewicht gestört, nur mit anderen Vorzeichen! Darauf möchte ich ganz entschieden hinweisen!

Nun wird heute oft von Meditation gesprochen und diese ist auch ein wesentlicher Bestandteil hauptsächlich der indischen Religionen und Philosophien. Die Meditation ist ein Mittel, den Verstand ruhig zu stellen oder sogar ganz auszuschalten (falls dies überhaupt möglich ist!). Nun sehe ich allerdings in der Meditation auch eine Gefahr. Einesteils darin, dass wir uns zu viel dem Ausschalten unseres Gehirns ausliefern können und dann das soeben angesprochene neue Problem des Verlusts von Yang erleben, indem wir uns zu viel dem Yin ausliefern. Ich kenne Menschen, die viel meditieren und bei denen tatsächlich deutlich ein Verlust der Realität (also der Yang-Energie) zu erkennen ist. Die Meditation im Übermaß kann somit dazu führen, einseitig in die andere Richtung zu gehen. Das Gleichgewicht von Yin und Yang ist dann verloren! - Ein weiteres Problem sehe ich darin, dass wir in der Meditation möglicherweise gar nicht Spirit erleben, sondern nur das, was wir uns über Spirit vorstellen! Dass es somit einesteils Wunschvorstellungen sind oder andererseits auch Vorgaben und Lehrmeinungen von Religionen. Ich habe schon viel mit Menschen diskutiert, welche viel meditieren und habe hierbei oft festgestellt, dass Erfahrungen, welche diese Menschen durch die Meditation erleben, genau solche Vorstellungen von Spirit oder anderen Vorstellungen einer „anderen Seinsform“ sind, welche diese Menschen durch eine bestimmte Religion kennen, entweder aus Büchern oder Beschreibungen und Erzählungen anderer Menschen, welche dieser Religion angehören oder auch aus dem täglichen Zusammenleben mit solchen Menschen oder durch Gurus oder sonstigen Lehrern. Dies haben sie somit in ihrem Gehirn gespeichert. Ich ziehe daraus den Rückschluss, dass all diese Dinge, die man im Gehirn gespeichert hat und dann in einer Meditation vermeintlich erfährt, gar nicht eine spirituelle Erfahrung sind, sondern nur das, was wir bereits schon wissen oder auch nur vermuten oder glauben (das Glauben ist wohl die häufigste Form einer Prägung!) und – ob bewusst oder auch unbewusst – in unserem Gehirn gespeichert haben. Gerade die im Unterbewusstein gespeicherten Erlebnisse und Erfahrungen können wir durch ein Abschalten des Denkens hervorholen. Ob diese früheren Erfahrungen und Erlebnisse allerdings überhaupt etwas mit Spirit zu tun haben, ist unwahrscheinlich. Durch das unbewusste Erinnern an frühere Prägungen (religiösen Lehren und sonstigen Erfahrungen) wird etwas hervorgeholt, was wir irgendwann einmal mit dem Verstand erfasst und gespeichert haben, ob nun bewusst oder unterbewusst. Somit hätten wir auch hier wieder eine typische Yang-Energie angezapft - nämlich das, was wir in unserem Gehirn gespeichert haben - ohne uns dessen bewusst zu sein, dass es in der Tat frühere Erfahrungen oder Prägungen sind. Im Prinzip wären diese vermeintlichen Erfahrungen (oft auch als „Erleuchtung“ gedeutet) im Gehirn gespeicherte Dinge, die wir in einer Meditation zwar unbewusst, aber trotzdem aus dem Gehirn abrufen. Zwar meinen solche Menschen dann, sie hätten durch die Meditation unser Gehirn ausgeschaltet, aber das ist wahrscheinlich gar nicht möglich. Immerhin geschieht im Schlaf etwas Ähnliches, wenn wir träumen. Ohne unser Gehirn könnten wir gar nicht träumen. Es ist auch im Schlaf nicht total abgeschaltet, sondern nur ruhig gestellt. Ohne Gehirn wären wir schließlich tot! Wenn wir etwas träumen, dann hat das fast immer mit Dingen zu tun, die wir tatsächlich kennen. Manchmal (sehr selten) allerdings kommen auch Dinge vor, die wir nicht kennen. Aber unser Verstand hat die Möglichkeit, aus vielen bekannten Dingen auch was Neues in Form einer Vorstellung oder Fantasie zu erschaffen. Die <u>Bestandteile</u> dieses Erschaffens sind jedoch alle irgendwann einmal im Gehirn gespeichert worden.

Ich will jedoch nicht ausschließen, dass wir tatsächlich sowohl im Traum wie auch in einer Meditation immerhin eine Ahnung von Spirit erfahren können. Es wird schwierig sein, echte spirituelle Erfahrungen sowohl in der Meditation wie auch im Traum von den anderen Vorstellungen zu trennen, die ich soeben beschrieben habe und welche nur

Fantasien oder aus einem Glauben stammende Vorstellungen sind. Weil es jedoch so schwierig oder vielleicht sogar unmöglich ist, dies zu trennen und klar zu erkennen, was nun echt und was Fantasie ist, betrachte ich eine Meditation als eine eher fragliche Methode und nicht unbedingt als eine Möglichkeit, uns wirklich spirituelle Einsichten (oder gar die vermeintliche „Erleuchtung") zu geben. Wenn man dann gar eine Meditation mit dem Gedanken oder dem Vorsatz betreibt, eine spirituelle Erfahrung zu machen, dann ist der Entschluss dazu eine willentliche Handlung. Mit dem Willen, also mit dem Verstand wird man niemals Spirit erfahren oder gar erfassen können. Auch wenn man meint, den Verstand in der Meditation ganz auszuschalten, so ist die Triebfeder dazu unser Wille und somit eine Verstandesleistung.

Eine größere Wahrscheinlichkeit, spirituelle Erfahrungen zu machen, sehe ich beim Träumen. Denn hier wird nichts willentlich gemacht. Ein Traum kommt ungerufen. Deshalb könnte es hier wahrscheinlicher sein, dass es sich manchmal um eine spirituelle Erfahrung handelt. Jedoch ist auch hier wieder das Problem, dass wir kaum oder gar nicht unterscheiden können, ob ein Traum aus früheren Erlebnissen zusammengebastelt, aus Fantasien oder wirklich aus dem Spirit kommt.

Bei den Erfahrungen von Menschen, welche dem Tod sehr nahe waren, ist es ähnlich. Über die sogenannten „Nah-Tod-Erfahrungen" liegen einige immer wiederkehrende sich ähnelnde Berichte vor. Nämlich ein Erlebnis, das beschrieben wird als „Durchgehen durch eine dunkle Röhre oder Tunnel" und dann erleben diese Menschen am Ende ein unwirkliches helles Licht. In diesem Licht erscheinen dann manchmal spirituelle Gestalten, welche den sterbenden Menschen Trost spenden oder sie willkommen heißen. Meistens tun diese Gestalten nichts, sondern sind nur da. Hier hören jedoch die Gemeinsamkeiten der vielen vorliegenden Berichte auf. Denn wer diese Gestalten sind, das ist nun sehr unterschiedlich. Was hierbei besonders interessiert, ist die Tatsache, dass diese Gestalten der jeweiligen Erlebniswelt der Menschen entspricht. So kann es bei einem gläubigen Christen Jesus sein oder eine Gottesgestalt, welche unserer westlichen Vorstellung von Gott entspricht oder auch die Maria, die Mutter Gottes, oder ein Engel. Bei anderen Religionen sind diese Gestalten Götter aus deren religiösen Vorstellungen. Bei einem Anhänger von Wicca kann es beispielsweise auch eine Göttin sein. Oder es sind verstorbene Familienangehörige. Eine Bekannte von mir, welche eine Nah-Tod-Erfahrung bei einem Herzinfarkt hatte, erzählte mir, dass sie ihren Mann sah, der vor einigen Jahren verstorben war und den sie sehr geliebt hatte. Er hatte sie freundlich empfangen. All dies kann man sicher als Beweis betrachten, dass es sich hier bei diesen Erlebnissen um das handelt, was die Menschen, welche eine Nah-Tod-Erfahrung haben, in ihrem bisherigen Leben in ihrem Gedächtnis gespeichert haben. Die Erscheinung kann somit jemand sein, der entweder das Leben mit einem geteilt hat oder auch eine sonst wichtige und schöne Rolle im wirklichen Leben hatte, wie das bei der Frau, welche ihren Mann wieder sah (besser gesagt: sehen wollte!) der Fall war. Oder auch religiöse Gestalten können es sein, ebenfalls wieder schöne Vorstellungen, welche man im Gedächtnis gespeichert hat. Sind dies nun wirklich spirituelle Erfahrungen?

Ich denke, das kann doch kaum der Fall sein. Denn bei echten spirituellen Erfahrungen würden wir nicht das sehen, was wir schon kennen oder auch glauben und was in unserem Gehirn gespeichert ist. Was unser Gehirn aus unserem materiellen Dasein gespeichert hat, das ist immer noch Materie bzw. stammt es aus Erlebnissen in unserem materiellen Dasein. Selbst dann noch ist es so, wenn die Erscheinung eine Fantasie ist oder ein Gedankengebilde, das wir dann sehen. Denn diese Fantasie ist ja letztendlich auch eine gedankliche Leistung. Wir werden in einer Nah-Tod-Erfahrung nur eine solche Gestalt (ob nun Gott, ein Engel oder ein geliebter Mensch ist) sehen oder erleben können, von der wir entweder wissen, dass dieser Mensch existiert hat (also beispielsweise ein Angehöriger) oder auch eine in unserer Fantasie oder in einer religiösen Prägung geschaffene Wesenheit oder imaginäre Person (z.B. eine Gottheit, ein Engel oder dergleichen).

Interessant ist auch, dass nicht unbedingt bei allen Menschen, welche eine Nah-Tod-Erfahrung gemacht haben, eine Gestalt am Ende des Tunnels auftaucht, sondern nur das helle Licht vorhanden ist. Selbst das helle Licht ist nicht immer vorhanden. Es ist mir leider nicht bekannt, ob dies nun grundsätzlich Menschen sind, die keinerlei religiöse Vorstellungen haben und auch nicht erwarten, dass man in einem „anderen Leben“ verstorbene Menschen wieder antrifft. Von drei Fällen weiß ich es jedoch. Es war eine junge und in zwei anderen Fällen jeweils eine ältere Frau, welche nicht religiös waren. Diese sahen nur das helle Licht. Als einen vierten Fall kann ich noch die oben genannte Frau anführen, die ihren Mann sah. Diese Frau war nicht religiös, was somit erklärt, dass sie nicht Gott gesehen hat, sondern ihren Mann, den sie gerne wieder gesehen hätte und mit ihm vereint sein wollte. Auch wenn es nur insgesamt vier Fälle sind, auf die ich hier zurückgreifen kann, so erscheint es trotzdem meine These zu stärken, dass wir nur das sehen können, was wir in unserem Gehirn gespeichert haben. Schließlich sind alle Menschen, die eine Nah-Tot-Erfahrung gemacht haben, noch nicht wirklich tot. Das Gehirn ist noch nicht gestorben. Insofern kann man all diese Erlebnisse nicht als ein Erlebnis aus dem Totenreich werten.

Wenn wir nicht religiös sind und nichts erwarten, dann ist nichts gespeichert und deshalb sehen solche Menschen in einer Nah-Tot-Erfahrung auch nichts. Es wäre hochinteressant, mehr von solchen Fällen zu hören! Denn das wäre dann der endgültige Beweis dafür, dass ein Erscheinen einer Person nur aus dem Verstand kommt und eigentlich ein Fantasiebild ist und keine spirituelle Erfahrung. Selbst das Erlebnis des hellen Lichts und auch das Gefühl, durch einen Tunnel gezogen zu werden, haben nicht alle Menschen, welche eine Nah-Tot-Erfahrung hatten. Kann also durchaus sein, dass beispielsweise das Tunnelerlebnis noch eine Erinnerung an unsere Geburt ist, denn auch das helle Licht nimmt ein Neugeborenes wahr. Das helle Licht kann aber auch eine Vorstellung bzw. ein Glaube an eine lichte spirituelle Seinsform wein. Über das Licht könnte man nun ebenfalls noch einige interessante Dinge schreiben, denn die Vorstellung, dass Gott oder Spirit „licht“ sind, ist sehr weit verbreitet. Jedoch ist das Licht weder der Anfang von Allem, noch ist Licht ohne Dunkelheit gar nicht möglich. Aber das alles würde nun zu weit führen, um es genauer zu erklären. Ich wollte nur darauf hinweisen, dass auch das Licht in der Glaubensvorstellung vieler Menschen eine große Rolle spielt.

Bei all diesen Nah-Tod-Erfahrungen sollte man zudem noch bedenken, dass es keine wirklichen Todeserfahrungen sind. Denn das Gehirn war bei diesen Menschen noch nicht abgestorben. Deshalb auch die Bezeichnung „Nah-Tod“. Eine wirklich Erfahrung eines Todeserlebnisses konnte uns noch niemand übermitteln und wird auch in Zukunft niemand übermitteln können. Denn aus dem Tod ist noch niemand wieder zurück gekehrt.

Wenn wir nun die soeben beschriebenen Nah-Tod-Erfahrungen mit einer Erfahrung in einer Meditation vergleichen, dann sehen wir ganz deutlich, dass hier eigentlich dasselbe geschieht. Auch in der Meditation werden oft Dinge erlebt, die man entweder erleben <u>will</u> aufgrund einer religiösen Prägung und der durch die Religion im Laufe der Zeit erschaffene Vorstellungswelt. Oder auch andere Prägungen, die man irgendwo aus Erzählungen aufgenommen hat oder davon gelesen hat, können hier als vermeintlich echtes Erlebnis erfahren werden. Oder es kann auch nur ein Wunschdenken sein, das man sich selbst aus den verschiedensten Elementen zusammengebastelt hat. All das wird oder kann dann in einer meditativen Stimmung zur vermeintlich spirituellen Wirklichkeit werden.

Nun will ich jedoch eine Meditation nicht grundsätzlich ablehnen. Aus mehreren Gründen:

Es kann hilfreich sein, die Gedanken ruhig zu stellen. Insbesondere in unserer heutigen hektischen Zeit mit den vielen Reizüberflutungen kann diese sonst kaum zu erreichende Ruhe sehr erfrischend sein. Auch das Abstellen dessen, was ich weiter oben schon als das ständige Geplapper unseres Gehirns bezeichnet habe, kann sicher sehr hilfreich sein, um dem ständigen Bombardement der Gedanken wenigstens für kurze Zeit zu entkommen. Ob dies nur mit der Meditation möglich ist, möchte ich allerdings anzweifeln. Denn die Ursache für diese ständige Überaktivität des Gehirns wird einesteils durch unsere Umwelt beeinflusst oder sogar hervorgerufen (wieder einmal die Einwirkung von zu viel Yang!), andererseits auch durch die Überbewertung unseres Denkens (was natürlich auch wieder Yang ist!) erst ermöglicht. Immer wieder kommen wir auf die viel zu starken Yang-Energien zurück, die heute das Leben bestimmen!

Ein weiteres positives Ergebnis einer Meditation kann auch sein, dass nicht nur unser Verstand ruhig gestellt wird, sondern auch unser Körper. Auch die Konzentration auf „keine Bewegung“, also das Stillsitzen, kann hilfreich sein. Denn auch das haben wir in der Hetze unseres modernen Lebens verlernt und die Ruhe ist eine Yin-Energie, die uns so sehr fehlt in der heutigen Zeit. Allerdings könnte man das Stillhalten, die Ruhe und die Beschaulichkeit auch auf andere Weise üben. Nämlich, indem man sich in der Natur aufhält, ja sogar ein Spaziergang kann schon viel Ruhe und Entspannung bringen, besonders im Wald oder einem sonstigen ruhigen Ort. Man kann sich auch darin üben, alles sehr genau zu betrachten, selbst ganz unwichtige und kleine Dinge. Zum Beispiel eine Blume mal wirklich aufmerksam betrachten, oder einer Biene zusehen, wie sie in eine Blüte hinein kriecht und dergleichen Dinge mehr. Im Taoismus wird ganz besonders Wert darauf gelegt, dass man aufmerksam ist. Wobei hier nicht gemeint ist, dass man in aufmerksamer und vielleicht auch galanter Weise auf die Damen achtet, was man wohl früher auch als Aufmerksamkeit bezeichnet hat. Nein, die Aufmerksamkeit, die hier gemeint ist, ist genau das, was ich soeben beschrieben habe. Nämlich aufmerksam und mit großer Intensität ALLES zu betrachten und zu beobachten, was um uns herum vorgeht. Und nicht nur das, was um uns herum als Geschehen vorgeht, sondern auch das, was um uns herum vorhanden ist. Das kann sogar unser Tisch sein oder der Blick aus dem Fenster. Ja, das mag nun für manche Menschen ein wenig lächerlich klingen, denn man meint, den Tisch würde doch jeder kennen und was gäbe es hier zu beobachten. Eine solche Meinung ist typisch für unser westliches Denken. Wenn wir uns jedoch angewöhnen, wirklich alles aufmerksam zu betrachten, dann werden wir ganz bestimmt eine andere Sichtweise bekommen. Dann kann es sogar geschehen, dass man auch eine ganz besondere Wesenheit des Tisches erkennt. Ein Gegenstand kann sehr wohl eine Ausstrahlung haben. Ein Glastisch hat eine ganz andere Ausstrahlung als ein Holztisch. Ein alter Tisch eine andere als ein neuer und so weiter...All diese Dinge sind eine Hinwendung zur Yin-Energie und das allein wird sehr viel in unserem Leben bewirken. Dazu braucht es eigentlich keine Meditation im üblichen Sinn. Was mich bei den typisch östlichen Meditationen auch stört, das sind die Regeln, die man dabei beachten muss oder soll. Man muss eine bestimmte Haltung einnehmen oder gegen eine Wand oder ins „Nichts" schauen. Wenn wir eine Regel brauchen, um etwas zu erreichen, dann finde ich das ein wenig eigenartig. Sicherlich können bestimmte Dinge, Haltungen und die Umgebung mithelfen zur Ruhe zu kommen. Aber dieses „um - zu", also die Absicht und das absichtliche Wollen einer spirituellen Erfahrung sind für mein Gefühl ein wenig „gezwungen" oder gekünstelt. Also nicht das, was ich unter Yin-Energie verstehe. Denn das Wollen ist nicht Yin, sondern Yang!

Was meine ich nun mit „Wesenheit" oder Spirit von einem Tisch, also einer Sache?

Diese Frage ist nicht einfach zu beantworten. Denn wir sind leider nicht daran gewöhnt, dass alles auch eine Wesenheit, also auch Spirit ist. Man könnte nun auch sagen, die Wesenheit oder Spirit ist eine bestimmte Ausstrahlung. Vielleicht wird es dann mehr verständlich, was ich meine. Jedes Ding und natürlich auch jedes Lebewesen hat eine bestimmte Ausstrahlung. Bei Tieren und Pflanzen verstehen wir das schon etwas besser. Bei einem Menschen noch besser. Bei einem Tisch oder einem Stein fällt uns dies schon etwas schwerer. Dies zu verstehen bedarf es auch einer gewissen Übung. Ich sprach ja schon im 2. Kapitel davon, dass wir die Seele entwickeln müssen. Denn nur mit der Seele können wir uns der Intuition öffnen und solche genannten Dinge erkennen und erfassen. Jedoch wird doch kaum jemand abstreiten, dass ein spitzer Stein eine andere Ausstrahlung hat als ein runder oder ein schwarzer eine andere als ein weißer, grüner oder gelber. Gehen Sie nun noch einen Schritt weiter und schauen Sie sich mal auch von Menschen gemachte Dinge an. Ein rundes Haus wird eine andere Ausstrahlung haben als ein Betonblock. Oder ein Rosengarten wird eine andere Ausstrahlung haben als ein Garten, der nur einen Rasen hat. Selbst technische Geräte haben verschiedene Ausstrahlungen. Auch ein Auto kann man „auf den ersten Blick lieben". Das hat dann noch nicht unbedingt etwas damit zu tun, wie es fährt. Es ist einfach nur die Ausstrahlung. Auch technische Dinge haben diese. Ich sagte ja schon mehrmals, dass alles auch Spirit ist, vom Atom bis zum Auto oder der Raumfähre. Natürlich kommt bei Dingen, welche ein

Mensch gemacht hat, auch noch der Spirit von diesem Menschen mit in den Gegenstand hinein. Jeder Künstler macht für ihn typische Gegenstände, Bilder, Skulpturen etc. Ich hoffe, dass es mir wenigstens annähernd gelungen ist, Ihnen nahe zu bringen was ich meine, wenn ich von dem Spirit einer Sache spreche.

Vergleichen wir nun das, was ich soeben über die Achtsamkeit und Aufmerksamkeit gesagt habe und im Gegensatz dazu mit einer Erfahrung in einer Meditation. Ich denke schon, dass hier ein wesentlicher Unterschied besteht. Dazu kommt noch, dass eine Meditationserfahrung auch gewollt ist, wie ich vorher schon erwähnte und somit bis zu einem gewissen Grad vom Verstand, also von Yang abhängt oder hervorgerufen wird. Man meditiert ja schließlich nicht, um nichts zu erfahren, sondern um eine spirituelle Erfahrung zu machen oder, wie im Buddhismus, die Erleuchtung zu erhalten. Das Wollen ist zuerst einmal vorhanden und das Wollen ist eine Yang-Energie! Ist nun etwas, oder kann etwas, das man willentlich erzielen will, also zumindest ursprünglich eine vom Verstand veranlasste Handlung ist, tatsächliche etwas hervorbringen, was Spirit sein könnte? Wenn wir nun auch noch wissen, dass jede Religion und somit auch jede religiöse Vorstellung aus Gedankenkonstrukten besteht, dann wird die Antwort auf diese Frage doch schon gegeben sein! Nun werden Anhänger einer Religion sagen, dass die Religionsstifter doch „Erleuchtungen“ hatten und dies doch ohne Frage spirituelle Eingebungen waren. Nun, das kann man glauben oder auch nicht. Denn weder Jesus noch Buddha hat selbst irgend etwas aufgeschrieben. Und was nach 60 oder gar nach 200 Jahren von Anhängern dieser Menschen aufgeschrieben wurde, das ist doch kaum noch das, was die vermeintliche ursprüngliche Eingebung oder Erleuchtung wirklich war. Was ich hier nun geschrieben habe, wird von religiösen Menschen sicherlich zurück gewiesen werden und ich könnte heftige kritisiert werden. Wer jedoch solche Dinge glaubt, der meint meistens auch, dass er dies alles weiß. Glaube ist jedoch niemals Wissen! Religionen wurden und werden immer noch als Machtinstrumente benutzt und das, was ein weiser Mensch vielleicht einmal intuitiv erfasst hat, das wurde mit Sicherheit im Laufe der Zeit so zurecht gebogen, dass es als Machtinstrument tauglich war.

Nach meiner Erfahrung machen Menschen, die nicht eine spirituelle Erfahrung machen WOLLEN, ganz ohne dieses Wollen und auch unerwartet und überraschend viel eher eine solche Erfahrung als jemand, der dies will. Wenn ich von „Erfahrung“ spreche, so ist dies eigentlich nicht ganz richtig. Vielmehr ist es ein intuitives Erfassen, das man eigentlich nicht beschreiben kann. Denn eine Beschreibung ist nur durch Worte möglich und Worte sind ein Produkt unseres Verstandes. Ein intuitives Wissen wird auch kaum jemand haben, der dies haben will! Oft haben ganz unbedeutende und bescheidene Menschen intuitive Eingebungen, also Menschen, die nicht unbedingt sehr intelligent sind oder die nicht intelligent sein müssen. Der Intellekt kann und wird uns viel wahrscheinlicher von spirituellen Einsichten abhalten, denn der Intellekt ist Yang, während Intuition Yin ist! Viel wichtiger ist deshalb, dass jemand sich frei machen kann vom Willen. Dass man ruhig sein kann und beobachten kann und in vollkommener Ruhe etwas erleben kann, wie ich das soeben beschrieben habe. Man kann schon intelligent sein, jedoch muss man die Möglichkeit haben, den Intellekt auch mal auf die Seite zu schieben und schweigen zu lassen. Eine Meditation im herkömmlichen (religiösen) Sinn wird doch grundsätzlich davon ausgehen, dass man meditieren will! Es gibt ein sehr lehrreiches Buch von Theo Fischer über die hier angedeutete ganz andere Art der Meditation durch Beobachtung und Achtsamkeit und noch einiges mehr über die Besonderheiten des Taoismus[10].

Es gibt noch eine weitere Möglichkeit, einen Einblick oder ein Verständnis für Spirit zu erhalten. Wenn wir unsere Seele ausgebildet haben, wie ich am Anfang dieses Buches beschrieben habe und wir sie als wichtig betrachten und sie sogar als unsere zweite Seite von uns selbst erkennen, dann kann es geschehen, dass wir etwas erleben, was ich soeben schon angedeutet habe: Das kann eine Vision sein oder auch nur ein kurzes Erkennen von etwas. Vielleicht auch nur ein Erahnen. Der Gesang eines Vogels kann uns etwas erzählen. Oder ein Baum, oder das Rauschen des Windes, die Macht der Meereswellen oder ein Sturm, ein Hagelschauer oder der leise sich auf die Erde ausbreitende Schnee. Auch Träume können ein Aufblitzen aus der spirituellen Welt sein. Bei den Träumen ist es natürlich wieder sehr schwer, spirituelle Träume, die ohnehin sehr selten sein werden, von anderen Träumen, die aus unserer Gedankenwelt kommen, zu unterscheiden. Die Träume sind diesbezüglich ein sehr schwieriges Thema! Man kann hier leicht aufs Glatteis geführt werden und bei jedem Traum, der ein wenig fantastisch oder auch mal ganz anders als andere Träume ist, gleich ein spirituelles Erlebnis darin sehen. Das ist also sehr gefährlich!

Eines ist jedoch sicher: Wenn wir unsere Yin-Energien mehr mobilisieren und ihnen mehr Raum in unserem Leben geben, was zum Beispiel mit mehr Ruhe, mehr aufmerksamen Beobachtungen oder auch mit Kunst oder einem ruhigen und gestalterischen Hobby und dergleichen möglich ist und was auch ganz besonders ein Abschalten unserer ständigen Gedanken und auch ein Abschalten der ständigen Aktivität sein

---

[10] siehe Theo Fischer: „WuWei: Die Lebenskunst des Tao“

sollte, dann werden wir glücklicher werden. Denn wir haben dann das Gleichgewicht von Yin und Yang erreicht. Ganz besonders wäre auch ein schönes Liebeserlebnis dazu geeignet, Yin und Yang im Gleichgewicht zu erleben und sogar ein solches Erlebnis als ein Erahnen von Spirit zu erfahren. Wenn jedoch die Sexualität nur rein körperlich (also Yang!) erfahren wird und keine seelische und liebvolle (Yin!) Beteiligung mit dabei ist, dann können wir aus einem solchen Erlebnis sicherlich kein spirituelles Erahnen erwarten.

Ich halte auch nichts von einem asketischen Leben, denn dieses geht vom Willen aus und ist deshalb Yang. Auch dann, wenn man sich von sonstigen Energien, die typisch Yang orientiert sind, fern hält und total ablehnt (wie z.B. Arbeit oder alle Arten von Aktivitäten oder Unterhaltung durch Musik, Film oder Fernsehen und dergleichen mehr ablehnt), ist allein schon die willentlich Entscheidung für ein einseitiges asketisches Leben nicht Yin, sondern infolge der willentlichen Anstrengung eine Yang Energie. Asketischen Menschen kann man meistens eine Art von Starrheit ansehen, was nicht zu verwundern ist.

Erfahrungen von Spirit haben etwas mit Leichtigkeit zu tun, mit dem Sich-Treiben-Lassen im Strom der Ereignisse.[11] Das Offen-Sein für Spirit ist schon die Hauptvoraussetzung zum tatsächlichen Erleben. Es geht in erster Linie um eine Lebenseinstellung und weniger um ein Tun. Das richtige Tun erfolgt dann automatisch aus der richtigen Lebenseinstellung. Intuition kommt auch meistens von Spirit. Aber Vorsicht: Wenn eine Intuition nicht ganz automatisch kommt und wir nicht absolut sicher sein können, dass unser Denken nicht mit dabei im Spiel ist, dann sind plötzliche Eingebungen meistens keine echte Intuition, höchstens ein Wunschdenken oder auch vergessene Erlebnisse, die dann plötzlich auftauchen.

Wenn Sie niemals eine spirituelle Erfahrung machen werden, dann ist das überhaupt nicht schlimm. Es spielt eigentlich überhaupt keine Rolle für Ihr Glück oder für ein gutes Leben. Eine spirituelle Erfahrung kann natürlich schon Ihr Verständnis für diese zweite Seite der Materie bringen und das kann eine freudige oder auch Glück bringende Erfahrung sein. Jedoch hat es sonst keine weitreichenden Folgen. Versuchen Sie nicht mit aller Gewalt, spirituelle Erfahrungen zu machen, denn sonst tun Sie das, was man mit einer Meditation versucht, nämlich mit Hilfe des Verstandes etwas zu erreichen, wozu man den Verstand nicht braucht und wo er sogar hinderlich ist.

[11] Allen Watts hat das in seinem Buch „Der Lauf des Wassers“ sehr schön beschrieben

Nun möchte ich noch eine Frage ansprechen, die für die meisten Menschen mit der Frage nach einer spirituellen Seinsform in Zusammenhang steht. Es ist die Frage nach einem Weiterleben nach dem Tod, die Frage also: Was geschieht mit mir, was geschieht mit meiner Persönlichkeit und Individualität, meinen Gedanken und Gefühlen, meinem ICH wenn ich sterbe?

Wird sich unser Ich auflösen, wenn wir sterben, so wie sich alles auflöst und als Individuum nicht mehr vorhanden ist? Wird es demnach kein Weiterleben nach dem Tod geben?

Ich habe in den vorigen Kapiteln schon mehrfach diese Frage angesprochen und betont, dass es keinen Hinweis gibt, dass ausgerechnet wir Menschen als das Einzige im ganzen Universum das sein werden, das ewig weiter existiert. Ein solcher Gedanke ist geradezu absurd. Er kann nur aus einer ständigen Gehirnwäsche entstehen, wie es Religionen mit viel Erfolg tun. Was daraus resultiert, das ist, dass wir uns selbst als ungemein wichtig vorkommen. Und wenn Gott den Menschen gar noch als Krone der Schöpfung erschaffen hat, wie es klipp und klar in der Bibel steht, dann ist es doch keine Frage, dass wir uns wichtiger nehmen als alles andere im Universum.

Wir sind jedoch nicht wichtiger als alles andere auch.

Nun werden viele Menschen nicht glauben wollen, dass tatsächlich alles, was wir getan, gedacht und erfahren haben, tatsächlich wieder verschwindet. Wird denn gar nichts in dem soeben beschriebenen spirituellen Sein aufgenommen oder gespeichert?

Es gibt einige interessante Bücher über das Thema „spirituelles Gedächtnis“. C.G. Jung hat dies als „DAS KOLLEKTIVE UNBEWUSSTE“ bezeichnet. Er sagt in seinem Buch „Archetypen: *„Das kollektive Unbewusste ist die gewaltige Erbmasse der Menschheitsentwicklung, wieder geboren in jeder individuellen Struktur. Das kollektive Unbewusste entwickelt sich somit nicht individuell, sondern wird vererb*t“

Demnach gibt es nach Jung etwas, das im Unterbewusstsein nicht des einzelnen Menschen, sonder der Menschheit in der Gesamtheit gespeichert ist. Ob dieses „Unterbewusstsein der Menschheit“ dasselbe ist wie das, was ich Spirit nenne, wird von Jung nicht angesprochen und ich halte es auch für unwahrscheinlich, dass er gar nicht an das glaubte, was die Christen die „Seele“ nennen. Denn Jung war gläubiger Christ und wird deshalb an Gott geglaubt haben und nicht daran gedacht haben, dass es Spirit in meiner Definition gibt. Deshalb spricht Jung von der Erbmasse, welche diese Erfahrungen speichert. Ob man dies auch als Spirit bezeichnen kann, ist fraglich. Nachdem Jung Christ war, war ihm wohl ein

Gedanke an Spirit nach meiner Definition sehr ferne. Er geht überdies in seinen Überlegungen von der Psychologie und ihrer Anwendung aus. Immerhin sagt er, dass Erfahrungen der Menschheit gespeichert werden. Wie weit hierbei auch jede einzelne Erfahrung eines Individuum mit gespeichert ist, ist eine offene Frage. Jedoch ist sicher die Masse aller Erfahrungen nichts Anderes als die Masse der Einzelerfahrungen.

In der Psychologie ist auch noch der Begriff der „Gruppenseele" bekannt. Wahrscheinlich ist dies aus den Schriften von Jung über das kollektive Unbewusste abgeleitet und etwas anders benannt worden. Das Wort Gruppenseele spricht offensichtlich dasselbe an, was ich als Spirit bezeichne. Zwar nicht der Spirit eines einzelnen Menschen, wie es die christliche Lehre sieht, sondern einer ganzen Gruppe. Mit dem Begriff „Seele" wird auch deutlich, dass es sich hierbei um etwas handelt, was nicht Materie ist. Von einer Gruppenseele spricht man jedoch nicht nur bei Menschen, sondern auch bei Tieren. Wir können oft Vogelschwärme beobachten, welche in einer bestimmten, sich jedoch oftmals ändernden Formation fliegen. Auch bei Fischen ist dieses Verhalten sehr typisch. Man kann in diesen Fällen sehr gut beobachten, wie der Schwarm als Ganzes reagiert, ohne dass man irgend eine Führungsrolle feststellen kann. Das „Kommando" kommt anscheinend aus der „Gruppenseele". Bei den wild lebenden Wellensittichen in Australien kann man dies sehr gut beobachten. Jedoch auch bei Menschen wurden solche Verhaltensweisen beobachtet. Insbesondere bei Naturvölkern kann man feststellen, dass sie sich ähnlich wie ein Vogelschwarm verhalten, wenn eine größere Gruppe beisammen ist. Von den Aborigines in Australien hat man berichtet, dass sie auf ihren Wanderungen wie auf ein unsichtbares Kommando alle gemeinsam, ohne dass ein Führer sie anleitet, eine andere Richtung einschlagen. Dieses Verhalten kann nicht in einer im Bereich der Materie liegenden Funktion begründet werden, sondern es kann nur etwas sein, was „Nicht-Materie" ist, also eine spirituelle Beeinflussung oder besser gesagt: eine Funktion und somit etwas, das man mit der Seele wahrnehmen kann. Da es hierbei um die „Seele" der ganzen Gruppe geht, ist der Ausdruck Gruppenseele verständlich. Jedoch nur dann, wenn man das unter „Seele" versteht, was ich am Anfang des Buches deutlich beschrieben habe und nicht das, was die Christen damit meinen.

Die Seele ist das Werkzeug, Spirit wahrzunehmen oder auch, mit Spirit in Verbindung zu treten. Nachdem diese Wahrnehmung nicht an den Intellekt gebunden ist, wird es sicher möglich sein, dass höher entwickelte Tiere Spirit irgendwie wahrnehmen können, wenngleich sicher in einer etwas anderen Weise als wir Menschen. Wieweit das bei Pflanzen auch der Fall ist, könnte man nun in Frage stellen. Sicher ist jedoch, dass auch

Pflanzen zum Beispiel auf bestimmte Musik reagieren. Wer mehr darüber wissen will, der sollte mal bei Google unter dem Stichwort „sonic bloom" nachsehen. Bei Tieren können wir oft das Zusammenspiel von Körper und Spirit beobachten. Wenn ein Hund beispielsweise intuitiv oder instinktiv etwas tut, dann ist dies doch sicher aus seinem Spirit heraus erfolgt. Tiere können eine Gefahr erahnen und sich rechtzeitig in Sicherheit bringen. Beispiele dieser Art gibt es viele. Ob beispielsweise auch Dinge, also beispielsweise Steine ihren Spirit wahrnehmen können, zweifle ich allerdings an, obgleich ich nie von vornherein sagen würde, dass auch Steine oder überhaupt alle materiellen Dinge nicht mit ihrem Spirit kommunizieren. Immerhin bin ich sicher, dass ALLES, also auch im materiellen Bereich, also auch Dinge, sowohl Materie, wie auch Spirit ist. Wieweit Dinge etwas davon wahrnehmen können oder nicht ist eigentlich völlig unwichtig. Zur Wahrnehmung braucht man ein Gehirn, aber das hat ein Stein nicht. Aber wie ist es mit Pflanzen? Gibt es noch eine Wahrnehmung, die das Gehirn nicht braucht? Nachdem alles im materiellen Bereich auch Spirit ist, also Materie und Spirit immer zusammen vorhanden sind, besteht eine automatische Verbindung von dieser Zweiheit. Ob es darüber eine Art von Bewusstsein darüber gibt, ist ganz unwichtig. Ich werde später noch etwas über die Quantenphysik und die Astrophysik sagen zu diesem Thema.

Ein anderer Autor hat sich sehr intensiv mit der Frage nach einem spirituellen „Pool" beschäftigt. Es ist Rupert Sheldrake, der in seinem Buch „Das schöpferische Universum" die Theorie des morphogenetischen Feldes dargelegt hat. Er hat auch viele Vorträge gehalten, sehr zum Ärger der Christen. Es wurde sogar ein Attentat auf ihn verübt, als er einen Vortrag hielt. Nach Sheldrake`s Forschungen gibt es eine Art von spirituellem Sammelbecken, in dem Erfahrungen gespeichert werden. Sheldrake geht jedoch nicht nur davon aus, dass nur menschliche Erfahrungen gespeichert sind, sondern alles wird dort gespeichert. Er führt hierzu ein Beispiel an: In Amerika hatten Forscher an der Entwicklung einer neuen Chemikalie gearbeitet. Ich erinnere mich nicht mehr genau daran, was es war, es könnte eine Medizin gewesen sein. Gleichzeitig arbeitete auch ein Team in Russland an eben demselben Problem. Beide Teams konnten für Monate nicht zum Ziel kommen. Endlich gelang es den Amerikanern, das Produkt und ihre chemische Zusammensetzung zu erstellen. Nun geschah es, dass ganz kurz darauf auch die Russen die Lösung fanden, obwohl sie keinerlei Verbindung zu dem amerikanischen Team hatten und keiner vom anderen wusste, dass man am selben Problem arbeitete. Sheldrake sagt nun, dass die Information für diese neue Substanz gleichzeitig mit der materiellen Lösung automatisch auch im morphogenitschen Feld vorhanden war, beziehungsweise dort neu gespeichert wurde. Das morphogenetische Feld ist somit (lt. Sheldrake) ein spirituelles Sammelbecken für Erfahrungen und auch für Entwicklungen, Änderung im materiellen Bereich und so weiter.

Ein anderes Beispiel ist ein auch in anderen Kreises bekanntes und oft zitiertes Vorkommnis: Es lebt in Südamerika eine Affenart an der Küste. Nun geschah es vor langer Zeit, dass eine Population sich auch auf einer nahe gelegenen Insel ansiedelte. Wie sie dort hin kamen, ist leider nicht bekannt. Es könnte sein, dass einige Affen mit einem umgefallenen Baum, ohne es zu wollen, an dieser Insel angeschwemmt wurden. Nun wurde mit der Zeit infolge der ständig wachsenden Bevölkerung die Nahrung auf der Insel knapp. Nun fanden die Affen in ihrer Not einen Ausweg. Sie lernten, die am Strand bei Ebbe immer wieder in ziemlicher Menge angeschwemmten Muscheln mit einem Stein zu öffnen und zu verzehren. Bald darauf wurde beobachtet, dass auch die Affen auf dem Festland dasselbe erlernt hatten, obwohl es unmöglich war, dass Affen von der Insel nun plötzlich aufs Festland gekommen waren und dort ihren Artgenossen diese neue Fähigkeit gezeigt hatten. Sheldrake führt dieses gleichzeitige Erlernen darauf zurück, dass in dem morphogenetischen Feld diese Erfahrung gespeichert wurde und von den Affen der gleichen Art dieses Wissen angezapft werden konnte.

Ähnliche Dinge können auch in unserem menschlichen Bereich erfolgen. So kann es sein, dass Menschheitserfahrungen gespeichert sind und auf diese Weise weiter leben. So wird es verständlich, dass die Menschen zum Beispiel von der sogenannten Sintflut etwas wissen, obwohl dieses Ereignis (es gab tatsächlich eine gewaltige Flut in Vorzeiten im heutigen Irak) so weit zurück liegt, dass weder eine Erinnerung noch eine mündliche Weitergabe wahrscheinlich oder sogar ganz ausgeschlossen ist.

Somit wäre das von Sheldrake als morphogentische Feld bezeichnete Phänomen eigentlich dasselbe, was ich als Spirit bezeichne. Ob allerdings Sheldrake auch davon ausgeht, dass auch das morphogenetische Feld einmal verschwinden wird, wenn die Menschheit nicht mehr da ist, entzieht sich meiner Kenntnis. Ich nehme es allerdings an, denn er geht schließlich auch davon aus, dass von bisher noch nicht existenten Dingen (wie im obigen Beispiel mit den amerikanischen und russischen Forschern erklärt) das morphogenetische Feld erst entsteht, wenn das Produkt auch materiell vorhanden ist. Also muss es logischer Weise mit einem Zugrunde gehen einer Substanz oder auch einer Pflanzen- oder Tierart auch wieder verschwinden. So wird es zum Beispiel die Dinosaurier nie wieder geben, denn auch die Information für diese Tierart ist mit ihnen unter gegangen.

Bei diesen Betrachtungen wird nun die Frage auftauchen, warum diese Verbindung zum morphogenetischen Feld bzw. zu Spirit bei uns Menschen so selten ist und wenn es vorkommt, dann offensichtlich meistens bei Naturvölkern.

Die Antwort ist ganz einfach, wenn man über das Wesen der Polarität Bescheid weiß. Ich habe schon ganz am Anfang im 2. Kapitel von Intellekt und Seele als zwei Pole gesprochen. Der Intellekt ist eine Yang-Energie, die Seele eine Yin-Energie. Nun haben wir modernen Menschen uns ganz in Richtung Yang-Energie ausgerichtet und im Zuge dieser Einseitigkeit den Intellekt mehr ausgeprägt. Als Folge davon sind unsere seelischen Kräfte verkümmert oder fast ganz verschwunden. Wäre der Intellekt und die Seele (also Yang und Yin) noch im Gleichgewicht, dann wäre der Zugang zu Spirit noch möglich. Zur Wahrnehmung von Spirit brauchen wir jedoch unsere Seele als Werkzeug. Wenn diese verkümmert ist, können wir die Gruppenseele nicht mehr wahrnehmen. Oder, um mit den Worten von Sheldrake zu sprechen: Wir können das morphogenetische Feld nicht mehr anzapfen und Information daraus erhalten. Oder mit meinen Worten: Wir können mit Spirit nicht mehr in Verbdingung treten und Spirit nicht mehr erfahren.

Nachdem ich nun das Anzapfen des morphogenetischen Feldes angesprochen habe, möchte ich noch kurz auf etwas eingehen, was viele indigene Völker auszeichnet. Es ist der Glaube, dass man mit den Vorfahren in Verbindung treten kann. Die Maori von Neuseeland pflegen diese Verbindungen in ganz besonderer Weise. Das mag nun im Widerspruch zu dem stehen, was ich über ein mögliches Weiterleben nach dem Tod gesagt habe. Deshalb muss ich nun etwas klarstellen, damit ich keine Verwirrung stifte!

Ich glaube nicht, dass es ein individuelles Weiterleben nach dem Tod gibt. Also glaube ich auch nicht, dass man mit einem ganz bestimmten Ahnen in Verbindung treten kann. Jedoch teile ich die Ansicht von Sheldrake, dass Erfahrungen oder Erlebnisse in einem spirituellen „Sammelbecken“ gespeichert werden, nämlich dem morphogenetischen Feld. Man könnte dies auch den „Spirit der gesamten Menschheit“ oder auch einer Gruppe von Menschen nennen. Erfahrungen oder Erlebnisse, welche dort gespeichert sind, kann man mit Hilfe der Seele anzapfen. Nachdem alle Erfahrungen dort gesammelt sind, sind auch Erfahrungen eines jeden Vorfahren darin gesammelt und man könnte diese dann anzapfen. Wie lange solche Erfahrungen gespeichert bleiben, ist sicherlich fraglich. Für alle Zeiten sicher nicht, denn irgend wann einmal, wenn es gar keine Menschen mehr gibt, wird auch der Spirit der Menschen, also auch das morphogenetische Feld nicht mehr da sein. Die Frage, ob man die

Erfahrungen eines bestimmten Vorfahren wirklich anzapfen kann, oder ob es nur die Gesamtheit von Erfahrungen ist, muss offen bleiben.

Ob man das Anzapfen und die Kontaktaufnahme mit unserem Spirit auch bewusst, also mit Hilfe unserer Gedanken machen kann, zweifle ich an. Denn gerade der Verstand kann uns daran hindern. Insbesondere, wenn wir einseitig auf den Verstand ausgerichtet sind. Wenn allerdings Verstand und Seele in Harmonie sind, dann könnte dies möglich sein. Intellekt und Seele sind ja keine Feinde. Eine solche Vorstellung wäre ein Denken im Bereich des Dualismus. Wenn allerdings der Intellekt so extrem überhand nimmt, wie dies in unserer Gesellschaft und in unserer Zeit so deutlich erkennbar wird, dann wird die Seele zwar nicht unbedingt bekämpft, jedoch ganz automatisch auf die Seite gedrängt. Unser Ziel sollte es immer sein, das Gleichgewicht von Yin und Yang zu suchen!

Greifen wir nun den Faden von vorher wieder auf und halten fest, dass die beiden Daseinsformen von Materie und Spirit gleichwertig sind. Dies ist eine sehr tief greifende neue Weltsicht. Wenn wir dies ganz verstehen und unser Leben danach ausrichten, dann wird sich eine Menge ändern, sowohl für jeden Einzelnen von uns, wie auch für die ganze Welt. Eine Gesellschaft, die nach dieser Philosophie ausgerichtet wäre, würde total anders sein als unsere jetzige einseitige westliche Welt.

Wenn ich von der irdischen oder physischen Welt spreche, dann meine ich natürlich nicht nur unsere kleine Erde, sondern den gesamten Kosmos. Ob die Welt der Sterne sich unendlich ausdehnt oder ob irgendwo eine Begrenzung ist, weiß ich nicht. Es ist für mich auch nicht so wichtig, dies zu wissen. Vorstellen können wir uns diese Ausmaße ohnehin nicht mehr. Die Größenordnungen sind hierfür zu riesig und wir haben keinerlei Erfahrung von einem über unser Erleben hinausgehendes Größenverständnis. Es ist eine Tatsache, dass wir in Wirklichkeit nur solche Dinge verstehen können, die wir er-"fahren" haben, also körperlich erreicht haben. Die Entfernung eines Sternes können wir zwar berechnen und wir glauben, somit eine Vorstellung von der Distanz zu haben. Wenn wir jedoch ehrlich sind, müssen wir wohl zugeben, dass diese astronomischen Zahlen zwar mit unserem Intellekt ausgedrückt, jedoch nicht mit unserem innersten Verstehen erfasst werden können. Aus diesen Überlegungen heraus möchte ich feststellen, dass die Frage nach der Endlichkeit oder Unendlichkeit in der Ausdehnung des Kosmos für uns nicht beantwortet werden kann und eigentlich belanglos ist.

Trotzdem können uns die Sterne einige Auskunft geben. Die Wissenschaftler haben festgestellt, dass die Sterne nicht im Weltall wahllos verstreut sind, sondern dass sie in Mustern angeordnet sind. Ein häufig vorkommendes Muster ist die Spirale. Es ist sogar möglich, dass alle Galaxien in Spiralform angeordnet sind, auch wenn wir dies nicht erkennen und statt dessen glauben, einige seien in einer Ellipse angeordnet. Dies mag nur durch einen bestimmten Blickwinkel so erscheinen. Jedenfalls sind alle Sterne in Bewegung und solche Galaxien, die wir eindeutig als in einer Spiralform angeordnet erkennen, laufen entweder auseinander oder streben einer Mitte zu. Die Galaxie, in der wir uns selbst befinden, strebt noch auseinander. Man vermutet aus dieser Spiraltheorie, dass die Entstehung der Materie der sogenannte "Urknall" ist, ein Entstehen aus dem Nichts. Allerdings ist die oben beschriebene Energie bzw. Information der Materie, nicht ein wirkliches „Nichts“ sondern Spirit. Das nach dem „Urknall“ nachfolgende Auseinanderstreben der zur Materie gewordenen Energie ist aus der Information entstanden. In der Umkehrung dieses Geschehens spricht man von dem "schwarzen Loch". Wenn die Materie in der zusammenlaufenden Spirale sich immer mehr verdichtet, dann kommt sie schließlich zum absoluten Energiepunkt und löst sich wieder in das vermeintliche Nichts auf, was jedoch in Wirklichkeit die Information ist und kein wirkliches Nichts. Möglicherweise könnte man diese Information auch die absolute Verdichtung der Materie nennen. In diesem Falle wäre es dann kein Spirit. Nun könnte man meinen, dass die „Information“, welche einen neuen Stern oder sogar eine neue Galaxie „erschafft“, dann doch ewig ist und die eigentlich erschaffende Kraft ist. Jedoch sind sich die meisten Astrowissenschaftler heute einig, dass es gar keinen ersten Urknall gab, sondern dass dieser Vorgang an den verschiedensten Orten im All immer wieder neu stattfindet. Mit anderen Worten: Die Information der Grundbestandteile der Materie sind immer schon zusammen mit den Grundbestandteilen (also der Materie) vorhanden. Das ist die echte Ewigkeit. Nämlich das ständige Werden und Vergehen, Tot und Neuanfang in ständiger Wiederkehr. Aber niemals genau so, wie es vorher war, sondern ständig sich ändernd.

Die Grundlage dieser neuen Erkenntnis hat der bekannte Astrophysiker Stephen Hawking im Jahre 2004 auf einer Konferenz in Irland verkündet. Demnach ist der Urknall und das Schwarze Loch ein und dasselbe. Aus dem schwarzen Loch entsteht wieder neue Materie. Dies bedeutet, dass nach der Verdichtung und der anscheinenden Auflösung ins Nichts in Wirklichkeit aus der Information wieder Materie entsteht (das wäre der sogenannte „Ur“knall, einen solchen gibt es gar nicht) und zu einem neuen Stern oder auch zu vielen neuen Sternen wird, die sich dann wieder in einer Spiralform als sogenannte Galaxie weiter ausdehnen. Wir sollten daran denken, dass die Bezeichnung **Ur**-knall jetzt nicht mehr richtig ist, denn es ist nur einer von vielen Entstehungen neuer Himmelskörper. Neu ist nur die Zusammensetzung eines jeden

Himmelskörpers. Diese ist immer wieder ein klein wenig anders. Mit anderen Worten: Wenn unser Sonnensystem einmal im Schwarzen Loch verschwunden ist und damit auch unsere gute alte Erde, dann wird zwar wieder ein neues Sonnensystem entstehen, jedoch in neuer Zusammensetzung und somit wird es eine Erde, die ganz genau so sein wird unsere Erde jetzt ist, nicht wieder geben. Denn auch im Universum ist alles nicht nur in ständiger Bewegung, sondern auch in ständiger Veränderung, so wie es auch im Kleinen auf unserer Erde ist. Somit kann man niemals von einer Wiedergeburt einer Individualität sprechen, egal ob es sich um irgend etwas auf unserer Erde handelt oder um eine Galaxie oder auch um uns Menschen. Vielmehr sind alle neuen Erscheinungen immerzu neue Geburten und somit neue Individualitäten. Zwar können die Bestandteile mehr oder weniger dieselben sein, doch immer in ganz neuer Zusammenstellung. Hawking hat dies auf der Konferenz in Dublin so ausgedrückt: „*...the information returns, albeit in a mangled form...*“

Da diese Entwicklungen, von unserer Warte aus betrachtet, in so unglaublich langen Zeiträumen ablaufen, merken wir in unserer Lebensspanne nichts davon. Dies macht es schwierig, diese Dinge zu verstehen und zu erkennen. Aber was ist die Zeit im Kosmos? Ein Menschenleben ist nur ein winziger Augenblick! Selbst Millionen Jahre sind nur eine kurze Zeitspanne! Wenn wir in solchen Dimensionen denken könnten und zudem von der Ewigkeit der Zeit ausgehen, würden wir erkennen, dass zwischen Schwarzem Loch und neuem sogenannten Urknall (der eigentlich nur „Knall“ heißen sollte) kaum Zeit vergangen ist, selbst wenn sie nach unserer Zeitrechnung unglaublich lang erscheint, sodass diese beiden Ereignissen von Schwarzem Loch und Urknall tatsächlich zur gleichen Zeit geschehen oder vielleicht besser gesagt: das eine ins andere übergeht.

Die Gesetzmäßigkeit dieser genannten Vorgänge ist die Unendlichkeit des Bestehens der Materie. Es werden alle Galaxien verschwinden, jedoch gleichzeitig immer wieder neue erstehen. Eigentlich sollte ich besser sagen: das alte <u>System</u> wird neu erstehen, wenn auch es dann ganz anders sein wird in den Einzelheiten. Es gibt demnach keinen Anfang und kein Ende, keine Schöpfung aus dem Nichts und kein wirkliches Vergehen. Vergehen können nur die Individualitäten. Und diese auch nur in der jeweiligen jetzigen Zusammensetzung, denn aus all dem, was jetzt ist, wird wieder was Neues. Das vermeintliche Nichts ist in Wirklichkeit die Verdichtung der Materie oder, nach neueren Sichtweisen, die Information (oder Spirit!). Diese existiert jedoch niemals alleine, sondern immer im Zusammenhang mit der Materie. Selbst wenn die Materie kurzfristig verschwunden erscheint, so beginnt doch sofort wieder ein neuer Prozess. Im Kosmos herrschen die gleichen Muster und Regeln wie auf der Erde.

All diese Dinge können wir uns zwar nur sehr schwer vorstellen, denn unsere begrenzte Lebenserfahrung zeigt uns, dass alles einmal angefangen hat und auch irgendwann einmal endet. Wir können uns nicht vorstellen, dass die Materie schon immer da war, weil wir nur von uns ausgehen und wissen, dass auch wir nicht schon immer da waren! Trotzdem haben wir ein Paradoxon entwickelt und glauben an ein ewiges Leben. Auch glauben wir, falls wir Christen sind, dass Gott schon immer da war. Warum können wir dann so schwer einsehen, dass auch Materie schon immer existiert und weiterhin ewig existieren wird? Die Erklärung dieser paradoxen Weltsicht liegt darin, dass wir in eine Gesellschaft hinein geboren wurden, welche diese Ansicht sehr vehement vertritt und wir deshalb von dieser Ansicht geprägt wurden. Wenn wir uns von dieser Prägung lösen, dann ist es gar nicht mehr so unglaublich, dass auch die Materie schon immer besteht.[12]

Ich habe weiter oben die Quantenphysik und die Astrophysik erwähnt im Zusammenhang mit dem Begriff „Information". Der Begriff der Information ist in der heutigen Wissenschaft schon recht häufig in der Anwendung. Und so auch in der Quantenphysik. Man hat festgestellt, dass, wenn man Teile eines Atoms vernichtet oder entfernt (Quarks zum Beispiel), diese sofort wieder ersetzt werden. – Wer oder was ersetzt diese kleinsten Teilchen?

Es ist - wie so oft - im Kleinen alles ebenso wie im Großen. In der Astrophysik wird von Information gesprochen und in der Quantenphysik ebenfalls. Jedoch, diese Information hat noch niemand messen oder sonst mit den uns zur Verfügung stehenden Mitteln erforschen können. Man kann also „Information" nicht beschreiben. Aber warum kann man es nicht? – Die Antwort ist ganz einfach: „Information" ist nicht Materie, sondern sehr wahrscheinlich das, was ich „Spirit" nenne. Man wird nie Spirit und somit auch nicht die Information mit Mitteln und Werkzeugen der Materie erforschen können, denn Spirit entzieht sich jeder Erforschung, weil Spirit nicht Materie ist. Somit kann Spirit und offensichtlich auch die „Information" nicht mit dem Verstand, der ja letztendlich ein Ergebnis unseres Denkens und somit aus dem Gehirn kommt – und auch nicht mit technischen Werkzeugen erforscht und auch mit Worten (die ja schließlich aus dem Intellekt kommen) nicht beschrieben werden.

Alles, was ich über Spirit bisher gesagt habe, kann man wahrscheinlich auch über die „Information" im wissenschaftlichen Zusammenhang sagen. Ob die Wissenschaftler damit zufrieden sind, weiß

---

[12] Ich habe ein Buch speziell über diese Thema geschrieben. Es heißt: „Besteht Materie ewig?". Erschienen im Angelika Lenz Verlag.

ich nicht. Der Information (oder dem Spirit) ist dies jedoch ganz gleichgültig.

Führt diese neue Weltanschauung zur Verneinung Gottes?

Ja, es ist tatsächlich eine Verneinung Gottes nach der alten Sichtweise, jedoch nicht eine Verneinung der spirituellen Welt, wie ich ausführlich beschrieben habe. Gott als Schöpfer, als Vater und Erhalter der Welt, ein Gott, der in der sogenannten "geistigen Welt" lebt, gibt es in meiner Vorstellung nicht. Natürlich gibt es auch keine Göttin, die nur eine umgekehrte, also die weibliche Form des männlichen Gottes wäre. Und natürlich auch keine Götter. Dass neben der irdischen Welt eine Art von Energieform existiert, ist für mich keine Frage. Diese Energieform ist Spirit. Dies ist genau genommen keine Kraft und natürlich auch nichts, was ähnlich einer Gottheit ist. Der Ausdruck „Kraft" wäre schon deshalb irreführend, denn es impliziert eine höhere Stellung, also etwas, das über der Materie steht. Dies trifft jedoch für die Philosophie der Polarität und für das Verstehen von Yin und Yang nicht zu. Nach allem, was ich bisher gesagt habe, ist Spirit der zweite Pol der Materie, also auch nicht IN der Materie vorhanden, sondern MIT der Materie gleichzeitig und als gleichwertiger Pol und somit eine Entsprechung von Materie. Umgekehrt ebenso: Materie ist die Entsprechung von Spirit.

Nun könnte man meinen, dass man die nicht sichtbare, also die spirituelle Seinsform doch getrost „Gott" nennen könnte, um einen uns vertrauten Begriff zu haben und wenn wir wissen, dass damit nicht der christliche Gott gemeint ist, dann könnte dies doch in Ordnung sein und wäre viel bequemer als sich von solch ganz neuen Begriffen wie „Spirit" verwirren zu lassen.

Davon möchte ich jedoch sehr entschieden abraten, denn mit dem Begriff „Gott" meinen wir etwas ganz anderes. Da Spirit ganz sicher kein persönliches Wesen, und schon gleich gar nicht ein dem Menschen ähnliches Wesen, ja sogar nicht einmal ein "Wesen" ist, möchte ich diese Energie am liebsten überhaupt nicht benennen, denn mit jeder Namensgebung ergibt sich automatisch eine Personifizierung. Ich glaube auch nicht, dass wir durch unsere Zuwendung, also auch nicht durch Gebete oder Anrufungen, diese Energie beeinflussen können. Das wäre sinnlos, denn Spirit ist lediglich eine Entsprechung der Materie, welche nichts wirklich selbst tut, die alles so sein lässt, wie es sich aus dem Zusammenspiel von Allem ergibt, so wie es auch im Bereich der Materie der Fall ist. Lao Tse sagt: „*Das Tao tut nichts und doch wird alles getan!*" Würden wir nun Spirit wieder mit dem Namen „Gott" belegen, dann kämen wir ganz automatisch wieder in das alte Denkschema hinein.

Können wir somit in keiner Weise unser Leben auf spirituelle Weise beeinflussen?

Ich möchte zu dieser etwas schwierigen Frage erst eine Gegenfrage aufstellen: Glauben zum Beispiel Christen oder Anhänger anderer Religionen, dass sie auf spirituelle Weise ihr Leben beeinflussen können?

Diese Gegenfrage kann man wahrscheinlich mit ja und nein beantworten. Sicher gibt es Menschen, die glauben oder zumindest hoffen, dass sie durch Gebete oder Anrufungen etwas bewirken können. Die Frage ist allerdings, ob sie es wirklich können und nicht nur daran glauben? Nebenbei möchte ich auch noch bemerken, dass ein Glaube tatsächlich viel bewirken kann und zum Beispiel viel dazu beitragen kann, dass man wieder gesund wird. In diesem Falle jedoch hat keine göttliche Macht geholfen, sondern wir selbst haben uns durch unsere positiven Gedanken und durch den Glauben an eine gute Wende geholfen. Durch positives Denken wird man sehr viel erreichen können, dies ist eine sehr bekannte Tatsache.

Der Glaube an eine Hilfe kann somit eintreten, egal an wen man seine Bitte richtet. Insofern kann man sicher die erste Frage, ob man auf spirituelle Weise sein Leben beeinflussen kann, mit JA beantworten, falls man das positive Denken dabei meint. Damit ist leider die obige Frage jedoch nicht vollständig beantwortet. Denn es ist damit nicht gesagt, dass tatsächlich Hilfe von Spirit kommen wird.

Nun muss ich hier noch etwas Wichtiges einfügen. Nach all dem, was ich vorher gesagt habe, ist in meiner Philosophie der Polarität das, was ich Spirit nenne, nicht eine allumfassende Kraft, die mit dem zu vergleichen wäre, was man ansonsten einen Gott oder auch eine Göttin nennt. Vielmehr ist Sprit etwas, das jede Individualität auch ist. Ich sage bewusst nicht, dass man Sprit „hat", denn es ist kein Besitz, sondern eine Eigenschaft oder noch besser gesagt, eine weitere Seinsform von uns. Wir SIND Körper und wir SIND gleichzeitig auch Spirit. Alles was es im materiellen Bereich gibt, ist auch Spirit, egal ob dies ein Lebewesen oder ein Stein, ja sogar nur ein Atom ist. Wenn Spirit dasselbe ist wie „Information", dann wird ein Wissenschaftler hier sicher keine Probleme haben.

Denken wir die Frage nach der Hilfe von Spirit mal etwas genauer durch, dann wird uns klar, dass wir bei einer Bitte oder Anrufung in Wirklichkeit uns selbst bitten oder anrufen. Wir bitten unseren Spirit, also einen Teil von uns selbst! Die Begriffe „Anrufung" und „Bitte" empfinde ich in einem solchen Falle allerdings als überhaupt nicht zutreffend oder passend. Denn man kann doch eigentlich nur jemanden Anderen anrufen oder bitten, und nicht sich selbst. Nach der christlichen Lehre ist Gott tatsächlich ein ferner Gott, ein anderes Wesen. Er ist von uns getrennt. Ein Christ würde es sogar als Gotteslästerung empfinden, wenn er sich selbst als Gott empfinden würde. Das ist sogar verständlich, denn Gott ist nach der christlichen Auffassung ein überirdischen Wesen, allmächtig, über allem stehend und somit zu vergleichen mit einem mächtigen Herrscher, der mit uns machen kann, was er will, dem wir ausgeliefert sind auf Gedeih und Verderben. Dass man einen solchen, also einen herrschenden Gott höflich oder auch flehend um etwas bittet, so wie dies ein guter Untertan tun würde, ist auch vollkommen klar.

Spirit ist das alles nicht. Wenn wir begreifen, dass wir selbst Körper UND Spirit sind, dann brauchen wir uns selbst nicht bitten um irgend etwas. Die Grundsituation ist hier somit vollkommen anders.

Nun könnte man auf den Gedanken kommen, dass unser Spirit mit uns tun könnte, was er wolle und wir diesem Spirit, der wir selbst sind, irgendwie ausgeliefert sind.

Nein, dieser Gedanke wäre absurd. Wir müssen immer daran denken, dass wir Spirit UND Körper sind. Wer würde auf den Gedanken kommen, unseren Körper um etwas zu bitten oder sich vorstellen, dass wir ihm hilflos ausgeliefert sind? Wäre es nicht ein verrückter Gedanke, unsere Hand zu bitten, uns zu helfen? Oder gar der Gedanke, wir würden zur Hand (oder dem Bein, dem Herzen, der Lunge etc.) beten?

So, wie unser Körper ist, so sind wir. Wenn jemand groß und schwer ist, so wird er sich anders benehmen als jemand, der klein und wendig ist. Wer eine körperliche Behinderung hat, wird anders sein als jemand, der diese nicht hat und so weiter. Wir sind somit von unserem Körper abhängig. Und mit Sprit ist es analog dazu nicht anders. Denn unser Sprit und unser Körper sind eine Einheit, die sich ständig ergänzen und sich gegenseitig bedingen. Um zu verstehen, wie wir mit unserem Sprit umgehen können, müssen wir uns etwas genauer damit auseinander setzen, wie wir mit unserem Körper umgehen. Bei dieser Betrachtung wird uns sehr schnell deutlich, dass wir unseren Körper durch unser Tun sehr wohl und sehr nachhaltig beeinflussen können. Es ist nicht gleichgültig, was wir essen und was wir tun, ob wir unseren Körper belasten, ihn überhaupt nicht beachten, ihn nicht pflegen, reinlich halten und dergleichen mehr. Wenn wir von unserem Körper eine gute Leistung erwarten, dann wird dies nicht automatisch von selbst kommen. Wir können sehr schnell unseren Körper vernachlässigen und werden dann mit Sicherheit die Konsequenzen zu tragen haben.

Mit unserem Spirit ist es ebenso. Allerdings ist unser Körper nicht dasselbe wie unser Spirit. Zwar ist Spirit die Entsprechung zu unserem Körper, aber doch nicht dasselbe. So wie der Mann nicht dasselbe ist wie die Frau oder die Nacht nicht dasselbe ist wie der Tag. Der Körper tut immerzu etwas, aber auch der Spirit. Allerdings andere Dinge. Da Spirit nicht Materie ist und somit nicht den räumlichen Begrenzungen unterliegt, wird es verständlich, dass Spirit Dinge und Geschehnisse mit großer Wahrscheinlichkeit wahrnehmen kann, welche nicht im materiellen Bereich, also nicht im Raum und der Zeit stattfinden. Möglicherweise sogar Dinge wahrnehmen kann, die vielleicht sogar weit in der Vergangenheit stattgefunden haben. Telepathie wäre hier auch noch ein Beispiel. Wobei man hier bei diesen Beispielen sehr vorsichtig sein muss, denn unsere Fantasie kann uns ebenfalls Dinge vorspielen, die nicht der Wahrheit entsprechen. Hier zu trennen ist sicher nicht einfach und ich bin sicher, dass hier in vielen Fällen eher ein Fall von Fantasie vorliegt als ein wirkliches Erkennen. Ob man etwas vorhersagen kann, was in der Zukunft liegt, glaube ich übrigens nicht. Denn alles, was geschieht, das geschieht wiederum durch das Zusammenspiel von Allem, was mit uns, aber auch überall geschieht und überhaupt existiert. Somit kann niemand ganz sicher wissen, wie dieses „Alles" zusammenwirken wird und was demnach in der Zukunft geschehen wird. Allerdings kann man natürlich sehr gut beobachten und bestimmte Abläufe erkennen und daraus Rückschlüsse ziehen. Um es mal ganz einfach in einem Beispiel zu sagen: Wenn es in einem Jahr wenig regnet, wird man voraussagen können, dass es eine Hungersnot oder zumindest eine schlechte Ernte geben kann. Dieses Beispiel ist wirklich so einfach, dass es schon fast lächerlich ist. Jedoch sieht man daran, wie man etwas voraussehen kann, wenn man beobachtet. Man kann nun auch noch ein komplizierteres Beispiel anführen: Man kann zum Beispiel Menschheitsentwicklungen beobachten und seine Rückschlüsse daraus ziehen. So können wir heute die Geschichte von Rom studieren und die sozialen Abläufe dieser Gesellschaft betrachten. Da sieht man dann, dass bestimmte Strömungen in dieser Gesellschaft bestimme Folgen hatten und letztendlich den Fall dieses großen Weltreichs hervorgerufen haben. Wenn wir nun unsere eigene Gesellschaft betrachten und die bei uns stattfindenden Abläufe sehen, dann kann man sicher ahnen, wie dies, analog zur römischen Geschichte, für uns weitergehen könnte. Natürlich können viele Ereignisse anders eintreten und die Entwicklung etwas anders lenken. Aber immerhin kann man Anhaltspunkte haben und voraus ahnen, wie es weiter gehen könnte. Es gibt ja viele Prophezeiungen über kommende Zeiten. Wahrscheinlich sind die Propheten, welche diese Prophezeiungen aufgestellt haben, sehr weise und gut beobachtende Menschen gewesen. Dass dann wirklich alles genau so abläuft, ist ganz sicher nicht der Fall, jedoch können Dinge immerhin ähnlich ablaufen wie vorhergesagt. Leider kommen dann noch viele Fantasien dazu,

Ausschmückungen oder auch Belehrungen auch religiöser Weise, welche dann wiederum alles sehr verzerren können.

Nun komme ich auf die oft angesprochene Frage zu sprechen: ob man – oder wie man – in Verbindung mit seinem eigenen Spirit treten kann.

Eigentlich wäre dies eine widersinnige Frage. Denn wenn wir Spirit sind, warum sollte es dann notwendig sein, mit dem, was man ohnehin schon ist, in Verbindung zu treten?

Nun ist es jedoch leider so in unserer Gesellschaft, dass wir extrem materialistisch ausgerichtet sind und dass wir darüber hinaus unsere seelischen Kräfte vernachlässigt oder gar nicht mehr entwickelt haben. Wir sehen und empfinden nur die Materie und somit auch nur unseren Körper. Wir sind gewissermaßen in der Vorstellung gefangen, dass wir nur Körper sind und dass die ganze Welt nur Materie ist. Also wieder die nun schon so oft beschriebene Yang-Situation! Nun ist jedoch – trotz aller materialistischer Beeinflussung und trotz aller materialistischer Weltanschauung in uns immer noch ein vages Wissen oder ein ungewisses Gefühl vorhanden, dass dies doch nicht ganz so sein kann und dass es doch irgendwo „dort draußen“ etwas anderes geben muss. Da wir jedoch so im Materialismus und nur im Denken gefangen sind, kommen wir gar nicht auf die Idee, dass dieses „andere“ gar nicht irgendwo „dort draußen“ ist, sondern dass wir selbst es sind. Und weil wir so von unseren intellektuellen Vorstellungen und auch von der Religion beeinflusst sind, fangen wir an, zu denken anstelle zu fühlen. Ich sprach ja ganz anfangs schon von der seelenlosen Gesellschaft.

Wir fangen somit an, uns etwas auszudenken! Wir erschaffen uns mit unseren so intelligenten Gedanken etwas, was wir nicht mehr intuitiv oder seelisch erfassen können. Wir kreieren einen Gott mit all dem drum und dran, dem Himmel, den Engeln, dem Leben nach dem Tode und so weiter. So kommt es, dass wir tatsächlich nicht mehr erkennen können, dass wir selbst auch Spirit sind, denn wir suchen Spirit außerhalb von uns, fern von uns, getrennt von uns. Nämlich so, wie es typisch für die christliche Lehre ist. Denn in dieser ist Gott tatsächlich getrennt von seiner eigenen Schöpfung und deshalb auch getrennt von uns.

Wie kommen wir nun aus diesem Dilemma heraus und wie können wir wieder – so wie es bei vielen indigenen Völkern selbstverständlich ist – Zugang zu unserem eigenen Spirit finden? – Die Antwort ist eigentlich ganz einfach: Wir müssen Abstand nehmen von dem rein materiellen Denken und uns mehr dem seelischen Bereich zuwenden, wie ich das am Anfang dieses Buches schon beschrieben habe. Wir müssen versuchen, die

Yin- und Yang -Energien im Gleichgewicht zu halten! Das bedeutet für uns westliche Menschen: Mehr die Yin-Energie zu suchen und zu fördern.

Und nun nochmals zurück zu der obigen Frage, ob uns der eigene Spirit helfen kann, wenn wir Hilfe benötigen.

Wie ich schon sagte, ist es nicht ganz richtig, von Hilfe zu sprechen. Jedenfalls nicht in der Weise, wie Christen um Hilfe zu ihrem Gott beten. Jedoch können wir uns bewusst machen, dass wir auch Spirit sind und aus diesem Bewusstsein dann großen Nutzen ziehen. Wir werden dann, ganz ohne fragen oder bitten zu müssen, intuitiv und automatisch wissen, was wir tun müssen. Ich möchte hier gar nicht viele Beispiele anführen, denn die Möglichkeiten sind sehr vielfältig. Allerdings sollten wir nun nicht meinen, wir könnten alles mit unserem Spirit machen und bräuchten unseren Körper und somit auch unseren Intellekt, unsere Erfahrungen und unser Denken überhaupt nicht mehr. Das Prinzip der Polarität ist immer „sowohl – als auch". Und dazu gehört, dass Beides zusammen gehört. Nur noch spirituell sein zu wollen ist ebenso unsinnig und falsch, wie das Gegenteil, nämlich nur materiell sein zu wollen. Denn in Wahrheit sind wir (oder sollten es sein!) immer beides zusammen in Ausgewogenheit und im Gleichgewicht. Also immer wieder kommt es darauf hinaus, dass wir Yin und Yang im Gleichgewicht halten müssen.

Wenngleich wir von unserem Spirit nicht Hilfe in dem Sinne erwarten können, wie die Christen das von ihrem Gott erwarten oder erhoffen, so ist doch ein großer Vorteil darin, dass wir uns mit unserem Spirit eins fühlen. Um zu erklären, wie dieses Fühlen als Einheit zu einem Vorteil wird, muss ich vorher nochmals zu dem Unterschied von der Bitte an Gott zurück kommen. Wenn ein Christ eine Bitte an Gott richtet, dann erwartet er Hilfe von einer Macht, die nicht er selbst ist, sondern die von außen kommt. Dies entspricht unserer Prägung, wie ich das im 4. Kapitel beschrieben habe. Die Erwartung, Gott möge uns helfen, beruht immer noch auf der Erfahrung unserer frühen Kindheit. So wie damals, als uns die Eltern immer Hilfe gewährten und alles Böse von uns fern hielten, so erwarten gläubige Christen dies auch von ihrem Gott. Dies ist nun eine ganz andere Ausgangsbasis als ein intuitives Folgen unseres eigenen Spirits. Aus diesem Grund ist die Fragestellung nach der Hilfe durch Spirit überhaupt nicht relevant. Denn das, was geschieht, wenn wir uns mit unserem Spirit eng verbunden fühlen, das kann keine Hilfe sein. Ich möchte fast sagen, es ist eine Art von Wissen, dass wir das tun werden, was richtig ist. Ich meine hier nicht richtig im Sinn von Gut oder Böse, also auch nicht ein richtiges Verhalten in moralischer Hinsicht. Vielmehr ist es ein Wissen, dass wir das tun werden, was zu uns passt und was unserer Lebenseinstellung entspricht. Wenn es um Entscheidungen geht (z.B. bei einem

Berufswechsel, Wohnungswechsel, Wahl des Urlaubsortes, Wahl eines Partners und dergleichen mehr), dann können wir auf unsere Entscheidung vertrauen, wenn wir sie im Einklang mit unserem Spirit treffen. Es sind zwar auch materielle und somit realistische, vom Verstand kommende Überlegungen notwendig, denn es geht ja beispielsweise beim Beruf oder der Wohnung nicht nur um ein Wohlfühlen, sondern auch um ganz materielle, also zum Beispiel auch um finanzielle Gegebenheiten oder Notwendigkeiten. Jedoch sollte auch unser Gefühl, also die Seele und somit unser Spirit mit beachtet werden. Denn was hilft uns der gut bezahlte Beruf oder die günstige Wohnung, wenn wir uns dabei nicht wohlfühlen?

Sollten wir bei einer solchen Entscheidung nun unseren Spirit bitten, uns die richtige Entscheidung zu geben, so wird dies nichts bringen. Einesteils, weil wir Spirit gar nicht bitten können, was ich soeben schon angesprochen habe. Andererseits auch deshalb, weil der Spirit immerzu wir selbst sind und nicht nur da ist, wenn eine Entscheidung zu treffen ist. Deshalb müssen wir immerzu im Einklang mit unserem Spirit leben, Tag für Tag! Es geht also nicht um ein Bitten, sondern vielmehr um ein dauerndes Wissen, dass wir Spirit sind. Das Hinhören, das Hinfühlen oder die Achtsamkeit auf unseren Spirit sollten wir nun nicht mit einem intellektuellen „Wissen" verwechseln, sondern es ist eigentlich eine Intuition. Diese kommt oft (oder sogar meistens) ganz ungefragt, also eigentlich unbewusst! Wenn ich von einem „Wissen" spreche, so ist dieses Wissen eigentlich nur die Voraussetzung dafür, das wir auch Spirit <u>sind</u> und dass wir Hinweise von Spirit mit Hilfe unserer Seele nicht mit dem Verstand, sondern intuitiv wahrnehmen können. Aus diesem Wissen, dass wir auch Spirit sind und dass wir intuitiv richtige Entscheidungen aus unserer Seele erfassen können, wird ein tiefes Vertrauen erwachsen, dass wir intuitiv immer das Richtige tun werden. Und zwar das, was richtig für unser Gefühl ist. Was allerdings richtig für die materielle Seite unserer Entscheidung ist, das müssen und können wir mit unserem Intellekt ausarbeiten oder abgleichen und beides dann in Einklang bringen. Somit ist es auch hier wieder, wie immer, notwendig, dass wir Yin und Yang gleichwertig beachten und unser Leben danach ausrichten. Wenn wir nur noch alle Entscheidungen nach unseren Gefühlen treffen würden und beispielsweise bei einem Berufswechsel nicht darauf achten würden, ob wir dann noch unsere Wohnung bezahlen könnten, dann kann das böse enden, auch wenn wir gefühlsmäßig anders entscheiden würden. Also immer wieder dasselbe: wir müssen Yin und Yang gleich beachten und beide in Einklang bringen! Ich hoffe, dass ich nun einigermaßen ausführlich diese obige wichtige und interessante Frage nach der Hilfe aus der spirituellen Seinswelt beantwortet habe.

Ich will nun fortfahren mit den weiteren grundsätzlichen Fragen über Spirit und Materie.

Alles was ich von uns Menschen als Individuen sagte, trifft im Großen auch auf die ganze Welt zu, auf das ganze Universum, alles ist sowohl Materie wie auch Spirit.

Aufgrund des Gesetzes der Polarität ist ein Fortbestehen der physischen Welt, ja sogar grundsätzlich die Existenz dieser physischen Welt nur möglich durch die Existenz der spirituellen Seinsform und der materiellen Welt zusammen. Diese beiden Seinsformen sind absolut ebenbürtig, gleichwertig, gleich bedeutungsvoll. Es gibt keine "höhere" Welt und keine "niedere" Welt. Wir haben nicht nach einer dieser beiden zu streben, sondern leben in beiden gleichzeitig. Jedoch ist auch zu bedenken, dass bei jeder polaren Erscheinung die beiden Gegenpole trotz ihrer Verschiedenheit - richtiger gesagt sogar wegen dieser Verschiedenheit - untrennbar miteinander verbunden und verknüpft sind. Die spirituelle und die physische Welt sind miteinander verbunden und beeinflussen sich gegenseitig ohne Unterlass.

Die Verbundenheit von Materie und Spirit betrifft jedes Detail genauso wie das Ganze. Jede physische Erscheinungsform, also jede Pflanze, jedes Tier, jeder Stein, das Wasser, die Erde, die Luft und natürlich auch uns Menschen betrifft dies. Sogenannte "Naturvölker" kennen diese Anschauung. Sie ist Bestandteil ihres täglichen Lebens und so selbstverständlich, dass sie kaum darüber sprechen und kein großes Aufsehen davon machen. Für uns westliche Menschen mit unserem christlichen Hintergrund sind das völlig neue Gedanken, an die man sich erst einmal gewöhnen muss! Der Respekt und die Achtung, den diese sogenannten "Naturvölker" vor Allem haben, lässt sich dadurch erklären, dass sie wissen, dass Materie und Spirit zusammen gehören. Ein Stein oder ein Stück Holz, eine Pflanze oder ein Tier ist demnach nicht nur eine Sache und ohne Bedeutung, sondern gleichzeitig auch mit einem Spirit belebt. In der spirituellen Welt, in der Raum nichts bedeutet, ist alles verwoben und verbunden. Unser menschlicher Spirit ist somit auch verbunden mit dem Spirit des Steins, der Pflanze, des Flusses, der Sterne usw. Alles, was wir in unserem Körper an Mineralien, Spurenelementen und Elementen haben, ist überall vorhanden. Calcium ist in den Knochen, Eisen im Blut, Wasser eigentlich im ganzen Körper und so weiter. Dasselbe Atom, welches in dem Calcium unserer Knochen ist, das ist auch in den Steinen, in der Erde, überall auf der Erde gleich! Im subatomaren Bereich hören wir auch noch von den Quantenphysikern, dass auch sie sagen, dass auch im subatomaren Bereich Alles mit Allem verbunden ist! So kommt allmählich auch die

Wissenschaft, an die wir doch sonst immer so willig glauben, auf uralte Erkenntnisse der Menschheit, ohne eigentlich diese Tatsache wirklich in all dieser umfassenden Bedeutung zu bemerken oder besonders zu beachten. Interessant dabei ist, dass die Naturvölker diese Erfahrung aus einem spirituellen Verstehen mit Hilfe ihrer Seele erfasst haben, während die Wissenschaftler von heute diese Dinge mühsam mit ihrem Intellekt und extrem komplizierten, kostspieligen und auch sehr anfälligen technischen Geräten messen oder beobachten können. Eigentlich könnten wir doch beides anwenden, den Intellekt und die Seele! Wenn wir dorthin kommen würden, das wäre wirklich ein gewaltiger Durchbruch. Professor Dürr hat bei einem Vortrag einmal gesagt, dass sowohl die Religionen wie auch die Wissenschaft wird Federn lassen müssen und man sich durchaus annähern kann. Ob das allerdings wirklich für die Religionen zutreffen wird, das möchte ich anzweifeln, denn Religionen sind alle mehr oder weniger dogmatisch. Da geht es immer um einen bestimmten Glauben und dieser darf nicht angezweifelt werden. Aber für die Philosophen würde das schon möglich sein! Wenn eine Religion wirklich „Federn lassen“ würde, wie dies Professor Dürr meinte, dann wäre eigentlich eine solche Religion mehr eine Philosophie und keine Religion mehr. Dann wäre allerdings möglicherweise eine Annäherung möglich.

Unter der in diesem Buch beschriebenen Betrachtungsweise wird es sehr deutlich, dass es absolut sinnlos ist, nur nach dem anderen Leben zu trachten und dieses irdische Dasein überwinden zu wollen. Es ist unsinnig, dieses jetzige Leben als unwichtig zu betrachten oder nur als Durchgangsstadium für das andere Leben nach dem Tode. Unsere Aufgabe oder der Sinn unseres Lebens ist nicht, dieses Leben zu überwinden und nur nach dem spirituellen Leben zu trachten, sondern das Leben hier auf unserer Erde in vollem Ausmaße zu leben und zu erleben. Das Wort "erleben" sagt es ja schon ganz deutlich. Erleben heißt jedoch keineswegs, dass man ohne Rücksicht auf andere und auf die Umwelt nur in egoistischer Weise leben soll. Ganz im Gegenteil müssen wir gerade weil wir nur in dieser Welt und nur in unserem einzigen Leben sein können, alles tun, um es nicht nur für uns, sondern auch für andere Menschen so angenehm und befriedigend wie möglich zu machen. Erleben heißt nichts anderes als voll auszuleben was das Leben bietet, jedoch nicht im materiellen Sinne. Denn das Leben bietet Freude und Schönheit in vollem Masse, wenn wir uns nicht zu sehr um unsere Wichtigkeit, nicht um Ruhm und Anerkennung, nicht um die Anhäufung von Eigentum kümmern.

Das Leben intensiv zu leben und nicht nur auf unser Wohl, sondern auf das Wohl Aller und auch auf das Wohl der Natur und der ganzen Erde zu achten, das wäre eine Möglichkeit, im Sinne des Humanismus daran mitzuwirken, dass dieses irdische Leben schön und lebenswert für alle Menschen ist. Ist das nicht erstaunlich einfach? Vielen wird diese Antwort vielleicht zu einfach erscheinen und sie wollen es deshalb vielleicht nicht glauben, dass es so ist. Denn sie suchen nach einem tieferen Sinn des Lebens und gehen dabei am wirklichen Leben vorbei.

Nun sagen heute viele Anhänger der Esoterik, dass der Sinn des Lebens das Leben ist. Das klingt zwar erst mal ganz gut und richtig, bei genauem Hinsehen muss man sich allerdings fragen, was mit der Frage nach dem Sinn des Lebens, besser gesagt, was man mit dem Wort „Sinn" überhaupt meint. Offensichtlich meint man damit, dass unsere Existenz, also die Tatsache, dass wir geboren wurden, einen Sinn haben wird und einem Zweck dienen sollte. Mit anderen Worten: Dass wir in die Welt kamen, um etwas ganz Bestimmtes zu tun. Aber was ist nun dieses „ganz Bestimmte"? Ist es in unserer materialistischen und leistungsbezogenen Gesellschaft nicht eine Leistung? Und möglichst sogar noch eine besonders großartige Leistung? Ist es nicht zusätzlich noch etwas, das mit „etwas Gutes tun" beschrieben werden könnte?

Bei dieser Frage wird es automatisch klar, dass wir meinen, wir seien von Gott erschaffen worden, um etwas zu vollbringen. Dass uns demnach Gott mit einer Absicht erschaffen hat und wir dieser Absicht gerecht werden sollten. Hier kommen also wieder einmal all die christlichen Vorstellungen deutlich zum Vorschein. Diese beruhen darauf, dass wir uns als Menschen viel zu wichtig nehmen. Dieses Wichtignehmen wiederum beruht darauf, dass man uns eingetrichtert hat, dass wir die Krone der Schöpfung sind und sogar so wichtig sind, dass wir ewig weiter existieren werden. Wären wir nicht in dieser Weise geprägt, dann käme die Sinnfrage überhaupt nicht auf. Denn dann würden wir einfach leben, unsere Arbeit verrichten, für unsere Existenzbedürfnisse sorgen und all das gar nicht als Sinn des Lebens betrachten, sondern es einfach deshalb tun, weil es notwendig ist, damit wir nicht verhungern und erfrieren. Ein wenig angenehm wollen wir es natürlich auch haben. Wir sehen also nun ganz deutlich, dass die Sinnfrage gar nicht automatisch auftauchen muss, sondern ein Ergebnis unserer religiösen Prägung ist. Interessant bei dieser Feststellung ist ferner, dass man bei der Sinnfrage des Lebens automatisch von kirchlicher Seite auf das Leben nach dem Tode hinweisen wird. Wir sehen, es beisst sich die Katze in den eigenen Schwanz!

Ist es nun wirklich so, dass wir in der neuen Sichtweise der Polarität gar nichts Sinnvolles tun sollten, denn etwas sinnvolles zu tun, das wäre doch: etwas zu tun, was unserem Leben einen Sinn gibt? – Nein, natürlich nicht. Selbstverständlich ist es sinnvoll, anderen Menschen zu helfen, es ist sinnvoll, etwas für die Allgemeinheit zu tun, es ist auch sinnvoll, sich am

Leben zu erfreuen. All das ist „sinnvoll“ für ein gutes Zusammenleben und auch für unser eigenes Wohlbefinden und für ein zufriedenes Leben. Jedoch haben diese sinnvollen Dinge nichts zu tun mit der Frage nach dem grundsätzlichen Sinn des Lebens, also dem Zweck unseres individuellen Daseins. Es hat also nichts zu tun mit der Frage, warum wir überhaupt auf der Erde sind. Denn wir sind geboren worden und leben. Ob es Sinn macht, dass wir geboren wurden, das kann doch überhaupt nicht zur Debatte stehen. Denn dann müssten wir auch fragen, warum der Baum gewachsen ist, warum der Berg und der Fluss da sind und warum es Tiere und Pflanzen gibt. All diese Dinge gibt es. Wenn man natürlich glaubt, dass Gott das alles bewusst und mit Absicht gemacht hat, dann erst taucht die Sinnfrage auf. Denn nur dann kommt man auf die Idee zu fragen, warum dies alles der Gott erschaffen hat und infolge dieser Frage wird man dann automatisch weiter fragen, was nun Gott mit uns und mit der ganzen Welt vorgehabt hat. Also warum und mit welcher Absicht er das alles erschaffen hat. Wenn wir an den Schöpfergott glauben, nur dann kommen wir ganz automatisch auf die Frage, ob unsere Existenz Sinn macht, das heißt, ob wir eine bestimmte von Gott vorgesehene Aufgabe erfüllen müssen. Wenn all diese religiöse Vorstellungswelt nicht da ist, dann stellt sich auch nicht die Frage, zu welchem Zweck wir geboren wurden. Denn in Wahrheit wurden wir ohne jeden Zweck geboren, so wie auch die ganze Natur und das Universum nicht mit einem Zweck oder einer Aufgabe versehen sind. Ich hoffe, dass ich die Frage nach dem Sinn des Lebens somit beantwortet habe.

Ich habe nun schon mehrmals ausführlich darüber gesprochen, dass nicht nur wir Menschen, sondern auch Tiere oder Pflanzen eine Seele bzw. eine spirituelle Seite haben. So könnte man nun meinen, dass wir Menschen uns gar nicht von den Tieren oder den Dingen unterscheiden. Dies ist zwar in gewisser Weise richtig, jedoch gibt es doch einen wesentlichen Unterschied. Nämlich unser Intellekt, unser Verstand ist der wesentliche Unterschied. Tiere haben zwar auch die Möglichkeit, Erfahrungen zu speichern, jedoch können sie nur in ganz seltenen Fällen das Erfahrene kombinieren und wieder für andere Gelegenheiten anwenden. Weidetiere können sich beispielsweise sehr gut erinnern, wo gute Weideplätze oder Wasserstellen sind, jedoch können sie nicht aus Erfahrungen kombinieren wie wir Menschen das können. Wir Menschen haben auch die Fähigkeit, uns selbst bewusst wahr zu nehmen. Wir sprechen dann von unserem Bewusstsein. Deshalb können wir – falls wir das erlernt und geübt haben – auch unseren Spirit wahrnehmen oder zumindest erahnen. Zwar können wir das kaum mit Hilfe des Intellekts, jedoch intuitiv mit der Seele. Wenn ich im zweiten Kapitel von der "seelenlosen Gesellschaft" sprach, so ist das nach dieser Definition und Erklärung eigentlich nicht ganz richtig. Wir müssten besser von der Gesellschaft sprechen, **die sich ihrer seelischen Seinsform nicht bewusst ist** und sie deshalb nicht nutzt. Wegen des einfacheren Verständnisses möchte ich jedoch bei dem gewählten Ausdruck „seelenlose Gesellschaft“ bleiben. Sie wissen jetzt jedenfalls, was damit gemeint ist!

Wie weit wir von der Bibel und der dort vermittelten Denkweise beeinflusst sind, werden wir nur langsam und schrittweise erkennen, wenn wir uns die Mühe machen, diese Beeinflussungen zu erforschen. Manche Beeinflussung aus Religionen grenzen tatsächlich an so etwas wie Zauberei. Ich kann Ihnen hier nur kleine Hinweise und einige Beispiele nennen. Das Stichwort "Zauberei" gibt mir wieder Anlass, auf so eine typische Denkstruktur zu verweisen. Es ist weit verbreitet, dass die Menschen auf Gurus und Heilsverkünder hereinfallen. Das Erwarten von Wundern hat ebenfalls mit der Beeinflussung durch die Bibel zu tun. Jedoch gibt es Wunder auch in anderen Religionen. Jesus hat viele Wunder gewirkt. In Wahrheit sind diese Wunder entweder Zaubertricks, also Illusionen, wie wir sie auch auf den Jahrmärkten erleben können, oder nur Erfindungen der Religionsstifter, also der Menschen, welche die religiösen Bücher schreiben. Jesus selbst hat überhaupt nichts aufgeschrieben und vielleicht hat es den Jesus, der in der Bibel beschrieben ist, überhaupt nicht gegeben!. Das Kennzeichen der meisten Wunder aus der Bibel ist, dass Jesus (auch bei Wundermännern anderer Religionen ist es ähnlich) der Natur und ihren Gesetzen gebietet. Jesus und andere Wundermänner zeigen damit die Macht über die irdische Welt und unterstreichen damit die Höherstellung der geistigen Welt bzw. des Vertreters der geistigen Welt. Wenn wir an einen Gott im Sinne der Bibel glauben, dann brauchen wir diese Wunder als Beweis der Existenz dieses Gottes. Der Glaube ist ja kein Wissen, deshalb muss ein Wunder den Glauben auch glaubhaft machen! In meiner Denkweise jedoch, bei der die spirituelle Welt und die irdische Welt gleichberechtigt und gleichbedeutend ist, spielt es keine Rolle, ob jemand der irdischen Welt gebietet oder sie überwindet. Es macht schlicht und einfach keinen Sinn. Auch ist in dieser Denkweise der Mensch nicht höher oder nicht mehr wert als der Regen, der Wind oder sonst irgend eine Erscheinungsform im irdischen Bereich. Wie kann sich also ein Mensch, selbst wenn er sich als Vertreter oder als Gesandter Gottes betrachtet, über die Natur erheben, indem er ihr gebietet? Dies wird nur erklärlich dadurch, dass diese Menschen den jüdisch-christlichen Gottesbegriff mit der gleichzeitigen Höherbewertung des Geistes als Sinnbild und Ausdruck Gottes haben.

Ich sprach vorher öfters schon von der Verbundenheit mit Allem. Nun könnte man daraus schließen, dass wir beispielsweise dem Regen gebieten könnten, dass es bei einer Trockenheit wieder regnen soll. Das wäre jedoch ganz im Sonne der Höherstellung des Menschen. Wir sollen dem Regen nicht befehlen, unsere Felder zu befeuchten. Was wir tun können, ist eine freundliche Bitte. So ähnlich gehen auch die Naturvölker vor, wenn sie um Regen bitten oder um eine gute Ernte. Es ist etwas grundlegend anderes, ob wir den Spirit des Regens bitten oder ob wir uns in eigener Machtbefugnis erheben zum Gebieter. Naturvölker werden das nie tun. Die Bibel ermuntert jedoch den Menschen zu dieser Machtausübung. Das Ergebnis hiervon können wir leider in der Natur allenthalben vorfinden!

Ich will nun noch einmal darauf zurück kommen, dass wir uns von der überstarken Beeinflussung durch den Intellekt beeinflussen lassen. Es ist natürlich sehr schwer, sich von unseren intellektuellen Beeinflussungen frei zu machen. Der Intellekt will alles beschreiben und analytisch erfassen. Auch das, was man nicht beschreiben kann, nämlich das spirituelle Sein. Insbesondere sollten wir daran denken, dass wir über Jahrhunderte durch unsere christliche Weltanschauung dazu erzogen wurden, sogar das Göttliche oder Gott selbst als eine intellektuelle Erscheinungsform zu betrachten. Das Johannesevangelium beginnt mit den Worten: "*Am Anfang war das Wort und das Wort war bei Gott und Gott war das Wort......Und das Wort ist Fleisch geworden und hat unter uns gewohnt."* Gott ist also das Wort. Was jedoch ist das Wort? Die Sprache, also das Wort, ist der Anfang und der Ausdruck der intellektuellen Entwicklung des Menschen. Sie ist somit der Inbegriff des Intellekts überhaupt. Gott ist wegen dieser Beschreibung in der Bibel der Intellekt, und das bezeichnen wir dann logischerweise und im Verständnis der biblischen Ausdrucksweisen auch als Geist, wie ich schon gleich im zweiten Kapitel versucht habe zu erläutern. In unserer vom Christentum geprägten Denkweise ist dies ganz richtig und logisch, dass wir Gott und auch den Intellekt als „geistig" bezeichnen. Der Fehler, den wir leider gleichzeitig machen, ist, dass wir das Spirituelle auch als „geistig" betrachten und hierbei kommen wir dann in Schwierigkeiten und es wird verwirrend und Missverständnisse sind dann nicht mehr zu vermeiden! Ich hoffe, dass ich im Verlauf dieses Buches ausreichend erklärt habe, dass nach meiner Weltanschauung Gott und Spirit (nach meiner Definition) völlig verschiedene Dinge sind.

Ich habe in diesem Buch oft das Wort „Materialismus“ erwähnt. Es hat einen sehr negativen Beigeschmack. Dies ist berechtigt, wenn wir mit diesem Wort ausdrücken wollen, dass wir ausschließlich den materiellen

Dingen zugeneigt sind, insbesondere den Erwerb von materiellen Gütern über alles schätzen, wenn wir somit geldgierig oder habsüchtig sind.

In meiner Betrachtungsweise und nach all dem, was ich bisher über die Gleichwertigkeit der materiellen und der spirituellen Welt gesagt habe, kann die Materie als solches nicht schlecht sein. Das Wort „Materialismus" ist somit wieder einmal irreführend, wie dies so oft in unserer modernen Sprache vorkommt, weil wir den Dingen nicht wirklich auf den Grund gehen. Ich werde natürlich die Verwendung des Wortes „Materialismus" für Habgier und Gewinnsucht nicht ändern können. Es ist ja auch tatsächlich nicht gut, wenn wir die Materie überbewerten, denn eine Gleichheit ist das dann nicht mehr. Also wollen wir es dabei belassen, weiterhin von Materialismus zu sprechen, wenn wir dies in der übertriebenen Form meinen. Nur sollten wir wissen, dass die Materie als solches nicht schlecht ist und wir materielle Dinge durchaus schätzen können. Diese Wertschätzung sollte jedoch nicht in der Anhäufung von Gütern liegen, sondern es sollte vielmehr alles was auf dieser Erde existiert, geehrt und respektiert werden. Dies schließt automatisch die „Benutzung" aus, denn wenn wir etwas benutzen, dann haben wir kaum Achtung davor. Auch ein Mensch will sich nicht benutzt wissen. Es geht also mehr um die Verbrauchermentalität und nicht so sehr um Materie im eigentlichen Sinn, wenn wir von solchen negativen Handlungsweisen sprechen.

Zum Schluss in diesem Kapitel noch kurz ein Vergleich von Polarität und Hinduismus. Wenn auch im Hinduismus nicht ausdrücklich die Polarität im Vordergrund steht, so ist doch auch hier der Ausgleich zwischen männlich und weiblich sehr ausgeprägt. Der Hinduismus ist somit meines Erachtens die einzige Weltreligion, die diese Komponente hat! Eine weitere Parallele zur Philosophie der Polarität ist ferner, dass es hier keinen Schöpfergott gibt. Brahman wird aus westlicher Sicht zwar als ein ähnliches Wesen wie der christliche Gott betrachtet, dies ist jedoch nicht korrekt. Insbesondere besteht die Ähnlichkeit mit der Philosophie der Polarität darin, dass Brahman der Schöpfer und die Schöpfung gleichzeitig ist und somit keine Trennung zwischen der Schöpfung und dem Schöpfer besteht. Somit auch keine Trennung zwischen Materie und Spirit. Auch besteht im Hinduismus nicht eine trennende Beziehung zwischen Denken (Intellekt) und Spirit. Diese beiden Dinge sind ganz besondere Kennzeichen des Hinduismus! Interessant ist auch, dass es bei den Maori von Neuseeland keine Schöpfungsgeschichte von einem Gott gibt. Wie alles angefangen hat, wird so beschrieben: *Zuerst war Hine-nui-de-Po (die Frau der Nacht, oder des Nichts). Sie gebar die Welt und die Sterne....* Also auch hier keine Schöpfung durch einen Gott, sondern eine „Geburt", also ein Entstehen. Wodurch dieses Entstehen initiiert wurde, wird nicht erklärt. Es bleibt somit die nicht zu klärende Frage offen, warum und wie sich die Materie geformt hat. Es wird hier weder von einer Erschaffung durch einen Gott gesprochen, noch von einem ewigen Bestehen der Materie. Dies bleibt als das große Geheimnis offen!

Der immer fortwährende Vorgang der Schöpfung wird im Hinduismus so beschrieben:

Brahman schläft auf einem Lotus. Wenn er erwacht und die Augen öffnet, erscheint die Welt. Wenn er die Augen wieder schließt, verschwindet diese Welt wieder. Er öffnet wieder die Augen, die Welt erscheint wieder aufs Neue, er schließt die Augen und die Welt verschwindet wieder. Und so weiter, unendlich...Welten kommen und gehen ohne Ende. Also eine ganz andere Vorstellung als die jüdisch-christliche, welche von einer Erschaffung von Gott ausgeht. Sehr erfreulich ist beim Hinduismus auch noch, dass diese Religion eine erstaunlich Offenheit gegenüber andere Religionen und Weltanschauungen zeigt, wie es bei keiner anderen Weltreligion in gleicher Weise anzutreffen ist. Auch gibt es keine Gebote, sondern nur Hinweise oder Empfehlungen. Es gibt viele verschiedene Richtungen oder Gruppierungen im Hinduismus und keine von diesen behauptet, dass sie die einzige richtige ist, wie das leider so unangenehm bei den anderen Religionen der Fall ist und was viel Streit und sogar Kriege hervorgebracht hat und immer noch hervor bringt! Auch in dieser Beziehung ist der Hinduismus eine sehr freie und friedliche Religion, welche viel Ähnlichkeit mit der Philosophie der Polarität hat. Allerdings ist im Hinduismus der Glaube an das Karma eine wesentliche Komponente, welche sich nicht mit der Philosophie der Polarität deckt.

Hier noch eine kleine Geschichte aus Indien. Sie handelt von einem kleinen Jungen, der zum Indra geht. Der Indra wird in den frühindischen Veden als der höchste kriegerische Gott dargestellt. Er gilt als der „König der Götter“.Hier also die kleine Geschichte von Indien:

Ein kleiner Junge ging zum Indra. Der Herr der Götter saß auf seinem Thron im Himmel, umgeben von den anderen Göttern. Er saß in all seiner Glorie und Macht. Der kleine Junge sagte:
„Hallo Indra, wie geht's dir?“
Der Indra betrachtete stirnrunzelnd diesen kleinen frechen Jungen.
„In welcher Weise sprichst du zu mir, weißt du nicht, dass ich der allmächtige Indra bin?“
Der kleine Junge lächelte.
„Ist schon gut, Indra“ erwiderte er. „Lass uns trotzdem ein kleines Schwätzchen halten.“

„Ich denke, du verstehst nicht, wovon du redest!“ sagte der Indra. Er schien nun wirklich unmutig zu werden. „Weißt du denn wirklich nicht, dass ich der mächtige Herrscher der ganzen Welt bin?“
Der kleine Junge fing an zu lachen und der Indra wurde nun wirklich wütend.
„Halte deinen losen Mund und benimm dich, wie es sich gehört, du dummer kleiner Bengel!“
Aber der kleine Junge konnte nicht aufhören zu lachen. Er hielt sich seinen Bauch vor Lachen und konnte sich gar nicht beruhigen. Er deutete auf eine Ecke im prächtigen Himmelspalast, aus der Millionen von Ameisen krabbelten.
„Woher kommen all diese Ameisen?“ fragte der Indra erstaunt. „Ich bin der Herrscher der Welt, sie dürfen ohne mein Zutun nicht aus meinem Palast kommen.“
„Reg dich darüber nicht auf, Indra“, sagte der kleine Junge, immer noch unter Lachen. „Diese Ameisen tun nichts Unrechtes. Sie wandern nur eben an uns vorbei. Ihre Zahl ist riesig, ja sogar unzählbar. Sie sind alles die Indras, die vor dir die Herrscher dieser Welt waren!“

Diese Geschichte mag für unsere Ohren ein wenig eigenartig klingen, denn wir sind daran gewöhnt, dass das, was wir Gott nennen, schon immer war und immer sein wird. Dass es eine andere Unendlichkeit gibt, nicht abhängig von einem einzelnen Gott, ist im Verständnis der westlichen Welt nicht vorhanden. Wir sind in diesem Denkschema so sehr gefangen, dass wir glauben, alle anderen Menschen, die nicht so denken, haben Unrecht. Trotzdem haben Millionen Menschen in Indien und anderswo auf dieser weiten Welt eine andere Vorstellung. Mit dieser kleinen Geschichte aus Indien wollte ich einen Denkanstoß geben und darauf hinweisen, dass es nicht nur unsere eine westliche Weltanschauung gibt und dass es viele Milliarden Menschen gibt, die ganz anders denken. Und natürlich nicht nur anders denken, sondern auch ein anders Verständnis von Spirit und vom Gleichgewicht von Yin und Yang haben, auch wenn sie dies nicht immer mit diesen Begriffen benennen. Zum Verstehen brauchen wir die Yin-Energie. Aber die ist bei uns im Westen auf dem Rückzug begriffen. Aber wir Menschen sind es, die diesen Rückzug veranlassen oder veranlasst haben!

12. Kapitel: Die Entwicklung des Individualismus

Es dürfte nun, am Ende dieses Buches klar sein, dass der Individualismus eine deutliche Yang-Energie ist, während das Gemeinschaftsgefühl Yin ist. Unsere Gesellschaft entwickelt sich immer weiter zum Individualismus. Dies ist eine Einseitigkeit, die sich von dem Gleichgewichts von Yin und Yang entfernt. Wir haben das Gruppengefühl weitgehend verloren und sind nur noch Individualisten.

Nun wird natürlich die Frage auftauchen: Was macht das aus und wie oder warum sollte dies schaden? Man kann die Fragestellung umkehren und nach dem Sinn und dem Nutzen des Individualismus forschen.

Bevor ich sowohl die eine wie auch die andere Frage versuche zu beantworten, will ich erst mal die Entwicklung der Menschheit unter diesem Aspekt ganz kurz betrachten.

In der Frühgeschichte der Menschheit war es keine Frage: Die Gruppe war lebensnotwendig. Ob es sich hierbei um eine Horde als Ansammlung mehrerer Menschen oder um Großfamilienverbände oder um Stammesverbände gehandelt hat, ist im Grunde genommen gleichgültig. Die Möglichkeit der Zusammenarbeit unter Ausnutzung der verschiedenen Fähigkeiten hat es der Menschheit ermöglicht, sich über den ganzen Erdball erfolgreich auszubreiten. Als die Menschen sesshaft wurden und Landwirtschaft betrieben, wurde das Dorf zur Lebensgemeinschaft. Innerhalb dieses größeren Verbandes war die Familie der harte Kern und die kleinste Einheit einer Gemeinschaft. Mit der Urbanisierung wurde die Familie noch wichtiger, denn in den Städten herrschte nun das Handwerk und der Handel als Lebensgrundlage vor und größere Horden oder Gruppen waren nun nicht mehr notwendig. Nur noch zur Verteidigung in Kriegsfällen war eine Zughörigkeit zu einem Staatsgebilde nötig. Aber ein Heer, also eine Gruppe von Soldaten (Söldnern!), war eine künstlich entstandene und zusammengewürfelte Gruppe und keine Gruppe in der früheren Bedeutung oder eine organisch gewachsene Gesellschaftsform. Man kann erkennen, dass sich schon damals die Entwicklung in Richtung Individualismus anbahnte.

Nun entstand in der neueren Zeit durch die Technisierung und Industrialisierung der Arbeitswelt wiederum eine neue Lebensgrundlage, die das Zusammenarbeiten von einer Gruppe noch weniger notwendig machte. Zwar müssen die Menschen immer noch in der Arbeit ihre verschiedenen Fähigkeiten anwenden und somit entsteht sogar in noch viel größerem Umfang als früher eine Spezialisierung, jedoch ist zu dieser Form der Zusammenarbeit keine gewachsene Gruppe notwendig. Die Menschen mit gleichen oder ähnlichen Fähigkeiten können beliebig ausgetauscht oder ersetzt werden. Seelische Bedürfnisse spielen dabei keine Rolle. Mit dieser Entwicklung beginnt oder begann die Auflösung der Ehe und der Zerfall der Familie, denn Jeder kann heute ohne den Schutz einer Familie überleben. Soziale Aufgaben werden vom Staat oder von Versicherungen übernommen. Für diese Leistungen muss niemand mehr, so wie früher, sich mit anderen Menschen seiner Gruppe auseinandersetzen, sondern es geschieht in Form von Zahlungen (Versicherungsbeiträgen oder Steuern), was sehr unpersönlich und rein materialistisch ist. Die Frauen waren nun auch nicht mehr, so wie früher in den Handwerksbetrieben, an der Arbeit der Männer beteiligt und waren jetzt nur noch an das Haus gebunden. Der Haushalt gab zwar reichlich Arbeit, besonders wenn mehrere Kinder da waren, jedoch fehlte die direkte Zusammenarbeit von Mann und Frau. Diese Zusammenarbeit hatte früher, vor der Industrialisierung, eine Ehe gefestigt und die Frauen hatten eine angesehene Rolle. Sicherlich waren sie in erster Linie mit der Hauswirtschaft beschäftigt, aber sie hatten einen Bezug zur Arbeit des Mannes. Wahrscheinlich fühlten sich die Frauen damals nicht minderwertig, wie dies später geschah, als die Trennung vom Beruf des Mannes sehr strikt wurde. Die Familie war damals noch sehr gefestigt. Sie war eine sehr notwendige und Sicherheit bietende Gemeinschaft. Dadurch wurde das Gefühl des Zusammengehörens automatisch gefördert.

Nun könnte man daraus schließen, dass das enge Zusammenleben von Menschen heute wegen der veränderten Lebensumstände tatsächlich nicht mehr notwendig ist und deshalb die Ehe und Familie nun der Vergangenheit angehören. Natürlich gibt es immer noch Familien. Jedoch bleiben die wenigsten Ehen ein Leben lang erhalten. Es gibt auch viele Menschen, die diese genannte Entwicklung als Fortschritt der Menschheit bezeichnen, dies als Unabhängigkeit preisen und diese Entwicklung als die höhere oder gar als die Endstufe in der menschlichen Evolution sehen.

Bei dieser Argumentation werden leider zwei sehr wichtige Faktoren übersehen.

Erstens: Das Bedürfnis nach Liebe, menschlicher Zuwendung und Zughörigkeit zu jemand Nahestehendem wird nicht mehr befriedigt.

Zweitens: Ohne Familie fehlt den Kindern das Nest, das Gefühl des Geborgenseins, das ihnen für ihr ganzes Leben Sicherheit, Vertrauen und Selbstwertgefühl geben würde. Dese Sicherheit fehlt, wenn nicht immer eine oder mehrere sehr vertraute und liebende Personen gegenwärtig sind, was in einer Familie in perfekter Weise erlebt werden kann und die erste und wichtigste Liebeserfahrung des Menschen ist. Natürlich wird auch eine alleinerziehende Mutter oder ein Vater einem Kind das Gefühl der Liebe entgegen bringen. Jedoch ist es aus zeitlichen Gründen sehr erschwert oder meistens sogar unmöglich, immerzu für ein Kind da zu sein, wenn man gleichzeitig seiner beruflichen Arbeit nachgehen muss. Eine bezahlte Person oder Personen in einer Kindergrippe oder im Kindergarten beispielsweise müssen dann diese Aufgabe übernehmen. Man könnte nun zwar argumentieren, dass dies ebenso gut sein kann, jedoch fehlt hier ein wesentliches Merkmal der Liebe: Die tiefe Verbindung, welche nur eine Mutter durch den Vorgang der Geburt erhält. Neuere Forschungen zeigen, dass auch der Vater, wenn er bei der Geburt anwesend ist, durch bestimmte hormonelle Ausschüttungen (Oxytocin) im Gehirn diese Bindung zum Kind erfährt! Dadurch hat ein Kind in einer Ehe oder engen Partnerschaft zwei enge Bezugspersonen, welche von anderen Menschen nicht ersetzt werden können. In diesem Umfeld kann sich die Seele entwickeln.

Wenn dieses Fehlen einer Familie oder einer festen Partnerschaft solche Nachteile hat, warum glauben dann so viele Menschen, dass es eine positive Entwicklung der Menschheit sei und warum pochen dann so viele auf ihr Recht auf die vermeintliche Selbständigkeit?

Die Antwort ist einfach: Weil die Menschen in zunehmendem Maße Egoisten geworden sind! Die äußeren Umstände erlauben es den Menschen heute, diesen Egoismus auszuleben. Diese Antwort klingt natürlich hart in ihrer absoluten und klaren Formulierung.

Wo bleibt dann hier die höhere Entwicklung der Menschheit? Ist der Egoismus ein Ziel, das es zu erreichen lohnt? Was haben wir gewonnen, wenn wir egoistisch geworden sind?

Die Kardinalfrage ist: Was bringt uns dieser Egoismus, den wir mit dem etwas milderen Wort „Individualismus“ tarnen? Was haben wir schließlich davon, wenn wir uns nicht mehr um andere Menschen kümmern müssen? Was haben wir davon, wenn wir beispielsweise kommen und gehen können wann wir wollen, ohne jemandem Bescheid zu sagen?

Und wenn wir schon bei den Fragen sind, dann gleich noch eine weitere: Was würden wir verlieren, wenn wir ein wenig Rücksicht nehmen müssten auf einen Partner? Was liegt schon daran, wenn man dem Partner mitteilt, dass man heute ein wenig später heimkommt, weil man noch jemanden besuchen will? Ist das wirklich eine Einschränkung der Freiheit? – Nun könnte man hier auch noch die Frage erörtern, was eigentlich Freiheit ist. Aber das führt nun etwas zu weit und würde sogar ein Thema für ein ganzes Buch liefern.

Dieser so hoch gepriesene Individualismus, der sich bei genauem Hinsehen meistens als Egoismus entpuppt, ist in Wirklichkeit eher eine Rückentwicklung der Menschheit, denn für das Weiterbestehen einer

Gesellschaft bringt er keinerlei Vorteile. Ja, es ist sogar schädlich für das Wohl der Kinder und schließlich sogar für das Wohl des Individuums selbst. Es ist eine Tatsache, die man nicht weg leugnen kann, dass heute eine große Zahl der Menschen, besonders in den Großstädten, unter Einsamkeit leidet. Es ist schon makaber: Man sitzt auf unglaublich engem Raum beisammen und ist trotzdem einsam! Es gibt hier wahrscheinlich sogar einen Kausalzusammenhang: Je enger wir räumlich mit fremden Menschen zusammenrücken müssen, umso mehr schließen wir uns ab vor anderen Menschen. Es gibt heute unter den jüngeren Leuten immer mehr Singles. Das mag in jungen Jahren noch ganz gut gehen. Man hat noch viele Kontakte, sowohl beruflich wie auch privat und gelegentlichen Sex kann man heute ja auch leicht bekommen. Aber ohne feste Bindung ist man dann im Alter, meist schon ab 50 allein und sehr einsam. Die vielen Probleme, die daraus resultieren werden, können wir uns noch gar nicht ausdenken.

Wenn wir diese kurze Betrachtung über die Entwicklung in der Vergangenheit zusammenfassen, dann können wir mit einem Kernsatz folgende Aussage machen: Die äußeren Umstände haben es rein technisch gesehen ermöglicht, alleine zu leben, jedoch ist der Mensch in seiner Sozialstruktur nicht für diese Lebensform gemacht.

Nun wäre es natürlich rein theoretisch eine Lösung, wenn wir wieder in kleineren Gemeinschaften siedeln würden. Aber diese theoretische Lösung ist leider in der Praxis nicht oder nur sehr selten möglich. Wir können nicht einfach unsere Großstädte und die ganze, immerhin über lange Zeit aufgebaute Infrastruktur ändern. Was wir jedoch ändern können, das ist die Einsicht und das Verständnis für die Notwendigkeit eines menschlichen Zusammenlebens und daraus folgernd die Erkenntnis, dass wir uns nicht als Egoisten austoben können ohne jede Rücksichtnahme auf einen Partner und ganz generell auf andere Menschen.

Des weiteren ist es absolut notwendig, dass wir überhaupt erst erkennen, dass nicht unbedingt das, was man machen <u>kann</u> (nämlich in diesem Falle, alleine zu leben) auch erstrebenswert ist, nur aus dem einzigen Grund heraus, weil man es machen kann.

Nachdem ich in diesem Buch über Yin und Yang spreche und über spirituelle und - im Gegensatz dazu - auch über religiöse Hintergründe, muss auch dieser Aspekt in unsere Überlegungen einfließen. Sicher hat das Christentum in der Vergangenheit nicht dazu beigetragen, das Familien- oder Gruppengefühl zu stärken. Paradoxerweise wird das Christentum oft als familienfreundlich hingestellt und die Kirche betont dies immer wieder. In der Wirklichkeit jedoch sieht es ganz anders aus. Von Grund auf ist die christliche Lehre nur auf das Individuum ausgerichtet. Das höchste Ziel des Menschen ist nach dieser Lehre das Himmelreich. Um dorthin zu kommen, brauchen wir niemanden. Nur wir selbst sind verantwortlich. Ich habe an anderer Stelle bezüglich der Liebe schon die folgenden Bibelstellen zitiert, die ich nun nochmals unter diesem besonderen Gesichtspunkt bringen will:

"Wenn jemand zu mir kommt, aber Vater und Mutter, Frau und Kind und Bruder und Schwester, ja auch sich selbst nicht hasst, so kann er nicht mein Jünger sein!"(Luk.14/25).

„Ja, jeder, der Haus, Bruder, Schwester, Vater, Mutter, Frau, Kind und Acker um meines Namens willen verlässt, wird das Hundertfache dafür empfangen und das ewige Leben erreichen."(Mathäus 19-29)

„Glaubt nicht, ich sei gekommen, Frieden auf die Erde zu bringen. Ich bin nicht gekommen, den Frieden zu bringen, sondern das Schwert. Denn ich bin gekommen, den Sohn mit seinem Vater zu entzweien, die Tochter mit der Mutter, die Schwiegertochter mit ihrer Schwiegermutter."(Matthäus 10/34)

Diese Zitate richten sich eindeutig gegen die Familie. Dass die christliche Religion eine familienfreundliche Religion ist, wird hiermit eindeutig widerlegt.. Wenn man so weit geht, dass man Vater, Mutter, Frau und Kind, Bruder und Schwester HASSEN soll, dann ist dies schlicht und einfach das Ende der Familie. Und wenn man die Familie einfach nur deshalb verlässt und einer ungewissen Zukunft ausliefern soll, nur um Christus nachzufolgen, dann sieht man deutlich an diesem Beispiel, dass die Familie im Neuen Testament keineswegs heilig ist oder geschützt wird. Die Kirche spricht zwar viel von der Familie und der „Heilige Familie" – also Josef, Marie und Jesus werden als Musterbeispiel gerne angeführt. Jedoch wird in den Evangelien überhaupt nichts von dem Familienleben berichtet. Also auch nicht, dass es besonders liebevoll und zärtlich war.

Wie sieht nun die Familie heute aus? Sind die Familien glücklich, ist sie ein Ort der Liebe, des Gemeinschaftsgefühls und der Rücksichtnahme?

Wenn man die Statistiken betrachtet, dann liest man mit Erstaunen, dass 35% der Ehen geschieden werden. Aber nun kommen noch die vielen losen Partnerschaften hinzu, also Lebensgemeinschaften ohne Trauschein. Leider gibt es hier keine verbindlichen Zahlen von einem Scheitern dieser Beziehungen. Jedoch können wir getrost davon ausgehen, dass mindestens ebenso viele auseinander gehen wie es bei Ehen der Fall ist. Ja, es ist sogar mehr als wahrscheinlich, dass es noch viel mehr sind, denn wenn man sich mal im Freundes- und Verwandtenkreis umsieht, dann findet man sehr viele Fälle, wo Partner nur 2 oder 3 Jahre zusammen waren und dann wieder auseinander gingen. Wenn wir solche Beziehungen mit hereinnehmen, dann kann man sicher davon ausgehen, dass kaum mehr als

20% von Beziehungen, ob nun ehelich oder ohne Trauschein, lebenslang anhalten. Warum so viele Paare nicht für immer beisammen bleiben können oder wollen, das kann eigentlich nur daran liegen, dass die Menschen heute viel egoistischer oder egozentrischer geworden sind. Weiterhin haben die Menschen von heute ihre Seele nicht mehr ausgeprägt. Die Seele ist jedoch unbedingt notwendig, um eine echte, liebevolle Partnerschaft auf lange Sicht zu leben. Und wieder muss man zu dem Schluss kommen, dass auch hier, wie fast überall in unserem heutigen modernen Leben, Yin und Yang nicht mehr im Gleichgewicht sind. Zudem geht man heute vorschnell eine Verbindung ein, besonders weil es ja unkompliziert ist und keinerlei Formalität erforderlich ist. Wenn wir wieder die Yin-Energien pflegen würden, dann wären wir auch bereit für eine echte Liebe. Wer aber nach 2 oder 3 Jahren wieder auseinander geht, der hat niemals wirklich geliebt. Freilich werden diese Menschen nun sagen, sie hätten anfänglich eine gute Zeit miteinander gehabt. Aber worin bestand diese gute Zeit? Doch wohl in erster Linie hatte der Sex dies bewirkt. Jedoch ohne Liebe wird auch der schönste Sex irgendwann einmal langweilig und man wird sich überdrüssig.

Die Frage nach den seelischen Bedürfnissen wird freilich überflüssig oder kann von vielen Menschen gar nicht mehr gestellt werden, wenn die Seele schon verloren oder nicht ausgeprägt ist. Wenn wir rein verstandesmäßige und materialistische Menschen sind, dann wird es zweifellos leichter sein, dem reinen Individualismus zu folgen. Nun habe ich in den vorigen Kapiteln schon so oft über die Seele und die Notwendigkeit der Ausbildung seelischer Fähigkeiten gesprochen, dass ich mich hier nicht wiederholen muss und ich hoffe, dass die Leserinnen und Leser mit mir übereinstimmen, dass seelische Fähigkeiten kostbar sind, ja sogar notwendig, um im Sinne der Polarität den Ausgleich von Yin und Yang und das wahre Menschsein zu finden und zu erleben. Nur einen Punkt will ich noch erwähnen: Wenn wir nur noch alles verstandesmäßig erleben, also ohne seelische Beteiligung, dann wird auch die Einstellung zu einem Partner oder zur Partnerschaft nur von diesen verstandesmäßigen Gesichtspunkten gesteuert sein. Hierbei übersehen wir dann leicht die wahre Persönlichkeit des Partners und seine/ihre seelischen Reaktionen und es kann keine gefühlsmäßige Bindung entstehen. Wir werden dann durch die sexuellen Erlebnisse, besonders wenn sie stark und intensiv sind, oftmals blind und erkennen den Menschen dahinter nicht. Es gibt eine Redensart, die sagt: Liebe macht blind. Es sollte richtiger heißen: <u>Sex</u> macht blind! Liebe würde, falls wir sie mit unserer Seele erleben, uns eher sehend machen! Jedoch selbst diese Redensart macht es schon deutlich, wie sehr wir heute eine seelenlose Gesellschaft geworden sind, die Sex mit Liebe verwechselt!

Wenn wir die Polarität als das Grundmuster des Seins erkennen, dann ist die Frage nach dem Individualismus schon geklärt. Denn in dieser Philosophie gibt es nicht den einen Gott als die Verkörperung der Einheit. Ja, es gibt hier die Einheit ohne die Zweiheit überhaupt nicht. Gott jedoch ist in der westlichen Gesellschaft das Vorbild und wir wurden, ob es uns nun bewusst wurde oder nicht, von dieser Sichtweise geprägt. Nach der Einheit in Gott sollen wir nach christlicher Lehre streben. In diesem Streben nach der Einheit nehmen wir uns jedoch aus dem Gesetz des Seins und aus dem Gesetz der Polarität heraus und dies muss Konsequenzen haben! Es bedarf auch keiner großen Anstrengung, um die negativen Auswirkungen in unserer Gesellschaft zu erkennen!

Die übertriebene Individualität, die in Wirklichkeit Egoismus ist, ist eine Sackgasse, in die wir hineingeraten sind und die uns nicht nur nicht weiterbringt, sondern uns in unserem Menschsein schädigt, uns krank, einsam, hart und unglücklich werden lässt.

Der Hauptvorteil des Individualismus, oder sogar der einzige Vorteil ist der, dass ein Mensch, der sehr ausgeprägte Lebensweisen hat, diese ausleben kann - falls er alleine lebt - und in dem ungeschmälerten Ausleben seiner Persönlichkeit Befriedigung findet oder zu finden erhofft. Solche Menschen werden vehement verteidigen, dass sie das Recht haben nach ihren eigenen Bedürfnissen zu leben. Freilich, das Recht dazu haben sie. Ist es jedoch immer zweckmäßig das zu tun, wozu wir berechtigt sind?

Wir müssen klar und deutlich erkennen, dass ein menschliches Zusammenleben, gleichgültig in welcher Form, nur dann möglich ist, wenn wir Rücksicht aufeinander nehmen und es uns bewusst ist, dass wir nicht alles tun und lassen können, was nur wir alleine für richtig halten und was wir wollen. Ich kann zum Beispiel meine Musik nicht so laut hören, dass der Nachbar nicht mehr schlafen kann. Je enger wir zusammen leben, umso mehr Rücksicht müssen wir üben. Wenn wir in einer Zweierbeziehung leben wollen, dann müssen wir besonders Rücksicht nehmen, denn dann teilen wir ja tatsächlich alles zusammen, die Wohnung, den Alltag, das Bett, unsere Gefühle und Stimmungen. Wenn wir dies nicht wollen, dann gibt es eigentlich nur eine Lösung: alleine bleiben. Nun kommt aber die Frage von vorher: Was bringt uns das? Was nützt es uns, wenn wir keine Rücksicht mehr nehmen müssen? Was haben wir wirklich davon, allein zu leben?

Der <u>wirkliche</u> Individualismus im <u>rechten Maße</u> ist jedoch keine negative Erscheinung. Es wäre sogar eine positive Eigenschaft, wenn es uns gelänge, ihn wirklich ganz vom Egoismus zu trennen. Ein Individualist in diesem Sinne wäre ein Mensch, der sich als Einzelwesen erkennt und die volle Verantwortung für sein Tun übernimmt. Sich als Einzelperson zu erkennen, also zu erkennen, wer und wie man selbst beschaffen ist und wie man auf Menschen, Dinge und Situationen reagiert, ist nicht unbedingt besonders schwierig. Wir erkennen unsere Individualität sehr deutlich, wenn wir uns beispielsweise in den Finger geschnitten haben. Wir wissen, dass diese Person, die jetzt den Schmerz verspürt, wir selbst sind und wir in diesem Fall sogar den Schmerz selbst verursacht haben. Der bekannte Ausspruch: "Geschieht meiner Mutter recht, wenn mich friert! Warum hat sie mir keine Handschuhe angezogen!" zeigt keinen Individualismus. Interessanterweise gibt es viele Menschen, die nach diesem Prinzip leben, nämlich anderen die Schuld zuweisen für das eigene Versagen oder das eigene Verhalten. Wenn dann solche Menschen von Individualität sprechen, dann wird es deutlich erkennbar, dass in Wirklichkeit Egoismus gemeint ist. Wenn wir aber erkennen, dass der Schmerz von einer Wunde nur unser alleiniger Schmerz ist und uns niemand diesen Schmerz abnehmen kann und auch niemand Schuld ist, dann sind wir immerhin auf dem Weg zum Erkennen unserer Individualität. Ob wir dann auch den zweiten Schritt machen und die Verantwortung für unser Tun übernehmen, in diesem Falle also uns selbst dafür verantwortlich machen, dass wir uns in den Finger geschnitten haben, ist schon nicht mehr ganz so einfach und scheidet die Geister! Hier kann man erkennen, wie ernst es uns wirklich mit dem Individualismus ist! Es ist nämlich in der Tat sehr verbreitet, dass wir in solchen Fällen nach irgendetwas suchen, dem wir die Schuld geben können. Es kann ein Mensch sein, aber auch die Umstände. Wir suchen eine Entschuldigung für unser ungeschicktes Verhalten und finden es sehr schwer, einfach zuzugeben, dass wir uns unvorsichtig oder dumm verhalten haben.

Der wirkliche Individualismus, nämlich die Verantwortung für unser Tun zu übernehmen, schränkt in keiner Weise einen Partner ein, sondern ganz im Gegenteil, das Zusammenleben wird einfacher und glücklicher sein. Wir folgen heute leider sehr häufig Schlagworten und Modeströmungen, ohne wirklich auf die Bedeutung der Worte und deren Sinn zu achten. Es ist modern, auf die Individualität zu pochen. Was mir besonders bei Frauen auffällt, ist deren Drang nach Unabhängigkeit. Dies geht soweit, dass sie wirklich niemand benötigen oder niemand brauchen wollen. Dass sie sich nicht eingestehen können, dass sie etwas nicht können oder nicht so gut können, ja sogar der Gedanke daran bedrängt sie schon und macht sie nervös. Es kommt häufiger vor, als man annehmen möchte, dass Frauen eine Partnerschaft deshalb nicht eingehen, weil sie Angst davor haben, ihre Selbständigkeit zu verlieren. Es ist ihnen auch unangenehm, von einem Mann eine Hilfe zu erbitten. Dieser Drang nach Unabhängigkeit und Selbständigkeit hat einen zwanghaften Charakter. Viele dieser Frauen denken nicht wirklich darüber nach, ob dieses Verhalten Sinn macht.

Freilich gibt es auch eine ganze Menge Männer, die dieses Verhalten zeigen, ich will mich nicht nur auf die Frauen beschränken. Jedoch erscheint es mir bei den Frauen häufiger und ausgeprägter zu sein als bei Männern, was sicher daher kommt, dass in der Vergangenheit die Frauen tatsächlich sehr wenig selbständig waren in ihren Ehen und darüber hinaus im gesamten Leben. Nur ist diese Zeit nun vorbei und es macht keinen Sinn, die Vergangenheit, welche uns ja gar nicht mehr persönlich betrifft, nun ungeschehen machen zu wollen, indem wir nun alles ins Gegenteil verkehren.

Warum aber wollen wir so unabhängig sein und nicht die Unterstützung anderer, nicht einmal eines geliebten Menschen annehmen? Kein Mensch kann für sich alleine leben! Wenn wir auf einer Insel alleine leben müssten, uns die Nahrung, die Kleidung selbst besorgen müssten, einen Unterschlupf finden oder bauen müssten, uns gegen wilde Tiere erwehren müssten etc., dann würden wir sehr wahrscheinlich scheitern. Der Mensch ist von Natur aus so geartet, dass er auf Zusammenarbeit angewiesen ist. Auch das seelische Wohlbefinden wäre gestört, ja wir würden sogar seelisch krank werden, wenn wir niemals mit einem anderen Menschen Kontakt aufnehmen könnten. Niemand kann behaupten, er brauche niemanden! Wenn jemand so tut, als bräuchte er niemanden, dann gibt er eine Stärke vor, die er in Wirklichkeit gar nicht hat und die nicht einmal eine wirkliche Stärke ist! Schlimmer noch, es ist sogar dumm, wenn wir behaupten, etwas tun zu können, das nicht in der Natur unseres Seins liegt. Wie dumm wäre es, wenn wir behaupten würden, wir könnten fliegen! Wenn das jemand von sich behauptet, dann können wir getrost davon ausgehen, dass in seinem Kopf nicht alles in Ordnung ist! Es ist also kein Zeichen von Schwäche, wenn wir zugeben, dass wir jemanden anderen brauchen, sondern viel eher ein Zeichen von Stärke! Es ist die Stärke, die sich selbst erkennt, die eigenen Möglichkeiten und auch die eigenen Fähigkeiten und auch Unfähigkeiten, sowie die seelischen Bedürfnisse kennt und dass man dazu steht! Diese Selbsterkenntnis ist eigentlich der wahre Individualismus! Es ist interessant, wie wir es heute fertig bringen, manche Dinge einfach ins Gegenteil zu verkehren und negative Eigenschaften als positiv hinzustellen! Diese Scheinwelt, die wir uns auf diese Weise errichten, betrachten wir dann als die Wirklichkeit!

Viele Menschen glauben, dass man früher im Zwang der Gesellschaft gelebt hat und nicht wirklich frei war. Heute ist das nicht viel anders, der

Unterschied besteht lediglich darin, dass wir nicht mehr so stark gezwungen sind, Zeitströmungen zu folgen. Wir folgen ihnen freiwillig (siehe z.B. die Mode!) und merken es gar nicht, dass wir mit der Menge laufen und nicht wirklich frei sind und nicht einmal den Mut zur eigenen Meinung haben!

Auch in den Partnerbeziehungen finden wir sehr häufig eine Art von Angst, nicht mehr ein Individuum zu sein. Viele Menschen tun alles, um nur nicht den Eindruck zu erwecken, dass man von einem Partner abhängig ist. Selbstverständlich ist eine sklavische Abhängigkeit nicht gut. Aber wenn man zusammen leben will und alles teilen will (was das Kennzeichen der Liebe wäre!), dann sind wir voneinander abhängig. Das Streben nach dem Individualismus und die Angst vor einer „Abhängigkeit“ treibt dann böse Auswüchse, die eine echte Liebe vollkommen unmöglich machen. Das Streben nach übertriebener Unabhängigkeit, das wir „Individualismus“ nennen, kann uns sehr unglücklich machen, obwohl die meisten Menschen dieses Unglück dann auf den Partner schieben und sich nicht selbst kritisch betrachten wollen. Wenn wir es nicht mehr fertig bringen, einen anderen Menschen in unser Leben herein zu lassen, dann brauchen wir uns nicht zu wundern, dass wir unsere seelischen Kräfte nicht mehr entwickeln und entfalten können und dass wir selbst auch keine Liebe erhalten können. Wir werden dann in unseren schönen Wohnungen sitzen, die wir mit niemandem teilen müssen, wir werden die Schönheiten des Lebens nicht mit jemandem zusammen genießen und die Schönheit der Liebe schon gleich gar nicht! Ist das wirklich ein erstrebenswertes Ziel?

Wir benehmen uns heute gerne so, als wären wir reif und erwachsen. Leider ist die Menschheit hiervon noch ein ganzes Stück entfernt! Die Entwicklung der Menschheit läuft ähnlich ab wie die Entwicklung des Einzelnen. Die ersten sieben Jahre eines Menschen sind die Jahre der spirituellen Wahrnehmungen, die Zeit der Gefühle. Diese Zeit entspricht dem Altertum der Menschheitsgeschichte. Die nächsten sieben Jahre werden von der Ausprägung des Intellekts gekennzeichnet und die spirituellen Wahrnehmungen treten nun langsam in den Hintergrund. Dies entspricht der Zeit der Ausbreitung des Christentums. Dann kommt die Pubertät. In dieser Phase befindet sich die Menschheit jetzt. Vielleicht eher in der Zeit der „Halbstarken" (so nannte man früher die Teenager!), also schon die Zeit nach der Pubertät, in der wir glauben, unheimlich stark zu sein, alles zu wissen, niemanden mehr zu brauchen! Man zieht aus dem Elternhaus aus, schaut geringschätzig auf die „Alten" herunter, möchte zeigen, dass man selbst alles am Besten kann! Genau hier sind wir jetzt! Wir sollten bald den nächsten Schritt tun und erwachsen werden! Wir sollten wirklich selbständig werden und unsere Möglichkeiten erkennen und Verantwortung übernehmen! Dann wird wieder die Zeit kommen, da wir erkennen, dass das Alte auch seinen Wert hatte und mit der nötigen Umformung immer noch hat und die Weisheit unserer Vorfahren mit hinein genommen werden kann in die Zukunft. Wir werden Werte, die wir in unserem Überschwang der Gefühle und in unserem Übermut weggeworfen haben, wieder hervor - suchen und hochschätzen! Es wird die Zeit kommen, in der es nicht mehr so wichtig ist, unter allen Umständen „anders" sein zu müssen als die anderen oder gar als die Eltern oder Vorfahren! Es wird die Zeit kommen, da wir erkennen, was die wirklichen Probleme der Menschheit sind und dass es nur schön und menschlich auf der Welt sein kann, wenn wir wieder lernen, miteinander zu leben und wir auch wieder teilen können.

13. Kapitel: Der Baum der Erkenntnis und der Baum der Weisheit - Ein Weg in die Zukunft

Ich habe in diesem Buch viel über das Gleichgewicht zwischen Yin und Yang und auch viel über den Ausgleich von Seele und Intellekt gesprochen. Es mag erscheinen, dass ich dieses Thema ein wenig überbeansprucht habe. Ich habe dies jedoch ganz bewusst getan, denn es ist tatsächlich unglaublich schwer für die meisten Menschen, immer das Gleichgewicht einzuhalten und immer danach zu streben. Einmal haben die Männer die Oberhand, dann sind es die Frauen. Mit dem Intellekt ist es ähnlich. Zur Zeit ist der Intellekt enorm wichtig. Es könnte durchaus auch wieder eine Zeit kommen, in der man den Intellekt gar nicht mehr fördert. Ein ganz großes Problem der heutigen Zeit ist der Alkohol- und Drogenmissbrauch. Jugendliche, die noch im Schulalter sind, verfallen oft in eine starke Drogenabhängigkeit, bringen dann schlechte oder kaum noch Leistungen. Das sind gefährliche Anzeichen! In diesen Fällen wird der Intellekt, also Yang, zu wenig gefördert oder beachtet. Ohne unseren Intellekt könnten wir gar nicht leben, wir könnten nicht bewusst und weise, wir könnten nicht selbstverantwortlich werden. Wir könnten nicht einmal richtige Menschen sein ohne den Intellekt. Wenn es zur Frage nach der Liebe kommt, muss beides, der Intellekt und das Gefühl (oder die Seele) gleich vorhanden sein. Wir müssen unseren Partner lieben mit unserem ganzen Bewusstsein, aber auch mit allen unseren Gefühlen und Intuitionen.

Nun wären wir eigentlich am Ende des Buches angelangt, wenn hier nicht noch die Frage nach der Weisheit wäre und was der Unterschied zwischen dem Baum der Erkenntnis (von dem wir schon gegessen haben und den Intellekt entwickelten) und dem Baum der Weisheit ist, von dem wir die Frucht noch nicht gegessen haben. Legen Sie also das Buch noch nicht in das Bücherbord zurück, ohne einen genaueren Blick auf das am Anfang dieses Kapitels stehende Bild zu werfen.

Der Betrachter wird erst einmal ein wenig verwirrt sein, denn wir finden hier die bekannte Situation aus der Genesis wieder, Adam und Eva unter dem Baum der Erkenntnis. Wir sehen sogar die Schlange und in der Mitte des Baumes ein Auge, das wir sicher als das Auge Gottes identifizieren werden. Trotz dieser bekannten Szene stimmt doch hier offensichtlich irgendetwas nicht mit diesem Bild. Sind nun Adam und Eva auf diesem Bild dargestellt, oder sind sie es nicht?

Es ist ganz gleichgültig wie wir diese Beiden nennen. Wenn Sie wollen, dann bleiben sie bei diesen bekannten Namen. Es wäre allerdings schön, wenn Sie sich selbst hier erkennen könnten.

Eine weitere Besonderheit fällt auf: Die beiden essen gemeinsam die Frucht des Baumes. Ihre aufrechte Haltung deutet darauf hin, dass dies ein besonderes Ereignis ist, fast schon eine Art von Ritual. Das Teilen dieser Frucht ist offensichtlich auch eine schöne und erfreuliche Angelegenheit. Beide sind nackt und sind dies ohne Scheu, ja sogar mit Selbstbewusstsein und Stolz. Und dann ist da noch die Schlange, die offensichtlich Teil hat an dem Geschehen, dies beobachtet ohne irgend einen negativen Einfluss auszuüben. Ebenso die Eule. Ein wenig neugierig und fast möchte ich sagen "wohlwollend" äugt sie von ihrer hohen Warte auf die beiden herab.

Diese beiden Menschen essen nicht vom Baum der Erkenntnis, wie es in der Bibel beschrieben wird. Es ist lange her, dass sie vom Baum der Erkenntnis gegessen haben. Damals wurde ihnen bewusst, dass sie Menschen sind, mit Intellekt ausgestattet und fähig, Dinge zu tun, die den Tieren nicht möglich sind. Sie erkannten auch ihre Individualität, ihr Ich. Damals erkannten sie auch, dass sie sterben würden. Dachten sie, dass dies die Strafe für ihre Sexualität sei? Nein, sicher nicht! Sie erkannten einfach, dass sie (und alle anderen Lebewesen auf dieser Erde) nicht ewig hier sein werden. Sie erkannten den Kreislauf des Lebens. Sie erkannten aber auch, dass sie planen konnten, dass sie sich abstrakt Dinge vorstellen und diese dann ausführen konnten. Und sie erkannten auch, dass ihre Sexualität ein wenig anders war als das, was die Tiere taten. Sie erfuhren die Liebe! Und sie wurden durch die erlangte Erkenntnis von all diesen Dingen zu Menschen.

Vieles von diesen Erkenntnissen kam nicht über Nacht und auch nicht vom Essen einer Frucht. Es war eine lange Entwicklung, es war die Evolution, die schließlich die Menschen zu dem machte, was sie heute sind. Und die Entwicklung ist noch lange nicht abgeschlossen, wir haben nämlich noch nicht vom Baum der Weisheit gekostet. Dieses Bild nimmt dieses wichtige Ereignis voraus. Allerdings muss man auch hier sagen, dass dieser Schritt nicht über Nacht kommen wird und sicher gibt es schon eine große Anzahl von Menschen, die dabei sind, sich diese leckere Frucht schmecken zu lassen. - Aber warten wir noch ein wenig ab über den Baum der Weisheit zu sprechen, wir haben vorerst noch eine ganze Menge aufzuarbeiten mit dem komplizierten Baum der Erkenntnis! Denn leider hat die Bibel hier eine ganze Menge an Verwirrung gestiftet!

Das Problem mit dem Baum der Erkenntnis ist, dass einige Wahrheiten in dieser Geschichte versteckt sind, gleichzeitig aber einige Tatsachen verdreht und so ausgelegt wurden, dass man Macht gewinnen und ausüben konnte. Über die Verbindung mit der Sexualität habe ich schon so ausführlich geschrieben, dass ich dies nicht nochmals erklären muss. Auch habe ich schon darauf hingewiesen, wie das Verbot der Sexualität für die Machtausübung durch die religiösen Institutionen missbraucht wurde und sicher immer noch wird. Auch die Angst vor Gott wird für die Machtausübung verwendet und spielt eine sehr wesentliche Rolle.

Die „verbotene Frucht" steht für die Entwicklung des Intellekts, also tatsächlich für die Erkenntnis und das Bewusstsein unseres Seins. Mit unserem Intellekt können wir uns von den Tieren abgrenzen, wir erkennen, in welcher Weise wir von den Tieren verschieden sind. Wir erkennen auch, dass wir ein „Ich" haben, also Individuen sind. Dies ist ein wesentlicher Schritt in der Evolution, den nur die Menschen geschafft haben. In der Natur spielt das einzelne Lebewesen keine Rolle. Solche Tierarten, die besonders gefährdet sind und viele Feinde haben, vermehren sich in entsprechend großer Zahl. Es ist deshalb nicht so schlimm, wenn einige gefressen werden, denn es ist für ausreichend Nachwuchs gesorgt, sodass einige geopfert werden können, um das Überleben der Spezies zu garantieren. Nur der Erhalt der Art zählt, nicht das Leben des Einzelnen. Für uns Menschen jedoch, die wir die Erkenntnis unseres individuellen Seins erworben haben, ist es beängstigend zu sterben, denn wir befürchten das Ende unserer Individualität. Das Überleben der Spezies als solches ist angesichts dieser Sorge um unser individuelles Leben nicht mehr so wichtig. Wenn wir neben der Erkenntnis unserer Individualität auch noch die Erkenntnis erhalten würden, dass diese von uns so wichtig genommene Individualität gar nicht so wichtig ist, dann wären wir tatsächlich dabei, von dem Baum der Weisheit zu essen.

Stellen wir uns doch mal die Frage, warum wir uns eigentlich so wichtig nehmen, dass wir nicht akzeptieren können, dass dieses von uns so wichtig erachtete Ich irgendwann einmal in der jetzt bestehenden Form gar nicht mehr da sein wird? Besonders wir Menschen der westlichen Kulturen fürchten uns schrecklich vor dem Vergehen. Wir fürchten uns davor, nicht mehr wichtig zu sein. Ist das nicht paradox? Wir fürchten uns tatsächlich deshalb vor dem Auslöschen unserer vermeintlich wichtigen Individualität, weil wir uns so extrem wichtig vorkommen! Warum jedoch kommen wir uns so wichtig vor?

Ein Großteil dieses Verhaltens ist uns anerzogen. Wir sind in extremer Weise geprägt von dem, was uns die Gesellschaft ständig vorlebt und was uns ständig gesagt wird. Schon in frühen Kindestagen werden wir dazu erzogen, immerzu besonders gut und tüchtig zu sein. Die Schule benotet unsere Leistungen. Der Beste wird in hohem Maße gelobt, die anderen gehen leer aus. Der Sport ist ebenso ausgerichtet. Nur der Beste wird gefeiert. Mit ein wenig Glück bekommt der Zweit- und Drittbeste noch ein wenig Anerkennung, aber dann hört es schon auf. In der Berufswelt, im Privatleben, überall müssen wir besonders tüchtig sein. Von dieser Prägung können wir uns sehr schwer oder gar nicht frei machen.

Und wieder spielt unsere Religion eine wesentliche Rolle in dieser Entwicklung. Unzählige Male wird in der Bibel darauf hingewiesen, dass es das höchste Ziel des Menschen ist, das ewige Leben zu erlangen. Wir sind somit nach der Lehre der Religion so wichtig, dass wir sogar immerzu weiter leben sollen! Ich muss das nun nicht noch weiter ausführen, ich habe in diesem Buch oft genug darauf hingewiesen. Das Streben nach besonderer Wichtigkeit hat selbstverständlich auch mit unserem hoch ausgeprägten Intellekt etwas zu tun. Nur wenn wir uns selbst als Individuum erkennen, können wir uns wichtig nehmen. Würde uns allerdings nicht ständig vorgesagt und vorgelebt, wie wichtig es ist, etwas Besonderes zu sein (und damit Anerkennung und vielleicht sogar Liebe zu bekommen!!!), würden wir trotz unseres hoch entwickelten Intellekts nicht gar so darauf aus sein, so extrem wichtig sein zu wollen. Dann würden wir auch nicht so viel Angst davor haben, dass unser Ich eines Tages auslöschen wird. Viele indigene Völker, die zwar weniger gebildet sind im Sinne einer intellektuellen und kognitiven Ausbildung wie wir, die jedoch im Grunde genommen die gleiche Intelligenz wie wir besitzen, haben vor dem Sterben keine Angst. Auch nehmen die Menschen solcher Völker sich selbst auch nicht so wichtig wie wir es tun und dies ist ein wichtiger Grund, warum sie keine Angst vor dem Sterben haben.

Die übertriebene Individualität, die wir heute so oft vorfinden, ist offensichtlich nicht unbedingt ein Schritt nach vorn, sondern eher ein Hemmschuh für unsere Weiterentwicklung. Die Überbewertung der Individualität hat uns in eine Sackgasse gelockt. Zu einem großen Teil ist auch hier der Glaube an den männlichen Gott und somit an die Überbewertung der Yang-Energie und daraus folgernd der Überbewertung des Intellekts verantwortlich. Und natürlich auch der Ausspruch in der Genesis, dass wir Menschen die Krone der Schöpfung sind und sogar die Herrschaft über die ganze Erde antreten sollen (Siehe Genesis: *Und lasst ihn die Herrschaft haben über die Fische des Meeres, über die Vögel des Himmels und über die Tiere auf der Erde und über alles, was auf der Erde kriecht."*). Wir sind somit sogar deshalb erschaffen worden, um diese Herrschaft auszuüben! Also sind wir doch infolge dieser religiösen Ansichten extrem wichtig!

Die verbotene Frucht vom Baum der Erkenntnis steht aber auch für die menschliche Sexualität. Dies bedeutet, dass wir uns auch auf diesem Gebiet als Mensch erkennen, also auch hier anders geartet sind als die Tiere, die weniger starke intellektuelle Möglichkeiten haben. Insbesondere haben sie nicht die Möglichkeit, abstrakt zu denken. Es gibt allerdings im Tierreich ganz wenige Ausnahmen, ich werde gleich noch darauf zu sprechen kommen. Warum die verbotene Frucht auch noch für die Sexualität des Menschen steht, mag vorerst einmal ein wenig befremdlich oder unverständlich sein. In der Tat hat jedoch die menschliche höher entwickelte Sexualität mit dem höher entwickelten Intellekt etwas zu tun. Ich werde weiter unten gleich noch darauf zurück kommen.

Was ist nun der Unterschied zwischen menschlicher und tierischer Sexualität? Ist nicht beides eine Triebbefriedigung und somit gleich? Ist Sexualität nicht doch ein tierischer oder niedriger Trieb?

Hier, mit solchen Gedanken, macht sich gleich wieder die über Jahrhunderte durchgeführte Gehirnwäsche bemerkbar, welche die Sexualität schlecht macht! Selbstverständlich ist unsere Sexualität auch ein Trieb, aber nicht nur. Beim Menschen ist der Faktor „Liebe" mit im Spiel, welche ohne Intellekt gar nicht möglich wäre. Es gibt zwar Tierarten, die eng und sogar auf Lebenszeit verbunden sind, jedoch ist dies eine instinktive Handlung oder angeborenes Verhalten und nicht das, was wir unter Liebe verstehen. Es mag kleine Ansatzpunkte hiervon im Tierreich geben, was natürlich schwierig zu beweisen ist.

Es ist offensichtlich für viele Menschen sehr schwierig, sich in die Verhaltensweise eines Tieres hinein zu denken. Immer wieder versuchen wir, tierisches Verhalten mit unserem menschlichen Verhalten zu vergleichen und zu erklären. Wissenschaftliche Arbeiten des letzten Jahrhunderts haben jedoch viele Erkenntnisse gebracht, sodass wir eigentlich heute recht genau wissen, wie und warum Tiere so oder so reagieren.

Da den Tieren das abstrakte Denken nicht möglich ist, haben sie auch keine Erinnerung wie wir Menschen. Alles was wie eine Erinnerung aussehen kann, ist an materielle Umstände gebunden. Ich will das mit kleinen Beispielen erklären: Wenn man einer Hündin ihre Jungen weg nimmt, dann wird sie natürlich eine Weile danach suchen. Der Platz, den sie für ihre Jungen ausgewählt hat, ist ihr noch bekannt (der Ort ist noch da, selbst wenn wir die Kiste mit den Jungen weggeräumt haben). Außerdem hat sie das körperliche Bedürfnis, die Jungen zu säugen. Wenn dies jedoch verschwindet, wird sie auch nicht mehr nach den Jungen suchen und hat sie tatsächlich vergessen. Ein weiteres Beispiel: Wenn wir in Urlaub fahren und unseren Hund bei Freunden unterbringen, wird er eine Weile nach uns suchen. Weniger stark wird er dies jedoch in einer fremden Umgebung tun, denn hier erinnert nichts an das frühere gemeinsame Leben mit uns. Wenn wir allerdings immer zur bestimmten Zeit mit dem Hund einen Spaziergang machten, dann wird er wohl zu dieser Zeit unruhig werden und den Spaziergang erwarten. Das hat jedoch nichts damit zu tun, dass sich der Hund nun an uns erinnert, sondern sein Verhalten ist Konditionierung, wie ich in einem anderen Kapitel schon beschrieben habe (Pawlow's Hund!) Wenn wir dann allerdings wieder aus unserem Urlaub zurück sind, wird uns der Hund ohne Frage wieder erkennen und sich freuen. Das Erinnern ist also bei einem Tier an Materie - nämlich an dem Beispiel mit dem Hund, an unsere Person, an unser körperliches Erscheinen - gebunden. Ohne diesen materiellen Bezug hat der Hund keine Erinnerung an uns. Vielleicht gibt es einige Ausnahmen, aber in aller Regel hat nicht einmal ein Hund, den wir doch als ziemlich intelligent betrachten, eine auch nur annähernd menschenähnliche Intelligenz.

Beim Menschen ist das anders. Wir können uns abstrakte Dinge, Menschen und Situationen vorstellen. Wir können uns an einen früheren Urlaub erinnern und die Bilder in uns wachrufen. Wir können uns sogar aufgrund von Erzählungen alle möglichen Situationen, Länder etc. vorstellen. Aber was hat das alles mit Sexualität und mit Liebe zu tun?

In erster Linie hat unser abstraktes Denken uns dazu befähigt, sexuell aktiv zu sein, ohne an eine Brunftzeit gebunden zu sein. Es gibt uns sogar die Möglichkeit, im Alter und gänzlich ohne hormonelle Stimulation Freude am Sex zu haben. Die Vorstellung und die Erinnerung stimuliert uns. Allerdings setzt dies voraus, dass wir vorher eine befriedigende und glückliche Partnerschaft hatten, denn nur dann können wir diese guten

Erfahrungen aus dem Gedächtnis hervorholen. Tiere sind an ihre Brunftzeiten gebunden. Außerhalb dieser Zeiten haben sie nicht das geringste Interesse an Sex. Unsere Sexualität hat somit auch mit der evolutionären Entwicklung des Intellekts und somit auch mit der Möglichkeit, sich abstraktes Geschehen, Erlebnisse und Erfahrungen in Erinnerung zu rufen, zu tun. Echte Liebe, Emotionen und seelische Zuneigung zu erleben, ist nur aufgrund der Entwicklung unseres Intellekts möglich.

Allerdings ist unser Verstand ein sehr komplexes und kompliziertes Gebilde, sodass auch gleichzeitig wieder eben dieser Verstand uns einige Probleme verschaffen kann. Es können Situationen eintreten, in denen wir uns gerade wegen unseres Verstandes und weil wir zu viel denken und dadurch leider auch manchmal fehlgeleitet denken, damit einige schwerwiegende Probleme einhandeln. Aber das wäre ein Thema eines weiteren psychologischen Buches und solche sind schon in ausreichender Zahl geschrieben worden! Ich möchte nur wieder einmal darauf hinweisen, dass viele dieser eben erwähnten Probleme meistens deshalb auftauchen, weil wir uns zu einseitig dem Intellekt zuwenden, also nur die Yang-Energie fördern und Yin dabei zu kurz kommt. Unsere höher entwickelte Intelligenz hat uns also vieles gebracht und uns erst zum Menschen gemacht, aber wenn wir ganz auf Yin vergessen, dann hört die Menschlichkeit und ein weises Verhalten sehr schnell auf.

Um zu sehen, wie Intellekt und Sexualität tatsächlich zusammenhängen, haben in den letzten Jahrzehnten ausführliche Studien an den Bonobo-Schimpansen gebracht. Um es genauer zu sagen: es ist eigentlich keine Sub-Spezies der Schimpansen, sondern eine eigene Spezies. Da sie erst 1929 entdeckt wurden, hat ihr ähnliches Aussehen mit den Schimpansen die damaligen Entdecker dazu verleitet, sie als Schimpansen zu klassifizieren. Erst etwa 1970 entdeckte man, dass es sich um eine eigene Art handelt. Trotzdem werden sie oftmals weiterhin als Bonobo-Schimpansen bezeichnet, jedoch ist das Verhalten der Bonobos mit dem Verhalten der Schimpansen nicht identisch, auch ist die Gesellschaftsstruktur anders. Die Bonobos sind wohl die intelligentesten Tiere der Welt. Man hat mit ihnen in jahrelangen Versuchen erstaunliche Ergebnisse erzielt. Was kein anderes Tier bisher fertig brachte, haben sie geschafft: Sie können sich mit Menschen unterhalten! Freilich haben sie nicht den Kehlkopf in der gleichen Weise ausgebildet wie wir und können Worte nicht verbal formen. Jedoch haben sie gelernt, mit Hilfe von Zeichen und sogar mit der Taubstummensprache sich mit den Wärtern in einfacher Weise zu unterhalten. Die Wärter müssen natürlich ebenfalls diese Art der Kommunikation beherrschen. Man schätzt den Intelligenzgrad dieser Affen auf die

Stufe eines menschlichen 3-4 jährigen Kleinkindes. Folgende Unterhaltung ist möglich und ich habe dies am Fernsehen miterleben können:

Wärter: „Bitte, Bongo, hol mir den Eimer!"
Affe: „Mag nicht!"
Wärter: „Ach sei lieb und hol ihn für mich."
Affe: „O.K."
Nach einer Weile Affe: „Wo ist Eimer?"
Wärter: „Draußen vor der Tür"
Affe geht und holt den Eimer.

Dies ist zwar eine sehr einfache Form der Unterhaltung, jedoch benötigt es immerhin ein klein wenig von der uns Menschen in höherem Maße gegebenen Möglichkeit des abstrakten Denkens. Zum Beispiel ist es ein Zeichen von abstraktem Denken, wenn man weiß, was „draußen vor der Tür" bedeutet. Der Affe kann aber auch viele andere abstrakte Dinge mitteilen, zum Beispiel, dass er mit seinem Freund spielen möchte. Auch dieses ist eindeutig abstraktes Denken und auch ein Erinnerungsvermögen. Ohne dieses könnte er sich gar nicht an seinen Freund erinnern und somit auch nicht den Wunsch äußern, mit ihm zu spielen. Es gibt zwar auch noch andere Tiere, wie z.B. Papageien oder Hunde und Pferde, die einige wenige Zeichen verstehen können, jedoch gibt es keine weitere Tierart mehr, die den Leistungen dieser Bonobos nahe kommt und insbesondere in eindeutiger Weise mit abstrakten Begriffen umgehen kann. Wichtig ist auch, dass sie diese abstrakten Begriffe nicht nur verstehen, sondern selbst ausdrücken können, was die eigentliche abstrakte Denkleistung ist, denn dann muss man sich zuerst den Begriff, die Situation oder den Wunsch vorstellen, dann kann man ihn erst formulieren. Andere Tiere, die ebenfalls einige Zeichen beherrschen, sind immer nur auf konkrete Begriffe beschränkt und können beispielsweise „spielen mit dem Freund" nicht ausdrücken und sicherlich auch nicht gedanklich erfassen.

Nun haben aber diese besonderen Affen noch eine weitere menschenähnliche Fähigkeit: Sie haben zu jeder Zeit Sex, sind also nicht an eine Brunftzeit gebunden. Sex spielt in ihrem Leben sogar eine sehr große Rolle und man hat darüber hinaus auch noch festgestellt, dass solche Tiere, die sexuell miteinander verkehren, auch sonstige freundschaftliche Beziehungen pflegen. Mit den anderen Affen im gleichen Gehege ohne sexuelle Verbindungen jedoch nicht. Diese besondere Zuneigung ist schon der Anfang von einer Liebe. Ähnliche Beobachtungen gibt es bei keinem anderen Tier. Außerdem pflegen sie eine gewisse Abwechslung in ihren Liebesspielen. Das Männchen nähert sich beispielsweise nicht nur von hinten dem Weibchen, sondern auch von vorne. Dies ist ein deutliches

Zeichen der Zuwendung, also auch das ist gewissermaßen eine Vorstufe von Liebe. Die Tatsache, dass sie ohne eine Brunftzeit zu erleben, trotzdem Sex haben können und auch wollen, beweist, dass sie sich an den Sex und die guten Gefühle dabei erinnern können. Diese Affen haben offensichtlich schon eine etwas höhere Intelligenzstufe erreicht als alle anderen Tiere und stehen uns diesbezüglich wohl am nächsten.

Wie all das zusammen hängt und warum unsere menschliche Sexualität mit der höher entwickelten Intelligenz unmittelbar zusammenhängt, haben in den letzten Jahrzehnten auch die Gehirnforscher sehr genau erforscht. Liebe und das gegenseitige Verstehen ist nur durch unser größeres und sehr differenziertes Gehirn möglich geworden. Dass Sex nicht nur ein Trieb ist und nicht nur als dieser erlebt werden kann, ist tatsächlich durch unser Gehirn möglich. Auch weiß man heute, dass nicht die Genitalien die wichtigsten Sexorgane sind, sondern unser Gehirn. Dieses macht unseren Sex erst menschlich und Liebe und Verstehen und das Teilen, all diese Dinge können nur wir Menschen erleben. Die Bonobos kommen uns zwar sehr nahe, aber wirkliche Liebe und Zuwendung und auch das Verstehen ist ihnen sicher nicht so weit möglich, wie dies für uns ist. Denn unser Gehirn ist noch viel differenzierter entwickelt als ihres.

Diese Gegebenheiten beweisen, dass Sex und Intellekt tatsächlich zusammenhängen. Es ist eine landläufige Meinung, dass wenig intelligente Menschen mehr an Sex interessiert seien als intelligentere. Dies stimmt jedoch nicht, wie mehrere Forschungen und Statistiken bewiesen haben! Jedoch können auch die intelligentesten Menschen nicht die Schönheit der Liebe erfahren, wenn sie die Seele und somit Yin nicht ausgeprägt haben. Nur der Intellekt allein kann das also nicht bewirken. Aber ohne Intellekt könnten wir die echte Liebe auch nicht erfahren. Also immer wieder kommt es auf das Grundprinzip von Yin und Yang und den auf das Gleichgewicht an.

Nun muss nach all dem Gesagten die Frage auftauchen: Was hat das alles mit Adam und Eva und mit der Geschichte vom Sündenfall zu tun? Auch eine weitere Frage ist interessant: Warum sollen die Menschen laut der Geschichte in der Genesis weder an Sex Freude haben, noch die Erkenntnis (also den Intellekt) erhalten? Warum sollten sie nicht werden wie Gott, der ja, wie uns die Genesis sagt, Logos, also Intellekt ist? Erinnern wir uns, dass Gott und Geist nach biblischer Glaubenslehre gleichbedeutend ist mit Intellekt. Noch mehr Fragen stehen im Raum. Zum Beispiel: Warum wird überhaupt die Sexualität so schlecht gemacht, nachdem Gott uns doch so gemacht hat? Warum wird insbesondere die Frau so drastisch dafür bestraft und bei der Empfängnis, also durch den Sex, viel

Kümmernis und Leid erfahren soll und dann auch noch wegen ihres Verlangens dem Mann Untertan sein soll? – Alle diese Fakten scheinen keinen Sinn zu machen.

Eine Erklärung werden wir jedoch sehr schnell finden, wenn wir ein wenig näher die Auswirkungen dieser Moral betrachten. Hier wird nun sichtbar, dass damals, als die Genesis entstand, die Menschen, die sich diese Geschichte des Sündenfalls ausgedacht haben, daran interessiert waren, dass die weniger intelligenten Schichten der Bevölkerung nicht zu intelligent wurden, denn dann waren sie leichter manipulierbar. Nur die Führungsschicht, also auch die Priester sollten intelligent sein. Ferner waren sie daran interessiert, dass die einfachen Menschen darüber hinaus ängstlich und schuldbeladen sein sollten, was man mit Verboten und der Androhung von Stafen in einem anderen Leben erreichte. Dadurch waren sie natürlich leichter manipulierbar. Ich möchte in diesem Zusammenhang auf das verweisen, was ich im 4. Kapitel geschrieben habe über die Prägung in der Kindheit und dass die Menschen infolge dieser Prägungen und dem Wunsch nach der heilen und beschützten Kindheit gerne eine Religion annehmen, welche diesen latent immer vorhandenen Wunsch aus ihrer Kindheit zu erfüllen verspricht. Unmündige Menschen sind leicht zu beeinflussen und zu lenken. Es ist eine Tatsache, dass man sich selbst stark fühlt, wenn Andere schwach und abhängig sind. Mit dieser Tatsache haben die früheren Führer ausgiebig gearbeitet und auch heute noch können wir dieses Vorgehen beobachten. Dieses Phänomen kann auch bei manchen Ehepaaren und natürlich in jeder anderen Gemeinschaft sehr oft sichtbar werden. Wenn ein Partner absolut danach strebt, der Starke zu sein (das kann sowohl der Mann wie auch die Frau sein), dann hat dieser Mensch sehr oft in Wahrheit ganz einfach Angst und ist eigentlich selbst nicht sehr stark, auch wenn er oder sie sich als stark und überlegen gibt. Den Partner absichtlich klein zu halten, ist deshalb eine ganz üble Methode, um eine vermeintliche Stärke vorzutäuschen oder eine leichte Führerrolle zu haben. Die Macht ist deshalb letztendlich die Triebfeder für eine Religion, welche die Menschen klein, gehorsam und kindlich halten will. Diese damit errungene Macht gibt den Führern das Gefühl der Stärke und Wichtigkeit. Diese Stärke ist aber selbstverständlich auch zusätzlich noch deshalb erstrebenswert, weil man dann die ärmeren und abhängigen Menschen sehr leicht ausbeuten kann und damit für sich selbst ein angenehmes Leben in Überfluss und Wohlstand erreicht.

Wenn man es mal deutlich sagen will: Die jüdisch-christliche Religion hat in all diesen Jahrhunderten alles daran gesetzt, dass das Volk die Frucht vom Baum der Erkenntnis <u>nicht</u> ißt, damit die Menschen weniger intelligent sind als die Führungsschicht.

Wenn wir nun wissen, dass die menschliche Sexualität mit unserer menschlichen höheren Intelligenz zusammenhängt, dann wird klar, dass eine Priester-Führerschicht, welche die Menschen manipulierbar haben will, sowohl den Intellekt wie auch die Sexualität unterdrückt. Man hat jede Möglichkeit ausfindig gemacht, um das Ziel, nämlich die Macht der Priester und Führerkräfte zu festigen oder zu erreichen. Die Genesis und darauf aufbauend die gesamte Religion ist hervorragend für diese Zwecke geeignet!

Die Geschichte von Adam und Eva und dem Sündenfall hat somit zwei Seiten. Es hat einen wahren Hintergrund: nämlich erstens die bildhafte Darstellung der Entwicklung des Intellekts und die Möglichkeit des abstrakten Denkens, und zweitens eine dazugefügte und zurechtgebastelte moralische Geschichte, die absichtlich so gestaltet wurde, dass die Machtstruktur der Führungsschicht erhalten blieb. Dies hat über viele Jahrhundert hinweg verhindert, dass die Menschen freie, selbstbewusste und selbstverantwortliche Erwachsene wurden! Heute ändert sich diese Situation immer mehr, denn der Einfluss der Religionen lässt in Deutschland ständig nach.

Ich möchte hier eine kleine Beobachtung einflechten: In Neuseeland treten jährlich etwa 30 Menschen zum Islam über. Dies mag zwar gering erscheinen, bei einem so kleinen Land wie Neuseeland ist es jedoch immerhin eine erstaunliche Zahl. Es verwundert insbesondere deshalb, weil gerade der Islam den Frauen sehr wenig Rechte gibt, eine enorm starke hierarchische Ordnung hat und sehr strenge Regeln aufstellt. Befragungen haben jedoch ergeben, dass gerade diese strengen Regeln die Menschen anziehen. Sie wollen wissen, was sie zu tun haben, sie wollen starke Führer haben. Sie wollen insbesondere die Sicherheit genießen, die ihnen dadurch gewährt wird, dass sie vorgeschriebene Riten und Gebräuche (z.B. das Gebet fünfmal am Tage) einhalten und sich somit konform und richtig in ihrer Gemeinschaft verhalten. Dadurch erringen sie Anerkennung und Achtung. Mit spirituellen Erfahrungen hat das eigentlich nicht sehr viel, oder sogar gar nichts zu tun. Auch hier möchte ich nochmals auf das, was ich in Kapitel 4 behandelt habe, erinnern. Sogar der Anschluss an eine „starke“ Terrorgruppe ist bei einigen – oder sogar bei fast allen Jugendliche in der Suche nach einer starken Führung zu suchen, die sie in unserer westlichen Welt heute nicht mehr finden.

Die große Freiheit, die man Kindern heute gewährt, ist nicht unbedingt dazu geeignet, sie erwachsen werden zu lassen. Die sehr große Strenge, wie dies früher üblich war, ist ebenfalls nicht dazu geeignet. Wenn der Mensch zu sehr unterdrückt wird, dann kann er nicht frei werden. Wenn er allerdings alles machen kann und keine Grenzen mehr anerkennen muss, dann wird ein Teil der Kinder und Jugendlichen zu Ausschreitungen neigen und nicht mehr zu kontrollieren sein, jedoch wird auch ein beträchtlicher Teil unsicher und ängstlich werden und diese Menschen werden dann wieder nach einer starken Autorität suchen, der sie sich willig unterwerfen. Dies ist deshalb so, weil der Prozess des Erwachsenwerdens langsam vonstatten geht, sowohl für das Individuum wie auch für die Menschheit im Allgemeinen unter dem Aspekt der evolutionären Entwicklung. Aus diesen soeben genannten Gründen der heutigen Laschheit in der Erziehung suchen manche Menschen (neben noch anderen Gründen) auch nach einer Religion, welche ihnen Regeln auferlegt, die sie beachten können und die ihnen die nötige Sicherheit in ihrer Gemeinschaft gibt. Die vielen Sekten, die heute überall auftauchen und oft großen Zulauf finden, ziehen Menschen an, die nach einer strengen Führung suchen.

Da wir so lange Jahrhunderte in unserer Freiheit im Denken eingeschränkt waren und in moralischer Beziehung überwiegend gelenkt und beeinflusst wurden und die Entwicklung zur Selbstverantwortung in sehr langsamen Schritten erfolgte, stehen wir jetzt, da wir plötzlich dem großen Zwang der kirchlichen Institutionen nicht mehr so stark wie früher ausgeliefert sind, vor einer Leere oder fühlen uns in einer ungewissen und unsicheren Situation. Der Sittenverfall, die Kriminalität und auch die Unsicherheit vor der Zukunft kennzeichnen unsere Zeit. Unglücklicherweise (leider muss man das sagen!) geht es uns finanziell recht gut, was uns übermütig, großspurig und angeberisch macht. Wir können mit Hilfe unserer finanziellen Macht eine Stärke vortäuschen, die wir in Wirklichkeit gar nicht haben. Es werden nun sicher Viele sagen, dass es uns gar nicht mehr so gut geht in finanzieller Weise. Aber das denken diese Menschen nur, weil sie gar nicht wissen, was es bedeutet, wirklich arm zu sein. Um das zu sehen, müssten wir allerdings nur einen Blick auf andere Länder werfen, dann würden wir sehr schnell erkennen, wie gut es uns immer noch geht!

Um all diese Probleme zu lösen, müssen wir erkennen, dass es nicht böse oder falsch war, dass wir von der Frucht des Baumes der Erkenntnis gegessen haben und die Intelligenz erhalten haben, die es uns ermöglicht, unser Dasein zu erkennen, uns als erwachsene und selbstbewusste, aber auch selbst verantwortliche Menschen zu empfinden. Das Erreichen der Intelligenz ist auch keine Frage eines einmaligen Geschehens, denn es war eine sicher sehr langsame Entwicklung der Evolution. Somit ist die Geschichte der Genesis, dass Gott uns das Essen der Frucht der Erkenntnis verboten hat, eine falsche Darstelung der Tatsachen, denn wir haben die Intelligenz nicht durch unser bewusstes Handeln erhalten, wie das in der Genesis dargelegt wird, sondern sie hat sich im Laufe der Zeit entwickelt. Wir müssen auch erkennen, dass durch diese Intelligenz auch unsere

Sexualität sich verändert hat. Sie ist menschlich geworden. Sie ist nicht nur ein tierischer Trieb.

Nun sollen in diesem Zusammenhang noch einige Anmerkungen über die Begriffe „Gut" und „Böse" folgen, denn das ist ebenfalls ein wichtiges Thema der Genesis. Der Baum der Erkenntnis gibt und gab uns nicht nur die Erkenntnis unseres Seins, sondern die Bibel nennt dies „die Erkenntnis von Gut und Böse". Nach jüdisch-christlicher Sicht gibt es das Böse und das Gute in der Welt. Diese Meinung teile ich nicht. „Das Böse" und „das Gute" gibt es zwar in den Menschen und in ihrem Verhalten, jedoch gibt es dies nicht als Wesenheit in der gesamten Welt. Die Welt und die Natur sind wertfrei. Die Tiere handeln nach ihren Instinkten und Bedürfnissen und nicht weil sie gut oder böse sind. Auch ein Baum, das Meer, ein Berg können nicht gut oder böse sein. Im jüdisch-christlichen Verständnis ist „das Gute" gleichbedeutend mit Gott und „das Böse" ist der Teufel. Man geht davon aus, dass diese beiden Wesenheiten persönlich existieren, menschenähnlich, jedoch nicht dem materiellen Gesetz des Werdens und Vergehens unterworfen sind. Demnach ist das Gute immer schon in der Welt gewesen (denn Gott war schon immer) und ebenso das Böse und der Teufel. Die Sache mit dem Teufel ist jedoch etwas komplizierter, denn dieser war zuerst ein Engel Gottes, der sich jedoch gegen Gott erhoben hatte und dann von den Erzengeln gestürzt wurde. Demnach ist der Teufel nicht ewig und er wird auch eines Tage vielleicht nicht mehr vorhanden sein. Denn wenn die Welt untergegangen ist und somit keine Materie mehr existiert, wie das in dieser Lehre angenommen wird, dann gibt es den Teufel offensichtlich auch nicht mehr. Über die Existenz und die Wesenart des Teufels gibt es jedoch verschiedene Ansichten und ich will dieses Thema hier auch nicht weiter behandeln, denn es ist unbedeutend für das Thema dieses Buches. Von Bedeutung ist jedoch, dass der christliche Gott ein personifizierter und somit ein menschenähnlicher Gott ist und ebenso ist es der Teufel. Gut und Böse sind also personifiziert worden.

Wenn wir Gutes tun, dann ist nach dieser Lehre Gott dafür verantwortlich oder zumindest hilfreich. Wenn wir Böses tun, dann war es die Einflüsterung des Teufels. Volkslieder und Gebete geben hier ziemlich genau Auskunft, wie sich die Menschen dieses vorstellen. Zum Beispiel heißt es in dem Lied „Hört ihr Herrn und lasst euch sagen *„...zehn Gebote setzt Gott ein, <u>gib' dass wir gehorsam sein</u>.*" Oder das Kindergebet: *„Lieber Gott, <u>mach mich fromm</u>, dass ich in den Himmel komm"*, sagt genau das gleiche, nämlich dass Gott uns gut machen soll. Wir sind demnach nicht in vollem Maße selbst verantwortlich, sondern der liebe Gott macht uns gut, oder der Teufel macht uns schlecht.

Allerdings taucht auch jetzt wieder, wie so oft in der christlichen Lehre, ein Paradoxon auf: Einesteils ist Gott und der Teufel für unser gutes oder böses Verhalten verantwortlich, andererseits werden wir, falls wir Böses getan haben, sehr drastisch bestraft, ja sogar für ewig verdammt! Die Strafe ist jedoch wieder mal ein Machtmittel der religiösen Führer, deshalb kann diese Religion nicht davon ablassen und nutzt dieses Mittel weidlich aus! Bei dem Machtkampf um Gut und Böse hofft man selbstverständlich darauf, dass Gott und somit das Gute am Ende siegen wird, obwohl doch eigentlich dies gar nicht so klar sein kann, sondern eher eine Wunschvorstellung ist. Wie auch immer, es geht in dieser Lehre ständig um einen Kampf, nicht nur im materiellen Bereich, sondern sogar im spirituellen Bereich! Zusätzlich sieht man hier, wie uns diese Religion zu kleinen und unmündigen Kindern macht, welche auf die Hilfe Gottes angewiesen sind (siehe auch hier wieder Kapitel 4). Ganz im Gegensatz hierzu sagen die zehn Indianischen Gebote (ich werde weiter unten nochmals darüber berichten): „Übernimm die Verantwortung für deine Taten“!

Nun ist es tatsächlich so, dass mit der Entwicklung des Intellekts der Mensch die Fähigkeit erworben hat, sich auf Kosten Anderer Vorteile zu verschaffen. Insofern hat die Bibel recht, wenn sie sagt, dass mit dem Essen der verbotenen Frucht die Erkenntnis von Gut und Böse einhergeht. Allerdings ist dies nicht die Erkenntnis, dass es Gut und Böse als Wesenheiten gibt, sondern die Erkenntnis, dass der Mensch Dinge tun kann, die anderen schaden. Das ist ohne Frage ein böses Verhalten. Dieses Verhalten ist jedoch nur dem Menschen infolge seiner höher entwickelten Intelligenz möglich. Unser Verstand ist gewissermaßen ein zweischneidiges Schwert. Wir können mit Hilfe unserer Intelligenz Gutes tun, wir können aber auch Böses tun. Wir können hassen, wir können aber auch lieben. Wir können zerstören, wir können aber auch aufbauen und kreativ sein. Auch wie wir unsere Sexualität handhaben, kann zerstörerisch sein, es kann aber auch die höchsten und besten Gefühle hervorbringen und uns glücklich machen.

In unserem Verstand und dann in der Folge **in unserem TUN** liegt das Gute und das Böse begründet. Unser Verstand hat sich ohne unser Zutun entwickelt und nicht durch ein einmaliges und bewusstes Essen einer Frucht. Wahrscheinlich sind die Umstände für diese evolutionäre Entwicklung verantwortlich, eine Klimaänderung vielleicht und damit die Notwendigkeit, andere Nahrungsquellen zu entdecken. Diese Dinge sind die Grundprinzipien der Evolution. Die Höherentwicklung der Menschheit wird uns eines Tages dahin bringen, dass wir einsehen, dass es für alle Menschen besser ist, wenn wir uns für ein soziales Zusammenleben entscheiden, ohne irgendjemanden zu übervorteilen und zu schaden. Wir werden aber nur dann zu dieser Entwicklungsstufe aufsteigen können, wenn wir nicht mehr einen Gott oder einen Teufel für unser falsches oder unser gutes Verhalten verantwortlich machen. Insbesondere müssen wir unsere kindliche Gottesvorstellung ändern und zu reifen Erwachsenen werden.

Mit Hilfe unserer Intelligenz können wir tatsächlich etwas Gutes oder etwas Böses tun. Das ist somit keine Frage. Und wir können eine böse Handlung auch als schädlich für Andere erkennen. Grundsätzlich ist deshalb nichts falsch daran, vom Baum der Erkenntnis gegessen zu haben – das heißt, unseren Intellekt entwickelt zu haben. Wir haben die höhere Stufe der Intelligenz, also die Menschwerdung erlebt. Leider ist es jedoch noch nicht genug, ein wenig intelligenter als die Tiere zu sein, um wirklich reife Menschen zu sein. Dieser wichtige Schritt zum wahren Erwachsenwerden muss erst noch gemacht werden. Ich habe schon mehrmals über die einseitige Entwicklung der intelligenten Kräfte (also einseitig Yang!) gesprochen und auch davon, wie wichtig es ist, dass wir auch die Kräfte der Seele (Yin) entwickeln. Dies wird uns helfen, den Baum der Weisheit zu finden.

Die Weisheit besteht darin, dass wir uns um das Gleichgewicht von Yin und Yang in allen Bereichen bemühen, dass wir erkennen, dass wir uns auch um Andere bemühen müssen, dass wir nicht nur egoistisch unsere Bedürfnisse befriedigen, sondern dass wir teilen können. Ferner ist es ein Kennzeichen der Weisheit, dass man aus Fehlern lernt und sie nicht immer wieder macht. Zur Weisheit gehört auch die Einsicht, dass nur dann alle glücklich sein können, wenn der Einzelne sich nicht zu sehr bereichert, also bescheiden ist und sich auch nicht zu wichtig nimmt. Dann werden wir auch die Liebe erfahren, denn dann werden wir fähig sein, diese Liebe auch zu geben und nicht nur erwarten, dass sie uns geschenkt wird - wie wir das als Baby erlebt haben, als wir die Liebe nicht bewusst erwidern mussten. Ein weiteres Kennzeichen der Weisheit ist auch, dass wir lernen, die Folgen unserer Handlungen abzuschätzen und auch die möglichen Wirkungen nicht nur zu bedenken, sondern uns auch danach richten, um keinen Schaden anzurichten. Dann, entsprechend dieser Erkenntnis, Handlungen unterlassen, die anderen Menschen oder der Natur Schaden zufügen könnten. Der Intellekt alleine genügt somit nicht. Der Intellekt alleine schützt uns auch nicht davor, große Dummheiten zu begehen oder Anderen Schaden zuzufügen. Auch ist die Gefahr groß, dass der Intellekt ohne die Weisheit uns die Sexualität nur oberflächlich und nur triebhaft erleben lässt. Infolge oberflächlicher und wenig tief gehenden Liebeserfahrungen werden wir Sexualität mit beliebigen und oft wechselnden Partnern haben und die Gefahr ist dann sehr groß, dass Sexualität nur konsumiert wird und dann tatsächlich auf ein nur triebbefriedigendes Erlebnis absinkt oder eine nur dem Trieb gehorchende Notwendigkeit wird. Nur wenn wir unsere tiefen Gefühle mit einem Partner teilen können, also unsere seelischen Fähigkeiten und somit die Yin-Energie voll entwickelt haben, dann wird auch die Sexualität menschlich.

Nun könnte man sagen, Gott habe uns deshalb das Essen der Frucht vom Baum der Erkenntnis verboten, weil er wusste, dass nur der Intellekt allein für uns nicht gut ist. Warum hat er dann, so könnte man logischer Weise weiter fragen, uns dann nicht auch noch vom Baum der Weisheit essen lassen? Dann wäre doch alles in Ordnung gewesen und wir wären glücklich geworden. Von einem liebenden Gott hätte man dies doch erwarten müssen.

Nun dürfen wir bei diesen Fragen nicht vergessen, dass die Genesis nur eine Geschichte ist, welche sich die Religionsgründer mit Absicht so ausgedacht haben. Sie wussten ganz genau, dass die Menschen noch nicht reif und weise waren, dass sie jedoch einen relativ hohen Grad von Intelligenz damals, als die Bibel vor rund 3000 Jahren geschrieben wurde, erreicht hatten. Die Erfindung der Geschichte von Adam und Eva gab den Führern von damals (und bis zum heutigen Tag immer noch!) die Gelegenheit, ihre Macht auszuüben oder zu festigen und die Menschen unter Kontrolle zu halten. Leider mit einem sehr fragwürdigem Mittel, nämlich mit der Androhung von Strafen. Zur Weisheit und somit zu einem glücklichen Leben hat uns das alles leider nicht gebracht, sondern ganz im Gegenteil zu sehr viel Leid, das wir heute immer noch nicht im Griff haben. Das alles hat sogar verhindert, dass wir aus der kindlichen Abhängig und Unreife herauskommen. Als unreife gläubige Kinder können wir gar nicht zur Weisheit kommen! Somit hat die Geschichte von Adam und Eva verhindert, dass wir uns weiter entwickeln! Es ist jedoch unwahrscheinlich, dass man eine Entwicklung für immer aufhalten kann. Die Menschen werden irgend wann einmal in ihrer Entwicklung weiter gehen. Ohne die Religion hätte dies möglicher Weise schon viel früher geschehen können.

Die Menschheit ist offensichtlich zur Zeit in einer Zwischenstufe. Wir haben vom Baum der Erkenntnis gegessen, jedoch noch nicht den Baum der Weisheit gefunden. Wir sind intelligent genug geworden, um festzustellen, dass die Religionen uns nicht zum freien und erwachsenen Menschen gemacht haben. Insbesondere haben wir durchschaut, dass viele Regeln und Riten keinen Sinn (oder keinen Sinn mehr) machen und eigentlich nur noch Schablone sind. Aus diesem Grund werfen viele Menschen heute ihre Religion über Bord. Das kann zwar ein erster Schritt sein, dies allein genügt jedoch nicht, um zur Reife zu gelangen. Die Religionen hatten bisher eine wichtige Funktion. So wie auch die Eltern für ein Kind eine sogar lebenswichtige Funktion haben. Sowohl die Eltern, wie auch die Religionen gaben den Menschen Halt und eine Richtung. Es wurde ihnen genau gesagt, was sie zu tun und wie sie zu leben hatten. Wenn wir dies alles wegwerfen ohne wirklich reif und erwachsen geworden zu sein und auch ohne etwas Anderes zu finden, dann können wir uns ziemliche Probleme schaffen. Dies wäre zu vergleichen mit einem 16-Jährigen, der von daheim auszieht, jedoch noch nicht reif genug ist, für sich selbst zu sorgen. Das Dilemma, in dem wir zur Zeit sind, besteht darin, dass wir alle diese Dinge im Prinzip zwar durchschauen, in der Gesamtheit jedoch noch nicht fähig sind, selbst herauszufinden, was richtig ist und wie wir leben müssen und dann auch tatsächlich danach handeln. Mit dem Baum der Erkenntnis haben wir eigentlich noch nicht die wahre Erkenntnis von richtigem oder falschem Handeln erhalten. Die religiösen Institutionen haben bisher diese Aufgabe für uns übernommen durch das Aufstellen von Regeln und Moralvorstellungen. Das hat vielen Menschen zwar geholfen, sie jedoch gleichzeitig am Wachstum gehindert. Dies ist ungefähr mit der heute oft vorkommenden sogenannten elterlichen „Overprotection" (Überbehütung) zu vergleichen, welche verhindert, dass die Kinder selbständig werden. Die größte und wichtigste Aufgabe der Menschheit ist es, den Baum der Weisheit zu finden, um unsere menschliche Entwicklung weiter voran zu bringen. Wir müssen die Einsicht und Reife erlangen, die es uns ermöglicht, freiwillig und ohne Zwang durch irgend eine Institution, sei sie nun religiös oder weltlich, das Richtige zu tun. Nicht nur das zu tun, was wir in egoistischer Weise für uns als richtig und zweckmäßig erachten und was uns am meisten Vorteile bringt, sondern das zu tun, was für alle und die menschliche Gemeinschaft richtig ist. Da sicher nicht alle Menschen gleich einsichtig und auch nicht gleich intelligent sein werden, wird es sicher auch in der Zukunft noch notwendig sein, dass wir uns Regeln beugen oder Führer anerkennen, die mehr wissen und eine größere Reife erlangt haben als wir oder die Masse der Menschen. Auch dies anzuerkennen und sich in die Notwendigkeit zu fügen ist ein Kennzeichen der Weisheit und Reife.

Ein Kennzeichen der Weisheit ist, dass sie aus den Erfahrungen der Vergangenheit erwächst. Dies gilt sowohl für den Einzelnen, wie auch für die Menschheit im Allgemeinen. Mit zunehmendem Alter sollte eigentlich jeder ein wenig weiser werden. Wenn wir allerdings nur dem materiellen und dem finanziellen Erfolg im Leben nachgejagt sind und nicht versucht haben, seelische Erfahrungen und Erlebnisse zu haben und sie zu sammeln, dann wird die Weisheit ausbleiben. Dann sitzen die Alten im Altersheim, sind nicht mehr gefragt und fühlen sich immer mehr überflüssig und abgeschoben. Also sollten wir schon in jungen Jahren versuchen, uns in seelischer Hinsicht zu entwickeln, Erfahrungen zu sammeln, um dann im Alter ein wirklich weiser, erfahrener Mensch und Lehrer für die Jüngeren sein zu können.

Ich muss hier noch kurz anmerken, dass spirituelle Erfahrungen nichts mit einer Religion zu tun haben. **Spirituelle Erfahrungen erwachsen aus der Seele, nicht aus Glaubensvorstellungen, welche nichts anderes sind als Gedankenkonstrukte.**

Wenn wir die Polarität und das Gleichgewicht von Yin und Yang als das Grundmuster des Seins erkennen, unsere menschliche Polarität schätzen und sie sogar als das Energiezentrum unseres Seins betrachten, dann wird eine Gesellschaft, die sich nach diesen Prinzipien ausrichtet, total anders sein als unsere jetzige Gesellschaft, die auf dem kämpferischen Dualismus aufgebaut ist. Es wird dann glückliche Beziehungen geben, die Kinder werden wieder in der für sie so notwendigen geschützten Atmosphäre aufwachsen, sie werden an den Beispielen ihrer Eltern das Wesen der Polarität erkennen und erfahren. Menschen, die in einer solchen Gesellschaft groß werden, werden nicht mehr übertrieben aggressiv sein, es wird weniger Kampf geben, somit kaum noch Kriege und keine Unterdrückung anderer, es wird keine übertrieben Reichen und keine absolut Armen mehr geben. Männer werden nicht mehr höher bewertet oder besser sein wollen als Frauen und auch Frauen werden nicht wertvoller oder besser sein wollen als die Männer. Männer sowohl als Frauen werden selbstbewusst sein können im Wissen um die in ihrem Sein begründete Energie als Mann bzw. als Frau. Wir werden die Weisheit erfahren und wieder im Paradies leben, auch wenn es immer noch Krankheiten und Naturkatastrophen geben wird, auch wenn es den Tod gibt, der ja der andere Pol zur Geburt ist, und so weiter....All diese Erkenntnisse werden uns den inneren Frieden geben und uns glücklich machen. Die Erkenntnis der Polarität wird somit den Dualismus überwinden und damit die Angst, den Krieg, die Einsamkeit, Verbrechen, Prostitution, den Egoismus...... Ja sogar gesünder werden wir sein, denn wir müssen nicht mehr so viel unnötige Energie für unnötige Kämpfe verwenden.

Wir dürfen jedoch nicht annehmen, dass dies alles von alleine kommt. Die Weisheit über Yin und Yang wird nicht ganz von selber zu uns kommen. Wir müssen uns schon ein wenig darum bemühen und insbesondere erkennen, dass das Erreichen dieser neuen Entwicklungsstufe für das Überleben der Menschheit notwendig ist. Der Baum der Erkenntnis muss zum Baum der Weisheit werden. Das Bild am Anfang dieses Kapitels soll dies in ganz einfacher und leicht nachvollziehbarer Weise versinnbildlichen. Zwei Menschen, ein Mann und eine Frau, sitzen unter einem Baum und essen gemeinsam eine Frucht. Diese Frucht ist eine Gabe der Natur. Die Menschen verbinden sich somit mit der Natur. Aber nicht nur mit der Natur um sie herum, sondern sie verbinden sich auch mit ihrer eigenen Natur, der Natur des Menschen. Natürlich auch mit der Natur des Partners, mit dem wir diese Frucht teilen. Wir erkennen die Andersartigkeit des anderen Geschlechts. Wir respektieren sie. Ja, wir achten sie sogar ganz besonders, was durch die fast schon feierliche aufrechte Haltung zum Ausdruck kommt. Die beiden sind aber auch stolz auf ihr eigenes Sein, sie sind selbstbewusst. Sie sind nackt und schämen sich nicht darüber, vollkommen anders als Adam und Eva, die sich schämten und sich dann Kleider machten - sondern mit Freude und Stolz können sie sich in Freiheit betrachten und sich als verschieden erkennen.

Mit dem Essen der Frucht erkennen sie aber nicht nur sich selbst, sondern sie erkennen auch die Natur um sich herum. Sie sind ein Teil dieser Natur. Der Baum, der sie schützt und ihnen die köstliche Frucht beschert, ist tatsächlich im Mittelpunkt des Seins. Auch hier der Bezug zur Natur oder ganz allgemein zur Materie, zu unserer irdischen Welt.

Zwei Tiere sind ebenfalls auf diesem Bild als Vertreter der Natur. Jedoch sind diese beiden Tiere zusätzlich noch etwas Besonderes. Ich habe schon ausführlich über die Schlange gesprochen. Sie ist hier natürlich nicht der Satan, sondern ganz im Gegenteil die Verbindung zur spirituellen Welt, wie sie ganz früher bei den Kelten und vielen anderen Kulturen schon diese Bedeutung hatte. Außerdem ist die Schlange das Symbol für die männliche Kraft und für die männliche Weisheit. Ebenso ist sie ein Symbol der Sexualität. Aber wir haben ja nun schon ausreichend davon gesprochen, dass Weisheit, Intellekt und Sexualität zusammengehören.

Die Eule ist die weibliche Entsprechung zur Schlange. Sie ist ein Tier der Nacht und vertritt somit das Weibliche. Sie sieht Dinge, die den Taglebewesen verborgen sind. Sie verkörpert die weibliche Weisheit. Aber auch die Vögel sind, so wie die Schlange, eine Verbindung zur spirituellen Welt. Also beide Tiere, die Schlange und die Eule helfen uns, diese Verbindung herzustellen oder überhaupt die Möglichkeit dieser Verbundenheit zu erkennen.

Im Stamm des Baumes ist ein Auge. Dies ist nicht das Auge Gottes, das in der Regel dreieckig dargestellt wird (die Dreieinigkeit!). Dieses Auge jedoch ist viereckig. Dies ist ein altes keltisches Symbol für Weisheit. Diese uralte Weisheit unserer Vorfahren ist symbolhaft in diesem Viereck ausgedrückt. Es ist das Erkennen der materiellen Welt in ihrer Einheit mit der spirituellen und der Wechselwirkung zu dieser. Dieses Auge ist die Weisheit, die wir durch das bewusste Essen der Frucht von diesem starken Baum, also in unserer Verbundenheit mit der materiellen

Welt erhalten können. Das bewusste Erkennen der materiellen Welt geht somit voraus und durch die Verarbeitung dieser Erfahrungen können wir zur Weisheit kommen. Diese Weisheit leuchtet von innen heraus aus diesem Viereck der materiellen Welt und symbolisiert somit die spirituelle zweite Seite der Materie, die ein Teil des spirituellen Seins ist. Materie und Spirit sind nicht getrennt, sondern gehören zusammen. Sowohl aus der Natur, wie auch aus uns selbst kann dieses helle Licht erstrahlen. Aber die Natur um uns herum und die Natur in uns ist alles ein und dasselbe. Wir sind ein Teil vom Ganzen.

Diese Weisheit ist es, nach der wir streben müssen, um auf dieser Erde das Paradies wieder herzustellen. Dieses Paradies ist nicht der christliche Himmel. Dieses Paradies ist unsere wunderschöne Erde. Dieses Paradies sind aber auch wir selbst. Dieses Paradies ist auch die Liebe. Trotz gelegentlicher Misserfolge, trotz gelegentlicher Krankheit, trotz kleinerer und größerer Unbilden, ja sogar trotz des Todes können wir glücklich in einem Paradies leben, wenn wir dies alles anerkennen und uns hinein flechten können in die ewige Ordnung.

Weisheit ist jedoch auch, sich um den Ausgleich von Yin und Yang zu bemühen. Das können wir jedoch nur, wenn wir uns über das heute deutliche Übergewicht von Yang bewusst machen. Wir haben unendlich viel Wissen angehäuft in den letzten 100 Jahren, also in unglaublich kurzer Zeit. Wir fahren fort, immer neues Wissen anzuhäufen. Die Wissenschaft wird gefördert und ist schon fast eine Religion geworden, der man alles glaubt. Wenden wir jedoch dieses ungeheure Wissen auch an? – Sicherlich, eine Menge von diesem Wissen nutzen wir. Jedoch müssen wir doch auch fragen, ob wir es immer WEISE nutzen! Verstehen wir auch alles, was wir wissen oder häufen wir das Wissen nur an und bewahren es nur in Büchern oder neuerdings in Datenspeichern der Computer auf?

Die starke Suche nach Wissen und die Anhäufung und auch der Stolz auf dieses Wissen ist Yang-Energie. Das Verstehen der Zusammenhänge und die Möglichkeit und auch die Fähigkeit, das Wissen WEISE zu nutzen, das wäre Yin-Energie. Im Moment ist – wie in fast allen Bereichen des modernen Lebens – auch auf diesem Gebiet die Yin-Energie viel zu wenig beachtet und kommt somit nicht zur Anwendung. Von einer weisen Nutzung des großen Wissens unserer Zeit und auch der weisen Anwendung der vielen technischen Möglichkeiten sind wir noch ganz weit entfernt! Es ist höchste Zeit, nun vom Baum der Weisheit zu essen!

Zum Schluss des Buches noch eine kleine Hilfe, wie man sein Leben gut gestalten und wonach man sich im täglichen Leben richten könnte. Auf die nicht wirklich brauchbaren zehn Gebote der Bibel sollten wir nicht zurück greifen, denn sie enthalten einige Dinge, die nur dann Sinn machen, wenn man dem christlichen Glauben angehört und dieser ist, wie wir nun wissen, ein reines Gedankenkonstrukt, welches von einem allmächtigen Gott ausgeht. Schon das erste Gebot sagt dies sehr deutlich (du sollst den Herrn, deinen Gott lieben etc...). Außerdem macht es nicht viel Sinn, nur einige wenige Dinge besonders anzusprechen, wie beispielsweise, dass man nicht Stehlen darf oder dass man des Nachbarn Weib nicht begehren soll, jedoch nicht eine allumfassende Anleitung gibt, die immer und in allen Lebensumständen sinnvoll und brauchbar ist. Zudem ist das sechste Gebot mit dem Verbot der Sexualität (außer um Kinder zu zeugen!) ein Unding, wie ich in diesem Buch sehr ausführlich beschrieben habe. Diese Gebote sind also nicht brauchbar, obwohl sie in einigen Dingen natürlich richtig sind z.B, das Eigentum Anderer zu schützen, nicht zu töten, nicht falsches Zeugnis zu geben etc... Jedoch selbst in der Aussage, kein falsches Zeugnis zu geben wider den Nächsten, ist nicht einmal enthalten, dass man nicht lügen solle, wie ich an anderer Stelle schon beschrieben habe. Auch reicht es nicht, nur wider dem Nächsten kein falsches Zeugnis zu geben, sondern man soll doch grundsätzlich über keinen Menschen Lügen verbreiten. Auch sind Gebote, welche mit dem absoluten Imperativ des „du darfst nicht“ alles regeln wollen, eher dazu geeignet, sich dagegen zu stellen. Statt dessen wäre eine Empfehlung oder ein Vorschlag hilfreicher. Auch geht es in der Bibel immer nur darum, zum Paradies und dem ewigen Leben zu kommen, was eine sehr egozentrische, ja sogar eine egoistische Sicht ist und nicht dazu dient, dass wir uns für alle Menschen und sogar für die ganze Welt verantwortlich fühlen. Um hier auf Erden für alle Menschen einen guten und friedlichen Ort zu schaffen, brauchen wir andere Anregungen als das „du sollst nicht“ der zehn Gebote.

Ich habe vor vielen Jahren andere zehn Hinweise gefunden. Sie kommen von den Indianern Nordamerikas und sind keine Gebote, sondern Empfehlungen. Wenn man diese befolgt, dann wird man ein gutes Leben führen und niemandem Schaden zufügen.
Dies sind die zehn Empfehlungen der Indianer:

REMAIN CLOSE TO THE GREAT SPIRIT
SHOW GREAT RESPECT FOR YOUR FELLOW BEINGS
GIVE ASSISTANCE AND KINDNESS WHEREVER NEEDED
BE TRUTHFUL AND HONEST AT ALL TIMES
DO WHAT YOU KNOW TO BE RIGHT
LOOK AFTER THE WELLBEING OF MIND AND BODY
LOOK AFTER THE EARTH AND ALL THAT DWELLS THEREON WITH RESPECT

TAKE FULL RESPONSIBILITY FOR YOUR ACTIONS
DEDICATE A SHARE OF YOUR EFFORTS TO THE GREATER GOOD
WORK TOGETHER FOR THE BENEFIT OF ALL MANKIND

Deutsche Übersetzung:

BLEIBE DEM GROSSEN GEIST NAHE
ZEIGE GROSSEN RESPEKT FÜR ALLES
GEWÄHRE HILFE UND FREUNDLICHKEIT WO IMMER BENÖTIGT
SEI ALLZEIT WAHR UND EHRLICH
TUE WAS DU WEISST DASS ES RICHTIG IST
ACHTE AUF DAS WOHLBEFINDEN VON SEELE UND KÖRPER
BEHANDLE DIE ERDE UND ALLES WAS AUF IHR LEBT MIT RESPEKT
ÜBERNIMM VOLLE VERANTWORTUNG FÜR DEINE TATEN
WIDME EINEN TEIL DEINER BEMÜHUNGEN DEM ALLGEMEINEN WOHL
ARBEITE ZUSAMMEN FÜR DAS WOHL ALLER MENSCHEN

Wesentlich kürzer sind die Empfehlungen von dem nun schon mehrfach erwähnten Lao Tse aus dem alten China. Trotz der Kürze ist diese Empfehlung allumfassend.
Dies sind seine Empfehlungen, entnommen aus dem Tao Te King:

Lao Tse spricht von drei Tugenden, die er für besonders wichtig hält:

Das Lieben
Die Bescheidenheit.
Sich nicht wichtiger als andere zu fühlen.

Diese wunderbare Kurzform beinhaltet sogar alles, was auch die indianischen Gebote sagen. Nur viel kürzer und gewissermaßen in komprimierter Form.

1. Das Lieben enthält die Hinwendung zu Allem. Wer diese Zuwendung hat, wird weder Stehlen, noch Lügen, oder gar Morden. Er wird zufrieden und glücklich mit anderen Menschen leben können und es

auch wollen, eine Partnerschaft natürlich eingeschlossen. Auch die Natur wird er achten, wenn er die Fähigkeit des Liebens hat.

2. Wer die Bescheidenheit übt, wird sich nicht bereichern auf Kosten anderer und sich auch nicht mehr Eigentum aneignen, als er zum Leben braucht. Somit wird dieser Mensch automatisch die Umwelt ehren und achten und alles, was auf der Erde lebt ebenso.

3. Wer sich nicht wichtiger vorkommt als Andere, der wird nicht nach der Dominanz streben. All die vielen negativen Verhaltensweisen unseres modernen westlichen Lebens wären beseitigt, wenn wir diese Empfehlung beachten würden! Dann gäbe es keinen Egoismus, kein Machtstreben und keinen Krieg und nicht einmal einen Streit, sowohl in der Familie wie auch im gesamten weiteren Leben.

In der Einfachheit dieser kurzen Empfehlungen liegt die Schönheit und auch eine große Kraft einer alten Weisheit, die auf der Erkenntnis der polaren Kräfte und dem Gleichgewicht von Yin und Yang aufbaut.

Ich erwähnte schon vorher den Humanismus. Die philosophischen Betrachtungen über Yin und Yang könnten auch eine Grundlage einer humanistischen Staatsordnung sein. Losgelöst von religiösen Dogmen und Glaubenskonstrukten kann eine neue Weltordnung geschaffen werden auf den Prinzipien der Menschlichkeit. Erich Fromm legte viele gute Gedanken über einen modernen Humanismus in seinen Schriften *„Humanismus als reale Utopie"* vor. Fromm weist darauf hin, dass wir uns um die Fähigkeit des Liebens kümmern sollten, anstelle der bisherigen hohen Wertschätzung von allem Technischen. Wir müssen von dem gefährlichen Verhalten weg kommen, dass alles, was technisch möglich ist, deshalb getan wird, nur weil es möglich ist, obwohl es nicht immer sinnvoll und nicht einmal notwendig ist. Die Technik wird zum Selbstzweck und hält uns davon ab, die traditionellen Werte des Guten, Schönen und Wahren zu schätzen, welche der Entfaltung des Menschen dienen würden. Fromm spricht auch von der Entfremdung der eigenen Natur des Menschen. Der Mensch von heute möchte viel **haben**, statt viel **zu sein**. Machtstreben, Vergnügungssucht und Besitz verdrängen Liebe, Freude und persönliches Wachstum. Ängstlichkeit verbindet sich mit der Unfähigkeit zu lieben.

Nach meiner Meinung findet diese Unfähigkeit und auch die von Fromm genannte Ängstlichkeit, welche aus einer großen Verunsicherung erwächst, oft ihren Niederschlag in Gewalttätigkeiten in den Familien. Aber auch die vielen Krawalle und die nicht immer nur friedlichen Demonstrationen gegen den Staat, gegen die Politik und die

Rechtsordnung zeigen immer mehr gewalttätige Züge. Die Übergriffe gegen das Eigentum haben ebenfalls viel mit Gewalt zu tun. Auch die an manchen Orten auftretende Fremdenfeindlichkeit möchte ich noch nennen. Im Moment nimmt dies Formen an, die für das Allgemeinwohl sehr gefährlich sind und böse enden könnten, wenn man dies nicht ganz schnell in den Griff bekommt! All dies zeigt, dass unsere Gesellschaft mitten in einer sehr ernst zu nehmenden Krise ist. Was hier wirklich helfen könnte, das wäre, wie es Fromm nennt, sich der „humanistischen Alternative" bewusst zu werden. Diese humanistische Alternative könnte sich sehr gut mit dem Verstehen von Yin und Yang paaren und sich zu einer neuen und reifen Weltsicht entwickeln, welche wieder Freude und neue Energien wachsen lassen würde.

Wenngleich ich in diesem Buch einige Hinweise gegeben habe, wie man das Ungleichgewicht von Yin und Yang ausgleichen könnte, so ist es doch in erster Linie eine Art von Diagnose. Es ging mir darum, erst einmal bewusst zu machen, was in unserer Gesellschaft falsch gelaufen ist und immer noch falsch läuft. Erst wenn uns dies klar wird, können wir den zweiten Schritt machen und versuchen, eine Heilung herbei zu führen.

Das Ergebnis der Diagnose ist: Wir richten uns zu sehr nach Yang aus. Diese Energie ist so stark geworden, dass Yin fast ganz verdrängt wurde. Dieses Übergewicht von Yang ist in allen Lebensbereichen zu finden. Ich habe zwar in diesem Buch sehr viel über die menschlichen Beziehungen gesprochen und Hinweise gegeben, wie man hier etwas ändern könnte oder sollte, jedoch ist dies nur ein Teil vom Ganzen. Wohin wir auch schauen, Yang hat überall die Übermacht. Ob dies unser übertriebener Materialismus ist, ob es der Wettbewerb ist oder das Dominanzstreben, ob es die Überbewertung des Intellekts ist oder das Streben nach Ansehen und Macht, ob es die Berufswahl betrifft oder den Sport, ob es die Religion ist, ja sogar in der Kunst und auch im alltäglichen Zusammenleben der Menschen ist immer wieder Yang ausschlaggebend. Auch sehr ausgeprägt besonders in den partnerschaftlichen Beziehungen.

Ich habe versucht, neben der intensiven Behandlung der sexuellen Beziehungen von Mann und Frau auch darüber hinaus einige Hinweise zu geben über alle Bereiche des Lebens. Offensichtlich hatte und hat immer noch die Religion einen wesentlich Anteil an der starken Überbewertung von Yang. Der alleinige Grund ist sie jedoch sicherlich nicht. Schon in der Antike, besonders in Griechenland und später dann in Rom, ist deutlich eine einseitige Hinwendung zu allem, was Yang ist, zu beobachten. Von Rom wurde dann ganz Europa beeinflusst und später durch die Kolonisation vieler Länder wurden diese auch noch betroffen. Warum wir

Europäer so begierig ausgerechnet Rom als Vorbild gewählt haben und dieser gesellschaftlichen Richtung gefolgt sind, ist eine offene Frage. Wir scheinen blindlings Yang als wichtiger zu betrachten, ja fast schon zu verehren, ohne auf Yin zu achten. Möglicherweise ist dies eine genetische Veranlagung. Jedoch wird dies kaum nachzuweisen sein, somit wird es eine reine Vermutung bleiben.

Ich habe versucht, die Diagnose der schleichenden Krankheit unserer Gesellschaft zu stellen. So, wie ein chinesischer Arzt in früheren Zeiten auch bei einem Kranken zuerst die Diagnose gestellt hat. Damals war die erste und wichtigste Frage bei jeder Krankheit: Ist Yin und Yang bei diesem Patienten im Gleichgewicht? Die Symptome wurden erst noch gar nicht so genau untersucht, sondern zuerst der ganze Mensch und zwar sowohl sein Körper wie auch die Seele. Es war besonders wichtig, ein Ungleichgewicht von Körper und Seele zu erkennen. Dann fuhr man fort, in den einzelnen Bereichen nachzuforschen, ob auch hier das Gleichgewicht gestört war. Also im Magen, im Darm, der Leber und all den Organen, auch den Muskeln, der Haut und so weiter. Erst dann begann die Behandlung und zwar wurden die verschiedenen Behandlungsmethoden in erster Linie auf die Wiederherstellung des Ausgleichs von Yin und Yang abgestellt und nur nebenbei auch die Symptome behandelt, denn diese verschwanden dann meist von selbst, wenn das Gleichgewicht wieder hergestellt war.

Nachdem in der von mir durchgeführten Diagnose die Probleme unserer Gesellschaft sichtbar wurden, dass nämlich in fast allen Bereichen unseres Lebens das Gleichgewicht von Yin und Yang ganz erheblich gestört ist, muss die Heilung auch alle Bereiche unserer Gesellschaft betreffen. Also nicht nur die zwischenmenschlichen Beziehungen, sondern alles andere auch. Ich habe sehr viel von den menschlichen Beziehungen und auch sehr viel von der Religion gesprochen, weil einesteils die Beziehungen – auch im sexuellen Bereich - von Mann und Frau die Keimzelle jeder Gesellschaft sind und andererseits die Religion in ganz besonderer Weise nicht nur die Mann-Frau-Beziehungen, sondern alle anderen Bereiche des Lebens sehr deutlich und tief greifend beeinflusst hat.

Unsere Bemühungen der Heilung unserer sehr kranken Gesellschaft darf sich jedoch nicht auf diese beiden Bereiche beschränken. Das Ungleichgewicht hat sich so weit ausgebreitet, dass es fast nichts mehr gibt, das wir so lassen können, wie es bisher war. Es ist also noch sehr viel Arbeit zu tun, um das alles zu erkennen und zu verstehen. Wir müssen uns ein neues Bewusstsein erarbeiten. Wir müssen uns befreien von alten und falschen Prägungen. Wir müssen unbedingt zur Harmonie kommen, indem wir Yin und Yang wieder ins Gleichgewicht bringen. Vorher müssen wir jedoch verstehen, was Yin und Yang bedeuten und dass es das allumfassende Prinzip des ganzen Lebens, ja des ganzen Universums ist. Wenn wir das alles wirklich richtig verstehen, dann erst können wir daran gehen, eine neue Weltordnung zu schaffen. Wir müssen uns beeilen und so schnell wie möglich daran gehen, diese große Arbeit zu erledigen. Es könnte bald zu spät sein! Wir dürfen nicht weiterhin im Ungleichgewicht verharren und im Sog des Yang unsere Gesellschaft, ja sogar die ganze Welt vernichten.

Nun könnte das Buch hier aufhören. Die Erstauflage hat auch hier geendet. Jedoch werden etliche Leserinnen und Leser nun fragen, ob es denn genug sei, nur Yin und Yang im privaten Bereich wieder ins Gleichgewicht zu bringen. Insbesondere wird die Frage auftauchen, wie wir unsere westliche Welt, mit der ganz dem Kapitalismus und dem Materialismus zugewandten Lebenseinstellung nun tatsächlich ändern können. Gibt es wirkliche Alternativen und wie würden diese aussehen? Ist es wirklich genug, nur im privaten Bereich nun das Gleichgewicht von Yin und Yang wieder herzustellen oder müsste nicht darüber hinaus auch in der Politik und in der Staatsform etwas geändert werden?

Ja, das wäre sicherlich notwendig. Zwar beginnt jede Änderung zuerst mal im Kleinen, das heißt im privaten Leben eines jeden Einzelnen. Ob das jedoch ausreicht, um rechtzeitig eine Wende herbei zu führen, ist ungewiss. Schon im vorigen Jahrhundert hat man eine neue Staatsform gegen den Materialismus und gegen die Macht des Kapitals gefunden, nämlich den Kommunismus. Diese Staatsform jedoch ist an verschiedenen Problemen gescheitert. Immerhin hat man mit dem Kommunismus schon mal angefangen (überwiegend aufgrund der Schriften von Karl Marx), sich mit den verheerenden Auswirkungen des Kapitalismus zu beschäftigen. Dass dieser Versuch gescheitert ist, hat handfeste Gründe. Man hat diese Staatsform nicht nach den Grundsätzen des Humanismus gehandhabt. Auch war diese Demokratie keine echte, sondern eine Scheindemokratie. Auch war es ein großer Fehler, fast alle Betriebe zu verstaatlichen. Es wären noch mehr Fehler zu nennen, wie z.B. die Planwirtschaft und noch vieles mehr. Fest steht jedenfalls, dass der Kommunismus nicht die erstrebenswerte Staatsform sein kann, obwohl einige gute Gedanken natürlich auch dort zu finden sind. Letztendlich ist alles am Versagen der Menschen gescheitert und das System war sicher auch noch nicht ganz ausgereift.

Es steht nun die Frage im Raum, ob es nicht eine neue Staatsform geben könnte, die frei von der Religion und gefährlichen Ideologien ist und welche der Menschlichkeit den rechten Stellenwert einräumt, die jedoch die negativen Seiten des Kommunismus nicht aufweist. Diese Staatsform wäre das, was Erich Fromm den „sozialistischen Humanismus" nennt. Auch ich bin der Meinung, dass dies, wie es Fromm beschreibt, eine gute – ja die einzige Möglichkeit ist, um Neues zu schaffen und was gleichzeitig auch all diese Gedanken, die hier in diesem Buch angesprochen wurden, berücksichtigt und das Gleichgewicht von Yin und Yang herstellen könnte. Ich habe deshalb in dieser zweiten Auflage noch ein kurzes Kapitel über dieses Thema angefügt. Den Humanismus habe ich ja schon in diesem und weiteren Kapiteln erwähnt und will nun im nächsten Kapitel noch weiter auf den sozialistischen Humanismus eingehen.

14. Kapitel: Der sozialistische Humanismus

Wie schon auf den vorigen Seiten erwähnt, hat Erich Fromm in seinem Buch „Über den Ungehorsam“ sehr ausführlich den sozialistischen Humanismus erläutert. Ich will nun nicht all das, was Fromm schon bearbeitet hat, hier wiederholen, jedoch werde ich einige eigene ergänzende Gedanken nachfolgend anfügen.

Bevor ich über den sozialistischen Humanismus spreche, möchte ich noch darauf hinweisen, dass diese Form des Humanismus keineswegs mit dem sogenannten „klassischen Humanismus“ verwechselt werden darf. Dieser wurde im 15. und 16. Jahrhundert populär und reichte noch bis ins letzte Jahrhundert hinein (siehe das klassische humanistische Gymnasium, das die alten Sprachen und die sogenannte „humanistische Bildung“, womit man insbesondere Latein, Griechisch und Hebräisch meinte, besonders förderte und worauf die gesamte sogenannte „Bildung“ aufgebaut war).

Der Humanismus, von dem jetzt die Rede sein soll, stellt den Menschen und seine Freiheit, seine Integrität, sein Wohlbefinden in den Mittelpunkt aller Bestrebungen. Wenn es um eine Staatsform geht, so muss diese so geartet sein, dass für alle Menschen diese Werte gelten. **Alle Menschen sollen die größtmögliche Freiheit haben, die jedoch dort aufhören muss, wo die Freiheit anderer Menschen eingeschränkt wird oder wo die Umwelt Schaden nehmen kann**. Ferner müssen die materiellen Grundlagen für alle Menschen gesichert sein. Die wohlhabenden Menschen müssen durch sinnvolle Steuerabgaben auch eine menschenwürdige Existenzgrundlage für nicht so wohlhabende Menschen schaffen. Die Sorge für alle Menschen muss somit eine wichtige Grundlage des sozialistischen Humanismus sein. Diese Sorge um alle Menschen darf sich jedoch nicht nur auf das leibliche Wohl beschränken, sondern muss auch das geistige Wohl berücksichtigen. Dies ist in der heutigen Industriegesellschaft besonders wichtig, in der alles nur noch nach dem materielle Wohlstand und der Vermehrung des Kapitals ausgerichtet ist. Erich Fromm sagt dazu: *......was die Humanisten von heute miteinander verbindet, ist die Sorge, ihn (*den Menschen*) nicht nur von der physischen Ausrottung, sondern auch von dem geistigen Tod zu bewahren, mit dem unsere Industriegesellschaft ihn bedroht.“*

Nun ein paar Gedanken, wie ein Staat, der sich nach dem sozialistischen Humanismus ausrichtet, aussehen sollte. Ich kann hier kein Patentrezept geben und auch keine umfassende Ausarbeitung über eine neue Staatsform liefern, sondern versuche, nur einige, mir wichtig erscheinende Elemente aufzeigen, die Bezug nehmen auf das Thema dieses Buches, nämlich Yin und Yang ins Gleichgewicht zu bringen.

Ein Staat, der auf den sozialistischen Humanismus aufbaut, muss darauf achten, dass die Reichen nicht immer reicher werden und die wenig bemittelten Bürger immer ärmer werden. Wenn manche Menschen für sich mehr Wohlstand beanspruchen als sie wirklich brauchen, dann nehmen sie ganz automatisch diesen Überschuss den ärmeren Menschen weg. Denn für alle Menschen ist so ein großer Wohlstand einfach nicht möglich. Dies könnte man durch hohe Steuerabgaben ab einem bestimmten hohen Einkommen erreichen. Die Menschen müssen lernen, dass nicht ein paar wenige Menschen in einem extremen Überfluss leben, während die Mehrzahl der Menschen mit jeden Euro rechnen müssen. Niemand braucht mehr als nur **ein** Haus und niemand braucht mehr als nur **ein** Auto, um nur mal dies als Beispiele für Überfluss anzuführen. Mit höheren Steuereinnahmen könnte der Staat die ärmeren Mensch fördern. Wobei nicht gemeint ist, dass man ihnen Geld in Form von Sozialhilfe anbietet, ohne dass sie dafür arbeiten müssen. Wenn der Staat genug Geld zur Verfügung hat, können Arbeitsplätze für alle geschaffen werden. Wenn es nicht genug Arbeitsplätze gibt, dann kann man diese schaffen. Zum Beispiel im sozialen Bereich (z.B. im Krankenhaus oder anderen sozialen Einrichtungen), im Straßenbau oder der Stadtplanung. Ganz wichtig wäre der Naturschutz, der Klimaschutz, der Ausbau alternativer Energiequellen usw. Möglichkeiten, alle Menschen zu beschäftigen, gäbe es somit genug. Auch für die Forschung auf allen Gebieten könnte mehr getan werden. Jedoch darf die Forschung nicht nur nach finanziellen Gewinnen ausgerichtet sein und darf somit nicht nur von der Industrie unterstützt werden, denn hiermit wird nur das erforscht, was finanziellen Gewinn für die Sponsoren bringt. Die Forschung muss eine Hilfe für alle Menschen im Auge haben und darf nicht dem Umsatz und der Vermehrung des Kapitals dienen. All diese Dinge sind heute nur deshalb nicht möglich, weil zu viele Staatsbürger mehr finanzielle Mittel haben als man wirklich braucht und somit die Macht in Händen haben, die Forschung zu manipulieren und dadurch ganz massiven Einfluss auf das gesellschaftliche und wirtschaftliche Leben haben und die ganze Gesellschaft und unsere Zukunft beeinflussen können.

Diese Vorschläge darf man allerdings auch nicht übertreiben, wie das in den kommunistischen Staaten der Fall war und in manchen Staaten immer noch ist. Die Menschen haben das Bedürfnis, für die Zukunft ein wenig vorzusorgen. Viele Menschen haben auch das Bedürfnis, selbständig einen Betrieb zu gründen. Alles dem Staat zu überlassen, das ist keine gute Lösung. Es geht also nicht darum, jede Eigeninitiative abzuwürgen, sondern es geht lediglich darum, eine Höchstgrenze der Verdienste einzuführen. Natürlich wird jemand, der eine lange Berufsaubildung gemacht hat und hochqualifiziert ist, mehr verdienen als ein Arbeiter. Darum geht es also nicht, sondern es geht nur darum, dass verhindert werden sollte, dass Menschen viele Millionen verdienen und auf diese Weise ein riesiges Kapital anhäufen, welches dann automatisch wieder mehr Kapital abwirft, während andere Menschen mit beispielsweise € 1.000 im Monat auskommen müssen. Diese Riesenunterschiede im Einkommen müssen bereinigt werden.

Es geht jedoch nicht nur um den ausgeglichenen Besitz innerhalb Deutschlands oder irgend eines Landes. Wir könnten uns ja herausreden und sagen, dass in Deutschland niemand verhungern muss und somit den Reichtum vieler Menschen akzeptieren. Wir müssen jedoch lernen, dass wir über unsere Staatsgrenzen hinaussehen und die ganze Weltsituation erkennen. Es darf einfach nicht sein, dass in den reichen Ländern wirklich unzählige Menschen alles im Überfluss haben und in anderen Ländern Tausende von Menschen verhungern und in schäbigen Wellblechhütten ohne Wasser und sanitäre Einrichtungen leben müssen. Alle diese Millionen Menschen, die viel mehr besitzen als sie wirklich benötigen, verhindern automatisch, dass all die hungernden und verhungernden Menschen in der ganzen Welt ein besseres Leben bekommen. Es ist mir unverständlich, wie man auf einem unermesslichen Reichtum sitzen kann, wenn man doch ganz genau weiß, dass überall auf der Welt überwiegend die Armut herrscht. Ein humanes Verhalten ist dies keineswegs.

Nun noch ein paar Worte zum Kapitalismus. Das Hauptproblem in einer kapitalistischen Gesellschaftsordnung ist, dass die Menschen, welche viel mehr Geld verdienen als sie wirklich brauchen, dieses überschüssige Geld gewinnbringend anlegen können. Hierin liegt eine ganz große Gefahr. Nämlich, dass jeder Mensch, der mehr Geld erwirbt als er wirklich braucht, DAS GELD FÜR SICH ARBEITEN LÄSST und nicht mehr wirklich selbst tätig sein muss. Natürlich wird man nun sagen, dass ein Mensch, der Geld übrig hat, sich Gedanken machen muss, wie und wo er das Kapital anlegen will, was man auch als eine Art von Arbeit betrachten könnte. Jedoch ist die Hauptquelle der immer weiter steigenden Einnahmen nicht mehr die wirkliche Arbeitsleistung, sondern das Kapital wirft automatisch den Gewinn ab. Also die Möglichkeit, Geld gewinnbringend anzulegen, das ist das Hauptproblem des Kapitalismus. Natürlich muss es Geld geben, um Waren austauschen zu können. Jedoch, die Möglichkeit, Kapital anzulegen und zu horten könnte man unterbinden. Ermöglicht wird dieses Horten von Kapital jedoch nur dadurch, dass es Menschen gibt, die mehr Geld erarbeiten als sie wirklich für ihr tägliches

Leben brauchen. Würde man durch staatliche Gesetze dies vereiteln, dann hätten wir den Sozialstaat, der wirklich den humanistischen Vorstellungen entsprechen würde.

Kann oder könnte man das kommunistische System, das ja immerhin einige der hier genannten Probleme zu verhindern versucht hatte, und das kapitalistische System unter einen Hut bringen? Also diese beiden System aneinander angleichen?

Ich glaube nicht, dass es so einfach geht. Das kommunistische System hat sich ja auch als nicht-menschlich erwiesen, weil viele Fehler in diesem System versteckt waren. Den Kommunismus wollen wir also sicherlich nicht wieder aufleben lassen. Die meisten Menschen werden nun auch sagen, dass es entweder das eine System geben kann ODER das andere.

Dieser Meinung kann ich jedoch nicht grundsätzlich zustimmen. Ich habe in diesem Buch mehrfach darüber gesprochen, dass ein Denken im „entweder – oder“ das Prinzip des Dualismus ist (siehe auch „Gut“ und „Böse“). Das Prinzip des „sowohl – als auch“ wäre jedoch das Prinzip der Polarität, also das Prinzip von Yin und Yang. Man könnte also beispielsweise die Erkenntnisse von Karl Marx auch in einem humanistischem System verarbeiten. Allerdings in modifizierter Form und nicht in der Weise, wie die von Karl Marx gemachten Vorschläge verwirklicht wurden.

Das kapitalistische System beruht auf der dualistischen Weltsicht. Das kommunistische System ebenfalls. Zwei Systeme, die auf dem Prinzip des „entweder- oder“ aufgebaut sind, jedoch trotzdem grundverschieden sind, kann man nicht verschmelzen. Denn dann würde man immer denken: Was ist nun Kommunismus, und was ist Materialismus (Kapitalismus)? Weil man nun diese beiden Systeme nicht zusammenbringen kann, deshalb müsste ein ganz neues Staatssystem geschaffen werden. Nämlich der sozialistische Humanismus. Als Staatssystem würde man dies dann wohl einen „sozialhumanistischen Staat“ nennen. In diesem wäre dann Yin und Yang gleichwertig vorhanden. Es gäbe noch das Geld, also Yang (ohne Geld wäre keinerlei Warenaustausch möglich!), aber es würde in der Höhe des Besitzes begrenzt werden. Es gäbe, ähnlich wie im Kommunismus, Arbeit und somit auch Zufriedenheit für alle, also Yin. Notfalls müssten neue Arbeitsplätze geschaffen werden. Ferner würde man in diesem neuen Staatssystem nicht auf ständiges Wachstum hinarbeiten (was Yang wäre), sondern darum bemüht sein, den jetzigen akzeptablen Stand zu halten oder sogar mit etwas weniger Wohlstand zufrieden sein (was Yin wäre!), so lange wirklich alle Menschen die lebensnotwenigen Bedürfnisse ausreichend befriedigen können und im bescheidenen Maß auch noch ein wenig Luxus möglich ist. Unterschiede im Einkommen wären weiterhin möglich, je nach Ausbildung und Arbeitsleistung. Aber sie würden dann nicht mehr so gravierend sein, dass manche Menschen so viel Besitz haben, dass sie diese Reichtümer gar nicht mehr wirklich nutzen können. Auch würde die Macht (Yang!) einzelner Menschen oder Gruppen, welche meistens durch viel Geld erreicht wird, nicht mehr in dem bisherigen Umfang möglich werden können.

In so einem Staat wäre dann wirklich die Energie von Yin und Yang so weit wie möglich ausgeglichen. Das würde sich auf das tägliche Leben ganz entscheidend auswirken. Die Menschen würden zufriedener sein, auch wenn sie weniger Besitztum haben. Sie würden dann erfahren, dass innere Werte, wie Freundschaft, Liebe, Zuwendung, Mitverantwortung, auch das Erleben einer intakten Natur, die für alle Menschen erreichbar sein wird, dass diese Dinge das Leben wirklich lebenswert und schön machen.

Vielleicht ist das alles noch eine Illusion. Vielleicht ist es ein Wunschdenken, das aus einem idealistischen Denken und dem Erkennen über den Ausgleich von Yin und Yang entstanden ist? Vielleicht sind die Menschen immer noch so egozentrisch, dass sie nicht bereit sind, auf ihren übertriebenen Wohlstand freiwillig zu verzichten? Vielleicht müsste ein Staat die Möglichkeit haben, aufgrund seiner Vollmachten all diese Dinge anzuordnen, ohne ein diktatorischer Staat zu werden? – Vielleicht wachen die Menschen jedoch infolge der vielen Probleme, die wir heute haben, doch noch rechtzeitig auf und verlangen nach einem Staat, der nach einem sozialistischen Humanismus aufgebaut ist? Ich meine, gewisse Anzeichen einer Wende erkennen zu können. Immer mehr Menschen demonstrieren für eine gerechtere Mittelverteilung und eine menschfreundliche Umwelt.

Yin und Yang sind das Urprinzip allen Seins. Wenn wir uns weiterhin diesem Urprinzip entgegen stellen, dann werden wir irgendwann einmal uns selbst ausrotten oder die Erde so weit ausgebeutet haben, dass sie uns nicht mehr ernähren kann. Vielleicht kommen dann ein paar Menschen doch noch zur Besinnung und eine neue Zeit könnte anbrechen!

Vielleicht sind meine Worte auch in den Wind gesprochen. Ich werde Antworten auf all die vielen Fragen nicht mehr erleben. Alles was ich nun noch tun kann, das ist, dieses Buch zu veröffentlichen und es in die Welt hinaus zu schicken. Vielleicht fallen meine Gedanken und Vorschläge auf fruchtbaren Boden?

Vielleicht sind meine Gedanken auch eine Utopie. Jedoch kann auch eine Utopie zur Wirklichkeit werden, wenn es genug Menschen gibt, die diese Utopie wirklich und ernsthaft durchsetzen wollen. Eine demokratisch ausgerichtete Staatsordnung könnte dies ermöglichen, denn letztendlich entscheiden die Wähler, wie unsere Zukunft aussehen wird. Selbst was unmöglich erscheint, kann zur Wirklichkeit werden, wenn es nur genug Menschen als notwendig erkennen.

Als ich nun endgültig dachte, dass dieses Buch nun abgeschlossen sei, hatte ich einen Traum. Es war kein Traum, wie man ihn gewöhnlich hat, sondern ein ganz langer und intensiver Traum. Auch war er beim Erwachen ganz deutlich und in allen Einzelheiten noch in meinem Gedächtnis. Da meine Frau soeben auch aufgewacht war, erzählte ich ihr diesen Traum. Das war eine gute Idee, denn wenn man einen Traum sofort jemandem erzählt, dann holt man in gewissermaßen aus der Traumwelt (oder ist es sogar manchmal eine spirituelle Welt?) heraus und bringt diese Erfahrung dann in die materielle Welt hinein. Das ist nun der Grund, dass ich mich an diesen sonderbaren Traum immer noch bis in alle Details genau erinnere und ihn aufschreiben kann. Den Traum hatte ich in Englisch und der Ort des Traums war Neuseeland, wo ich seit 27 Jahren lebe. Dass ich in Englisch träume, kommt zwar gelegentlich vor, ist aber nicht die Regel.

Nun genug der Vorrede, ich will diesen Traum nun aufschreiben. Er kann oder könnte eine Vision sein. Nachdem jedoch in einigen Dingen hier in Neuseeland Vieles anders gehandhabt wird als in Deutschland, betrachte ich nun all das, was ich geträumt habe, gar nicht als absolut unmöglich, sondern, mit einigen Änderungen, sicher durchführbar. Allerdings müsste dazu ein sehr radikales Umdenken geschehen und insbesondere auch eine vollkommen umwälzend neue Staatsordnung geschaffen werden. Aus diesem Grund betrachte ich meinen Traum sehr gut in dieses Kapitel passend. Auf jeden Fall kann er Anregungen geben, wie man viele Probleme unserer Zeit lösen könnte. Aber noch interessanter finde ich, dass diese von mir im Traum erlebten Erfahrungen alle mit der Yin-Energie zu tun haben.

Hier ist nun der Traum:

Ich fuhr mit dem Bus in die Nachbarstadt, die etwa 1 1/2 Stunden Fahrstrecke entfernt ist. Ich saß neben einem Herrn mittleren Alters und wir unterhielten uns über dies und jenes und schließlich fragte er, wie lange ich schon in Neuseeland lebe, denn er hörte aus meinem Akzent heraus, dass ich kein gebürtiger Neuseeländer bin. Er fragte mich dann, was ich beruflich mache und ich erzählte ihm, dass ich schon Vieles gemacht hatte, sowohl in Deutschland wie auch in Neuseeland und dass ich schon seit geraumer Zeit in Rente bin. Er meinte, ich hätte doch früher viel mehr verdient als ich jetzt als Rentner hätte. Dann fragte er mich ganz ungeniert, wie ich denn finanziell mit meiner Rente auskomme[13]*. Ich meinte, dass es ganz gut gehe, weil wir im Laufe unseres Leben so viel sparen konnten, dass wir nun ein schuldenfreies Haus haben. Wir sprachen dann über soziale Probleme und dass man auch mit wenig Geld ein gutes und zufriedenes Leben führen kann. Kurz vor der Ankunft in der Nachbarstadt fragte er mich, ob ich nicht ein wenig bei ihm arbeiten wollte. Ich war sehr überrascht und meinte, ich sei nun schon zu alt und auch nicht mehr ganz gesund, um noch einem vollen Beruf nachzugehen. Da meinte er, ich könne doch einfach mal kommen und sehen, ob ich in seinem Betrieb mitmachen wollte und es würde mir vollkommen frei stehen, wie lange ich arbeiten wollte. Auch wenn es nur eine Stunde am Tag sei, würde es in Ordnung sein. Auf meine Frage, was ich denn arbeiten sollte und welche Vorbildung nötig sei, meinte er lachend, dass dies alles nicht wichtig ist, denn meine Lebenserfahrung und was ich ihm bisher erzählt hatte, würde schon sehr hilfreich für seinen Betrieb sein. Mehr wollte er mir gar nicht sagen und er drängte mich, doch einfach mal zu kommen, ich würde dann schon weiter sehen. Das lockte mich und ich sagte ihm, dass ich wohl in den nächsten Tagen vorsprechen würde.*

Nun machte mein Traum einen kleinen Sprung und die Handlung ging nun in Auckland weiter, obwohl ich gar nicht in Auckland lebe, sondern in einer ganz kleinen Stadt im Norden. Aber solche Dinge sind eben mal in einem Traum möglich. Ich besuchte also nun im Traum die Firma des freundlichen Herrn. Er kam mir gleich entgegen und zeigte mir den Betrieb. Der war nun ganz anders, als ich jemals in meinem Leben eine Firma kennen gelernt hatte. Es war ein sehr großer Saal, in dem sicher 100 Menschen arbeiteten. Es gab auch kleine, durch Glaswände abgeteilte Räume, in denen Menschen in kleinen Gruppen arbeiteten. Aber nach Arbeit sah es gar nicht aus. Es war eher so, als würden die meisten Menschen in diesem Betrieb nur diskutieren. Es stand zwar ein Computer auf jedem Tisch und einige Menschen arbeiteten auch daran, aber im Allgemeinen war mein Eindruck gar nicht der von einem ernsthaften Arbeitsplatz. Auch fiel mir sofort auf, dass all diese Menschen sehr einfach gekleidet waren. Die Frauen trugen keine auffallende modische Kleidung und sie waren auch nicht geschminkt oder trugen irgendwelchen Schmuck und keiner der Männer trug einen Anzug. Es sah so aus, als würden die

[13] In Neuseeland gibt es keine Rentenversicherung. Die Rente wird vom Staat bezahlt und ist eine für alle Menschen gleiche Rente, gleichgültig, ob man viel oder wenig verdient hat. Frauen und Männer erhalten die gleiche Rente. Die Rente ist nicht sehr hoch, nur ein klein wenig höher als beispielsweise ein Arbeitslosengeld. Man kann jedoch davon leben.

Angestellten hier zu einem privaten Plausch zusammen gekommen sein. Übrigens waren fast ebenso viele Frauen hier wie Männer.

Der Chef erzählte mir nun, was hier gearbeitet wurde. Eine der Gruppen, so sagte er mir, würde gerade daran arbeiten, wie man mit wenig Geld z.B. als Rentner oder auch als Arbeitsloser ein gutes und zufriedenes Leben führen könne. Er meinte, ich könnte ganz gut dort mitarbeiten, denn ich würde ja aus eigener Erfahrung dort sehr gut hineinpassen. Aus meinen Erfahrungen, wie beispielsweise der Notwendigkeit, Wohneigentum schon während der früheren Arbeitsjahre zu schaffen, würden sich automatisch neue Fragen und somit weitere Projekte ergeben, wie zum Beispiel die Frage, warum so viele Leute keine Arbeit finden und deshalb zu keinem eigenen Haus kommen können. Sind sie arbeitslos, weil die Arbeit nicht genug vorhanden ist oder hat es auch damit zu tun, dass viele Geringverdiener nicht mit dem Geld umgehen können und keinen wirklichen Haushaltsplan haben oder trinken und rauchen oder gar Drogen nehmen. Aus diesen Fragen würden sich dann automatisch neue Fragen und dadurch wiederum neue Projekte ergeben. Auch könnte man der Frage nachgehen, warum die Hauspreise besonders in Auckland so hoch sind und wie sich dies ändern ließe. Oder ob es nicht besser wäre, eine Eigentumswohnung zu erwerben, welche viel billiger wäre als ein Haus, anstatt immer nur nach einem Eigenheim mit Garten zu suchen. Aus all diesen Fragen würden umfangreiche Projekte entstehen, die dann auch beispielsweise Bauunternehmer interessieren würden oder Städteplaner. All das war hoch interessant ich war sehr angetan von dieser ganz neuen Sichtweise über Arbeitsweisen in einem Betrieb.

Ich fragte nun, was eigentlich das wirtschaftliche Ziel dieser Projekte ist, denn irgendwie musste ja schließlich auch Geld verdient werden.

„Natürlich wird bei uns auch Geld verdient," erwiderte der Firmenchef, „ denn wir sind eine sehr angesehene und von der Regierung sehr geschätzte Firma. Wir versuchen, heraus zu finden, wie man bestimmte Probleme des Lebens besser lösen kann und bieten dann unsere Ergebnisse der Regierung, den Verwaltungen der Gemeinden und Städte und auch privaten Firmen an. Zum Beispiel kann man, wenn man die vielen Gedanken und Vorschläge von einigen Menschen bündelt, sie sortiert und sie nach der Möglichkeit ihrer Durchsetzung überprüft, der Regierung gute und neue, bisher noch nicht durchdachte Pläne vorlegen."

„Wie geht ihr nun bei euren Arbeiten vor?" fragte ich. „Nehmen wir mal an, ihr wollt ein bestimmtes Projekt beginnen. Beispielsweise das Verkehrsproblem in Auckland?"

„Wenn wir wissen, was die Probleme sind, dann fragen wir zuerst noch gar nicht nach konkreten Lösungen, sondern machen zuerst ein Brainstorming, wie es diese Gruppe dort drüben gerade begonnen hat“[14]*. Er erklärte dann, wie das hier abläuft: „Es beginnt üblicherweise damit, dass jeder Teilnehmer dieser Arbeitsgruppe erst mal nur Stichworte bringt, welche irgendwie mit dem Problem zu tun haben oder auch nur damit zu tun haben könnten! Alle Hinweise und Stichworte werden aufgeschrieben. Das können ganz spontane Einfälle sein, aber auch durchdachte und schon erprobte – oder teilweise erprobte – Vorgänge sein. Wenn man all das gesammelt hat, wird geprüft, was*

- erstens durchführbar wäre,

- was zweitens möglicherweise durchführbar sein könnte, falls die jetzt noch nicht vorliegenden Voraussetzungen geschaffen werden können, oder

- drittens, was gar nicht durchführbar ist unter den jetzigen Voraussetzungen und was auch später keine Aussicht auf eine Durchführung hat. Bei dieser letzten Möglichkeit kann man dann jedoch immer noch weiter gehen und erforschen, ob es nicht doch Mittel und Wege gibt oder gäbe, einen guten Vorschlag, der nur an der vermeintlichen Ausführung und den Voraussetzungen scheitern könnte, doch noch erfolgreich auszuführen, wenn man die notwenigen Voraussetzungen doch noch schaffen würde, auch wenn es größerer Umwälzungen bedarf. Dieser letzte Fall würde dann möglicherweise in einer anderen oder neuen Arbeitsgruppe stattfinden. An Arbeitsgruppen können sich alle beteiligen, die daran interessiert sind oder die meinen, etwas beisteuern zu können. Das können also Leute sein, die – so wie Sie auch – lediglich aus ihrer Lebenserfahrung etwas beisteuern können oder sogar ganz neue Anreize und auch neue Projekte anregen können, es können natürlich auch Fachleute sein. Es wird immer eine gewisse Mischung sein, was ich für sehr hilfreich halte, denn dann wird eine solche Arbeitsgruppe flexibel bleiben und nicht in einseitigen nur fachlichen Sichtweisen gefangen sein. Natürlich braucht jede Projektgruppe auch Spezialisten, die beispielsweise auf dem Rechner die Ergebnisse auswerten können, Grafiken erstellen, Präsentationen zur Vorlage an die Auftraggeber vorbereiten und dergleichen mehr.“

Der Chef erwähnte noch viele andere Projekte. Zum Beispiel, wie man die Wasserversorgung besser gestaltet könnte, wie die weitere Stadtplanung

[14] „Brainstorming“. Dieser englische Ausdruck wird im Deutschen „gemeinsame Problemlösung“ genannt. Diese Art der Erarbeitung von Problemen wird in Neuseeland sehr häufig angewendet. Allerdings ist hierbei nicht nur die gemeinsame Problemlösung gemeint, sondern auch schon das als Voraussetzung stattfindende Sammeln von Ideen und Einfällen

sein sollte und so weiter.... Er erwähnte auch noch, dass nicht alle Projekte Aufträge sind, sondern dass ihre Firma auch selbst Projekte, welche von Interesse sind, einfach selbstständig aufgreift und bearbeitet und sie dann den möglichen Interessenten anbietet. Das könne die Regierung sein oder die Stadtverwaltung oder auch private Unternehmen.
Ich fragte dann noch, wie es mit der Bezahlung der Mitarbeiter ist, wenn jemand, wie ich beispielsweise, täglich nur eine Stunde arbeiten würde. Auch wollte ich wissen, ob man entsprechend der Vorbildung verschiedene Löhne zahlen würde.
Da lachte der Chef und meinte, sein Betrieb sei ganz was Neues und Vieles, was bisher in der Arbeitswelt gegolten hatte, das sei in seinem Betrieb ganz anders. Bezahlt werde jeder nach Bedarf und nicht nach Leistung.
„Aber dann würde das doch zu einer großen Ungerechtigkeit führen, wenn jemand wenig arbeitet und doch viel Geld bekommt, weil er einen hohen Bedarf hat!“ meinte ich.
„Ach nein, so ist das nicht. Bei uns arbeiten nur solche Menschen, die Wert auf Menschlichkeit legen und nicht auf viel Geld. Keiner unserer Mitarbeiter wird hungern müssen oder ein armseliges Leben haben. Wenn man die Arbeit nicht als Mühsal betrachtet, sondern als eine interessante Tätigkeit, die uns Freude und Befriedigung bringt, dann ist das Geld nicht wichtig, so lange jeder das bekommt, was er zu einem menschenwürdigen Leben wirklich braucht. Bei uns wird auch nicht strikt nach Stunden gearbeitet. Wenn jemand etwas Wichtiges zu besorgen hat, dann kann er sich frei nehmen. Freilich muss das dann mit den anderen Mitarbeitern abgestimmt werden. Aber ich als Chef nehme hier keinerlei Einfluss. Und glauben Sie mir, das klappt bestens. Wenn einmal der Druck hinweggenommen ist, dann wird alles, was man sonst unter Druck machen musste, plötzlich zur Freude. Denn Arbeit macht Freude, wenn man sieht, dass die Arbeit Sinn macht und notwenig ist. Die Maori haben früher, bevor die Europäer kamen, auch gearbeitet, obwohl sie kein Geld bekamen. Trotzdem wurde alles, was notwendig war, getan.“
Wir unterhielten uns noch, als eine Frau plötzlich einen Gesang anstimmte. Die meisten Mitarbeiter fielen in diesen Gesang ein. Es war ein freundliches Lied mit einfacher und eingehender Melodie, das mich an manche alten Volkslieder erinnerte. Ich fragte den Chef, was dieser Gesang bedeutete.
„Es ist gerade 17 Uhr geworden, also Zeit, um nach Hause zu gehen. Da singen wir immer ein Lied. Jeder kann ein Lied singen, wenn er gerade dran denkt, dass es nun 17 Uhr ist. Das ist dann das Zeichen, dass man vielleicht nach Hause gehen könnte oder sollte.“

„Wenn aber niemand daran denkt, dass es gerade 17 Uhr ist und es Zeit zum Aufhören wäre, dann arbeiten doch nicht alle weiter?" fragte ich.
„Ach, das kommt schon vor, dass man einfach weiter arbeitet. Aber irgendwann einmal singt dann schon jemand. Schauen Sie mal auf die Uhr, es ist jetzt auch schon 17.20 Uhr und niemand stört sich daran. Nicht alle Mitarbeiter gehen auch nach dem Gesang sofort. Manche bleiben noch länger hier, weil sie gerade ihre Arbeit nicht unterbrechen wollen."
Tatsächlich sah ich, dass nur kaum die Hälfte den Arbeitsplatz verließ. Ich hörte gerade einen Mitarbeiter telefonieren. Offensichtlich sprach er mit seiner Frau und fragte sie, ob es ihr etwas ausmacht, wenn er wohl eine Stunde später käme. Was die Frau sagte, hörte ich nicht. Aber der Mann meinte dann, es mache ihm nichts aus, dann auch gleich zu kommen. Also stand er auf und ging sofort weg.
Ich fragte den Chef, warum dieser Mitarbeiten nun doch so schnell heim ging, nachdem er doch gerade offensichtlich seiner Frau gesagt hatte, dass er später kommen würde.
„Wahrscheinlich hat ihn die Frau geben, doch gleich zu kommen. Vielleicht hat sie noch vor, am Abend auszugehen oder vielleicht will sie auch nur einen gemütlichen Abend mit ihm zusammen verbringen. Solche Dinge besprechen unsere Mitarbeiter immer mit ihren Familien. Es kommt kaum vor, dass jemand einfach nur hier bleibt, ohne dies mit der Familie abzustimmen."
„Das ist ja dann fast schon ein paradiesischer Arbeitsplatz!" meinte ich. „Wie kann denn das alles gut ablaufen? Gibt es denn gar keinen Zwang und kann auch jeder am Morgen kommen, wann er will?"
„Im Prinzip schon," meinte der Chef. „Aber man wird auch das immer mit den Kollegen absprechen. Wenn diese Dinge nicht abgesprochen werden, dann könnte ja auch keine Zusammenarbeit erfolgen."
„Klar!" meinte ich. *„Aber haben denn Sie als Chef keinen Einfluss auf diese Ordnung? Muss denn nicht jemand da sein, der darauf achtet, dass die Arbeit auch wirklich so getan wird, wie sie getan werden muss?"*
„Ach, was denken Sie denn!" lachte der Chef. „Ich bin doch kein Aufpasser!. Die Angestellten sind doch alle erwachsen und als reife Menschen kann man doch erwarten, dass sie vernünftig genug sind, das zu tun, was getan werden muss. Und wie ich vorher schon sagte, wird ja alles abgesprochen. Da braucht es dann keinen Aufpasser. Wenn wir die Menschen als dumm und verantwortungslos behandeln, dann betragen sie sich auch verantwortungslos. Wenn man ihnen die Freiheit gibt, selbst ihr Leben und auch ihre Arbeit zu gestalten, dann geht alles viel leichter."

Ja, damit war der Traum zu Ende. War das alles nun eine Vision, oder könnte man so eine Gesellschaft nicht doch erschaffen, wenn man einen ganz anderen Weg einschlagen würde als den Weg, den wir bisher gegangen sind?
Auch wenn in meinem Traum von Yin keine Rede war, so war doch dieser geträumte Betrieb vollkommen auf Yin ausgerichtet.
Gab es denn dann Yang überhaupt nicht in dieser paradiesischen Arbeitsstelle?
Doch, Yang gab es sicher auch. Aber nicht als Zwang, sondern freiwillig, weil man erkannt hatte, dass auch Yang notwenig war. Die Arbeit selbst war ja offensichtlich meisten auf Yang ausgerichtet. Jedoch, WIE man die Arbeit anging und ausübte, das war Yin. Wenn die Freiheit und die Selbständigkeit vorhanden ist, dann wird Yang auch ganz automatisch ausreichend berücksichtigt werden. Denn offensichtlich wurde ja in diesem Betrieb sehr effektiv und auch nach den modernen Erfordernissen wissenschaftlich gearbeitet. Und die Erfolge wurden sehr wohl mit Geld bezahlt. Wenngleich nach einem anderen Maßstab als bei uns sonst üblich. Yang war also nicht unterdrück oder vergessen worden, sondern ganz automatisch vorhanden.

Schlussbetrachtung

Ich bin nun nicht nur am Ende dieses Buches angekommen, sondern auch am Ende meines Lebens. Vor einigen Monaten wurde bei einer ärztlichen Untersuchung festgestellt, dass ich Leukämie habe. Und zwar eine sehr seltene Form, für die es noch kein Heilmittel und nicht einmal wirklich lindernde Medikamente gibt. Ich werde also in nicht mehr allzu ferner Zukunft an dieser Krankheit sterben.

Nun, am Ende des Lebens kommen wohl einige Gedanken auf, die man vorher, als man noch im vollen Leben stand, nicht hatte. Ich überdenke nun mein Leben, gehe alle wichtigen Ereignisse nochmals durch und frage mich, was ich nun Wichtiges in meinem Leben gemacht habe.

Wie ich in diesem Buch schon festgestellt habe, ist der Sinn des Lebens keine Leistung und keine großen Taten. Ich habe also gelebt und lebe immer noch und bin vielleicht sogar noch einige Jahre mit dabei - vielleicht (nach der Statistik) auch nur noch einige Monate oder nur noch 1 Jahr - und erlebe noch dieses aufregende und schöne Ereignis: das Leben. Nun allerdings werde ich all das in Stille erleben, denn meine Aktivitäten sind nun wegen meiner Krankheit beschränkt.

Ich hatte, als ich noch in Deutschland lebte, etliche Jahre einen sehr anstrengenden und auch gut bezahlten Beruf, bin dann jedoch auf ein sehr bescheidenes und auch zufriedenes Leben umgestiegen. Dieser Wandel meiner Lebensumstände hat viel dazu beigetragen, dieses Buch zu schreiben. Ob es ein Erfolg wird oder nicht, das werde ich sicherlich nicht mehr erleben. Es ist mir auch nicht wirklich wichtig. Denn jetzt, am Ende des Lebens sehe ich immer deutlicher, was wirklich wichtig ist und was uns zu wahren, also zu ausgeglichenen und glücklichen Menschen macht. Erfolg, Reichtum und auch Anerkennung sind belanglos im Vergleich zu einem inneren Glück, das nichts mit Besitz oder Erfolgen zu tun hat.

Worin bestand und besteht dieses innere Glück, das ich erleben durfte und immer noch erlebe? – Wenn ich darüber nachdenke (und das tue ich oft, wenn ich nachts nicht schlafen kann), dann sind drei Dinge im Leben wirklich wichtig. Es sind diese drei Dinge, auf die schon der in diesem Buch mehrfach erwähnte weise Mann LaoTse, der vor 2500 Jahren lebte, aufmerksam gemacht hat. Nämlich:
Die Liebe
Sich nicht wichtiger zu nehmen als andere Menschen.
Ein bescheidenes Leben führen.

Der wichtigste Punkt, den LaoTse offensichtlich ganz bewusst und mit Recht als den ersten von den drei Dingen erwähnte, ist die Liebe.

Die Liebe ist wichtiger als alles andere.

Ich sagte schon ganz am Anfang dieses Buches, dass es „DIE LIEBE" eigentlich gar nicht gibt, sondern nur „das Lieben". Also das Tun.

Mir wird in diesen Tagen und Monaten immer klarer bewusst, dass ich ein wunderbares Leben hatte. Ich weiß nun auch, warum das so ist: Ich habe, obwohl ich von LaoTse früher noch nichts wusste, seinen Rat befolgt. Ich hatte immer relativ bescheiden gelebt, ich habe mich nicht zu wichtig genommen. Und ich konnte lieben.

Zum Lieben gehören allerdings zwei oder auch mehr Menschen. Man kann natürlich auch die Natur lieben, den Sonnenschein und überhaupt das ganze Leben. Für diese Dinge war ich immer schon sehr offen. Allerdings, der Tag, an dem ich meine Frau das erste Mal sah, das war der Glückstag meines Lebens. Wir konnten uns von Anfang an ehrlich und von ganzem Herzen lieben und verstehen. Dass wir auch unsere Kinder und später unsere Enkel und noch später sogar noch Urenkel auch liebten und noch immer lieben, ist eigentlich die logische Folge aus der Liebe von uns Beiden, der Liebe zu meiner Frau und der Liebe meiner Frau, die sie für mich immer empfand und noch immer empfindet, so wie in unseren frühen Ehejahren auch.

Nun könnte man meinen, dass wir diese Liebe, die nun schon mehr als 56 Jahre anhält, als ewig betrachten. Im Sinne der christlichen Weltsicht wäre dies ganz selbstverständlich, denn die Liebe würde nach christlicher Sicht in einem anderen Leben weiter gehen. Meine Frau und ich wissen jedoch, dass auch unsere Liebe einmal aufhören wird. Nämlich dann, wenn wir gestorben sind. Zwar kann meine Frau mich nach meinem Tod immer noch in liebendem Gedächtnis bewahren, jedoch wird auch ihre Liebe dann aufhören, wenn sie gestorben ist.

Auch unsere Kinder und Enkel und vielleicht sogar noch die Urenkel werden ebenfalls mit Wärme und Liebe an ihre Eltern oder Großeltern denken. Aber auch meine Kinder und Enkel und Urenkel werden einmal sterben und dann ist niemand mehr da, der uns noch gekannt und geliebt hat. Somit kann uns niemand mehr lieben und nicht einmal mehr ein liebendes Gedächtnis bewahren.

Ist dies nun schlimm und könnten wir deshalb traurig sein? Ist es schlimm, dass alles einmal aufhört und man verschwindet und nicht mehr existiert? Dass man tatsächlich verschwindet für immer?

Nein, es ist nicht schlimm. Denn wenn wir nicht mehr da sind, dann ist ja niemand mehr da, der traurig sein könnte über etwas, das auch nicht mehr da ist!

Nun kommt jedoch noch ein anderer sehr interessanter Gedanke auf, wenn ich über diese Dinge nachdenke: Dass wir die Liebe trotzdem erleben und sie unser Leben erfüllen kann, obwohl wir wissen, dass sie begrenzt ist und einmal aufhören wird, das ist wunderschön und gibt unserer Liebe erst den rechten Glanz. So, wie ein schöner Sommertag auch wunderschön ist, obwohl er vorüber gehen wird. Auch der Sommer kann nicht ewig dauern. Wenn es keinen Winter gäbe, dann wüssten wir nicht einmal, was Sommer ist und wir würden ihn sicherlich gar nicht so hoch schätzen. So ist es auch mit der Liebe. Gerade WEIL sie nicht ewig dauert und weil alles einmal auch ein Ende hat, ist sie so schön. Und auch alles Andere, was schön ist, ist es dies nur deshalb, weil es nicht ewig für uns anhält. Diese Sichtweise ist in unserer westlichen Welt ganz neu und für viele Menschen vielleicht sogar unverständlich oder sogar beängstigend. Diese Angst ist jedoch verständlich, weil wir von klein auf so erzogen wurden, dass wir an den Himmel und ein ewiges Leben glauben. Dieser Glaube führte und führt immer noch die meisten Menschen dazu, dass man das große Geheimnis von Yin und Yang nicht verstehen kann und auch gar nicht verstehen will. Menschen, die in der typischen westlichen, also der christlichen Sicht erzogen wurden und ihr Leben lang diesen Glauben nicht abwerfen können, haben es schwer, sich mit den Tatsachen des Lebens zurecht zu finden. Sie haben es schwer, Dinge zu akzeptieren, die nun mal so sind, wie sie sind. Der christliche Glaube – und auch der Glaube anderer Religionen, die von einem ewigen Leben ausgehen - bringt es automatisch mit sich, dass wir uns wichtig nehmen. Denn wenn wir meinen, ewig leben zu können, obwohl kein Tier, keine Pflanze und nicht einmal die Erde, die Sonne und auch kein Stern ewig existieren wird, so nehmen wir uns wichtiger als alles, was im ganzen Universum existiert. Dieser Glaube an das ewige Leben redet uns tatsächlich ein, dass wir wichtiger sind als Alles. Weil wir uns jedoch so wichtig nehmen, fällt es uns schwer, dass wir es akzeptieren, nicht ewig zu leben. Denn dies zeigt uns unbarmherzig, dass wir gar nicht so wichtig sind!

Zu dieser Akzeptanz des Lebens, wie es wirklich ist, gehört automatisch auch die Akzeptanz des Sterbens. Wir werden leichter sterben, wenn wir dies akzeptieren können. Dann müssen wir keine Angst vor dem Tod und keine Angst vor dem Vergehen haben. Denn auch das ist Yin und Yang. Alles im ganzen Universum ist ein ständiges Kommen und Gehen, ohne Anfang und ohne Ende. Yin und Yang selbst ist die einzige Ewigkeit. Nämlich die Ewigkeit des ständigen Entstehens und Vergehens. Wenn wir uns ein ganzes Leben lang nur nach dem ewigen Leben sehnen und alles nach dem Leben „danach" ausrichten, dann haben wir gar nicht wirklich gelebt, sondern leben ständig in einer Wunschvorstellung, in einer Fata

Morgana, in einem Traum und nicht in der wahren Wirklichkeit. Solche Menschen leben in der Hoffnung auf ein späteres und besseres Leben. Sie bleiben dann in diesem Hoffen stecken und können deshalb gar nicht wirklich leben.

Dieses Wissen über das Kommen und Gehen, das Leben und Sterben ist keineswegs hinderlich für ein erfülltes und schönes Leben. Es ist sogar förderlich! Es ist auch nicht hinderlich für die Liebe. Ich bin sogar sicher, dass diese Akzeptanz und auch das Wissen der Begrenztheit auch der Liebe zu einer sehr tiefen und echten Liebe führt und vielleicht sogar der Wahre Schlüssel zu unserem menschlichen Glück ist. Allerdings nur dann, wenn wir unser Leben auch noch nach den anderen beiden Hinweisen von LaoTse ausrichten. Nämlich uns nicht zu wichtig zu nehmen und bescheiden sein können in unseren Ansprüchen. Diesbezüglich müssen wir westliche Menschen noch viel lernen. Es ist jedoch möglich, dies zu lernen, auch wenn es für manche Menschen ein wenig unglaublich und sogar unmöglich erscheint.

Yin und Yang ist ein großes Geheimnis. Die meisten Menschen können es sich kaum vorstellen, dass man sehr glücklich sein kann, obwohl es auch das Leid gibt. – Nein, ich muss es besser sagen: nicht OBWOHL es das Leid gibt, sondern WEIL es das Leid gibt! Was wüssten wir von der Schönheit des Tages, wenn wir nicht auch erleben würden, wie die Schatten der Nacht alles verdunkeln? Wie könnten wir die Freuden des Sommers erleben, wenn wir nicht auch den Winter kennen würden?

Freude und Leid gehören zusammen, so wie der Sommer und der Winter, das Leben und der Tod. Das Leid ist der Preis, den wir bezahlen müssen, um auch die Freude, die Liebe und alles Schöne erleben zu können. Wir sollten diesen Preis gerne bezahlen, denn all das Schöne dieser Welt, die Freude und die Liebe ist es wert, diesen Preis ohne Murren und Ärger zu bezahlen.

<u>Weitere Bücher von diesem Autor:</u>

-

Die mit * gekennzeichneten Bücher sind nur als E-Buch erhältlich.
<u>Alle anderen Bücher sind sowohl als E-Buch wie auch als Druckausgabe erhältlich.</u>

<u>Sachbücher:</u>

„Das astronomische Horoskop“
Persönlichkeitsprägung durch kosmische Einflüsse
Dies ist kein Buch über Astrologie und es geht auch nicht um eine Befragung der Zukunft. Vielmehr geht es hier, wie der Untertitel schon sagt, um die Persönlichkeitsprägung durch Himmelskörper, die zum Zeitpunkt der Geburt am Firmament waren.

„Besteht Materie ewig?“
Quantenphysik und die neuesten Erkenntnisse von Stephen Hawking über das Universum aus spiritueller Sicht.
Die neuesten Erkenntnisse der modernen Wissenschaft bringen ein ganz neues Verstehen der „Erschaffung des Universums“. Es gibt nämlich kein einmaliges Erschaffen, sondern ein ständiges Werden und Vergehen.

<u>Romane und Novellen:</u>

„Ein keltischer Traum“
Ein historischer Roman aus der späten keltischen Zeit um ca. 450 n.Chr.. Eine junge keltische Frau, Claudia, verliebt sich in einen Germanen aus dem Nachbardorf. Dieselbe Claudia ist jedoch auch eine junge Frau der Jetztzeit. Sie erlebt beide Zeiten und wandert von der einen in die andere, was ihr große Probleme bereitet und sie schließlich davon nervenkrank wird. Denn sie kann die zwei Welten allmählich nicht mehr trennen. Aber die Liebe eines Freundes und das Verständnis einer Kollegin bringen sie ganz in die Jetztzeit zurück.

„Geschichten aus der Seele“
Eine Sammlung mehrerer <u>Kurzgeschichten</u>, die teilweise auch einzeln als E-Buch zu haben sind (siehe die meisten Titel, welche unter der Überschrift „Kurzgeschichten“ zu finden sind)

„Die Tochter der Wildkatze“
Ein historischer Roman aus der früheren keltischen Zeit. Ein junger Königsohn wirbt um die Königstochter eines Nachbarstammes. Diese Tochter ist jedoch kein gewöhnlicher Mensch, sondern auch die Tochter einer Wildkatze. Man kann sich vielleicht denken, dass diese Ehe ein wenig ungewöhnlich wird.

Weiter auf der nächsten Seite

„Die schwarz-weiße Insel“ *

Ein junges Paar in Neuseeland will sich trennen. Sie hatten eine gute Zeit zusammen gehabt, aber die Liebe ist allmählich eingeschlafen. Ihren letzten gemeinsamen Tag machen sie eine Radtour und nehmen an einer kleinen Schiffsreise auf eine unbewohnte Insel teil. Durch einen dummen Zufall verpassen sie das Schiff und sind nun für Monate allein auf der verlassenen Insel.

„Die Reise nach Neuseeland“ *

Ein junges Mädchen in Cornwall verliebt sich in einen jungen Soldaten, kurz vor Kriegsende. Die Kriegswirren bringen sie auseinander und trotz aller Suche finden sie nicht mehr zueinander. Bis eines Tages das junge Mädchen, das nun eine alte Dame geworden ist, eine Reise nach Neuseeland macht....

„Papa Kurt“

Diese Geschichte beginnt kurz vor Kriegsende. Ein älterer Mann kümmert sich um ein kleines Mädchen, das seine Eltern und alles, was es hatte, verloren hat. Zusammen wandern sie durch Deutschland auf der Suche nach einem besseren Leben und in der Hoffnung, dass der Krieg bald zu Ende geht. Eine Liebesgeschichte ganz anderer Art, nämlich von „Papa Kurt“ zu dem kleinen Mädchen, das er wie seine eigene Tochter liebt.

„Der Stern der Weisen“

Ein Besuch auf einem anderen Stern. Es gibt jedoch keinen Krieg der Sterne und keine Reise in einem Raumschiff. Auf dem Stern leben Menschen, aber sie sind ganz anders als wir. Sie leben in Häusern und in Dorgemeinschaften und sogar in kleinen Städten, aber auch das ist ganz anders als bei uns. Sie haben sogar eine kleine Industrie oder sie arbeiten in der Landwirtschaft und sie haben auch Haustiere, so wie wir auch. Aber auch das ist ganz anders als bei uns. Trotzdem – oder gerade deshalb - ist diese Reise sehr lehrreich und könnte uns helfen, weise zu werden und die dringenden Probleme unserer Zeit zu lösen.

Kurzgeschichten:

„Es ist so, wie es ist“ *

Eine starke Liebe, die für die Ewigkeit gedacht war, jedoch nicht für ewig halten kann. Der Tod ist stärker. Aber doch nicht stärker als die Liebe, auch wenn sie im Sterben endet.

„Lilit und Eva“ *

Es geht hier um die Sagengestalt der Lilit. Aber natürlich auch um Adam und Eva. Warum hat Lilit den Adam verlassen? Und wie kam Eva in sein Leben? Oder war die Eva nur ein Traum?

„Die Bernsteinkette“ *

Ein Junge und ein Mädchen wachsen als Nachbarskinder auf. Sie versprechen sich, dass sie später heiraten werden. Aber dann schlägt das Schicksal zu und alles wird anders.

„Die Tochter“ *

Peter benutzt den letzten Tag vor seinem Umzug von München nach Regensburg zu einer Schiffsreise am Starnberger See. Da entscheidet das Schicksal.....

„Die Sünde“ *

Eine unglückliche Liebe vor dem 2. Weltkrieg. Eine interessante Geschichte aus einer Zeit, die wir heute kaum mehr verstehen können.

„Vier Kurzgeschichten“: *

Ein Dreiecksverhältnis und was daraus wurde
Das Herz einer Geliebten
Wenn es der Zufall will
Der Christbaum

Die erste Geschichte ist noch separat als Novelle als E-Buch zu haben (siehe weiter unten die Geschichte „Vom Dreieck zum Viereck“). Die anderen sind drei kurze Liebesgeschichten

„Fantastische Geschichten“: *

Und das kleine Kind im Zentrum des Schiffes läuft und läuft und läuft.....
Das Haus der Schlafenden
Der lange Schlaf

Wie der Titel schon sagt, drei sehr fantastische Kurzgeschichten

Die Hexe *

Eine Geschichte, die sowohl in der Jetztzeit, wie auch im Mittelalter spielt

Vom Dreieck zum Viereck *

Eine ungewöhnliche Liebesgeschichte aus der Nachkriegszeit, die vom Paar zuerst zum Dreieck und dann zum Viereck wird

Weiter auf der nächsten Seite

Der Retter *

Eine Geschichte Ende der 80er und der 90er Jahre aus Neuseeland

Alle oben genannten Titel sind bei Amazon und auch bei vielen anderen Anbietern erhältlich.

Die mit * gekennzeichneten Bücher sind nur als E-Buch erhältlich.
Alle anderen Bücher sind sowohl als E-Buch wie auch als Druckausgabe erhältlich.